大城大道

中国超特大城市发展规模及结构战略研究

The Strategic Research on Scale and Structure of Chinese Metropolises

主编 / 傅志寰　副主编 / 吴志强

社会科学文献出版社
SOCIAL SCIENCES ACADEMIC PRESS (CHINA)

"中国超特大城市发展规模及结构战略研究"课题组成员

课题组顾问

胡文瑞　中国工程院院士

何继善　中国工程院院士

钱七虎　中国工程院院士

凌　文　中国工程院院士

陈湘生　中国工程院院士

丁烈云　中国工程院院士

陈晓红　中国工程院院士

王金南　中国工程院院士

课题组组长

傅志寰　中国工程院院士

课题组主要成员

吴志强　同济大学教授、中国工程院院士

王　坚　杭州云栖工程院创办人、中国工程院院士

徐宪平　国家发展改革委原副主任、国务院参事室原参事

李晓江　中国城市规划设计研究院教授级高级城市规划师

陆化普　清华大学长聘教授

杨立华　北京大学政府管理学院长聘教授

于　强　中国国际工程咨询有限公司社会事业部副研究员

前　言

大城市已经成为引领我国经济增长与创新的主要空间，其重要性不言而喻。与此相伴生的城市人口激增、交通拥堵、环境污染等"大城市病"也日益突出。当前我国城市化进程仍然保持较快的速度，包括人口在内的各类要素还将继续向城市特别是超特大城市集聚。如何促进超特大城市高质量可持续发展，在保持其竞争力的同时，消解"大城市病"，已经成为摆在我们面前的一项重要任务。

为此，中国工程院设立了"我国城市发展规模及结构战略研究"重大研究项目，主要任务是研判超特大城市合理规模结构及其优化问题。项目组由中国工程院院士以及来自高校、研究院所和企业的专家组成，其中主要有傅志寰、吴志强、王坚院士，徐宪平、李晓江、陆化普、杨立华教授，于强、滕飞等专家。

本项目在设计了总体框架后，细分为 6 个课题，即超特大城市规模与结构概念界定与理论综述、国际大城市发展的经验教训以及超特大城市的资源环境、综合交通、城市治理、数字化建设问题。项目组力图从多个维度入手，把研究重点聚焦到超特大城市规模与结构的优化及治理能力建设上来。通过一年多的深入研究、典型调研和专题交流，形成了若干新的认识与判断。

其一，基于行政区划视角研判超特大城市规模和结构问题是不合适的。人们所关注的"大城市病"多发生在其中心城区。中心城区面积虽只占城市的一小部分，但却承载了高度集聚的产业与人口，导致严重环境污染、交通拥堵。所谓优化超特大城市的规模和结构，其核心问题就是优化中心城区的规模和结构。因此，有必要将超特大城市经济集聚和人口集聚意义上的城市区域（即中心城区）"拎"出来，进行聚焦分析。

其二，城市规模与城市结构是相互关联的，结构是一定规模下的支撑，规模是一定结构上的反映。超特大城市结构包括功能结构、产业结构和人口结构等多个维度，最终都将落到物理空间结构上。优化调整超特大城市规模问题最终也要通过优化调整具体结构特别是空间结构来实现。

其三，资源环境要素是支撑超特大城市发展建设的基础。研究表明，北京、天津、青岛、济南、郑州、深圳等超特大城市规模已超过合理的水资源承载力水平，值得警觉。要特别关注提高资源配置和利用效率问题，不能依靠无限制供给支撑城市规模的扩张。

其四，交通是决定城市规模和结构的关键因素。本项目从交通角度论证了超特大城市中心城区及其都市圈的合理规模结构，并就通勤问题进行实证研究。按照通勤时间不超过 40 分钟的上限，提出超特大城市中心城区空间范围不宜超过半径 13 ~ 15 千米的建议。研究认为，北京、上海及成都等城市须切实抓紧控制中心城区规模。

其五，构建现代化都市圈是破解超特大城市发展矛盾的重要举措。实现超特大城市健康发展，既要在中心城区做文章，还必须着眼都市圈范围优化资源配置，推动主要功能、重点产业、基础设施、公共服务等均衡化布局，实现开放协作和协调发展。

其六，提升治理能力是超特大城市高质量发展的必由之路。合理的城市规模及结构最终取决于城市治理能力。当今，数字化管理在精准识别需求、科学配置资源方面发挥重要作用，也是超特大城市实现治理能力现代化的重要抓手。

基于上述认识，项目组提出如下建议：一是根据环境资源承载力和交通承载力适度优化和控制超特大城市规模，尤其是中心城区的规模；二是基于自然条件和资源禀赋，实现城市紧凑型布局；三是推广公共交通为导向的城市发展模式，优化城市空间结构；四是加快推进超特大城市发展的绿色低碳转型，引领全国性绿色变革；五是着眼于高质量可持续发展的需要，大力提升超特大城市治理能力。

　　"城市规模及结构"是个内涵丰富、意义重大的课题，尽管本项目研究在若干领域有所突破，提出了独到的见解，但却未能全面系统地回答人们所关心的问题。项目组希望本研究能起到"抛砖引玉"的效果，唤起有关专家学者给予超特大城市规模与结构优化问题更多关注，进一步开展深入的研究。我们也深知本项目研究还存在许多不足之处，殷切期望读者予以批评指正。

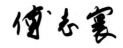

2022 年 7 月

目　录

总报告　解析规模及结构：探索中国超特大城市高质量发展之路

专题一　中国超特大城市合理规模及结构：概念界定与理论综述

专题二 基于资源环境视角的超特大城市 规模及结构战略研究

专题三 基于交通视角的超特大城市合理规模及结构研究

专题四 基于城市数字化视角下的超特大城市规模及结构研究

专题五 中国超特大城市治理能力现代化战略研究

专题六 国际视野下的超特大城市发展模式与思路研究

专栏目录

总报告
解析规模及结构：探索
中国超特大城市高质量发展之路 *

* 课题组组长：傅志寰，中国工程院院士。成员，吴志强，同济大学教授、中国工程院院士；王坚，杭州云栖工程院创办人、中国工程院院士；徐宪平，国家发展改革委原副主任、国务院参事室原参事；李晓江，中国城市规划设计研究院教授级高级城市规划师；陆化普，清华大学教授；杨立华，北京大学政府管理学院长聘教授、公共治理研究所研究员；方洁，浙大城市学院教授；胡京，中国城市规划设计研究院高级城市规划师；滕飞，北京大学副教授；张洪谋，北京大学助理教授；杨春霞，中国人民公安大学讲师；张国强，国家发展改革委综合运输研究所研究员；王瑞民，国务院发展研究中心市场经济研究所副研究员；李开孟，中国国际工程咨询有限公司总经济师、研究员；尤伯军，中国国际工程咨询有限公司人力资源部正高工；孙硕，中国国际工程咨询有限公司董事会办公室高工；于强，中国国际工程咨询有限公司社会事业部副研究员；彭树恒，中国国际工程咨询有限公司社会事业部正高工；董继红，中国国际工程咨询有限公司社会事业部助理研究员；岳文静，中国国际工程咨询有限公司社会事业部高级经济师；樊劭然，中国国际工程咨询有限公司社会事业部工程师；刘星烁，中国国际工程咨询有限公司社会事业部助理工程师。鸣谢：中国工程院和中国国际工程咨询有限公司主要负责同志。

执笔人：于强、张国强、王瑞民。

摘　要

城市是人类最伟大的发明，也是实现人类美好生活的重要载体。当前，超特大城市已经成为引领全球创新与经济增长的主要空间。同时，人口激增、交通拥堵、环境污染、住房紧张等"大城市病"也日益突出。21世纪中叶，人口还将继续向城市特别是超特大城市集聚，如何走上一条高质量可持续的城市发展道路，是摆在我们面前的一项重要课题。

本书以超特大城市高质量可持续发展为主线，以破解"大城市病"为出发点，基于城市规模与人均福利之间"倒 U 形曲线"关系，统筹考虑宏观、中观、微观多个层次，从资源环境、综合交通、城市治理、数字化以及国际借鉴等不同视角进行分析论证，在此基础上，将超特大城市向内集聚的"中心城区"和向外扩散的"都市圈"作为重点优化空间，立足我国国情并借鉴国际经验，总结提炼出若干基本认识，并着重从调控中心城区规模、鼓励多中心紧凑型布局、推广公共交通导向发展模式（TOD）、推进绿色低碳转型以及提升城市治理能力等方面就未来超特大城市规模结构优化乃至高质量可持续发展提出建议。

一　绪论

本课题旨在分析城市要素集聚与规模扩张中产生的"大城市病"及其应对策略，并从资源环境、交通、城市治理等多个维度探讨城市合理规模范围与空间结构形态。课题采用"1（总体研究）+6（专题研究）"的组织模式，经过对十余个代表性城市的典型调研以及一系列会议研讨后，将研究重点聚焦到超特大城市的合理规模研判、空间形态优化、绿色低碳转型及治理能力建设等方面，并总结提炼若干基本认识，进而提出有关建议。

（一）研究的背景

城市既是人类最伟大的发明，也是实现人类美好生活的核心载体。城市的发展与规模扩张是一个复杂的经济社会过程，其本质是土地、劳动力和资本等生产要素从农村向城市转移和集聚。与此同时，居民的主要职业、生活方式也随之变迁（United Nation，2019）。

以信息技术为代表的新一轮技术革命浪潮，进一步提升了城市的人口与产业承载能力，人口日益向超特大城市及以其为中心的都市圈[①]集聚。全球大都市监测报告显示，全球 1/3 的新增就业和 2/3 的新增 GDP 集中在最大的 300 个大都市区（Brookings，2018）。在很大程度上，超特大城市已经成为引领全球创新与经济增长的主要空间。

但也要看到，要素与功能的过度集聚带来的城市规模膨胀，不可避免地带来了"大城市病"：包括人口激增、交通拥堵、环境污染、住房紧张等。面对"大城市病"的困扰，城市居民的幸福感和获得感大打折扣，城市自身的高质量发展以及基于超特大城市创新能力的国家竞争力提升也因此受到不利影响。究其原因，"大城市病"是超特大城市供给与需求的不平衡以及与之相应的治理能力跟不上城市发展和经济社会变迁需要的结果。产业规划布局、交通基础设施建设及公共服务供给滞后要素的快速集聚，产业与人口过度集聚于基础设施与公共服务已经比较完善的中心城区，"拥挤"便成为常态；当"拥挤"超出城市规模经济与城市居民健康生活的边界后，即进一步演变为"病态"——"大城市病"。特别是在当前新冠肺炎疫情仍呈现多点散发的态势下，城市居民对健康有序的城市生活的美好向往更加强烈，这无疑也对应对"大城市病"及提升城市治理能力提出了新的要求。

[①] 需要注意，对应英文文献中的大都市区（Metropolis），在我国有都市圈和城市群两个有所联系又不完全相同的概念。根据中国《国家发展改革委关于培育发展现代化都市圈的指导意见》，都市圈是指围绕某一个中心城市（即超大或特大城市）的城镇化形态。城市群是由若干个都市圈构成的广域城镇化形态，其内部应该包含若干个中心城市。在体量和层级上，都市圈都要小于城市群的概念。

到 21 世纪中叶，中国的城镇化率估计还有 10～15 个百分点的空间，人口还将继续向城市特别是超特大城市集聚。作为新发展格局中重要节点的超特大城市，其合理的规模和结构关乎资源配置能力与效率的高低，并进一步影响到城市居民的幸福感和获得感、城市层面的高质量发展和整个国家的竞争力。引导超特大城市提升高端要素的配置能力，疏解其非核心功能已成为近年中央政府城市化政策的主导方向①。这就需要在人口集聚与约束条件趋紧的情况下，重新审视超特大城市的合理规模及结构，并在更大的都市圈视角下优化产业、人口、基础设施及公共服务在地理空间上的布局，结合国际主要经济体大都市区中心城区人口疏解与"大城市病"治理相关经验，提出符合中国国情的超特大城市合理规模与结构的优化建议。

（二）研究的意义

着眼于超特大城市的"大城市病"及其治理，探讨我国城市合理的发展规模及结构，对于更好地满足城市居民美好生活需要、促进城市自身高质量发展和提升整体国家竞争力都有重要且深远的意义。

一是有利于满足城市居民高品质生活的需要。2010 年上海世博会倡导："城市，让生活更美好"。城市的发展归根结底取决于人的发展，而城市多元且丰富的公共产品将促进人的发展，从而形成人与城市和谐发展的良性循环。超特大城市的交通拥堵、住房紧张、环境污染等"大城市病"，直接影响城市居民的生活品质，"大城市病"的蔓延则进一步侵蚀城市活力。在都市圈范围内，重新审视超特大城市特别是其中心城区的合理规模和结构，对于缓解"大城市病"，提升城市居民生活品质意义重大。有必要将要素在都市圈空间范围内进行优化配置，引导非核心功能及相关产业和人口从矛盾集中的中心城区向外围有序疏解；与此同时，完善中心城区与外围的交通等基础设施连接及公共服务供给，促进职住平衡。中心城区规模和结构的优化，无论是对于疏解到外围的城市居民还是继续留在中心城区的城市居民，都将

---

① 《关于 2019 年国民经济和社会发展计划执行情况与 2020 年国民经济和社会发展计划草案的报告》提出，需要引导超特大城市提升高端要素配置能力和国际竞争力，加快向外疏解其非核心功能。

是一个生活品质和城市生活获得感提升的过程。

二是有利于探索新时代超特大城市高质量发展路径。作为创新与经济发展的高地，超特大城市的发展路径对中小城市的发展具有很强的示范意义和带动作用。换言之，超特大城市的高质量发展关乎我国各层级城市整体性的高质量发展。从经济高速增长阶段转向高质量发展阶段后，城市规模"摊大饼"式的无序扩张，迫切需要根据高质量发展的内在要求进行及时调整，特别是功能和结构的动态优化。高质量发展，意味着超特大城市应围绕居民"生产、生活、生态、安全"需要，推动要素更加高效地集聚，不仅需要在都市圈范围内对产业、交通基础设施及公共服务优化布局，还需要从都市圈层面到城市社区协同开展一体化治理。针对超特大城市合理规模与结构的研究，既可为当前超特大城市治理"大城市病"提供有效方案，也可为其他城市在发展过程中避免染上"城市病"提供前瞻性指导。

三是有利于提升国家整体竞争力水平。超特大城市是集聚创新人才与创新要素的高地。哈佛大学经济学家格莱泽（Edward Gleaser）在其颇具影响的著作《城市的胜利》（2012）中指出，高素质人才往往喜欢聚集在一起，超特大城市就是这些直接关系到国家竞争力的高素质人才和高端产业的聚集地。超特大城市动态保持合理的城市规模和结构，可为创新人才与高端产业的发展提供优良的公共服务与基础设施，从而源源不断地吸引其集聚，为城市发展与国家竞争力的提升注入持久活力。

二　我国超特大城市进入高质量可持续发展时期

2021年，我国城镇化率达到64.72%（见图1-1），进入城市化中后期，包括人口在内的各类要素日益向以超特大城市为中心的都市圈集聚。作为经济发展的增长极，超特大城市的高质量可持续发展成为整个经济高质量发展的重要组成部分。以高质量可持续发展为主线，围绕居民"生产、生活、生态、安全"需要，持续优化规模与结构，推动要素更加高效地集聚，成为超特大城市当前和今后一个时期的重要任务。

（一）我国城市化发展阶段性历程

新中国刚成立时，我国是一个典型的农业国家，城镇人口约占 1/10。我国的城市化内生于中国的发展战略选择与产业结构变迁。计划经济时期，重化工业优先发展战略产生了一大批工业城市，但城市化滞后。改革开放以来，特别是加入世界贸易组织（WTO）后，随着我国融入国际产业分工体系，城市化快速推进，涌现出一大批超特大城市，城市化发展也进入以超特大城市为核心的都市圈、城市群引领阶段。梳理我国城市化发展的阶段性历程，有利于理解不同时期城市化的主要驱动力，特别是理解当前超特大城市规模与结构的历史形成过程。

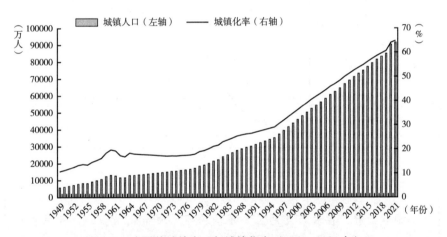

图 1-1 中国的城镇人口与城镇化率（1949~2021 年）

资料来源：根据相应年份的国家统计局数据整理。

美国城市学者诺瑟姆（Ray M. Northam）将城市化历程归纳为一条稍被拉平的 S 形曲线（见图 1-2），于 1979 年提出了"城市化过程曲线"（见专栏 1）。诺瑟姆以城市化率[①]30% 和城市化率 70% 作为两个关键节点，将城

[①] 说明：中国用行政区划概念区分"城市"与"城镇"，现行"城镇化率"一词既涵盖城区也涵盖镇区；在国际领域，往往仅用"城市化率"概念。为适应具体概念特征，在本书中处理为：在我国场景下使用"城镇化率"概念，其他场景使用"城市化率"概念。

市化历程划分为三个阶段：城市水平较低、发展较慢的初期阶段（城市化率30%以下）；人口向城市迅速聚集的中期加速阶段（城市化率在30%~70%）；进入高度城市化以后城镇人口比重的增长又趋缓慢甚至停滞的后期阶段（城市化率达到70%以上）。诺瑟姆曲线的阶段性划分，对于正确分析和认识中国城市化发展历程具有重要参考意义。

专栏1

城市化发展阶段划分

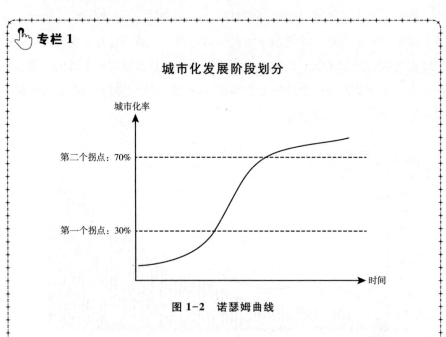

图1-2 诺瑟姆曲线

通常而言，在城市化的三个不同阶段，城市化动力、产业结构以及出现的相应问题或趋势也各不相同（见表1-1）。概言之，城市化率超过10%后，工业化不断加速，轻工业成为经济发展和城市化的主要动力，工业占整个经济的比重快速上升，而服务业比重的上升幅度则相对缓慢。城市化率超过30%后，一般进入重化工业主导的加速期，这一过程一般持续到城市化率达到50%左右。城市化率达到50%~70%时，逐渐进入服务业和新兴产业主导的时期。当城市化率超过70%后，开始进入城市化后期阶段。在这一阶段，经济结构继续以服务业为主，高附加值服务业和高科技产业成为带动城市化的主导动力。

表 1-1　城市化三个阶段的特征与问题

城市化阶段		城市化水平与速度	城市化动力	产业结构	问题/趋势
初期阶段		10%~30%，人口缓慢向城市集聚	轻工业发展	农业为主、轻工业为辅	基础设施匮乏，城市人口死亡率甚至超过农村人口死亡率
中期加速阶段	工业主导的加速期	30%~50%，人口加速向城市集聚	重化工业发展	重化工业主导	交通拥挤、住房紧张、环境恶化，出现郊区化趋势
	服务业和新兴产业主导的时期	50%~70%，城市人口继续较快增长，但增速有所放缓	生产性服务业和生活服务业	逐渐转向服务业和新兴产业主导	城市基础设施与卫生条件等开始改善，可能出现原有主导产业衰退带来的发展动力不足问题
后期阶段		70%以上，城市人口比重缓慢增长乃至基本稳定	信息化、全球化与创新驱动	服务业、高科技产业主导	

资料来源：国务院发展研究中心市场经济研究所课题组编《新一轮技术革命与中国城市化》，中国发展出版社，2021，第45~46页。

1. 城市化初期（1949~1996：城镇化率低于30%）

1949 年，我国只有约 1/10 的人口生活在城镇。10% 的城镇化率实际上是现代意义上的城镇化启动阶段。随着我国实施重化工业优先发展的赶超战略，围绕重点建设项目，扩建、兴建了一批工业城市，城市化进程较快，到1960 年城镇化率已经达到 19.8%。但随后便徘徊不前，甚至有所倒退，[①]1978 年城镇化率仅为 17.9%。[②] 这一时期，城市规模和产业结构受到计划体制的严格管控，城市特别是大城市主要是作为行政中心，对经济增长和社会

---

① 三年自然灾害后，部分"大跃进"过程中进入城市的人口返回农村。
② 国家统计局编《中国统计年鉴 2021》，http：//www.stats.gov.cn/tjsj/ndsj/2021/indexch.htm。

发展的重要性并未充分显现，城镇化明显滞后于工业化。计划经济下，由行政中心对主要资源进行指令性配置，导致城市的经济功能、交通功能和文化功能过度重叠，并产生了深远的影响。如是，也就不难理解，在政治、经济、交通及文化功能重叠的意义上，省会为缩小版的"首都"，县城为缩小版的"省会"。

改革开放后，由于政策倾向仍然是控制大城市扩张、鼓励小城市发展，生产轻工产品为主的乡镇企业异军突起，形成了"进厂又进城"的小城镇发展模式。到1992年邓小平"南方谈话"前，城镇化率上升到27.5%。[①]

20世纪90年代以来，随着中国整体上告别短缺经济，招商引资的地方竞争兴起，工业园区大量兴建，制造业开始加速发展，城市化也随即迅速推进。1990~1996年，中国城市数量从467个上升到666个，城镇化率年均提高0.8个百分点，并于1996年超过30%，[②] 开始向城市化中期阶段迈进。

2. 工业化主导的城市化中前期（1996~2011年：城镇化率30%~50%）

这一阶段，得益于廉价的农业转移劳动力与工业用地供给，制造业发展进一步提速。2001年加入WTO，充分融入国际产业分工体系，中国快速发展成"世界工厂"。全球化在推动中国工业化的同时，也加速了中国城市化进程。2000~2011年，中国城镇化率从36.22%上升到51.27%，年均提高1.9个百分点，是改革开放以来中国城市化推进速度最快的一个阶段。城市规模也因此急剧扩张，同期中国城市建成区面积从2.24万平方千米扩张到4.36万平方千米，[③] 11年间增长了94.6%。

3. 服务业主导的都市圈、城市群引领发展新阶段（2011年以来，城镇化率超过50%）

2011年中国城镇化率首次超过50%，2012年中国第三产业增加值占

---

① 国家统计局编《中国统计年鉴 2021》，http://www.stats.gov.cn/tjsj/ndsj/2021/indexch.htm。

② 国家统计局编《中国统计年鉴 2021》，http://www.stats.gov.cn/tjsj/ndsj/2021/indexch.htm。

③ 国家统计局编《中国统计年鉴 2013》，http://www.stats.gov.cn/tjsj/ndsj/2013/indexch.htm。

GDP 的比重开始超过第二产业，进入服务业①主导的都市圈、城市群发展引领新阶段，"中心城市和城市群正在成为承载发展要素的主要空间形式"。②这个阶段城镇化率提升速度总体延续每年提高约 1 个百分点的态势，从 2012 年的 52.6% 稳步提升至 2021 年的 64.7%。③

城市群的演进也呈现明显的阶段性特征。一国的城市化率达到 50% 时，城市数量和规模都显著扩大，空间上开始呈现连片发展的趋势，中心城市的制造业向城市群外围区域转移，城市群开始起步。当城市化率达到 70% 时，城市群的边界基本框定，中心城市以服务业为主导，外围城市以制造业为主导的产业结构基本形成，城市群进入成型阶段。需要指出的是，这一阶段国家政策开始从区域层面强调城镇化进程中的空间优化。2016 年"十三五"规划提出"以城市群为主体形态"和"加快城市群建设发展"。超特大城市是都市圈、城市群的中心城市和增长极，往往吸纳的人口流入最多，其规模限度与合理结构对城市乃至区域高质量发展都至关重要。

（二）超特大城市发展情况及主要特征

超特大城市一般为国家或区域中心城市，通常也是特定都市圈或城市群的中心城市。在我国政策语境下，都市圈和城市群为两个既有联系又有区别的概念。都市圈是指围绕某一个中心城市（多是超大或特大城市）的城镇化形态，是中心城市向外围拓展而成（见专题三中图 4-4）的一日生活圈。而城市群则是由若干个都市圈构成的广域城镇化形态，其内部往往包含若干个中心城市。在体量和层级上，都市圈小于城市群。

---

① 特别是在一些超特大城市，服务业已经成为主导性产业。
② 习近平：《推动形成优势互补高质量发展的区域经济布局》，《求是》2019 年第 24 期。
③ 《新型城镇化建设扎实推进 城市发展质量稳步提升——党的十八大以来经济社会发展成就系列报告之十二》，国家统计局网站，http://www.stats.gov.cn/xxgk/jd/sjjd2020/202209/t20220929_ 1888803. html。

1. 我国超特大城市的基本情况

2014 年《国务院关于调整城市规模划分标准的通知》中规定：城区常住人口 500 万人以上 1000 万人以下的城市为特大城市；城区常住人口 1000 万人以上的城市为超大城市。按照 2008 年国家统计局发布的《统计上划分城乡的规定》，城区是指在市辖区和不设区的市，区、市政府的实际建设连接到的居民委员会所辖区域和其他区域，不包括镇区和乡村（见图 1-3）。需要指出的是，城区不是严格的独立行政区域，在不突破市级行政区的前提下，其空间范围既可以打破市级以下行政单元，也可以打破基础统计单元（如社区、街道），城区的范围可能覆盖、跨越或包含多个区级行政单元。

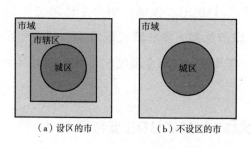

图 1-3　城区和行政边界的关系

按照 2020 年第七次全国人口普查数据，全国共有北京、上海、广州、深圳、重庆、成都、天津等 7 个超大城市，以及武汉、东莞、西安、杭州、佛山、南京、沈阳、青岛、济南、长沙、哈尔滨、郑州、昆明、大连等 14 个特大城市。

2. 增长繁荣与"大城市病"

人口等要素集聚为超特大城市带来了增长与繁荣。超特大城市在共享、匹配与学习三大微观机制上均有突出优势（见专栏 2）。但同时也要看到，要素过度集聚也不可避免产生"负外部性"，带来"大城市病"，引发人口膨胀、交通拥挤、环境污染、住房紧张等一系列问题。

专栏2

大城市的优势及其原因

大城市在共享、匹配与学习三大微观机制上均有突出优势。

共享：大型的不可分商品和设施的共享、来自多样性收益的共享、劳动分工深化带来的个人专业化收益的共享，使得城市的生产效率更高。

匹配：大城市中较高的人口密度以及高素质人才的集聚提高了匹配的质量与机会，减轻了专用技能或资产的"要挟"问题，一些具有较高技能和知识的人只有在城市甚至大城市才能找到用武之地。一般而言，集聚效应会使城市劳动力增长快于企业数量增长，加剧劳动力市场竞争，有利于企业降低成本。

学习：大量的人口集聚有利于面对面的交流，有利于知识溢出和创新，也有利于技能和思想的传播。

资料来源：〔美〕约翰·弗农·亨德森、〔比〕雅克-弗朗索瓦·蒂斯主编《区域和城市经济学手册（第4卷）——城市和地理》，郝寿义、孙兵、殷存毅、白玫译，经济科学出版社，2012，第6~42页。

（三）超特大城市主要矛盾集中在中心城区

超特大城市不单纯是一个人口概念①，不等同于集聚意义上的经济活动区域，除了人口和产业集聚的城区外，往往还包括大量的农村区域。从更广阔的视角来看，城市的界定也因国家而异（见专栏3），行政区划、人口特征（人口规模与密度）、经济特征及城市功能均可成为城市的划分标准。

---

① 在行政管理上，我国普遍实施"市管县"体制，以经济比较发达的中心城市作为一级政权来管辖周边的一部分县、县级市。新中国成立初期，我国就有少数城市实行市领导县体制。此后，实行市领导县体制的城市逐渐增多，20世纪50年代末达到第一次高潮，60年代初开始回落并进入低潮，70年代又逐渐复苏。从1982年开始，我国又掀起新一轮的市管县体制改革浪潮。市管县体制已成为我国大多数地区的行政区划体制。

👆 **专栏 3**

"城市"的界定标准

在全球 233 个国家和地区中，有 121 个国家和地区使用行政区划来区分城市和农村地区。其中，59 个国家以行政区划作为唯一标准。中国的城市即是以行政区划界定。有 108 个国家和地区用人口规模与密度来界定城市，其中 37 个国家和地区以人口特征（人口规模与密度）作为唯一标准。然而，居住区被视为城市的人口标准下限差别很大，有的国家和地区将 200 人以上聚居的地方就称为城市，而有的国家和地区城市的人口标准下限为 5 万人。如美国聚居人口超过 2500 人的地区即可称为城市，希腊把城市定义为最大的人口中心超过 1 万名居民的自治地区。38 个国家和地区以经济特征作为界定城市的部分标准。69 个国家和地区以城市功能（如铺砌街道、供水系统、排水系统或电照明）作为城市界定的部分标准。如尼加拉瓜的城市指的是有街道和电灯、居民超过 1000 人的行政管理中心。尚有 12 个国家和地区没有明确的城市界定标准。

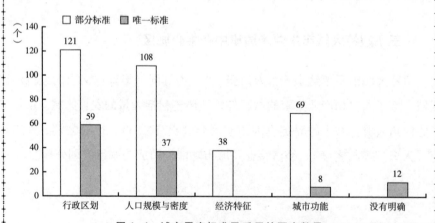

图 1-4　城市界定标准及采用的国家数量

资料来源：The United Nations, *World Urbanization Prospects*: *The 2018 Revision*, TABLE 1. NUMBER OF COUNTRIES ACCORDING TO THE CRITERIA USED IN DEFINING URBAN AREAS, 2018 REVISION, p.6。

1."大城市病"主要集中在中心城区

在超特大城市规模扩张过程中，产业规划布局、交通基础设施建设、公共服务供给和城市治理能力往往跟不上要素集聚和产业集聚的节奏，中心城区"过度集聚"带来一系列"大城市病"。所谓"大城市病"，不是普遍发生在整个市域范围，而是集中在面积占比不大的中心城区。

以往讨论城市规模问题时往往会用行政单元概念去替代城市实体空间概念，这是不准确的。中心城区虽只是城市的一小部分，但集中承载了超特大城市的优势产业与主要功能，人口等要素高度集聚，是超特大城市"城市病"的主要"发病"区域，应予以重点关注。优化超特大城市的规模和结构，其核心就是优化中心城区的规模和结构，应重新审视中心城区的要素集聚、功能布局、产业发展、人口规模与密度、基础设施和公共服务布局，向外在都市圈乃至城市群范围内寻求布局优化的合理空间与路径。

2.重新审视并识别中心城区

按照行政区划范围来讨论超特大城市的规模与结构，将成为一个"伪命题"。为讨论方便，避免概念认知上的混乱，有必要将超特大城市经济集聚意义上的城市区域——中心城区"拎"出来，进行聚焦分析。

目前，中心城区①概念是模糊的。对于"中心城区"有不同表述，例如城市核心区②、主城区、建成区③等，据此难以开展有关问题的深入对比研

---

① 规划部门从城市规划角度划定"中心城区"范围，用以描述所在行政区域城镇体系中处于首位城市的总体规划建成区范围。中心城区更多反映的是城市规划发展的具有较高密度、基础设施较为完善的核心建成区。

② 一座城市政治、经济、文化等公共活动最集中的地区，是城市公共活动体系的主要部分。城市核心区是一个综合的概念，是城市结构的核心地区和城市功能的重要组成部分，是城市公共建筑和第三产业的集中地，为城市和城市所在区域集中提供经济、政治、文化、社会等活动设施和服务空间，并在空间上有别于城市其他地区。它包括城市的主要零售中心、商务中心、文化中心、行政中心、信息中心等，集中体现城市的社会经济发展水平和发展形态，承担经济运作和管理功能。

③ 建成区是指城市行政区内实际已成片开发建设、市政公用设施和公共设施基本具备的地区。统计部门用建成区来反映一个市的城市化区域的大小。具体指一个市政范围内经过征用的土地和实际建设发展起来的非农业生产建设的地段，包括市区集中连片的部分以及分散在近郊区域与城市有密切联系的具有基本完善的市政公用设施的城市建设用地（如机场、污水处理厂、通信电台）。

究，难以精准分析城市发展演化的客观过程，以支撑发展规划和相关政策制定。通过调查研究，本书认为中心城区是指位于超特大城市，具有高首位度、高人口密度和完善城市设施与服务的连片城市空间区域，并从人口密度、通勤联系、人员交流、建设用地范围等维度对中心城区实体范围进行识别。

3. 延伸关注作为居民活动单元的社区

社区是城市的细胞。对于城市居民个体而言，社区是其主要的活动区域之一。让社区成为"日常活动"的集中区域，即在社区尺度内实现职住平衡，满足居民的生活、工作需求，进而减少大范围、远距离出行，[①] 减少交通拥堵，是超特大城市缓解"大城市病"的有效措施。完整社区（complete neighborhood）、15分钟生活圈等规划概念，本质上都是要在居民居住地附近非机动交通可达的范围内布置就业、生活和公共服务所需的设施，进而用功能完善的小圈层填满整个大城市。

（四）超特大城市规模结构优化亟须提上议事日程

城市的高质量发展，归根结底要形成人与城市和谐发展的良性循环。城市由于规模经济、集聚效应、知识技术溢出等，提升了劳动生产率，为其居民带来更多的就业机会。但超特大城市的交通拥堵、住房紧张、环境污染等"大城市病"，直接影响城市居民的生活品质，"大城市病"的蔓延则进一步侵蚀城市活力与高端要素配置能力。因此，城市规模[②]和居民人均福利水平之间呈现的倒U形关系（见图1-5），也是探求城市合理规模的理论基础。

对于人口规模较小的城市，倒U形曲线的斜率很大，人口增长带来的

---

① 20世纪最负盛名的建筑师沙里宁（Eliel Saarinen）提出了有机疏散理论，认为应对"日常活动"的区域进行集中布局，使活动需要的交通量减少到最小程度，并且不必都使用机械化交通工具；不经济的"偶然活动"的场所则可不拘泥于一定的位置而进行分散布置。该理论认为，"对日常生活进行功能性集中"和"对这些集中点进行有机的分散"这两种组织方式，是使原先密集型城市得以实现健康发展所必须采用的两种基本方法。

② 通常指城市人口规模，有时以城市用地面积为辅助标志。

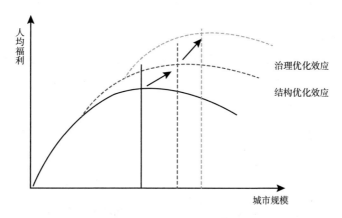

图 1-5 城市规模与人均福利

潜在集聚效应较强，对城市经济发展和福利的增长具有较高的边际贡献；而随着城市人口的增加，倒 U 形曲线逐渐平坦，人口过度集聚带来的负效应作用明显增强，集聚效应渐趋下降，人口增长对经济发展和福利提高的边际贡献降低。倒 U 形的关系是非对称的，即低于最优规模的经济效率损失大于超过最优规模的经济效率损失。但需要指出的是，城市的合理规模并不是一个静态的顶点，而会随着城市结构、城市治理水平的改变而变化，这是城市发展的基本规律。

城市规模主要是人口和土地在量上的累积，而城市结构则是包括人口、土地在内的各要素相互关系、相互作用的形式和方式，涵盖产业结构、功能结构、空间结构等。产业结构主要包括各个产业的产出和就业结构，主要反映了城市的经济吸引力与就业机会；功能结构主要包括政治功能、交通功能、文化功能等，在很大程度上反映了城市基础设施与公共服务的质和量。

作为城市各要素在空间范围内的分布和组合状态，空间结构是产业结构和功能结构等在空间上的投影，是城市经济发展和功能发挥的空间组织形式，一般表现为城市密度、城市布局和城市形态等形式。探讨超特大城市的空间结构，应进一步进行层次上的区分。除聚焦"大城市病"集中的中心城区外，视野应向外延伸至都市圈乃至城市群，向内细化到作为居民活动与治理单元的社区。

站在超特大城市高质量发展的历史转折点上，有必要将优化超特大城市规模和结构提上城市发展日程，寻求城市规模扩张带来的规模经济与负外部效应的平衡点。在此基础上，推进以人为核心的城镇化，让城市成为高品质的生活空间，需要围绕"经济需要、生活需要、生态需要、安全需要"统筹布局。

习近平总书记提出要"增强中心城市和城市群等经济发展优势区域的经济和人口承载能力"，"同时，城市发展不能只考虑规模经济效益，必须把生态和安全放在更加突出的位置"，因此，"城市单体规模不能无限扩张。目前，我国超大城市（城区常住人口 1000 万人以上）和特大城市（城区常住人口 500 万人以上）人口密度总体偏高，北京、上海主城区密度都在每平方公里 2 万人以上，东京和纽约只有 1.3 万人左右。长期来看，全国城市都要根据实际合理控制人口密度，大城市人口平均密度要有控制标准"。[①]我们欣喜地看到，技术革命使得在都市圈视角下实现中心城区和外围区域的产业与功能优化成为可能。随着新一轮技术革命的纵深推进，特别是轨道交通体系的快速发展，城市间的运输成本与运输时间大大降低，中心城区与都市圈外围区域间的联系更加紧密，不同类型的就业人口与产业在中心城区-外围区域的区位调整成为可能。在成本-收益的充分考量下，都市圈范围内产业结构的优化已经在悄悄地进行。研发、设计、管理等环节在都市圈的中心城市特别是其中心城区集聚，而生产制造环节在外围中小城市集聚；生产性服务业在中心城市特别是其中心城区集聚，而制造业则在外围中小城市集聚。这些都为我们放眼都市圈，解决好中心城市中心城区发展的突出矛盾提供了现实依据。

---

① 习近平：《国家中长期经济社会发展战略若干重大问题》，《求是》2020 年第 21 期。这里提出的"主城区"概念广泛运用于特大城市及超大城市，由于这类城市市辖区数量较多，主城区特指传统市辖区，以与由县市改设的市辖区进行区分。常见此类表述的城市有重庆、武汉等地。

对于超特大城市而言，资源环境是本底条件，交通是基础支撑，城市治理是核心能力，数字化治理是关键抓手。接下来，本书将从这些方面深入探讨超特大城市规模结构优化问题。

三　超特大城市规模及结构：资源环境视角

进入新发展阶段，超特大城市发展面临的资源环境矛盾最为突出，特别是中心城区的"大城市病"亟待治理。医治"大城市病"，主要在于科学调适超特大城市的发展规模、优化发展结构，疏解中心城区功能，形成城市与资源环境容量和承载力良好匹配的发展态势，进而推动我国超特大城市逐步走向绿色低碳可持续发展。

（一）破解资源环境矛盾需要系统思维

分析北京、上海、南京、成都、杭州、宁波、苏州、深圳、东莞等9个城市案例，我们发现我国超特大城市空间格局现状特征大体上包括单中心集聚型、跨江组合单中心型、多组团型、高度连绵型4种类型。其中，单中心集聚、跨江组合单中心是现阶段我国超特大城市的典型空间结构特征（见表1-2）。从人口密度、通勤联系、建设用地范围三个维度，可以识别这些超特大城市中心城区的基本范围。值得注意的是，连绵发展组团型城市并不存在明显的"中心城区"。

表1-2　中国超特大城市规模结构特征

城市	空间结构特征	中心城区面积（平方千米）	中心城区人口（万人）
北京	中心城区蔓延与巨型化态势	966	1224
上海	从单中心到多中心	657	1192
南京	从老城集聚到跨江发展	457	605
成都	单中心圈层式+大城市带大农村	688	948
杭州	中心集聚+廊道拓展	627	701

续表

城市	空间结构特征	中心城区面积（平方千米）	中心城区人口（万人）
宁波	典型的多组团格局	309	338
苏州	千万人口规模组团	536	459
深圳	高度连绵型组团	—	—
东莞	超高城镇化率的连绵发展组团	无明显的中心城区	—

资料来源：课题组根据百度 LBS 公开数据整理，其中深圳和东莞无显著中心城区。

超特大城市发展和治理是典型的系统工程。尽管"大城市病"集中在中心城区，但解决资源环境问题需要系统思维，需要处理好"整体"与"部分"的关系，从宏观、中观和微观三个层次考虑。宏观上要尊重国土空间的自然资源环境禀赋，建立资源环境的整体观；中观上要统筹超大城市（中心城区）与都市圈、超特大城市内部的中心城区与外围组团发展的紧密关系；微观上要下沉到社区，把宏观层次资源环境禀赋约束和中观层次超大城市规模和结构调整细化到微观的社区网格化治理，把资源环境的宏观约束、中观调控和微观细治统筹起来，为我国实现人与自然和谐发展建构资源环境永续的空间结构。①

（二）国土资源环境整体观

我国超特大城市规模和结构的合理化发展，首先要建立在我国资源禀赋和环境容量的整体观上，基于国土空间分区的土地、水资源、水环境及大气环境等资源环境约束的宏观视域，来审视我国超大城市发展的规模和结构合理化问题。

从土地资源看，我国以"胡焕庸线"②为分界："胡焕庸线"以东区

---

① 同时，需重视中心与外围的关系。从案例城市的中心-外围关系来看，外围组团普遍面临发育不足、利用低效等问题；各城市中心-外围失衡也造成了地域性的资源环境挑战，如北京热岛效应、南京长江大保护、成都灌溉遗址破坏与保护等，同样需要重点关注。
② "胡焕庸线"是中国地理学家胡焕庸在 1935 年提出的划分我国人口密度的对比线，最初称"瑷珲—腾冲线"，后因地名变迁，先后改称"爱辉—腾冲线""黑河—腾冲线"。

域，土地资源条件较好；以西区域受高程、坡度和地形起伏度偏大的刚性约束，土地资源条件远不及"胡焕庸线"的东区。从水资源和水环境看，我国水资源的空间分布与降雨量格局基本吻合，即东南多、西北少；水环境容量南高北低，呈现流域分布的显著特征。从大气环境容量看，青藏高原高，中部地区低。

对资源环境分区的土地资源、水资源、环境、气候舒适度、碳排放等维度的评价，需要特别关注如下三个问题。

第一，北方超特大城市的缺水问题，其主要原因除了受自然条件影响之外，北方地区对地表水和地下水资源的过度开发，对水质以及整体生态环境带来了负面影响，进一步加剧了北方城市缺水的问题。

第二，长江中下游城市的大气环境质量问题，其主要原因是伴随工业化和城市化快速发展，空气污染日益严峻。同时，由于长江中下游平原地区风力较小，空气污染物不易向外扩散，这些地区大气污染加剧。

第三，沿海城市水污染防治和水生态修复问题，其主要原因是工业废水排放，以及城市人口增长过快导致的城市污水处理设施相对滞后。

（三）超特大城市资源环境典型问题

对上海、南京、重庆、成都4个城市的具体研究表明，超特大城市的资源环境问题严重，亟待治理。主要问题如下。

一是水资源供需矛盾。人口规模大的城市，水资源压力指数明显高于人口规模偏小的城市。同时极端干旱天气及宏观政策调控对水资源供需矛盾影响较大。生活用水占比快速上升，节水水平仍然较低，人均用水量相比国外发达城市仍然处于高位。

二是水环境污染。需要重点关注城市生产生活的污水排放及其治理水平。同时，城市人口规模不宜无序扩张，城市上游污染扩散对水环境污染也具有显著影响。

三是生活污水排放问题。与国际上的超大城市相比，我国超大城市人均污水排放量较高，且污染物管控的标准和内容与国际差距较大，污染治理标准亟待提升，应引起高度重视。

四是大气环境污染问题。工业环境源和移动环境源占主导地位，同时受极端气候影响较大；居民生活排放大气污染物占比显著提高。需要指出的是，我国大气质量标准中污染的防治管控要求相较国际标准偏低。案例城市中心城区空气质量水平仍处于世界卫生组织过渡目标（WHO-Ⅰ）阶段。

五是固体废弃物污染问题。现阶段我国城市人均生活垃圾排放规模处于上升期，增量较大。未来随着城市规模增长，城市固废总量仍将不断上升。目前我国城市生活垃圾处理以填埋和焚烧为主，生活垃圾资源化利用水平较低，垃圾分类刚起步。

六是生态安全与绿色福祉问题。城市土地开发需求强劲，无序蔓延现象严重，造成超特大城市、都市圈和更广泛的区域生态空间侵蚀与生态环境破坏。其中，中心城区的高强度开发占用了大量土地，直接影响公园绿地等城市公共服务资源的合理布局。

（四）城市群层面碳排放实证分析

我国计划 2030 年前二氧化碳排放达到峰值，争取 2060 年前实现碳中和。城镇是碳排放的主要空间，在落实"双碳"战略目标上发挥着举足轻重的作用。本书以粤港澳大湾区为研究对象，基于碳排放视角审视城市发展历程，从大湾区和城市样区两个层面，探索了在不同空间尺度下的碳排放总量、碳排放效率与城市人口规模、经济规模、产业结构、空间形态、土地利用方式等方面的相关性。

碳排放效率与区域产业结构高度相关。进入工业化成熟阶段，尤其是生产性服务业比重较高的城市，整体碳排放效率要高于其他城市。如果对其内部进一步细分可以发现：第二产业占比越高的区域，碳排放效率越低；第二产业比重相似的区域，其碳排放效率则随着高科技制造业比重升高而升高。具体来说，香港、广州、深圳及东莞等环珠江口城市的中心城区，以服务业为主导，第二产业比重较低，人均碳排放效率较高。第二产业比重相似的区域，单位 GDP 碳排放量与本地主导产业相关，如深圳龙岗、宝安与江门台山、新会，第二产业比重均在 50% 以上，但单位 GDP 碳排放量相差 4~7 倍①；其中，深圳龙岗、宝安以信息通信技术等产业为主导，尽管属于第二产业，单位 GDP 碳排放量仍处于较低水平，而江门台山、新会以铝业、药业、皮业等资本密集型产业为主，碳排放效率较低。

碳排放总量与城市规模结构有关。区域和城市的中心地区以及人口密集地区往往碳排放总量更大，但同时碳排放效率也更高。如粤港澳大湾区碳排放总量较高的地区集中在环湾区经济活跃区域，主要为香港、佛山、惠州、广州等城市；从碳排放重点区域来看，珠江口东侧碳排放量总体高于西侧。

从碳排放效率来看，城市核心区相比外围地区，具有更高的居住用地比例以及更高密度的公共服务配套设施、路网密度和绿地公园空间。高度融合的产城关系、更合理的用地结构、更高品质的城市服务配套都有助于提升碳排放效率。例如珠三角九市分县（区），碳排放效率总体上呈现由都市圈核心区向外围地区递减的趋势，广州、深圳、东莞、佛山等环珠江口核心城市的中心城区，单位人口碳排放量和单位 GDP 碳排放量较低，碳排放效率相对较高。

同时需要指出的是，尽管更密集的中心城区碳排放效率更高，但这并不意味着中心城区和核心地区越大越密就越有利于碳排放，正确的认识是：适当的集中而不是蔓延式的发展更有利于碳排放。

总体而言，资源环境因素对超特大城市规模与结构的合理化发展具有重大影响。今后一段时期，水资源及其利用水平仍然是限制超特大城市规模的关键因素；大气和水环境质量及水污染问题也是制约超特大城市高质量发展的重要因素；城市固体废弃物总量随城市人口规模增长还将持续增加；关于城市生态安全和绿色福祉的意识与需求将不断增强。

---

① 数据采自广州、深圳、东莞、佛山、惠州、江门、肇庆、中山、珠海等 9 市 2018 年统计年鉴以及香港和澳门特别行政区统计机构官网公开数据。

（五）超特大城市发展的资源节约环境友好导向

遵循高质量发展的战略指引，我们需要系统审视国土分区、都市圈、超特大城市中心城区及社区的多个层次，综合考虑传统资源环境要素影响、人民美好生活需求和城市治理能力及我国"双碳"战略要求，采取基于资源环境约束的差异化策略，特别是提倡基于人与自然和谐发展的解决方案，合理引导超特大城市发展。

1. 宏观对策：尊重国土空间自然资源约束规律

基于国土空间资源环境分区的要素特征，从土地资源、水资源、大气环境等方面充分认识我国不同分区内超特大城市的资源环境重点约束条件，其中尤其需要关注水资源约束。

关于水资源拥有量，参照联合国标准：联合国人口行动组织 1993 年提出的严重缺水国家的水资源量的标准是小于或等于 1000 米³／（人·年），水资源紧迫国家的标准是 1000~1667 米³／（人·年），根据这一标准，我国现有 21 个超特大城市有 17 个严重缺水（见图 1-6）。

关于人均用水标准，由于水资源总量具有区域性特征，结合我国统计资料的现状情况，水资源承载力主要落实到市域人口规模。人均用水标准，可以参考日本的情况，据日本交通省 2018 年官方数据，折算后日本城市人日均用水量为 490 升，人年均用水量为 178.78 立方米。以此标准来衡量我国超特大城市水资源的人口承载数量，可以看到我国北方的北京、天津、青岛、济南、郑州以及南方的深圳等超特大城市已经超过了合理的水资源承载力。

有鉴于此，应大力倡导尊重资源禀赋特征与自然规律，减少对资源工程的依赖性，减少对宏观地理资源环境生态体系的干扰；从空间优化、绩效改进、韧性提升、污染防治、设施完善、绿色转型等多方面采取系统化措施，推进超特大城市发展与自然的和谐共生。

为实现"双碳"战略目标，有必要建立以城市群发展为重点的资源环境治理区域协同机制，重点抓好优化国土空间开发格局、促进产业结构绿色

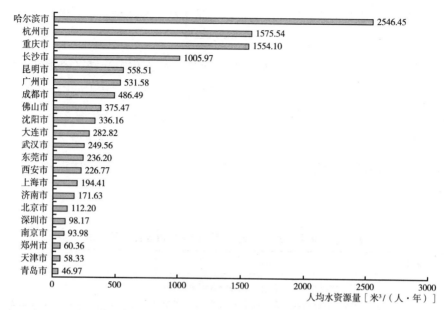

图 1-6 我国 21 个超特大城市人均水资源拥有量

资料来源：课题组根据《中国城市统计年鉴 2020》整理。

低碳转型和加快城乡建设领域绿色低碳改造三项工作，促进超特大城市带头落实国家"双碳"目标。

此外，可考虑建立都市圈乃至城市群范围的碳排放示范区。从我们对粤港澳大湾区的典型案例研究来看，城市高密度地区的人均碳排放量较低，且人均碳排放量和单位 GDP 碳排放量增减规律一致；产业结构与碳排放效率高度相关，实际上适当集中发展相较蔓延式城市发展更有利于碳减排。

着眼于一体化治理，我国还需要尽快建立资源环境的区域协同机制。通过功能疏解实现区域平衡，构建区域生态安全格局，优化市域人口产业布局，推动都市圈的高效协同发展，推动超特大城市向绿色发展全面转型。

2.中观对策：强化中心城区资源环境综合治理

国内案例研究和国际城市经验都表明，传统资源环境要素与中心城区规模并无明显的相关关系，治理能力的提升是跨越资源环境制约、提升资源环境承载能力和解决资源环境城市病问题的关键。

为此，借鉴国际经验（见表1-3），需要全面强化中心城区资源环境治理。超特大城市中心城区需尽快建立污染排放的总量管控和强度指标控制体系，从污染和排放的源头减量，实现从人均指标达标向总量管控转变。同时，重视水资源保护与循环利用、水环境治理修复、大气环境质量优化、固体废弃物处理提升、推进公共绿地服务均等化等治理措施，全面提升人民美好生活品质。

表1-3　资源环境"大城市病"的国际治理经验及启示

城市	经验	启示
伦敦	以最严格的政策与法律体系保障资源环境治理：不断强化城市管制，提高城市治理水平；三次新城运动，推动城市人口疏解；始终关注绿色，建设"世界公园城市"	①规划引领构建都市圈，通过功能疏解优化规模结构 ②在特定阶段，制定并落实严格、全方位的资源环境政策 ③区域绿地建设既是资源环境保护手段也是居民绿色福祉
东京	以首都圈规划领衔的资源环境治理：五次首都圈规划自上而下逐步引导城市功能疏解；配合首都圈功能疏解的法制保障；逐步深入、不断升级的环境治理战略；重视城市绿地建设	

3. 微观对策：提高城市社区资源服务均等化

提高城市绿色福祉建设水平，提升生态空间承载能力，不仅需要宏观和中观层面的管控治理，也需要以高密度、高精度方式加强城市社区环境治理，加强法律法规的基层社区执行力度，积极引入社会大众监管，增强社会监管强度，全面提高市民环保意识。基于超前的资源环境认知视野，提出自下而上的、由内而外的具有针对性的管控手段，对城市资源环境利用进行全方位管控。同时，以公平、公正的城市公共服务为城市建设导向，保障城市资源稳定供应。注重保障城市内各区域间城市公共服务资源的均等供应，实现"老城-新区""中心-外围"的平衡发展，最大限度地实现公共服务的社会公平。

总之，面对生态环境的硬约束，我国超特大城市发展要高度重视生态安全与绿色福祉建设，借鉴国际先进经验，总结我国超特大城市治理的经验和教训，更好发挥政府作用，有效利用市场机制，逐步健全和完善相关制度与政策，全面提升城市绿色治理能力和治理水平。

四　超特大城市规模及结构：交通视角

交通是影响超特大城市规模和结构合理化发展诸要素中的控制性变量，通勤时间的长短事关城市居民幸福感、获得感。需要充分发挥交通要素的支撑引领功能，通过交通系统建设、交通结构优化、交通治理能力及水平的升级，提升未来超特大城市交通效率，进而合理调控超特大城市发展规模与空间结构，推动引导超特大城市、都市圈乃至城市群的交通、经济、社会和环境协同发展。

基于大数据识别方法，选取我国10个超特大城市，量化分析识别超特大城市中心城区和都市圈范围及交通效率现状，然后选取国际先进城市交通效率水平对标，判定我国超特大城市未来交通效率的潜在发展水平，最后结合市民通勤时间的"满意解"（经验值）这一控制变量，综合论证中心城区和都市圈可接受的通勤时间上限，进而提出合理城市规模的研究结论和空间结构优化的具体建议。

从量化研究来看，中心城区和都市圈面临的主要矛盾及造成矛盾的原因有所不同。中心城区城市化程度充分、高强度连片开发、人口密度高，是都市圈的主导核心，也是"大城市病"表现最突出的空间范围。都市圈是以一个首位度占明显优势的中心城市为核心，以通勤范围为空间约束，由若干卫星城镇和具有完整城市功能的若干城市构成的空间区域。中心城区面临的主要任务是破解交通拥堵，缩短出行时间，提高城市出行的便捷高效程度，进而提高市民的幸福感，这需要通过系统化、科学化、智能化、一体化的一揽子解决方案和系统对策来解决。都市圈作为城市的一日生活圈，随着规模不断扩大，通勤距离越来越长，交通时间不断增加，城市竞争力和市民的幸福感显著下降。统筹起来看，中心城区过度拥挤的城市人口和过于集中的城市功能有必要进行适当控制，通过在都市圈层面统筹优化、适当疏解，最终实现超特大城市的人口规模和城市功能的合理化。

（一）通勤时间是超特大城市合理规模的控制因素

交通要素可以看作超特大城市中心城区规模及都市圈空间结构的内生变量，因而城市规模与结构的发展，与城市交通的效率水平具有高度的相关性。国内外研究成果表明，通勤时间的长短直接决定城市居民幸福感，市民通勤时间可以作为控制超特大城市合理规模的基本因素。因此，城市交通技术结构及其决定的交通效率水平可以作为影响超特大城市的规模能级和空间结构合理化的控制因素。[1]

国内外学者对于通勤时间的可接受程度进行了大量研究，论证了通勤时间 40 分钟、1 小时是两个显著的分界点。40 分钟作为重要节点显著改变通勤者满意程度，1 小时基本上是通勤出行的忍耐极限。[2]

综合分析，取 1 小时作为一日生活圈都市圈通勤时间的上限，取 40 分钟作为超特大城市中心城区单程可接受的通勤时间上限，这样基本满足建设"人民满意城市"的要求，也基本满足我国建设交通强国的要求。

---

[1] 2002 年诺贝尔经济学奖获得者、美国普林斯顿大学心理学和公共事务教授卡尼曼（Daniel Kahneman）在 2004 年 *Science* 杂志上发表文章，通过昨日重现法证明了在人类 16 种主要的日常活动（包括工作）中，最令人厌恶的就是上下班通勤。该研究基于日常生活中不同活动的时间安排和效用都会影响个人的幸福体验，证实了上下班通勤活动的影响最为显著。

[2] 国外大量的研究发现，通勤时间 40 分钟及以上将显著影响通勤者满意程度。史密斯（Smith）利用美国波特兰的网络问卷调查数据，发现当美国员工的汽车通勤时间达到 40 分钟时，通勤幸福感负面影响开始显著。尽管人们认为更长的公交通勤时间将降低通勤幸福感，但是他通过多种方式证明了只有 40 分钟这个"转折点"（breakpoint）是重要的。2004年，卡尼曼在 *Science* 杂志上发表的文章表明，当通勤时间超过 1 小时，体验就会急剧下降，产生显著的负面影响。既有研究说明，1 小时的通勤时间是人们幸福感得到一定保障的临界点，超过 1 小时的单程通勤时间与抑郁、焦虑、肥胖等一系列疾病都有密切关系，是"以人为核心的城市化"可以接受的最长时间上限。

（二）超特大城市中心城区及都市圈的交通效率与合理规模

1. 分析论证思路与方法

根据第七次全国人口普查公报数据，综合考虑超特大城市分布情况和城市形态，选取了 10 个城市进行分析，并识别了其中心城区、都市圈的现状范围。在此基础上，分别分析提取超特大城市中心城区和都市圈的交通效率现状。交通效率特征的提取流程与方法是：采用地图坐标拾取系统，定位街道中心点坐标，以街道中心点坐标为圆心，提取圆心 3 千米范围内的居住性质 POI（作为通勤出发点）以及就业性质 POI（作为通勤到达点），将 POI 配对形成 OD 对；通过地图路径导航接口，获取高峰时段（工作日早高峰）各类交通方式的出行时间与距离，计算得到出行速度；根据计算得到的交通效率的实际情况，按照出行分担率进行加权获得综合交通速度。进而，计算得出现状条件下各种交通方式的出行效率。

同时，通过对北京和东京的详细对比分析，并考虑我国城市未来在城市结构和交通结构优化、交通技术和运行效率提升以及治理能力提高方面的可能幅度，确定了未来我国城市交通效率的提高系数。借助这些量化分析结果，对我国中心城区及都市圈的合理规模进行了分析论证。

2. 中心城区与都市圈范围识别

为表述方便，本研究把识别后得到的空间范围转化成等量的虚拟圆的面积，从而可以使用当量半径来表述面积的大小。根据计算结果（见图 1-7、图 1-8）：10 个城市中心城区现状当量半径在 10.69 千米（长沙）~17.54 千米（北京）；中心城区现状当量半径的平均值为 13.12 千米。10 个城市都市圈现状当量半径在 12.36 千米（郑州）~24.25 千米（上海）；都市圈现状当量半径的平均值为 16.09 千米。

3. 现状交通效率分析提取

通过路径规划提取所有早高峰出行数据，计算各交通方式的出行效率，按照实际出行分担率进行加权获得综合交通加权速度，进而得出 10 个城市中心城区与都市圈的出行效率情况（见表 1-4）。

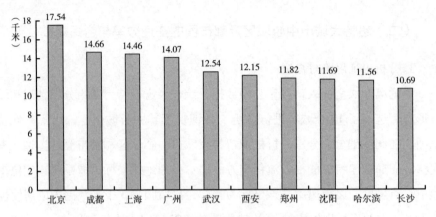

图 1-7　10个城市中心城区现状当量半径

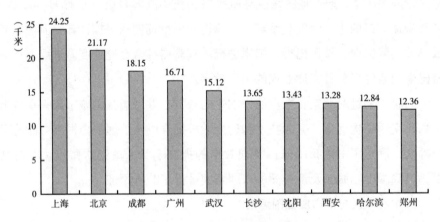

图 1-8　10个城市都市圈现状当量半径

表 1-4　10个城市出行效率情况

单位：千米/小时

序号	城市	速度						加权速度	
		小汽车		轨道交通		公交		中心城区	都市圈
		中心城区	都市圈	中心城区	都市圈	中心城区	都市圈		
1	上海	17.09	18.48	17.49	17.49	14.06	16.94	16.31	17.78
2	北京	14.98	15.36	20.30	20.30	15.70	17.57	16.61	17.21
3	成都	16.43	17.91	16.62	16.62	13.50	15.93	15.39	17.06
4	广州	15.71	16.02	17.21	17.21	13.65	15.98	15.43	16.28

续表

| 序号 | 城市 | 速度 | | | | | | 加权速度 | |
| | | 小汽车 | | 轨道交通 | | 公交 | | 中心城区 | 都市圈 |
		中心城区	都市圈	中心城区	都市圈	中心城区	都市圈		
5	西安	14.72	15.44	15.62	15.62	11.70	12.12	13.77	14.21
6	郑州	16.50	16.86	19.91	19.91	11.20	12.04	14.98	15.47
7	武汉	15.07	15.19	16.18	16.18	13.10	14.32	14.51	15.04
8	哈尔滨	14.44	15.88	15.45	15.45	12.25	13.05	13.37	14.41
9	长沙	14.77	16.92	16.89	16.89	12.28	12.34	14.73	15.95
10	沈阳	14.21	14.49	14.67	14.67	11.27	11.67	13.96	14.14

根据路径规划获取的早高峰实际出行数据，统计早高峰出行的通勤时间，计算中心城区和都市圈两个空间范围所有通勤出行时间的平均值为现状的出行时间。10 个城市中，7 个城市的中心城区现状平均出行时间大于 40 分钟，说明各城市中心城区范围内交通效率不高。10 个城市中，都市圈现状出行时间大于 1 小时的城市有 5 个，分别是上海、北京、成都、广州、武汉（见表 1-5）。

表 1-5 10 个城市现状出行时间情况

| 序号 | 城市 | 中心城区范围 | | 都市圈范围 | |
		面积（平方千米）	现状时间（分钟）	面积（平方千米）	现状时间（分钟）
1	上海	657	42.69	1848	81.85
2	北京	966	46.62	1408	73.81
3	成都	688	42.45	1035	63.84
4	广州	622	40.25	877	61.58
5	西安	464	40.09	554	56.07
6	郑州	439	34.83	480	47.94
7	武汉	494	40.50	718	60.31

序号	城市	中心城区范围		都市圈范围	
		面积（平方千米）	现状时间（分钟）	面积（平方千米）	现状时间（分钟）
8	哈尔滨	420	38.17	518	53.47
9	长沙	359	33.26	585	51.33
10	沈阳	429	44.83	567	51.07

（三）交通视角下中心城区及都市圈的合理规模

经量化分析可知，目前东京的交通效率是北京交通效率的 1.5 倍。课题组认为，通过治理能力提高、运行组织优化、交通结构调整和土地利用形态适当优化，同时考虑交通智能化、公共交通导向发展模式（TOD）推广、管理现代化的作用，未来我国城市的交通效率可以达到目前日本东京的水平。

考虑不同城市和城市不同区域的提升潜力差别，我们对中心城区取 1.0~1.5 的效率提高系数，对都市圈取 1.7 的效率提高系数。这是因为中心城区已发展得较为成熟，提升潜力较小，而我国都市圈正在发展过程中，具有较大的效率提升空间和潜力。按照以上效率提升系数，分别计算中心城区 40 分钟通勤、都市圈 1 小时通勤的当量半径，如表 1-6 所示。

表 1-6　中心城区与都市圈效率提升后的合理规模

序号	城市	中心城区范围				都市圈范围			
		当量半径（千米）		面积（平方千米）		当量半径（千米）		面积（平方千米）	
		现状	提升后满足 40 分钟	现状	提升后满足 40 分钟	现状	提升后满足 1 小时	现状	提升后满足 1 小时
1	上海	14.46	14.14	657	627.42	24.25	30.22	1848	2868.37
2	北京	17.54	17.16	966	924.49	21.17	29.25	1408	2686.99
3	成都	14.66	14.22	675	635.26	18.15	29.01	1035	2642.16
4	广州	14.07	13.89	622	605.63	16.71	27.68	877	2405.45
5	西安	12.15	12.85	464	518.68	13.28	26.46	554	2198.50

续表

序号	城市	中心城区范围				都市圈范围			
		当量半径（千米）		面积（平方千米）		当量半径（千米）		面积（平方千米）	
		现状	提升后满足40分钟	现状	提升后满足40分钟	现状	提升后满足1小时	现状	提升后满足1小时
6	郑州	11.82	12.98	439	529.30	12.36	24.16	480	1833.34
7	武汉	12.54	13.06	494	535.79	15.12	25.01	718	1964.32
8	哈尔滨	11.56	12.04	420	454.81	12.84	26.31	518	2172.98
9	长沙	10.69	11.78	359	435.98	13.65	25.57	585	2052.41
10	沈阳	11.69	12.10	429	459.77	13.43	24.50	567	1884.83

中心城区效率提升后的当量半径为：11.78~17.16千米，平均值为13.42千米；都市圈效率提升后的当量半径为：24.16~30.22千米，平均值为26.82千米。因此，建议中心城区规模上限范围为13~15千米，都市圈规模上限范围为25~30千米。

（四）超特大城市中心城区及都市圈空间结构优化

不同的城市结构和用地形态，决定不同的交通需求特性。通过城市空间结构优化，会显著改变城市居民的交通需求特性，从而减少居民出行需求总量、缩短出行距离，进而改变城市居民的出行结构，实现绿色交通主导的城市综合交通体系的建设目标。为此，建议从基础社区、中心城区和都市圈三个空间范围，优化调整城市空间结构。

1. 立足基本城市单元完善生活配套，打造步行生活圈，缩短生活出行距离

在社区层面应着眼构建5分钟（半径300~400米）、10分钟（半径600~800米）、15分钟（半径900~1500米）生活圈，为城市居民提供尽可能近的生活配套设施和公共设施，从源头上缩短居民的生活出行距离，实现便捷交通。在基层社区范围，倡导步行，减少机动车使用，实现建设交通负荷小的紧凑型城市的发展目标。

基层社区5分钟、10分钟、15分钟生活圈的交通系统需满足以下要点：

采取"小街区、密路网"的交通组织方式，内部道路网络具有良好的通达性；具有连续安全温馨的步行和自行车通行空间；在生活圈（1~1.5千米范围）内利用步行与自行车交通方式出行；短距离（不超过3千米）以自行车为主，更远距离利用公共交通方式出行；完善的公交站点及首末站；科学配套的停车设施；等等。

2. 构建多中心组团式城市结构，基于TOD模式，优化中心城区和都市圈的空间结构，实现便捷高效交通

都市圈范围应以中心城区为重点，结合外围组团和卫星城，一体化优化功能布局、组团结构和中心城区与外围组团的产业布局分工以及都市圈不同空间范围的开发强度。以轨道交通串联核心区、重要功能区及城市新区和交通枢纽，实现布局紧凑、集约高效的城市空间布局，建设轨道上的都市圈。在轨道交通枢纽节点处加大开发强度，提高轨道交通站点800米半径范围内的居住和就业岗位占比，从而实现提高整个城市交通出行的便捷高效程度和土地的集约节约程度的目的。都市圈范围内中心城区的路网密度要高于外围区域的线网密度，通常是外围的2倍。

中心城区、都市圈推动TOD建设需要考虑的要点包括：按照高质量发展要求，做好整个城市TOD全环节的顶层设计；构建中心城区与都市圈外围组团之间的强大交通廊道，提供便捷高效的交通服务，疏散中心城区过度集中的人口与功能；将有条件的轨道交通站点区域打造成为城市的活动中心和魅力中心；推广轨道交通与周边建筑无缝衔接；构建完善的末端交通体系；依托公共交通站点构建基本生活圈；统筹考虑都市圈轨道交通网络布局，构建以轨道交通为骨干的通勤圈，推动干线铁路、城际铁路、市域（郊）铁路、城市轨道交通"四网融合"；打造"通道+枢纽+网络"的物流运行体系，大力发展多式联运，提升都市圈物流运行效率。

五 超特大城市规模及结构：城市治理视角

党的十九届六中全会通过的《中共中央关于党的百年奋斗重大成就和

历史经验的决议》提出，要"推进以人为核心的新型城镇化，加强城市规划、建设、管理"。[①] 具体到超特大城市发展，最紧迫的任务就是着力治理城市发展中遇到的资源环境压力及交通拥堵等结构性问题，加快超特大城市治理水平和治理能力的现代化。

（一）城市治理是调控城市规模及结构的重要手段

城市治理是调控城市资源供给与需求的重要因素，是影响城市规模的重要变量，城市治理能力是城市各类资源配置能力的集中体现。提升城市治理能力和推进城市治理体系现代化，是优化城市规模与结构、缓解资源压力、实现"双碳"目标的重要手段，对建设宜居、韧性、创新、智慧、绿色、人文型的现代化城市以及推动城市高质量发展都具有十分重要的作用。

超特大城市发展与城市治理彼此相互影响。超特大城市的空间、人口与产业的规模与结构影响城市治理水平，但城市治理能力和水平反过来同样促进或制约超特大城市规模与结构的发展。特别是，超特大城市的各项要素规模对超特大城市治理能力存在制约，但提升治理能力也可以促进超特大城市提升有效规模和最佳规模的阈值。从国内外经验看，解决超特大城市发展中存在的规模及结构问题，在城市治理上需要贯穿社区、中心城区以及都市圈，形成多层次、多尺度的嵌套治理结构。

（二）城市治理从社会组织单元转向"以人为核心"

从历史进程看，我国超特大城市治理发展脉络具有以下几个特点。

第一，空间结构从新中国成立初期的切块设市到临近郊区、郊县的逐步并入，直至成为当前的超特大城市，例如北京、上海分别吸并河北、江苏的部分县市，并伴随撤县设区等行政区划调整。

---

① 《中共中央关于党的百年奋斗重大成就和历史经验的决议》，新华网，http：//www.gov.cn/zhengce/2021-11/16/content_ 5651269. htm。

第二，中心城区行政区划设置经历重组、合并和优化过程，如北京的崇文区、宣武区分别与东城区、西城区合并，上海的静安区与闸北区合并，广州的黄埔区与萝岗区合并。

第三，治理单元从以居民所属单位为组织单元的治理转向以社区为组织单元的治理；从老城区围绕大院、胡同、里弄、街巷工作的治理转向新城区围绕商品化住宅小区的街道、居委会、业委会工作的治理。

第四，治理主体从党政主导的治理模式转向党政宏观领导、多元主体参与的治理。

第五，治理理念从"方便生产、服务生活"的治理转向关注人民群众幸福感、获得感的治理等。

上述城市治理的阶段性变化特征，顺应了我国城市空间扩张伴随的人口和经济快速增长的需要，也反映了我国城市治理理念与实践的变化演进。

（三）超特大城市治理存在的问题与挑战

从城市治理的角度看，我国自上而下的资源集中配置模式，尤其是土地资源的配置、户籍人口管理限制，城市中心区与外围、都市圈各城市的基本公共服务配置失衡，导致了城市空间格局的中心化集聚，也引发了我国超特大城市治理中普遍存在的中心城区资源环境紧张及交通压力等"大城市病"问题。

当前和今后一段时期，我国超特大城市的治理还需考虑以下挑战。

一是面对不断变化的新冠肺炎疫情形势和"动态清零"的阶段性任务，现有城市治理体系和治理能力能否持续应对。

二是基于资源环境问题和"双碳"目标，超特大城市及其辐射的都市圈亟须处理好水资源保护与循环利用、水环境治理修复、大气环境质量优化、固体废弃物处理提升、推进公共绿地服务均等化等问题；作为碳排放的重要来源地，探寻尽快降低碳排放水平的合理路径；抓好中心城区治理，配置好各种资源，增强资源能源集约节约力度，提升资源环境承载能力。

三是超特大城市作为经济增长龙头，想要根本上解决"大城市病"问题，需要政府的顶层设计，也需要发挥市场和社会的治理功能，从规模和结构上推动超特大城市的优化调整。

（四）推动超特大城市多层次治理能力建设

总体上讲，需高度重视和系统强化城市治理对超特大城市规模与结构的引导和调控作用，贯穿疏解中心城区功能这条主线，以都市圈建设为主要空间载体，从上到下打通从都市圈到中心城区以及外围组团再到社区等多个层次，构建形成齐抓共治的协同治理格局。

1. 都市圈层面：统筹中心城区与都市圈的发展关系

统筹协调好都市圈与中心城区的发展关系，需要建立以超特大城市中心城区和都市圈联管联治机制，通过疏解、优化、协同解决超特大城市规模和结构方面的约束问题。

中心城区人口疏解。通过实施联管联治，保证超特大城市中心区与都市圈的一体性，从而降低人口和资源在都市圈内部的流动阻碍，助力中心城区人口进一步向都市圈疏解。

中心城区功能优化。通过中心城区的功能优化，使超特大城市中心城区与外围组团，与都市圈之间的资源、产业、人口、交通得到更加公平合理的配置，从而抑制中心城区的"大城市病"。

"大城市病"不能仅仅靠大城市本身解决，还有赖于都市圈内其他主体空间单元的系统化发展，需要在这里生活、工作、出行、游憩的广大居民共同参与，形成高效协同、共建共享的良性互动态势。为此，要合理布局都市圈内的综合交通网络，实现"多网融合"；推动能源、水系统、环卫、信息等基础设施一体化布局；在都市圈层面建立统一的监测标准、管理标准、排放标准等标准体系。

同时也要认识到，中心城区的疏解、优化和都市圈的协同发展，必须消除体制机制障碍，通过建立多方参与的协商式联管联治机制破解体制难题。

例如，可参考疫情防控期间联防联控机制的经验，深入探索协调机制的具体工作模式和方法，最终实现联管联治机制的实体化、体系化、法治化和精细化。在具体模式上，可参考国内外先进经验，结合地方实际，探索设置都市圈治理联席会议、领导小组、规划委员会以及跨行政区专业机构等，并探索实践编制都市圈一体化规划体系、制定都市圈治理标准以及制定都市圈层面法律法规等。

在协同治理方面，在我国一些试点城市已经迈开步子。例如，为了加强包括成都、德阳、眉山、资阳等城市的成都都市圈同城化建设，四川省成立推进成德眉资同城化发展领导小组及办公室。各城市在该机制下加强交流、对接，在制定发展规划时可直接推进产业布局与转移、交通衔接、环境共同治理及公共服务分配与无差别办理等事项。再如，南京都市圈是一个跨省都市圈，都市圈内九城通过定期党政联席会议机制进行协调。粤港澳大湾区协同发展也在珠海试点"横琴模式"，合作区管理委员会实行"双主任制"，由广东省省长和澳门特别行政区行政长官共同担任。

2. 城市中心城区层面：以 TOD 为导向形成多中心结构

中心城区要围绕"瘦身健体"强化治理。超特大城市的"城市病"集中表现在中心城区，优化中心城区功能、合理控制规模是城市治理的首要任务。关键在于做好以下工作：一是加强城市空间开发管控，推广节地、紧凑、高效开发模式，防止"摊大饼"式扩张，同时提升城市空间品质，增加街心绿地、慢行系统等公共空间；二是推动有序疏解一般性制造业、物流基地、专业市场等功能设施，引导过度集中的医疗和教育资源向外转移；三是合理提高路网密度，鼓励以公共交通为导向的开发模式（TOD），推动多中心组团式发展。①

以公共交通为导向的发展模式是支撑多中心组团式发展的有效方式，其

---

① 组建中心城区的多中心（组团）结构，是支持城市可持续发展的有效模式。多中心既可集聚结构要素提高经济、生态等方面绩效，又可以解决单中心"摊大饼"问题，是未来特大城市发展的必然选择。多中心格局的形成，不但可优化城市中心区的空间和功能结构，也可助力改善职住均衡问题。

内涵是以城市轨道交通等公交廊道为骨架，通过与周边土地开发深度融合，形成多层次的城市组团，牵引城市从核心区向外拓展。依托地铁等公交站点构建集办公、居住、商业、文化等多元功能为一体的居民生活圈，缓解"职住分离"难题，构建绿色出行模式，减少小汽车的使用，提升城市土地复合使用效率。以公共交通为导向的城市发展模式已在我国深圳、成都、北京、上海、杭州、重庆等超特大城市进行试点或推广，并取得可喜的进展。重庆沙坪坝综合交通枢纽建设是较为成功的案例，该项目是以高铁车站为核心，建成集地铁、公交以及商业、生活为一体的多功能综合建筑群，使原来被铁路分割的部分城区重新弥合，成为重庆市新的次中心，经济效益和社会效益十分显著。

3. 社区层面：夯实城市治理的基层社区基础

社区是城市治理的基本单元，任何关于城市治理优化的问题最终都要落到社区这一具体而微的空间上，因此，需要推动城市治理重心和配套资源向基层下沉。加强城市社区治理，就是要从城市基础层面落实"以人民为中心"的理念，从社区这一微观单元入手解决超特大城市治理难题，进而辅助促进中观乃至宏观问题的解决。

一是提高城市居民的社区治理认知。社区是社区居民互动交往的重要空间，社区运作直接关系到城市居民对于城市的认知与城市生活的幸福感和满足感。为此，要充分调动居民的参与积极性，鼓励社区、街道、业委会、物业服务企业、居民共同参与社区治理，形成共建共治共享格局。

二是培育城市社会治理共同体。通过活化基层、建设家园式社区，培育多元治理共同体，形成基于社区共同体、街道共同体的超特大城市和都市圈共同体圈层结构（见专栏4）。在基层治理过程中，可在都市圈内部尝试打破户口限制与居住地限制，推行基本公共服务均等化，在社区内部开展物业共治、社区公共空间使用创新等，提高基层治理的精细化水平，最终通过都市圈内每个空间单元基层治理水平的不断提高，实现都市圈层面整体治理水平的提升。

专栏 4

家园城市理念下的社会治理共同体

解决超特大城市的城市问题，可以从建立"城市作为城市居民美好生活家园"的政策理念入手。在这一政策理念之下，城市的发展模式应当从产业发展、GDP等经济总量目标增长等政策理念逐步转型到如何建设城市以更好地服务居民生活需求这一目标当中来。城市的基础设施建设、自然资源保护、公共服务提供都应当围绕家园城市这一核心理念开展。事实上，对于一些国内城市，这一理念已逐渐在具体的城市政策当中体现出来，例如《上海市城市总体规划（2017—2035）》中提出的15分钟生活圈规划，就是要围绕每个社区建立15分钟之内可达的日常服务设施、商业以及就业中心。这一规划所体现出的理念与家园城市具有比较强的一致性，即居民的日常生活由多个同心圆圈层所体现。

针对家园城市的具体建设方式，可以采用例如物业共治、公共空间使用创新等模式。充分调动居民的参与积极性，在治理过程中形成合力，是实现共治的关键要素。

社区公共空间是社区居民互动交往的重要空间，也是从居民家中到城市街道等更正式公共空间之间的过渡地带，可认为是某种"半公共空间"。社区公共空间建立了从家到城市的联系枢纽，因此，社区公共空间的使用模式直接关系到城市居民对城市的认知，对生活的幸福感和满足感有重要影响。

在具体的使用模式上，可以充分挖掘社区"半公共空间"或"过渡空间"的特征，提升公共空间的使用效率、使用便利性和趣味性，提高社区居民在公共空间的使用意愿和延后停留驻足时间，可以有效使社区居民充分混合，提升社会融合程度。

此外，建立便捷高效的社区生活圈。从减少交通负荷和促进职住平衡出发，加紧构建多层次社区生活圈，提供系统完善的生活配套设施，积极营造紧凑型城市布局。

（五）推动"以人民为中心"的智能化治理

今后，应通过文明型智能治理助推以人为核心的城市化，切实践行"人民城市为人民""人民城市人民建""人民城市人民管"的现代化城市治理理念。

1.加强文明型智能技术应用

城市是文明与技术的重要发源地，也必然是文明与技术的重要应用载体。要在文明导向、尊重权益导向下，大力推进城市治理在技术理念和技术应用方面的革新。在科技突飞猛进的大背景下，特别是在信息化、数字化大潮涌动的今天，新兴技术应用和数字化治理手段对于超特大城市及都市圈等更广范围的高效治理、消解部分资源约束、破解城市规模结构矛盾等具有重要意义。

2.完善文明型智能治理规范体系

破解智能治理的安全和人文困境，需要遵循人民至上、依法治理的原则，加快制定文明型智能治理有关标准，引导超特大城市和都市圈智能治理方向。要在尊重市场规律基础上加强政府指导，加快出台和健全相关法规政策，完善各类标准，建立健全法律体系；强化规划引领约束，建立完善管控、考核与评估体系；推进体制改革，健全协同发展机制；尤其重要的是发挥政府、市场、社会等各方力量协同作用，健全公众参与城市治理的渠道，增强社会各方的认同感和积极性，汇聚形成多元共治的系统合力。

六　超特大城市规模及结构：数字化治理视角

我国作为人口大国、经济大国和发展中国家，正在经历大规模快速城市化，无论大型城市数量还是每年新增城市人口，都远远超过发达国家。传统的资源扩张模式难以适应我国城市高质量发展的需要，电气化时代城市发展的可持续性正面临重大挑战，数字化帮助我们重新认识城市，数字化的城市治理不仅可以在优化城市既有资源存量上有效缓解"大城市病"问题，也为未来超大城市规模及结构的合理化发展提供了有力的支撑手段。今天的数字化就是 100 年前的电气化，互联网、数据和计算有机结合而成的技术体系正在深刻改变着基于城市的生产、生活和生存方式。

（一）数字化为超特大城市高质量发展提供战略抓手

我国城市建设规模引领全球，但几十年来城镇化的急剧扩展是以资源粗放利用为代价的。与发达国家相比，我国超特大城市人均资源利用水平尚有较大差距。超特大城市尤其是中心城区功能过于集中，人口密度过高，资源环境承载强度过大，可供开发土地供给短缺、住房紧张、交通拥堵、环境污染严重等"大城市病"问题突出。按照高质量发展的要求，以资源粗放开发为特征的传统城镇化路径亟待转型，实施数字化建设及提高治理效率是现阶段和未来我国城市绿色低碳可持续发展的必由之路。

目前我国城市数字化建设和治理存在的主要问题包括以下几点。第一，数据资源还没有纳入城市发展要素，城市发展停留在扩大市域人口和占地规模上，过于强调物质性扩张。第二，依旧沿用传统的解决单点问题的技术，没能建立将城市作为一个整体的新型技术架构。第三，缺少城市数字治理创新，没有真正从系统、整体、有机的意义上认知城市发展资源及其利用，城市规模结构合理优化缺乏精准数据支持。

（二）"城市大脑"数字化治理探索

数字化城市治理，以数据资源为基础。数字化时代，应充分认识到城市资源不仅包括物理形态的自然资源，也包括非物理形态资源，尤其需要重视结构化的公共服务、数据等非物理资源。从城市资源的整体性出发，有必要通过城市大脑中枢化体系解决城市资源、技术能力碎片化问题，系统提升城市整体治理能力，精准回应市民对幸福生活的诉求。

2016年杭州启动的"城市大脑"建设，探索城市数字化的实践，为优化超特大城市的规模和结构发展提供了宝贵的实践经验。"城市大脑"作为未来城市新的数字基础设施，以数据资源为关键要素，由中枢、系统与平台、数字驾驶舱和应用场景等要素组成，以数据、算力、算法等为基础和支撑，整合了大数据、云计算、区块链等新技术，在中枢架构组织下形成了一个新的技术体系（见图1-9）。

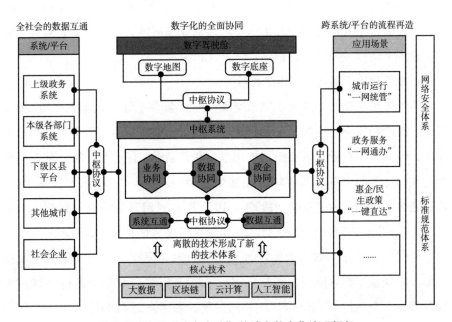

图1-9 基于"城市大脑"的城市数字化治理框架

"城市大脑"以现有信息化系统与平台为基础，包括了以政府数字化转型为基础所做的建设。场景是城市数字化治理的基础单元，以问题需求为导向，从场景到全景，通过数据协同实现跨部门、跨层级、跨区域、跨系统的协同治理，以此解决过去单一层面难以解决的问题。

"城市大脑"中枢系统通过中枢协议，实现全社会的数据互通，有力支撑技术融合、业务融合、数据融合，实现大跨度协同管理和服务，支撑多样化的便民、惠企、基层治理场景，提升政企社协同能力。不同城市的"城市大脑"也可以通过中枢协议实现互联互通。

数字驾驶舱是数字化治理的综合工具，也是城市治理的第一现场，为各级城市治理实战提供数据化、在线化、智能化的功能。场景建设中体现的治理能力，通过数字驾驶舱体现和沉淀下来。

（三）数字化治理提升城市专项治理能力

城市拥堵是超特大城市中心区的通病，不但显著降低了市民的体验感，而且大大浪费了人们的时间和街道空间。从我国超特大城市发展矛盾看，解决交通拥堵问题成为当务之急。

1. 数字化治理提高城市道路利用率

传统非数字化的方式解决城市交通问题，会通过增加资源投入，比如多修路；或抑制需求的方法，比如制定限行政策。道路资源要服务的是汽车在途量，而不是保有量。事实上，杭州以 280 万辆汽车保有量计算，其在途量大约是保有量的 10%，即平峰期在途量为 20 多万辆，高峰期大概是 30 万辆，城市拥堵其实就是高峰时段增加 10 万辆车对道路资源挤占所造成的结果。实践证明，南昌市取消限行，在途量也仅仅是稍有抬升，并未发生拥堵倍增的情况。通过"城市大脑"模拟实验，甚至发现，关闭 1 条道路反而可能会降低城市整体延误。研究表明，城市 A 和城市 B 两市通过"城市大脑"模拟对全城的交通信号灯优化后，累计服务车辆数明显增大，车辆通行效率显著提高，这很好地印证了数字化治理对城市规模结构优化的重大意义（见图 1-10）。

2. 数字化治理提高城市停车泊位利用率

停车难是超特大城市令人头痛的问题。停车难的原因很多，其中之一是既有停车资源没有充分利用。

这里，可以用杭州案例来做个典型剖析。杭州市区一共有 3458 个停车场，有的不对外开放，有的数据不可靠，剩余 2535 个。但再进一步算出停车场具体泊位的空闲率和泊位指数（一个泊位被多次利用的次数），即可看

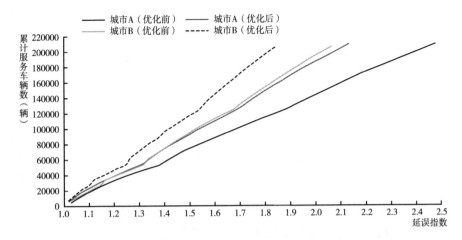

图 1-10 "城市大脑"模拟实验交通信号灯优化后通行效率情况

注：①城市 A 路网里程 1289 千米、2067 个交叉口，城市 B 路网里程 3057 千米、3819 个交叉口；②对于某辆车 i，其延误指数 d_i 计算如下：

$$d_i = \frac{tt_i}{tt_i^f}$$

式中，tt_i 是车辆的真实行程时间，tt_i^f 是假设车辆按照道路最大限速行驶的行程时间。路网中所有车辆的延误指数求均值可得到图 1-10 中的交通延误指数 d。延误指数是一个相对值，延误指数 2.5 表示相比于按照路段限速行驶的平均行程时间 t_1，真实平均行程时间是 t_1 的 2.5 倍。

出泊位资源利用还有潜力。根据大数据做出的停车冷力图能够清晰显示泊位资源分布情况，如果我们用冷力图进行分析，以空闲率大于 1/10 为绿色、空闲率小于 1/10 为红色来显示停车泊位资源情况，可见资源并非紧张。即便标注为红色停车场的，在平均距离 300 米之内，也能找到一个空闲率大于 1/10 的绿色停车场。这意味着，资源紧张更多是局部空间里的问题，从更大范围来盘整资源，就近协同资源配置，就能够较好解决遇到的资源瓶颈问题。

再举一个杭州重点医院缓解"停车难"的实例。由于应用了"便捷泊车"智能系统，能够做到实时感知空闲泊位分布状态，为充分利用停车资源提供指引。其典型举措为：一是"集散为整"，充分挖掘医院周边 2.5 千米范围内的写字楼、居民小区、公共道路等泊位资源，变大数据为实际资源；二是统一引导，通过固定导视牌有效分流车辆，引导就诊车辆快速到达周边停车场，实现从"低头找车位"到"抬头见泊位"的转变；三是综合治理，拆除医院周边隔离带，取消排队专用车道，调整等候车道，同步开展机动车、非机动车和行人的协同整治。总之，通过数字化赋能，实现了资源精准匹配，有效缓解了医院停车矛盾。

从城市道路和停车泊位利用的数字化治理效果看，"大城市病"治理要打破一味增加供给的惯性思维，以资源整体化为核心，数字化可以很好地促进资源供需适配和均匀公平分配，可以极大促进城市可持续发展。杭州数字化交通治理实践表明，城市数字化的发展逻辑是提高城市治理效率，在现有资源供给的基础上提升利用效率就是提升承载能力。

（四）利用数字化推动超特大城市规模结构优化

数字化治理是城市治理的重要方面，数字化治理有利于超特大城市治理从基层社区到中心城区再到都市圈的多层次空间尺度一体化协同治理，有利于医治"大城市病"，也为未来超大城市规模结构优化提供了新的思路和推动力。

1. 以数字化提升基层治理能力

基层社区治理是城市治理体系的基础。以数字化优化基层社区治理结构可促进"管理精细化""治理场景化"，助力实现生产生活所涉的就业、住房、医疗、教育、交通、绿地等资源就近本地化配置。通过数字化治理优化 5 分钟、10 分钟、15 分钟生活圈，能够更好地为居民提供生活、生态、安全管理、防灾防疫等基本公共服务，减少交通流量和交通拥堵。同时，数字化能够更好地回应市民需求，可以成为打造幸福宜居城市的有效手段。

2. 以数字化为支撑推进中心城区治理

在传统治理模式下，人们对城市的了解往往是不完整的，资源错配现象时有发生，也难以避免。中心城区是人口最密集地区，应对突发事件或大规模客流疏导始终是治理难题。数字化治理为解决这些难题提供了重要途径，而中心城区也成为数字化治理最重要的应用场景。例如有些城市在重大体育赛事和节庆活动中实现了几十万人"一小时安全疏散"。

经验证明，通过"城市大脑"建设，以数字化提升和推进中心城区治理，能够有力促进超特大城市治理精准动态施策，实现资源在不同空间单元和不同社会群体之间的高效流转利用，以普惠公平方式分配公共资源，实现用更少的资源提供更多更好更有效的公共服务。

3. 数字化协同都市圈治理

数字化时代的治理变革在促进城市存量资源高效利用的同时，也为城市物理规模和空间结构的优化调整提供了技术支撑。基于"城市大脑"的数字化治理，能够推动超特大城市与都市圈的同城化，实现中心城区与周边城市"无感联通、共享服务"，支撑建立跨地区、跨层级协调机制，助力疏解中心城区过载功能和设施，合理降低中心城区开发强度和人口密度。另外，通过数字化共享机制①，还可以推动中心城区优质资源及时共享，带动提高周边城市教育、医疗等服务水平。

数字化时代，网上购物、网上教育、视频会议、居家办公已然普及，虚拟空间等的出现也改变了人们对物理资源的需求方式，这些都深刻影响着城市合理规模以及产业结构、功能结构和空间结构。为克服传统治理模式弊端，优化超特大城市规模结构，城市治理需要加快数字化进程，完善城市数字化治理架构，提升数字化治理能力和水平，形成数字化治理长效机制，促进超特大城市治理走向科学化、精细化、智能化、可持续发展的道路。

七 超特大城市规模及结构：国际经验启示

他山之石，可以攻玉。我国仍处在快速城市化进程中，而主要发达经济体已经完成城市化进程。站在中国城市化高质量发展的转折点上，重新审视

---

① 同时，也要正视城市数字化转型可能带来的新的歧视隐患和安全挑战，通过完善法律和规定来保护市民隐私和数据安全，守牢城市治理数字化转型的安全底线。

国际超特大城市发展的历史，总结其经验，吸取其教训，将为我们国家超特大城市规模结构优化提供有益借鉴。

（一）国际超特大城市发展一般规律

回顾国际上大型城市的发展历程，不难发现，"大城市病"与城市化、超特大城市发展相伴生。城市化率达到50%~60%，是一个国家城市化发展的关键节点。此时，城市化速度达到峰值，城市经济空前繁荣，但由于经济增长和城市集聚的不均衡，人口日益向超特大城市集聚，城市治理矛盾日益激化。无论是英、德、美等先发国家还是日、韩等追赶型经济体，或者是拉美国家，这一阶段均出现了住房短缺、环境污染、社会保障滞后等困扰城市发展"大城市病"（见表1-7）。

表1-7 典型国家或地区城市化率50%~60%时的城市发展矛盾

国家或地区	时间	城市社会矛盾	措施
英国	1851年	住房短缺，卫生条件差	模范住宅运动，1848年出台《公共卫生法》
德国	1900年	住房拥挤，劳工权益保障不足	1883年出台《医疗保险法》、1910年开始实施城市规划
美国	1920年	住房短缺、失业严重	《住房法案》、城市美化运动
日本	1955年	环境污染	颁布《公害对策基本法》《大气污染防治法》
韩国	1980年	劳工权益得不到保障	修改《劳动法》
拉美	20世纪60年代	住房短缺，城市贫困	公共住房、自建房补贴计划

（二）治理"大城市病"与调控城市规模的经验做法

"大城市病"是要素和功能过度集聚、无序集聚的结果。国际上典型的超特大城市为治理"大城市病"进行过很多有益的探索，有可供借鉴的有益经验。

1. 多中心区域化是超特大城市发展的主要形态

随着城市产业发展和人口增长，传统意义上的城市中心城区难以承载过高密度的人口和经济集聚。随着技术进步与全球化的推进，大量要素能够在不受空间距离限制的背景下流动，区域化成为全球重要城市及地区的发展趋势。对于超特大城市，多中心结构被认为是一种支持城市规模持续增长和区域可持续发展、兼具经济效率的空间组织模式。美国、日本等国家的案例表明，大都市区的规模越大、多中心程度越高，劳动生产率就越高。多中心可以解决单一中心"摊大饼"式蔓延问题，促进城市可持续发展，也有利于形成职能明确的专业化城市发展路径。日本5次编制实施《首都圈基本规划》，每次都强调中心城区职能的分散，包括建设城市副中心和新城。根据规划，东京于1958年、1982年和1987年分步骤分阶段实施"副中心"战略，使副中心和中心城区一起承担起东京的城市功能，逐步形成"中心区-副中心-周边新城-邻县中心"的多中心多圈层的城市格局。东京将城市规划和交通体系规划融为一体，形成了"一核七心"的空间结构。以东京站为核心，在山手线主要站点周边建立了上野、池袋、新宿等副中心，分别作为东京的商业中心、工业中心、高新技术中心等，不同功能中心在分散设置的同时也保持紧密的联络。中心城区不再是城市内部各类功能的集聚区，很好地实现了中心城区非核心功能疏解。

多中心化的关键是形成"分散型集聚"的空间格局。避免人口过度集中，并不意味着绝对的分散，城镇或区域只有达到一定规模才能实现集聚经济，因而坚持分散型集聚的空间发展策略显得尤为重要。德国正是基于这一理念，通过将产业和功能均衡分布在11个都市集聚区，从而形成了"分散型集聚"的大格局。就其单一城市而言，柏林市与周边勃兰登堡州协同发展的经验值得借鉴。柏林-勃兰登堡大都市区位于德国东北部，面积为3万余平方千米，由柏林和勃兰登堡两个独立的联邦州组成。柏林包含23个地区和自治市；勃兰登堡州划分为14个区、4个自治城市、153个自治市以及16个自治镇和5个规划区，它们围绕柏林形成"馅饼"结构。从19世纪中叶开始，整个区域形成了以柏林为单一中心的城镇体系结构。近年来，为了减轻城市极化所带来的负面影响，柏林计划在中心区外部新建低密度区，分散过度集中的人口，促进柏林以外勃兰登堡地区的发展。"分散"思路促进了区域均衡发展，稀释了经济风险。

2. 绿色发展是超特大城市政策关注的重要方向

为了限制超特大城市的无序扩张，一些国家采用城市绿带的方式限制城市发展的空间边界。如伦敦战略规划将"保护绿环"作为 3 项城市特质要素保护策略之一，将城市自然生态空间与城市发展和活力紧密结合，以生态带动城市发展。保护绿环和构筑蓝带网络（Blue Ribbon Network）是伦敦战略规划中提出的重要策略，其核心是保护绿环和丰富的水网系统，包括泰晤士河、运河以及城市中的其他河流溪流，也包括开放滨水空间，如码头、水库和湖泊等。"绿环""蓝带"作为城市公共领域的组成要素，具有重要战略意义，对于保护伦敦地区生物多样性、提升景观价值、增强活力和特色等都发挥着重要作用。

3. 创新及技术进步是超特大城市发展的关键动力

随着数字经济不断发展，城市成为智能生命体。超特大城市未来空间规划自身的数字化、信息化、智能化成为必然。数字经济的进步成为超特大城市发展的重要动因，引致城市社会生活的各层面发生深刻变化。伦敦市政府于 2018 年 6 月提出《共创智慧伦敦路线图》，开发更多用户导向型的服务，通过数字包容、公民创新、公民平台等促进用户成为智慧伦敦建设主体；设立伦敦数据分析办公室来推动数据开放共享，加强数据权利保护与问责制，以促进对公共数据使用的公众信任；打造世界一流的连接性和更智能的街道，启动伦敦互联计划来确保光纤到位、Wi-Fi 覆盖及 5G 集成开发战略；增强公众的数字技能和领导力，从早期教育开始就对数据分析能力和实际操作能力进行培养，建立数字化人才库；在伦敦技术与创新办公室领导下推进跨领域、跨部门、跨城市的合作。伦敦的这些做法具有很强的示范意义。今后，我国超特大城市及都市圈建设应予充分借鉴。

（三）对我国超特大城市规模及结构优化的启示

梳理国际上调控优化超特大城市规模结构的经验做法，对于当前和今后一段时期中国超特大城市高质量发展具有重要意义。从中，我们可以获得很多启示。

1.产业持续升级是超特大城市高质量发展的不竭动力

世界各国在城市化率达到50%后呈现一个显著共性，即产业结构发生重大变化，服务业开始超越制造业成为经济结构中占比最高的产业。产业结构的持续跃迁，尤其是第三产业的发展成为推动超特大城市高质量发展的重要推动力量，制造业开始从中心城区向外围区域转移。截至2021年末我国城镇化率接近65%，正处在进入城市化后期的关键时刻。我们有理由相信，今后超特大城市特别是其中心城区加快产业迭代与升级，制造业等从中心城区向都市圈外围转移，以及各类要素继续向中心城市带动的都市圈集聚，将成为大的发展趋势。

2.优化超特大城市规模结构的关键在于形成"城市群落"

全球城市建成区面积大多分布于10~30平方千米区间内，即"大量小城市，少量大城市"。虽然大城市数量较少，但却吸引了人才、信息、技术、市场的高密度集聚，是创新的中心，代表着国家竞争力。在中国城市发展过程中，规模大小与管控以及结构调整与优化，既需要汲取国际经验，学习发达国家治理思路与逻辑，又需要认识到中国自身特殊性，基于中国国情实际进行政策制定与规划管理。

3.中心城区功能重构、在都市圈乃至城市群范围内优化产业和功能布局是破解超特大城市各种"城市病"的根本路径

首先要限制中心密度，倡导区域协同。为实现城市高质量发展，需要在提升中心城区与外围城区之间的区域协同基础上，推动中心城区人口有机疏散。国际大都市通常都有一个跨区域协调机构，类似于"大都市规划委员会"，对区域间城市发展和规划进行协调，从而实现对区域内的资源整合和产业合理布局。国际案例表明，城市规模与城市空间结构之间是相互影响的。现有超大城市规模的研究多集中于探讨超大城市规模的有效控制和对外疏解问题，缺乏从城市内部空间结构调整视角。实际上，在适度城市规模区间范围内，需要调整超大城市内部空间结构从而获得提高城市经济效率、促进职住平衡、改善环境条件的效果，有力破解"大城市病"难题。

具体而言，应着力破除要素流动的体制机制障碍，推动基础设施的互联互通，充分发挥市场机制的决定性作用，降低区域市场壁垒，减少人口流动的制度性约束，以宽松自由的准入环境和创新氛围积极吸引创新型企业进入核心城市，促进超特大城市特别是其中心城区产业结构高端化，同时引导产业链向周边中小城市延伸。

4. 优化超特大城市规模结构要注重生态绿色空间的塑造

保护生态空间是城市可持续发展的重要基础。从区域角度保护独特的自然资源，通过优化环境保持城市独特个性和风格，已上升为不少超特大城市发展战略的重要内容。我们必须意识到，通过保护优化城市的自然生态和人文生态系统，有助于促进现代城市建设与自然生态环境保护之间的协调发展。

5. 智慧城市治理能够有力支撑超特大城市规模与结构优化

新一代智能基础设施是中国新型城镇化建设的关键。智慧城市是新型基础设施最广阔的应用场景，随着政府、企业、市民三大主体的智慧化诉求不断丰富和提升，以及 5G、物联网、大数据、人工智能等信息化技术的快速发展，加快建设新一代信息技术驱动的新型基础设施，使其融入经济社会各系统之中，正当其时。新技术浪潮为我们打破固有秩序和固有利益、推动智慧城市迭代升级，提供了宝贵历史机遇。

总体来看，虽然国情各异，但城市发展是有规律可循的。当城镇化率达到 50%～60% 时，人们对城市问题的关注开始变化，往往会出现对城市发展历程的反思与批判，并提出更高品质的生活与空间诉求。特别是当城镇化率达到 60% 左右时，城市发展处于关键转折点上：是继续依赖资源、劳动力等要素的加大投入，走具有"劳动密集型"产业特征的城市化道路，还是转向依靠技术进步与创新，走具有"知识密集型"产业特征的城市化道路？答案应该是不言自明的。

八　主要结论与政策建议

经过深入调研、专题研究和反复研讨，立足国情实际，借鉴国际经验，课题组形成以下主要结论与政策建议。

（一）主要结论

第一，超特大城市是国家发展的动力源，是重要人才中心和创新高地，但"城市病"是超特大城市发展过程中难以避免的失衡失序现象，治理"城市病"是我国城市健康发展的必然要求。超特大城市的"城市病"与城市发展的特定历史阶段密切相关，是城市自身空间调整、产业扩张、人口集聚、技术迭代、文化碰撞、社会转型以及资源环境变化等系统性演进过程中各种不适应、不平衡的集中反映。从历史分析和国际比较来看，不同国家、不同地区、不同阶段、不同条件下面临的城市问题有所差异；但是，在世界各国超特大城市发展过程中"城市病"具有很强的普遍性和一定必然性。一些先发国家应对"城市病"的经验教训，值得研究借鉴。

第二，超特大城市的合理规模及结构是动态变化、动态演进的。城市规模与城市结构是关联互动的，结构是一定规模下的支撑，规模是一定结构上的反映，脱离城市规模谈结构问题和脱离城市结构谈规模问题都是不正确的。超特大城市的合理规模是动态的，有其内在的生发规律，实际上，世界各国都依据自身国情在不同阶段应用法律、行政、经济或规划手段对超特大城市的规模结构进行引导和调整。城市结构至关重要，从本课题的研究来看，超特大城市结构包括功能结构、产业结构、人口结构等多个维度，但最终都将落到物理空间结构上。优化调整超特大城市规模问题最终也要通过优化调整多维度结构要素特别是空间结构来实现。

第三，现阶段我国超特大城市发展的主要矛盾集中在中心城区。受过去计划经济影响，我们国家的资源配置在很长时间内都主要集中在超特大城市尤其是超特大城市的中心城区，这些城市多元功能叠加，往往既是行政中心，同时也是经济中心、科技中心、文教中心和交通中心等。尽管市场经济已经蓬勃发展40多年，但由于行政系统仍保有强大支配力，具有显著优势，各类资源大多还集中配置在行政层级较高、基础条件较好的超特大城市，导致人口和各种要素不断涌入和大量集聚，形成供需失衡的局面，进而引发一系列"大城市病"。尤其应该强调的是，虽然超特大城市的中心城区只占市域总面积的一小部分，但由于其功能过载却成为"大城市病"的重灾区。本课题研究表明，泛泛地以行政区划的概念评价城市规模的大小难以反映问题的本质，优化超特大城市中心城区规模结构才是解决问题的要害，只有抓住这个要害不放，才能厘清超特大城市高质量发展的关键和合理路径。

第四，构建现代化都市圈是破解超特大城市发展矛盾的主要方向。超特大城市健康发展的关键在于抓好中心城区和都市圈"两头"，因势利导，以疏治堵，单单在中心城区做文章远远不够，还要在都市圈更广阔的空间范围内进行资源优化配置，顺应产业发展和城市演进基本规律，推动主要功能、重点产业、基础设施、公共服务等均衡化布局，最终在都市圈范围内实现开放协作和协调发展。现代化都市圈是超特大城市发挥辐射作用，沿着主要交通通道带动周边组团、远郊、卫星城发展的必然结果，也是超特大城市中心城区向外疏解功能及产业的合理选择。

第五，通勤时间是衡量中心城区和都市圈合理规模的重要基准。国内外大量研究表明，通勤时间是影响城市居民幸福感和城市吸引力的关键要素。尽管世界各国城市规模、交通条件和传统习惯有很大差异，人们对合理通勤时间的认识趋于一致：中心城区40分钟以内通勤、都市圈1小时以内通勤是可以接受的通勤时间上限。基于大数据量化分析，统筹考虑当前我国超特大城市的交通效率和综合交通提效潜力，本书认为：按照通勤时间不超过40分钟的上限，超特大城市中心城区空间范围不宜超过半径13~15千米；按照通勤时间不超过1小时的交通强国建设目标，都市圈的空间范围不宜超过半径25~30千米。据测算结果，北京、上海、成都等城市须抓紧优化中心城区的规模结构。

第六，资源环境要素是制约超特大城市发展建设的基础条件。超特大城市的发展要遵从国家总体战略布局和本地资源禀赋与环境容量的整体观、系统观，既要充分融入并服务于国家发展新格局，也要充分尊重资源本底条件，尽可能避免大规模工程化措施可能造成的不利影响，尽可能减少区域性资源环境负荷，尽可能降低生态风险。本课题研究表明，北京、天津、青岛、济南、郑州、深圳等超特大城市规模已超过合理的水资源承载力，值得警觉。与此同时，要贯彻绿色低碳、集约节约发展理念，不断降低城市发展对资源能源的依赖，降低消耗和排放强度，提高资源利用效率，向效率要效益，向效益要空间，下大气力推进内涵式发展，努力实现超特大城市生态永续与绿色福祉。

第七，落实"双碳"战略目标是超特大城市高质量发展的重要任务。本课题研究表明，超特大城市是我国主要的碳排放集中地区，是排放和减排效率相对较高地区，因此，也成为落实我国"双碳"战略目标的关键所在。超特大城市应对标国际先进，率先推动经济社会发展全面绿色转型，加快形成绿色低碳的空间格局、建设模式与生产生活方式，积极探索落实低碳减排与经济增长共赢的发展路径，在我国城市绿色化可持续发展方面发挥引领示范作用。

第八，提升治理能力是超特大城市高质量发展的必由之路。尽管从城市健康可持续发展和诊治"城市病"出发，需要聚焦中心城区"动刀子"，合理优化中心城区规模、密度、结构及布局，但是，就单体城市的整个市域范畴而言，城市多大规模合适以及什么样的结构合理，这个问题尚没有标准答案。从城市发展史和国际比较来看，合理的城市规模及结构取决于不同阶段、不同国家、不同地区、不同条件下的城市治理能力。城市治理要全面优化城市大系统，贯穿宏观、中观、微观空间，最终落到基层社区，逐层辨"症"诊治。随着城市治理能力的优化，城市合理规模将发生变化，城市结构布局也会进行相应调整，城市秩序和城市竞争力则是这一系列变化调整的集成体现。我们还要看到，数字化治理有利于精准识别需求、科学配置资源、完善应用场景和治理流程。在信息化、网络化、数字化浪潮下，数字化治理必将成为超特大城市及其所处都市圈实现治理能力现代化的重要抓手。

第九，今后 10~15 年是我国超特大城市发展转型的重要窗口期。目前我国正处在超特大城市高质量可持续发展的关键阶段，如何在新时代把握好城镇化中后期发展的正确方向、适当路径和有效做法，尤其是如何合理优化超特大城市规模结构和消解"城市病"问题，这是摆在我们面前的一个重大考验。从国际经验看，一些成功转型的超特大城市普遍采取了都市内城复兴、创新家园营造、智能基础设施建设、工业遗产激活、地铁网络引领以及优质生活品质提升等做法。如果我们能够充分吸收这些经验，再结合自身禀赋条件进行摸索实践，我们就完全有条件抓住机遇、迎难而上，取得举世瞩目的新的伟大成就。

（二）政策建议

一是要根据交通效率和水资源承载力，优化超特大城市规模，适度控制中心城区规模。交通效率在很大程度上决定城市的运转效率和基本秩序，水资源保障能力在很大程度上决定城市能够维系的人口规模。目前，我国超特大城市普遍存在通勤效率偏低、交通拥堵突出的情形，很多城市通勤时间超出 40 分钟的合理上限，其中心城区超过半径 13~15 千米的空间范围，有些超特大城市水资源保障能力吃紧，甚至超过合理水资源承载力，这些都是值得警醒的。有必要借鉴国际经验、对标国际水平，在整体统筹、科学研判的基础上，围绕城市通勤、水资源保障能力等建立数据体系和监测系统，设置合理的警戒线，督促超特大城市结合实际，采取有效改进措施，在发展过程中动态优化自身特别是中心城区的人口规模及发展模式。

二是要基于自然条件和资源禀赋，合理优化超特大城市结构，倡导多中心、组团式、紧凑型布局。我国人口众多，但宜居宜建空间有限，制约较多，耕地保护责任重大。超特大城市的空间布局应与自然条件和资源禀赋特征相适应，顺应自然，高效利用资源，努力将城市发展对自然环境的负面影响降到最低。应倡导超特大城市构建多中心、组团式、紧凑型布局形态；严格保护都市圈山水林田空间，维护都市圈生态安全；优化都市圈内的城市功能和产业布局，重点解决好外围区域公共服务水平低、人居环境差、产业支撑不足等问题；合理控制中心城区规模和密度，逐步建设完善中心城区 5 分钟、10 分钟、15 分钟多层次生活圈，大力促进职住平衡，尽量减少居民日常性跨圈层、长距离交通流。

三是要推广公共交通为导向的城市发展模式，优化城市空间结构。以公共交通为导向的城市发展模式（TOD）已在我国一些超特大城市进行试点，取得可喜进展。然而推广TOD模式却面临不少难题，主要是缺乏有效的协调管理体制机制与国家政策法律的支撑，相关技术规范也亟须调整。为此，要加强对TOD发展模式推广的指导，建立高效统筹协调的体制机制，重点解决政出多门、条块分割的问题。抓紧修订相关法律和政策，支持城市公共交通建设用地与周边土地一体规划、统一供应、同步建设；明确地铁等公交站点土地分层确权出让，促进站城空间有机融合。此外，还要尽快完善相关标准规范，创新规划建设管理方法，解决好规划设计及建设运营全过程的矛盾与问题。

四是要加快推进超特大城市发展的绿色低碳转型，引领全国性绿色变革。在生态文明导向和"双碳"发展战略下，超特大城市应积极采取行动，主动适应自然与资源禀赋条件，在城市快速发展过程中努力减少资源消耗、碳排放、环境污染和生态影响，降低发展与消耗之间的关联性。主要举措包括：加快公共建筑高标准绿色化改造，开展生态修复，探索建立城市生态空间增量、存量挂钩机制；优化交通领域的绿色出行环境，加强城市慢行系统建设；全面加大绿色低碳治理力度，严格管控碳排放和污染排放总量与强度；加快通风廊道、绿色廊带等建设，全面提升绿色福祉与美好生活品质。

五是要着眼于高质量可持续发展的需要，大力提升超特大城市治理能力。城市治理是包括政治、经济、社会、文化、科技、生态等在内的多维度城市文明的基石，它决定了城市发展水平和市民生活品质，也决定了全球化背景下城市的竞争力。城市规模越大，治理能力要求越高。提升治理能力，要适应新时代发展要求，大力推动超特大城市行政改革，争取在创新顶层制度设计、加强横向沟通协作、压减管理层级、吸收社会面广泛参与等方面取得实质性突破。同时，还要深入推进数字化治理，构建全国性城市数据监测系统，大力建设数字中枢系统和跨部门、跨行业、跨区域的大数据平台，不断扩大大数据应用场景。当前可以按照"人民城市为人民""人民城市人民建""人民城市人民管"的总体方针，选择部分超特大城市先行试点、不断总结、稳步推广，努力在超特大城市转型发展和现代化都市圈建设上走出一条符合规律、具有特色的中国道路。

参考文献

徐宪平等：《国家发展战略与宏观政策》（上、下），北京大学出版社，2018。

〔美〕爱德华·格莱泽：《城市的胜利——城市如何让我们变得更加富有、智慧、绿色、健康和幸福》，刘润泉译，上海社会科学院出版社，2012。

〔英〕彼得·克拉克：《牛津世界城市史研究指南》，陈恒、屈伯文等译，上海三联书店，2019。

〔加拿大〕简·雅各布斯：《美国大城市的死与生》，金衡山译，译林出版社，2020。

〔英〕彼得·霍尔：《文明中的城市》，王志章译，商务印书馆，2020。

〔英〕彼得·霍尔：《明日之城：1880 年以来城市规划与设计的思想史》，童明译，同济大学出版社，2017。

〔美〕维托尔德·雷布琴斯基：《嬗变的大都市：关于城市的概念》，叶齐茂、倪晓晖译，商务印书馆，2020。

〔美〕莎伦·佐金：《创新之所：城市、科技和新经济》，钟晓华、周蜀秦译，格致出版社，2021。

〔加〕文森特·莫斯可：《数字世界的智慧城市》，徐偲骕译，格致出版社，2021。

〔美〕布赖恩·贝利：《比较城市化》，顾朝林等译，商务印书馆，2010。

〔美〕罗伯特·E. 帕克等：《城市》，杭苏红译，商务印书馆，2020。

〔美〕亨利·丘吉尔：《城市即人民》，吴家琦译，华中科技大学出版社，2016。

〔法〕亨利·列斐伏尔：《空间的生产》，刘怀玉等译，商务印书馆，2021。

〔美〕刘易斯·芒福德：《城市发展史：起源、演变与前景》，宋俊岭、宋一然译，上海三联书店，2018。

〔美〕理查德·佛罗里达：《新城市危机》，吴楠译，中信出版社，2019。

〔德〕沃尔夫冈·桑尼：《百年城市规划史：让都市回归都市》，付云伍译，广西师范大学出版社，2018。

〔英〕阿诺德·汤因比：《变动的城市》，倪凯译，上海人民出版社，2021。

吴良镛、毛其智、张杰：《面向 21 世纪中国特大城市地区持续发展的未来——以北京、上海、广州三个特大城市地区为例》，《城市规划》1996 年第 4 期。

王小鲁：《中国城市化路径与城市规模的经济学分析》，《经济研究》2010 年第 10 期。

仇保兴：《紧凑度和多样性——我国城市可持续发展的核心理念》，《城市规划》2006 年第 11 期。

魏后凯：《中国城镇化进程中两极化倾向与规模格局重构》，《中国工业经济》2014 年第 3 期。

吴志强：《论新世纪中国大都市发展战略目标——从国际城市发展趋势及城市管理学科研究热点着手》，《规划师》2000 年第 1 期。

李晓江：《关于城市长期健康发展的思考》，《建筑实践》2020 年第 7 期。

陆化普：《基于交通需求产生机理分析的大城市交通拥挤对策研究》，《道路交通与安全》2003 年第 2 期。

傅志寰：《对中国交通运输发展的若干认识》，《中国公路》2019 年第 13 期。

王坚：《城市大脑：城市数字化技术体系的创新实践》，《高科技与产业化》2021 年第 3 期。

杨立华：《构建文明型智能治理：占据新时代国际智能治理制高点》，《人民论坛·学术前沿》2021 年第 Z1 期。

李善同、侯永志：《中国城市化状况与政策取向》，《经济研究参考》2003 年第 2 期。

胡杰成：《推进超特大城市社会治理现代化》，《中国经贸导刊》2021 年第 5 期。

顾朝林、陈田、丁金宏、虞蔚：《中国大城市边缘区特性研究》，《地理学报》1993 年第 4 期。

赵新平、周一星：《改革以来中国城市化道路及城市化理论研究述评》，《中国社会科学》2002 年第 2 期。

何海兵：《我国城市基层社会管理体制的变迁：从单位制、街居制到社区制》，《武汉大学学报》（信息科学版）2014 年第 6 期。

方创琳：《中国城市发展方针的演变调整与城市规模新格局》，《地理研究》2014 年第 4 期。

袁志刚、绍挺：《土地制度与中国城市结构、产业结构选择》，《经济学动态》2010 年第 12 期。

王佃利：《城市管理转型与城市治理分析框架》，《中国行政管理》2006 年第 12 期。

范进：《城市密度对城市能源消耗影响的实证研究》，《中国经济问题》2011 年第 6 期。

金探花、杨俊宴、王德：《从城市密度分区到空间形态分区：演进与实证》，《城市规划学刊》2018 年第 4 期。

浦湛：《基于一种新城市规模划分的我国城市均衡发展分析》，《经济研究参考》2014 年第 63 期。

刘秉镰、孙鹏博：《新发展格局下中国城市高质量发展的重大问题展望》，《西安交通大学学报》（社会科学版）2021 年第 3 期。

肖金成、马燕坤：《西部地区区域性中心城市高质量发展研究》，《兰州大学学报》（社会科学版）2020 年第 5 期。

周素红、陈慧玮：《美国大都市区规划组织的区域协调机制及其对中国的启示》，《国际城市规划》2008 年第 6 期。

Max Bouchet, Sifan Liu, Joseph Parilla, Nader Kabbani, Global Metro Monitor 2018. Brookings, 2018：1-1, http：//www. brookings. edu/research/global-metro-monitor-2018/.

Northam, R., *Urban Geography*, New York：John Wiley, 1979.

World Urbanization Prospects 2018：Highlights. New York：United Nation, 2019.

Berry, Christopher R., Edward L. Glaeser, "The Divergence of Human Capital Levels across Cities," *Regional Science*, 2005, 84（3）.

Carlino, Gerald A., Satyajit Chatterjee, Robert M. Hunt, "Urban Density and the Rate of Invention," *Journal of Urban Economics*, 2007, 61（3）.

Ciccone, Antonio, Robert E. Hall, "Productivity and the Density of Economic Activity," *American Economic Review*, 1996, 86（1）.

Glaeser, Edward L., David C. Maré, "Cities and Skills," *Journal of Labor Economics*, 2001, 19（2）.

Graham, Daniel J., "Agglomeration, Productivity and Transport Investment," *Journal of Transport Economics and Policy*, 2007, 41（3）.

Vernon, Henderson, "The Sizes and Types of Cities," *American Economic Review*, 1974, 64（4）.

Rosenthal, Stuart S., William C. Strange, "The Determinants of Agglomeration," *Journal of Urban Economics*, 2001, 50（1）.

Vernon, Henderson, "The Urbanization Process and Economic Growth：The So-what Question," *Journal of Economic Growth*, 2003, 8（1）.

专题一
中国超特大城市合理规模及结构：
概念界定与理论综述 *

* 课题组组长：滕飞，北京大学副教授。成员：王瑞民，国务院发展研究中心市场经济研究所副研究员；张庆华，北京大学光华管理学院教授；闫豫桂，国家发展改革委办公厅副处长；高明，北京大学经济学院长聘副教授；尤炜，北京大学新结构经济学研究院助理教授；翟颖佳，北京大学光华管理学院应用经济系博士生；罗兆勇，北京大学光华管理学院国民经济学硕士生。
执笔人：滕飞、王瑞民、翟颖佳、罗兆勇。

摘　要

城市是人类最伟大的发明与最美好的希望。以信息技术为代表的新一轮技术革命浪潮，进一步提升了城市的人口与产业承载能力。2021 年，我国城镇化率达到 64.72%，正处在迈向高质量城市化的关键阶段，包括人口在内的要素日益向超特大城市及以此为中心的都市圈集聚，要素与功能的过度集聚带来的城市规模膨胀，不可避免地带来了"大城市病"——交通拥堵、住房紧张、环境污染等，直接影响城市居民的生活品质。"大城市病"的蔓延则进一步侵蚀城市活力与高端要素配置能力。有效地应对"大城市病"，需要城市以合理规模和结构作为支撑。

本子课题旨在探讨超特大城市的合理规模和结构，从界定基本概念、理论文献及政策理念基础几个层面进行分析。

一是界定城市、城市规模、城市结构等与本课题相关的重要概念，辨析讨论中可能出现的认识误区，特别指出有必要将超特大城市经济集聚意义上的城市区域（即中心城区）"拎"出来，明确界定并聚焦分析。

二是梳理城市规模和结构的理论与实证文献，归纳出城市规模与居民福利间的动态的"倒 U 形曲线"是本研究的理论基础，交通通勤、资源环境与城市治理是进一步研究的三个重要视角。

三是探讨快速城市化视角下超特大城市的规模扩张与结构性矛盾。分析不同时期城市化的主要驱动力，特别是理解当前超特大城市规模与结构的历史形成过程，并对当前超特大城市的发展情况与"大城市病"的典型事实进行初步刻画，明确指出"城市病"集中在中心城区。

四是强调"以人为核心"的政策理念是合理优化超特大城市规模和结构的根本遵循，从而实现"城市，让生活更美好"。

一　若干重要概念的讨论与界定

为避免在城市规模与结构的分析中产生不必要的误解，课题组对城市、城市规模、城市结构等若干重要概念进行了讨论与界定。

（一）城市及其界定标准

时至今日，对城市的界定仍未达成广泛共识。考古学家戈登·柴尔德（Gordon Childe）以城市文明的概念，列出特征清单来说明城市的与众不同，并将人口规模置于城市特征清单的第一条（见专栏5）。但对城市的界定在世界范围内仍未达成共识，因国家而异，行政区划、人口特征（人口规模与密度）、经济特征及城市特征均可成为城市的划分标准。

> 专栏5
>
> **城市特征清单**
>
> 考古学家戈登·柴尔德以城市文明的概念，列出特征清单来说明城市的特点。
>
> 1. 规模。定居者的数量达到足以超过以往任何时期的人口规模。
>
> 2. 人口结构。职业的专业化分工（伴随着从原有农业秩序的转型）意味着可以雇佣全职的行政人员和工匠。
>
> 3. 公共资本。公共资本的出现可以建设标志性公共建筑，可以供养专职艺术家。
>
> 4. 记录和精确科学。保存记录的需要促进了书面文字和数学的出现，这两者都与城市文明紧密相关。
>
> 5. 贸易。贸易不仅推动了城市的革新，而且其形成的网络也成为城市化的里程碑。
>
> 资料来源：〔美〕Paul L. Knox、〔美〕Linda McCarthy《城市化——城市地理学导论》，姜付仁等译，电子工业出版社，2016，第20页。

在全球 233 个国家和地区中，有 121 个国家和地区使用行政区划来区分城市和农村地区。其中，59 个国家以行政区划作为唯一标准（见图 2-1）。中国的城市即是以行政区划界定。有 108 个国家和地区用人口规模与密度来界定城市，其中 37 个国家和地区以人口特征（人口规模与密度）作为唯一标准。然而，居住区被视为城市的人口标准下限差别很大，有的国家和地区将 200 人以上聚居的地方就称为城市，而有的国家和地区城市的人口标准下限为 5 万人。如美国聚居人口超过 2500 人的地区即可称为城市（见表 2-1），希腊把城市定义为最大的人口中心超过 1 万名居民的自治地区。38 个国家和地区以经济特征作为界定城市的部分标准。69 个国家和地区以城市功能（如铺砌街道、供水系统、排水系统或电照明），作为城市界定的部分标准。如尼加拉瓜的城市指的是有街道和电灯、居民超过 1000 人的行政管理中心。尚有 12 个国家和地区没有明确的城市界定标准。

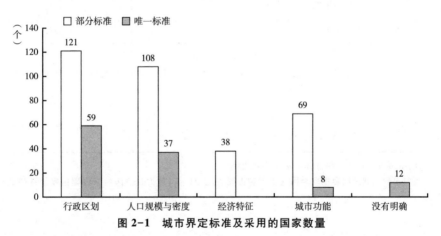

图 2-1　城市界定标准及采用的国家数量

资料来源：The United Nations, *World Urbanization Prospects*：*The 2018 Revision*，TABLE 1. NUMBER OF COUNTRIES ACCORDING TO THE CRITERIA USED IN DEFINING URBAN AREAS, 2018 REVISION, p. 6。

表 2-1　世界部分国家的城市标准

国家	界定标准	说明
加拿大	1000 人或 1000 人以上的居民地，人口密度等于或大于 400 人/千米²	人口规模、人口密度

续表

国家	界定标准	说明
美国	2500人的居民聚集点，人口密度等于或大于1000人/英里[2] *	人口规模、人口密度
英国	不可逆转的城市特征，包括村、镇与城市，面积至少20万平方米，人口一般多于10000人	人口规模、建成区面积
法国	居民多于2000人的市镇（communes），房屋连片或间距不大于200米	人口规模、房屋密度
荷兰	居民不少于2000人的自治区（municipality）	人口规模、行政级别
奥地利	居民多于5000人的市镇（communes）	人口规模、行政级别
西班牙	人口不少于2000人的地区（localities）	人口规模
以色列	居民不少于2000人的定居点，去掉那些至少1/3的人口从事农业的定居点	人口规模、产业
新西兰	人口不少于1000人	人口规模
日本	人口为50000人或以上的居民点，其中60%或以上家庭居住在主要的建成区内，而且60%或以上人口从事第二、三产业	人口规模、人口分布、产业结构
印度	人口不少于5000人的聚集点，人口密度不低于400人/千米[2]，至少有3/4的男性居民从事非农产业	人口规模、人口密度、产业结构

注：1英里＝1.609344千米。后文不再出注。

资料来源：课题组根据联合国《世界城市展望》、日本《地方自治法》及各国国家统计局数据整理。

1.行政市

行政市（Municipality）是一个行政辖区的概念，是政治的或行政管理意义上的词语。相近的说法是 City Proper，同样是由政府划定的具有明确边界的行政区域。行政市的边界通常较为稳定，但也可能无法准确捕捉和刻画人口集聚的现实状况。

2.城市群和都市圈

城市群（Urban Agglomeration）是以中心城市为核心向周围辐射构成的

多个城市的集合体。① 但需要指出的是，城市群实际上是一个中国特色的概念，在国外并无完全对等的概念。在英文文献中，Urban Agglomeration 意为"城市集聚体"，空间范围介于城市化地区（Urban Area）与大都市区（Metropolitan Area）。联合国认为 Urban Agglomeration "由一个城市或城镇的中心城区与郊区边缘地带或毗邻的外部地区组成。一个大的城市群可能包括几个城市或城镇郊区及其边缘地区"。② 换言之，除了城市外，城市的外围地区也包含在 Urban Agglomeration 内。中国语境下的城市群，则主要指地域相近，又有一定的行政、交通、经济、社会等联系的城市组群，更加强调"城市"区域的组团。

就概念源流而言，都市圈与城市群都源自美国的大都市区（Metropolitan Area）概念（见专栏6），但在我国，城市群和都市圈一般是两个不同的概念。根据中国《国家发展改革委关于培育发展现代化都市圈的指导意见》，都市圈是指围绕某一个中心城市（即超大或特大城市）的城镇化形态。城市群是由若干个都市圈构成的广域城镇化形态，其内部应该包含若干个中心城市。在体量和层级上，都市圈范围要小于城市群的范围。

> **专栏6**
>
> ### 大都市区与大都市带
>
> 　　国外文献中，通常以大都市区（Metropolitan Area）、大都市带（Metropolis）两个概念来表示城市连绵区。
>
> 　　大都市区。20 世纪 20 年代后，美国大城市出现郊区化浪潮，形成了以商业为主的中心区和以居民为主的郊区。随着第三产业和高新技术在城市外围的发展，在远郊区形成新的就业中心与城市节点。这些节点与原有的大城市形成了一种新型城市地域空间——大都市区。1949 年

---

① 顾朝林：《城市群研究进展与展望》，《地理研究》2011 年第 5 期。

② "Population Density and Urbanization," https：//unstats.un.org/unsd/demographic/sconcerns/densurb/densurbmethods.htm.

美国协调委员会（Interagency Committee）定义了标准大都市区（Standard Metropolitan Areas）的概念，即是一个较大的人口中心及与其具有高度社会经济联系的邻接地区的组合，常常以县作为基本单元。[①] 2000 年美国人口普查局对原先的指标体系进行了很大程度的简化，定义了基于中央核心的统计区域（Core Based Statistic Area，CBSA）的界定指标体系，即：每个 CBSA 至少有一个人口普查局定义的人口不少于 5 万人的城市化地区（Urbanized Area）或者人口不少于 1 万人的城市集群（Urban Cluster）。

大都市带。地理学家 Gottmann 在研究美国东北海岸的波士顿到华盛顿 600 英里长、具有 3000 万人口的城市连绵区域（continuity of an area of "metropolitan"）时，将其称为大都市带（Megalopolis），具备"广袤区域下的超级城市特征"（super-metropolitan character of this vast area）以及"空前的巨大增长"（the greatest such growth ever observed）。大都市带通常拥有发达的制造业，商业与金融功能（commercial and financial functions）不可或缺，文化领导者功能（function of cultural leadership）亦非常重要。[②] 大都市带的形成，往往预示着居住与经济活动的重新布局。Gottmann 的研究具有开创性意义，被认为是现代意义上对大都市带研究的开端。需要指出的是，Gottmann 特别强调了"大城市的密度"（the density of great cities）对于大都市带的重要性，中文语境下的强调城市组团的城市群概念与其不谋而合。

资料来源：王瑞民《城市群发展与住房需求：一个文献综述》，《上海房地》2021 年第 9 期。

[①] 许学强、周一星、宁越敏：《城市地理学》，高等教育出版社，1996，第 16 页。

[②] Gottmann, J., "Megalopolis or the Urbanization of the Northeastern Seaboard," *Economic Geography*, 1957, 33（3）：189-200.

（二）我国城市的界定及其沿革

新中国成立——特别是改革开放以来，我国经历了高速的经济发展和巨大的社会变迁，伴随着人口规模的显著增加和城市化的迅速推进，我国政府对于城市的界定标准也发生了多次变化。最终，城市成为一级行政区划的代名词。

1. 新中国成立以来城市设立标准的变迁

与西方发达国家相比，中国城市的设立标准除依据人口规模、人口密度、经济发展、基础设施等条件外，最突出的特点是行政标准。城市是一个行政区划概念，普遍实施"市管县"体制，以经济比较发达的中心城市作为一级政权来管辖周边的一部分县、县级市。[①]

从市建制设立标准的变迁来看，具体如下。

1955 年 6 月，国务院根据当时国民经济发展的需要，制定了市镇设置标准，规定省级政府领导的行政单位，集聚人口在 10 万人以上，或者 10 万人以下的重要工业基地可以设市。

三年自然灾害后，为了压缩城镇人口，1963 年 12 月，中共中央、国务院联合发布了《关于调整市镇建制、缩小城市郊区的指示》，提高了市镇设置的标准，撤销了大部分 10 万人以下的市和不符合条件的镇。通过市镇设置的调整，中国的城市由 1961 年的 208 个减少到 1964 年的 169 个，城市化水平由 1960 年的 19.75%下降到 1963 年的 16.84%。[②]

改革开放以来，国务院分别于 1986 年和 1993 年调整了设市标准。1999 年国家统计局又出台了新的城乡划分标准，在 2000 年第五次全国人口普查中试行。目前我国关于城镇人口的统计就是依据 1993 年的设市标准和 1999 年的城乡划分标准来确定的。

---

① 新中国成立初期，我国就有少数城市实行市领导县体制。此后，实行市领导县体制的城市逐渐增多，50 年代末达到第一次高潮，60 年代初开始回落并进入低潮，70 年代又逐渐复苏。从 1982 年开始，我国又掀起新一轮的市管县体制改革浪潮。"市管县"体制已成为我国大多数地区的行政区划体制。

② 《新中国 60 年系列报告之城市社会经济发展日新月异》，http://www.gov.cn/test/2009 - 09/22/content_ 1423371.htm。

1986 年 4 月，国务院同意民政部《关于调整设市标准和市领导县条件的报告》，大大降低了设市标准，规定非农业人口 6 万人以上、年国民生产总值 2 亿元以上，已经成为该地经济中心的镇，可以设置市的建制，同时对撤县设市的条件也做了相应的规定。新的设市标准颁布以后，我国的小城市数量迅速增加。

1993 年，国务院颁发了《国务院批转民政部关于调整设市标准报告的通知》。这次设市标准的最大特点是建立了一整套设市的指标体系，根据县的人口密度不同，分为人口密度大于等于 400 人/千米² 、100~400 人/千米² 以及不足 100 人/千米² 三种情况，并设置了 13 个关于县政府驻地和全县社会经济发展方面的指标，其中人口密度大于或等于 400 人/千米² 及其他相应的指标则可以设立县级市（见表 2-2）。

表 2-2　国务院 1993 年关于设立县级市的标准

人口密度(人/千米²)		<100	100~400	≥400
县政府驻地指标	从事非农产业的人口(万人)	8	10	12
	具有非农业户口的人口(万人)	6	7	8
	自来水普及率(%)	55	60	65
	道路铺装率(%)	50	55	60
县域指标	从事非农产业的人口(万人)	8	12	15
	非农产业人口比重(%)	20	25	30
	国内生产总值(亿元)	6	8	10
	第三产业占国内生产总值的比重(%)	20	20	20
	乡镇以上工业产值(亿元)	8	12	15
	乡镇以上工业产值占工农业产值的比重(%)	60	70	80
	县级财政预算内收入(万元)	4000	5000	6000
	人均县级财政预算内收入(万元)	60	80	100
	承担一定的上解支出任务			

资料来源：课题组根据《国务院批转民政部关于调整设市标准报告的通知》整理。

1999 年 12 月，国家统计局印发了《关于统计上划分城乡的规定（试行）》，该文件指出，"城镇是指在我国市镇建制和行政区划的基础上，经本规定划定的城市和镇"。统计意义上的"城市"是指经国务院批准设市建制的城市市区，镇是指经批准设立的建制镇的镇区，乡村是指城镇地区以外的其他地区。

但我们注意到，2008 年国家统计局对这一规定进行了修订。国务院于 2008 年 7 月 12 日批复的《统计上划分城乡的规定》（国函〔2008〕60 号）中对相关表述进行了微妙的调整，统计意义上的"城市"在新的划分中不再出现。该规定"以我国的行政区划为基础，以民政部门确认的居民委员会和村民委员会辖区为划分对象，以实际建设①为划分依据，将我国的地域划分为城镇和乡村"，城镇包括城区和镇区。城区是指在市辖区和不设区的市，区、市政府驻地的实际建设连接到的居民委员会和其他区域。镇区是指在城区以外的县人民政府驻地和其他镇，政府驻地的实际建设连接到的居民委员会和其他区域。

虽然都是以行政区划为基础，但划分的组成单元明显细化（见表 2-3）。1999 年版本中将统计意义上城市界定为行政区划意义上的"城市市区"，市区本身也是一个行政区划。2008 年版本将最小的行政区划单元具体到居民委员会，且强调与政府驻地"实际建设"的"连接"。

表 2-3　统计意义上划分城乡的规定（1999 年版本和 2008 年版本比较）

年份	城镇	城市	镇	城区	镇区
1999	城市+镇	经国务院批准设市建制的城市市区	镇是指经批准设立的建制镇的镇区		
2008	城区+镇区			城区是指在市辖区和不设区的市，区、市政府驻地的实际建设连接到的居民委员会和其他区域	镇区是指在城区以外的县人民政府驻地和其他镇,政府驻地的实际建设连接到的居民委员会和其他区域

资料来源：课题组根据国家统计局 1999 年《关于统计上划分城乡的规定（试行）》和《统计上划分城乡的规定》（2008）整理。

---

①　实际建设是指已建成或在建的公共设施、居住设施和其他设施。

2.城市的界定范畴

我国的城市首先是一个行政区划概念。因此，行政区划概念下有必要进一步区别"城市"内部已经城市化的区域和尚未城市化的区域。关于我国城市有若干种不同的概念：城区、主城区、城市核心区、建成区等（见表2-4）。

表2-4　我国城市化区域相关概念表述的比较

概念	内涵	说明	应用领域
城区	在市辖区和不设区的市，区、市政府的实际建设连接到的居民委员会所辖区域和其他区域，不包括镇区和乡村	空间范围既可以打破市级以下行政单元，也可以打破基础统计单元（如社区、街道），城区的范围可能覆盖、跨越或包含多个区级行政单元	统计
主城区	主城区特指传统市辖区，以与由县市改设的市辖区进行区分	主要用于超特大城市	
城市核心区	一座城市政治、经济、文化等公共活动最集中的地区，是城市公共活动体系的主要部分	侧重城市功能，包括城市的主要零售中心、商务中心、文化中心、行政中心、信息中心等，集中体现城市的社会经济发展水平和发展形态，承担经济运作和管理功能	
建成区	城市行政区内实际已成片开发建设、市政公用设施和公共设施基本具备的地区	统计部门用建成区来反映一个城市的城市化区域的大小。不一定连片	统计

（三）城市规模

城市是人口在空间上的集聚，因此城市规模也就包含两方面的含义：一是城市的人口规模，二是城市的空间规模。前者的衡量标准包括城市人口、市辖区人口、城区人口等概念，后者则包括市辖区面积、可利用土地面积、建成区面积等概念。在衡量城市的集聚程度时，不应也不能够把人口和空间割裂开来，还需要关注其对应关系，即人口密度；某一人口活动区域只有在达到一定的人口密度时，才能够被认定为是城市化区域。

尽管在理论上可以对城市规模的概念和含义做出界定，但是在实证上对城市的人口规模与空间规模进行合理度量和统计却是一个很棘手的问题。长期以来，我国各种经济社会数据的统计和公布是以行政区划作为基本单位，这实际上为城市规模的统计带来了许多不便。因为同一行政单位内可能同时包含城市与乡村。仅以行政区域作为城市规模的统计单位，势必会带来偏差与错误。因此，应该明确城市规模对应的空间范围。

1. 我国城市规模的划分

我国划分城市规模时，以"城区"常住人口为标准。2014 年 10 月 29 日，国务院发布了《关于调整城市规模划分标准的通知》，对原有城市规模划分标准进行了调整。以城区常住人口为统计口径，将城市划分为 5 类 7 档（见表 2-5）。城区常住人口 50 万人以下的城市为小城市，其中 20 万~50 万人的城市为 Ⅰ 型小城市，20 万人以下的城市为 Ⅱ 型小城市；城区常住人口 50 万~100 万人的城市为中等城市；城区常住人口 100 万~500 万人的城市为大城市，其中 300 万~500 万人的城市为 Ⅰ 型大城市，100 万~300 万人的城市为 Ⅱ 型大城市；城区常住人口 500 万~1000 万人的城市为特大城市；城区常住人口 1000 万人以上的城市为超大城市。本课题关注的城市类型包括特大城市和超大城市两类。

表 2-5　我国的城市规模划分

城市规模	细分	城区常住人口规模
小城市	Ⅰ 型小城市	20 万~50 万人
	Ⅱ 型小城市	20 万人以下
中等城市		50 万~100 万人
大城市	Ⅰ 型大城市	300 万~500 万人

城市规模	细分	城区常住人口规模
	Ⅱ型大城市	100 万 ~ 300 万人
特大城市		500 万 ~ 1000 万人
超大城市		1000 万人以上

资料来源：《国务院关于调整城市规模划分标准的通知》，中国政府网，http://www.gov.cn/zhengce/content/2014-11/20/content_9225.htm。

2. 超特大城市中心城区的讨论与界定

按照行政区划范围来讨论超特大城市的规模与结构，将成为一个"伪命题"。为讨论方便，避免概念认知上的混乱，我们认为有必要将超特大城市经济集聚意义上的城市区域（即中心城区）"拎"出来，进行聚焦分析。

中心城区在城市规划的学术和实践中具有重要的价值。2006 年建设部实行的《城市规划编制办法》与自然资源部 2020 年出台的《市级国土空间总体规划编制指南（试行）》，均明确了中心城区的概念，并提出规划管控要求。在自然资源部的《市级国土空间总体规划编制指南（试行）》中明确提到"中心城区：市级总规关注的重点地区，一般包括城市建成区及规划扩展区域，如核心区、组团、市级重要产业园区等；一般不包括外围独立发展、零星散布的县城及镇的建成区。中心城区应在城镇开发边界内、根据实际和本地规划管理需求等确定"。[①] 可以说，中心城区这个地域范围具有非常重要的管控价值和意义。

但同时我们也必须看到，中心城区是一个规划管控概念，不完全是一个现状实体概念，其中既有现状建成区，也包含了未来因城乡建设和发展需要，必须实行规划控制的范围（《中华人民共和国城乡规划法》）。因此，从实践的具体界定来看，中心城区概念又存在较强的模糊性，把现状的科学属性与未来的政策属性交织在了一起。为了说明不同的空间特征，又诞生了诸如"城市核心区、主城区、建成区"等不同的表述方式，概念多而不严密，据此难以开展有关问题的深入对比研究，难以精准分析城市发展演化的

[①] 《自然资源部办公厅关于印发〈市级国土空间总体规划编制指南（试行）〉的通知》，自然资源部官网，http://gi.mnr.gov.cn/202009/t20200924_2561550.html。

客观过程以支撑发展规划和相关政策制定。因此，必须对超特大城市的"中心城区"这一概念的内涵进行再次明确界定，并对其相应范围进行科学识别。

我们以自然资源部《市级国土空间总体规划编制指南（试行）》中提出的"中心城区概念"为工作基础，该概念的内涵主要包含了城市建成区及规划扩展区域两部分内容。从超特大城市治理的实际出发，本研究提出应当高度关注城市建成区这一层级，我们称之为"中心城区（现状）"，既保持与国家概念的统一性，也突出当前超特大城市治理的现实需求。

从实际的范围界定来看，通过相关概念的比较研究与调查，本研究认为超特大城市"中心城区（现状）"应当是指位于超特大城市具有高首位度、高人口密度和完善城市设施与服务的连片城市空间区域。基于以上认识，中心城区具体范围的识别可以从建设用地范围、人口密度水平、设施建设水平、通勤联系紧密程度等维度进行精确识别。本课题尝试采用了两种方法对同一城市的中心区范围进行识别，其结果十分相近。

方法 1：首先，基于遥感解译及多元数据校核，识别城市的建设用地范围；其次，基于 LBS（Location Based Service）数据，以 100M 栅格为基本单元，提取居住、就业人口密度超过 1 万人/千米^2 的部分栅格并识别其热点栅格，确定中心城区（现状）的基础范围；最后，以街道和乡镇为基本单元，将与中心城区（现状）基础范围内通勤比例超过 50% 的地区进行识别与校核，最终形成各超特大城市的中心城区（现状）范围。

方法 2：基于 GIS 数据、街道精度的 POI 数据和手机信令数据，量化计算我国 10 个超特大城市的中心城区、都市圈的现状范围。计算识别方法为：①在各案例城市 200 米×200 米栅格尺度上统计综合 POI（包括住宅楼栋、公司企业、餐饮服务/购物服务/生活服务）数量；②采用热点分析方法，识别具有统计意义的热点栅格分布；③统计各街道热点栅格数量占比，获得街道热度分级（0~100），0 表示该街道无热点栅格，100 表示该街道内全为热点栅格；④根据 GIS 数据、街道精度的 POI 数据和手机信令数据等多源数据，综合城市实际发展情况，分类确定城市中心城区、都市圈街道热度划分等级标准，并根据选取的统计热度栅格面积计算中心城区、都市圈范围。

专栏7

热点识别结果辨析

热点识别的结果可形象地称为"城市大团"，能更加直观地刻画人口、产业、城市功能集聚与分布的空间格局。总体上看，超特大城市中心城区主要有单中心集聚型、多组团型、高度连绵型三种类型。与统计上常用的建成区相比，识别出的中心城区普遍更紧凑，面积也更小（见图2-2）。

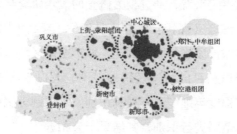

图2-2 郑州市热点识别结果与市域范围对比

注：郑州市热点识别结果来源于综合POI数据（计算方法详见专题三第三节中心城区与都市圈范围识别流程）。其中，建成区范围来源于郑州市官方公布的2020年市域现状地图。

需要指出的是，超特大城市中心城区不应包括其周边郊区、郊县的中心，但实际上部分超特大城市的建成区中郊区、郊县中心占比并不低（见图2-3），如北京包含外围房山、怀柔、密云、平谷、延庆共249.92平方千米（占17%），广州包含外围从化、花都、增城、南沙共545平方千米（占43%）。这些分散的外围中心多为市领导县体制下郊区、郊县的"县城"，初始的建制规格多为"镇"一级，即便发展到今天，其人口、产业等要素集聚程度与超特大城市的中心城区仍有显著差异，也不存在明显的"大城市病"。因此，这些分散的外围中心不是本课题关注的区域，甚至可以说是本课题需要从超特大城市既有的城市化区域中"剥离"的部分。

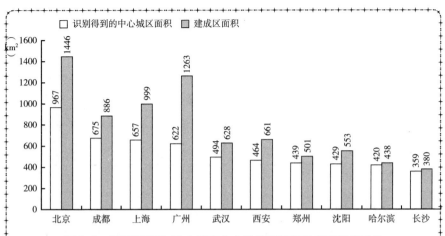

图 2-3 识别得到的 10 个城市中心城区面积与建成区面积对比

注：郑州市识别结果来源于综合 POI 数据（计算方法详见专题三第三节中心城区与都市圈范围识别流程）。

　　需要进一步强调的是，将热点识别出的"中心大团"作为中心城区的范围，也是本课题在这一点上与城市规划意义上的中心城区的一个突出的区别。城市规划视角下，虽然也将人口密度纳入考量，但中心城区是结合管理需求自上而下"划定"而非自下而上根据人口密度和经济集聚活动"识别"的。对于多中心组团的超特大城市而言，"划定"的中心城区通常包括主城区及若干关联片区（组团）构成的综合体，即"中心大团"＋"外围小团"，但不包括外围独立发展的零星县城与镇的建成区。将"外围小团"也纳入，是规划服务公共政策管理需求的结果。原国土资源部《市级土地利用总体规划编制规程》第五章第六节指出"中心城区规划控制范围应包括主城区及其相关联的功能组团。以不打破行政村界为原则，主城区及其相关联的功能组团所涉及的城区与乡（镇）纳入中心城区规划控制范围"。自然资源部 2020 年颁布的《市级国土空间总体规划编制指南（试行）》中，将中心城区进一步明确为"市级总规关注的重点地区，一般包括城市建成区及规划扩展区域，如核心团、组团、市级重要产业园区等；一般不包括外围独立发展、零星散布的县城及镇的建成区。中心城区应在城镇开发边界内、根据实际和本地规划管理需求等确定"①。总体来看，本课题中界定的"中心城区"实际上是城市规划意义上的中心城区的一部分，即"中心大团"（或称之为核心团），但不包括组团和市级重要产业园区。

（四）城市结构

城市规模主要是人口和土地在量上的累积，城市结构则包括人口、土地在内的各要素相互关系、相互作用的形式和方式，涵盖产业结构、功能结构、空间结构等。产业结构主要包括各个产业的产出和就业结构，主要反映了城市的经济吸引力与就业机会；功能结构主要包括政治功能、交通功能、文化功能等，在很大程度上反映了城市基础设施与公共服务的质和量。

作为城市各要素在空间范围内的分布和组合状态，空间结构是产业结构和功能结构等在空间上的投影，是城市经济发展和功能发挥的空间组织形式，一般表现为城市密度、城市布局和城市形态三种形式。从国内外历史经验来看，城市空间结构对城市规模和城市发展的影响是至关重要的。

二 城市规模与居民福利：动态的倒 U 形曲线

习近平总书记深刻地指出，要"增强中心城市和城市群等经济发展优势区域的经济和人口承载能力"，但"城市发展不能只考虑规模经济效益，

---

① 《自然资源部办公厅关于印发〈市级国土空间总体规划编制指南（试行）〉的通知》，自然资源部官网，http://gi.mnr.gov.cn/202009/t20200924_2561550.html。

必须把生态和安全放在更加突出的位置"，因此，"城市单体规模不能无限扩张。目前，我国超大城市（城区常住人口 1000 万人以上）和特大城市（城区常住人口 500 万人以上）人口密度总体偏高，北京、上海主城区密度都在每平方公里 2 万人以上，东京和纽约只有 1.3 万人左右。长期来看，全国城市都要根据实际合理控制人口密度，大城市人口平均密度要有控制标准。"①

接下来，我们将基于对核心文献的回顾，从经济结构、资源环境、空间结构（通勤）、城市治理等视角，对合理的城市规模与结构进行理论性探讨。

（一）经济结构与城市规模

在城市经济学理论中，城市最优规模的形成在于向心力和离心力的均衡，城市规模与典型居民的效用呈现倒 U 形关系（Henderson，1974；Black and Henderson，1999）。城市由于规模经济、集聚效应、知识技术溢出等，提升了劳动生产率，为人民带来更多的就业机会（陆铭等，2012），更高的工资收入（王建国和李实，2015），提升居民的福利水平，形成城市发展的向心力；同时也因为更拥堵的交通、更高的房价和更严重的污染产生了离心力。

人均 GDP 所代表的城市经济效率是福利水平的重要因素。大量研究基于城市规模与城市人均生产率之间的"倒 U 形"关系探索了最优城市规模水平：Kawashima（1975）和 Carlino（1982）利用美国制造业数据得到最优的城市规模；柯善咨和赵曜（2014）利用 2003~2008 年的城市数据，证明随着城市规模的增大，城市经济效益发生先增长后下降的倒 U 形变化，而大部分地级市的实际规模仍小于最优规模。梁婧等（2015）重新估算则发

---

① 习近平：《国家中长期经济社会发展战略若干重大问题》，《求是》2020 年第 21 期。这里提出的"主城区"概念广泛运用于特大城市及超大城市，由于这类城市市辖区数量较多，主城区特指传统市辖区，以与由县市改设的市辖区进行区分。常见此类表述的城市有重庆、武汉等地。

现大部分城市处在最优规模附近。用中国 2003～2009 年地级市及以上城市数据对由此得到的计量模型进行估计，发现地级市及以上城市规模与劳动生产率呈现显著的倒 U 形关系。

城市的集聚过程通过多种机制提升要素收益和劳动回报。具体来说，集聚效应通过规模报酬递增和自我强化机制带来更高的生产效率，提升收入水平。传统理论认为集聚经济主要来源于劳动力市场群聚、中间品和基础设施共享以及技术知识外溢（Marshall，1890；Combes et al.，2012）。基于集聚经济理论的研究指出，各类集聚外部性通过厂商之间的相互作用和溢出效应而产生递增收益，使劳动力、资本和人力资本获得更高回报，从而成为推动人口和生产要素向城市集聚的重要因素（Glaeser et al.，1992；王小鲁，2010；夏怡然和陆铭，2019）。

（二）资源环境与城市规模

进入工业社会后，资源成为利用性要素，而环境成为"代价性因素"，城市发展受到了资源环境的限制，关键性要素是水、大气。历史地看，资源环境问题是"城市病"的最重要内容之一。

大量研究已证实城市人口规模扩大增加了对石化能源的需求和温室气体的排放（Jiang and Hardee，2011）增加了水污染和垃圾的产生。贾滨洋等（2015）基于最大纳污量计算了成都天府新区可承载的区域人口和社会经济规模，论述了消除或缓解水资源的压力措施，以提高当地水资源系统对未来社会、经济、人口和生态环境的承载力。刘习平和宋德勇（2013）分析了 2005～2010 年不同规模的城市中，产业集聚与城市环境状况的关系，发现对于非农人口超过 200 万人的城市，产业和人口的集中会恶化城市环境，而对于其他城市，规模越大，产业集聚所带来的环境改善效应就越大。

另外，城市规模扩张可以提升产业集聚水平和能源利用效率，推动清洁技术的发展，进而改善环境质量，比如陆铭和冯皓（2014）发现人口和经济活动的集聚度提高有利于降低单位工业增加值的污染物质的排放强度。武俊奎（2012）提出城市规模扩大可以推动实现资源集约利用。马素琳等（2016）的研究也发现城市规模对环境空气质量存在正向影响。郜希等（2015）通过对十余个发达国家与中国等主要发展中国家的宏观数据进行计量分析，发现百万人以上人口城市人均生态足迹与生态环境压力显著降低，而中小城市倾向于占用大量生态环境资源，且低效、分散、粗放的生产生活方式也增加了生态足迹。

（三）空间结构（通勤）与城市规模

我们拟从空间布局与交通通勤探讨空间结构与城市合理规模的关系。空间布局反映了城市不同区域间的现状，交通通勤则刻画了不同区域间联系的效率。

1. 空间布局

在实证研究方面，国内外已有大量文献研究人口和产业的空间集聚效应（Combes and Gobillon，2015；Wheeler，2008；Saito and Gopinath，2009；范剑勇，2004；2006）。聚焦于城市空间结构的演变规律，Baum-Snow（2007）发现高速公路促进了美国城市人口的去中心化。Baum-Snow、Brandt、Henderson、Turner 和 Zhang（2017）研究高速公路和铁路的路网结构如何影响中国城市的产业和人口在城市中心区和郊区之间的去中心化分布。关于城市空间结构和城市经济发展的关系，Harari（2020）发现城市的几何形状显著影响印度城市的经济发展。Wang、Zhang 和 Zhou（2020）探讨了中国城市空间过度扩张的政治经济学机制并且发现了实证证据。陆铭（2016）的著作阐述了城市空间结构对城市发展的重要性。但是上述研究缺乏空间一般均衡的分析框架，没有深入讨论微观主体（居民和厂商）的区位选择与城市经济的空间结构之间的互动，因而无法进行量化福利分析。

在理论研究方面，传统的单中心模型框架虽然在较为宏观层面的研究中广泛应用，但是已经不适应研究现代城市的内部空间结构。Lucas 和 Rossi-Hansberg（2002）构建了一个理论模型来研究城市内部空间结构，该模型引入随空间距离连续变化的集聚效应，能预测城市内部人口和厂商的多中心空间分布模式。但是，这个模型仍然假设对称性的圆形城市，所以不能和实际数据很好结合进行实证分析。Ahlfeldt、Redding、Sturm 和 Wolf（2015），Heblich、Redding 和 Sturm（2020）构建了空间一般均衡的理论模型，揭示居民和厂商的区位选择决定了城市内部人口和经济活动的空间均衡分布；而这个分布可能是对称的，也可能是非对称的，取决于城市交通设施、各城区自然地理条件以及集聚效应的空间变化规律。该模型为量化分析城市内部空间结构的福利影响提供了理论框架，拓展了城市空间结构研究的前沿。但是，关于如何优化城市经济的空间结构及其内在的逻辑机制，系统性的理论和实证分析还十分缺乏。

2. 交通通勤

通勤时间的长短是决定城市居民幸福感的第一要素，长时间通勤对个人心理健康有负面影响，并进而影响城市活力与健康发展。国内外的研究主要聚焦通勤时间对人们的主观幸福感、心理健康及身体健康等方面的影响。

长时间通勤不仅影响心理状态，还会对身体健康产生危害。欧洲、美国和日本的研究发现，长时间通勤会对睡眠、锻炼和包括自我报告及客观测量的健康程度（肥胖、血管疾病及心脏功能紊乱）产生负面影响（如Kageyama et al.，1998；Palmer，2005；Christian，2012）。国内的研究中，朱菁等（2018）发现 BMI 与通勤幸福感负相关，吴江洁（2016）发现随着通勤时间的增加，自我认为较上一年的健康程度更差，且睡眠时间有所减少，不过尚未发现通勤时间与慢性病诊断、住院次数等客观健康指标的关联。

（四）城市治理与城市规模

治理能力是影响城市规模和结构的重要变量，良好的城市治理，将为超特大城市的规模和结构优化提供更丰富的选择，城市大数据的积累使得智慧治理成为可能，城市集聚收益和拥挤成本的平衡点与临界规模将不断提高。

Au 和 Henderson（2006）认为 1997 年中国城市人口规模由于户籍制

度限制整体规模过小，而一些近期研究则细致分析了公共服务在城市规模扩张中所发挥的作用：流动人口在流入城市获得的城镇基本公共服务是影响其城市居留意愿的关键因素。夏怡然和陆铭（2015）的研究证实了城市公共服务对劳动力的稳健吸引力，并且发现公共服务均等化可以在一定程度上促使劳动力的空间分布更均匀。韩峰和李玉双（2019）的研究发现，公共服务供给不仅提高了本市和周边城市人口规模，而且能够在城市人口增长中与产业集聚形成协同效应，且民生类公共服务对城市人口规模增长的作用效果明显大于基础设施类公共服务。侯慧丽（2016）将公共服务按照权利主体和内容分为工业公民资格公共服务和社会公民资格公共服务，城市规模越大，流动人口获得工业公民资格公共服务的可能性越大，而获得社会公民资格公共服务的可能性越小。杨晓军（2017）认为公共服务对人口流动的影响与城市规模呈明显的正相关，200万人以上人口城市依靠优良的医疗服务质量能够有效地吸引外来流动人口，而林李月等（2019）则认为，除了医疗服务外，失业保险和住房保障也是人们愿意在大城市定居的重要原因，而优质医疗服务在各规模的城市均可以吸引人口流入。

城市发展也会影响地方对公共服务的供给。杨刚强等（2017）发现流动人口涌入会显著降低人均普通教育经费支出、社会保障和就业支出、医疗卫生支出。叶林等（2016）对广州市城镇化进程的研究也发现，随着城镇化水平的提高，基本医疗公共服务质量、数量和空间差异反而逐年上升，并对片面追求新城扩张的开发模式进行了反思，提出均衡城市内部公共服务质量的建议。

在科技持续进步的大背景下，发展智慧城市有助于促进城市经济、社会与环境协调可持续发展，缓解"大城市病"，提高城镇化质量。如何保障信息集成共享和互联互通，重视技术规范和法律规范，在典型示范积累经验基础上全面整体推进，是目前国内城市治理研究的一个重要方向（辜胜阻和王敏，2012）。

在解决具体"大城市病"问题中，赵鹏军和万海荣（2016）在比较研究我国大城市和国际大城市交通拥堵特征异同的基础上，论证城市蔓延、交通供需矛盾、机动化增长、土地利用形态和生活方式变化等是造成交通拥堵的主要因素，借鉴国际治理经验，提出应采用行政和经济等多种手段，加强小汽车使用管理、完善公交网络服务、积极落实公交都市战略等建议。李胜（2017）认为，现行超大城市突发环境事件治理有碎片化的问题，主要表现为预防意识不强，市场和社会主体参与不足，信息危机放大危机事件的社会风险，政府部门职责不清、协调沟通不畅。因此，超大城市突发环境事件治理必须进行整体性改革和创新，要培育危机文化，强化危机预防和政府公共责任意识；完善社会资本，加强社会参与；建立统一的治理信息中心，推进组织结构调整与改革，构建应对突发环境事件的整体性治理模式。

目前，数字化基础设施在城市治理中的应用正成为城市建设的热点。全国已有约 500 个城市启动"城市大脑"建设计划，建设规模已经超过数百亿元资金。科技企业与地方政府合作，利用技术优势优化公共资源配置，辅助城市治理。

（五）小结：动态的"倒 U 形曲线"

总体来看，城市由于集聚效应、知识技术溢出等，提升了劳动生产率，为其居民带来更多的就业机会。换言之，城市发展进程中各类要素涌入后的良性集聚，产生了一定的规模经济效益。

然而，要素的过度乃至无序的集聚，不可避免地引发了城市交通拥堵、住房紧张与环境污染，即"大城市病"。交通拥堵导致通勤时间过长，一方面影响经济效率，另一方面也直接影响城市居民的幸福感和获得感。住房紧张导致房价畸高，对城市创新产生抑制效应。超过城市资源环境承载能力后的环境污染，既影响城市居民健康，也影响城市的可持续发展。

城市发展的终极目的，就是满足城市居民对于美好城市生活日益增长的需要，即"城市，让生活更美好"。城市规模超过特定治理水平下的合理限度后，便会对城市居民福利产生负面影响，从而影响城市的活力和竞争力。因此，综合考虑经济发展、交通通勤、资源环境等相关因素，城市规模①和居民福利水平之间呈现倒 U 形关系（见图 2-4），这已经成为城市研究的共识，也是进一步探求城市合理规模的理论基础。

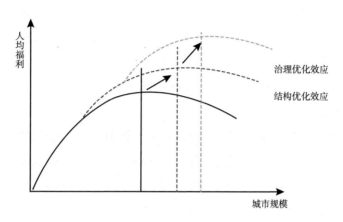

图 2-4　城市规模与人均福利

资料来源：课题组绘制。

　　但需要强调的是，城市的合理规模并不是一个静态的顶点，而会随着城市治理水平提升和结构的优化而变化，表现为动态的倒 U 形关系，这是城市发展重要规律的体现。这意味着，不同治理水平的城市的最优规模区间是不同的，即便是治理水平接近，城市结构不同，最优的规模区间也不同。合理优化城市规模，不能简单化为设定城市规模的上限，而是应从分析城市的结构性因素入手，探求结构优化的政策空间；与此同时，借助现代科技手段与先进的治理理念，提升城市的治理水平，为城市的合理规模创造更大的弹性空间。

---

①　通常指城市人口规模，有时以城市用地面积为辅助指标。

三 快速城市化视角下超特大城市的规模扩张与结构性矛盾

2021年，我国城镇化率达到64.72%，进入城市化中后期，包括人口在内的各类要素日益向以超特大城市为中心的都市圈集聚。作为新发展格局中重要节点的超特大城市，其合理的规模和结构关乎资源配置能力和效率的高低，并进一步影响到城市居民的幸福感和获得感、城市层面的高质量发展和整个国家的竞争力。

按照2020年第七次全国人口普查数据（见图2-5），全国共有上海、北京、深圳、重庆、广州、成都、天津等7个超大城市，以及武汉、东莞、西安、杭州、佛山、南京、沈阳、青岛、济南、长沙、哈尔滨、郑州、昆明、大连等14个特大城市。

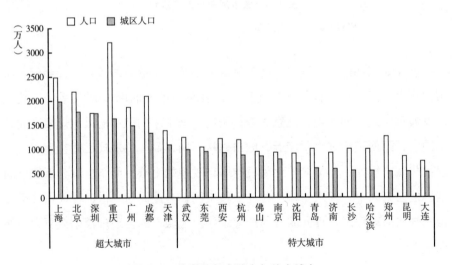

图2-5 我国的超大城市与特大城市

资料来源：课题组根据国家统计局的数据整理。

本专题尝试利用主要的统计数据，对超特大城市共性的结构特征进行分析，尝试指出当前超特大城市的产业结构、功能结构、空间结构与其他城市的差异。研究认为，"大城市病"是要素与功能的过度乃至无序集聚、集中带来的，与超特大城市的结构特征紧密相关。

（一）超特大城市的主要结构特征

超特大城市呈现以下两方面突出特征。

一是经济结构上中心城区以服务业为主导，制造业向外围转移。随着新一轮技术革命的纵深推进，特别是轨道交通体系的快速发展，城市间的运输成本与运输时间大大降低，超特大城市中心城区与都市圈外围区域间的联系更加紧密，不同类型的就业人口与产业在中心城区-外围区域的区位再选择成为可能。在成本-收益的充分考量下，都市圈范围内产业结构的优化已经在悄悄地进行，研发、设计、管理等环节在超特大城市特别是其中心城区集聚，而生产制造环节在外围中小城市集聚；生产性服务业在中心城市特别是其中心城区集聚，而制造业则在外围中小城市集聚。

二是功能高度重叠，优质设施与功能集中在中心城区。城市的地理空间是人口与社会经济活动发展的基础，也是城市建设规划的基础。如前所述，计划经济时期，由行政中心对主要资源进行指令性配置，导致城市的经济功能、交通功能、文化功能过度重叠，并产生了深远的影响，优质设施与功能高度集中在中心城区。在政治、经济、交通、文化功能重叠的意义上，省会为缩小版的首都，县城为缩小版的省会。

（二）超特大城市的"大城市病"及其原因

人口等要素集聚为超特大城市带来了增长与繁荣。超特大城市在共享、匹配与学习三大微观机制上均有突出优势。要素与功能的过度集聚带来的城市规模膨胀，不可避免地也带来了"大城市病"：包括人口激增、交通拥堵、环境污染、住房紧张等。面对"大城市病"的困扰，城市居民的幸福感和获得感大打折扣，城市自身的高质量发展以及基于超特大城市创新能力的国家竞争力提升也因此受到不利影响。究其原因，"大城市病"是超特大城市供给与需求的不平衡以及与之相应的治理能力跟不上城市发展和经济社会变迁需要的结果。特别是在当前新冠肺炎疫情仍呈现多点散发的态势下，城市居民对健康有序的城市生活的美好向往更加强烈，这无疑也对"大城市病"及城市治理能力提升提出了新的更高的要求。

（三）超特大城市的"大城市病"主要集中在中心城区

要素与功能过度集聚带来的"大城市病"主要集中在中心城区。在超特大城市规模扩张过程中，产业规划布局、交通基础设施建设、公共服务供给往往滞后于各类要素自发快速集聚，产业与人口过度集聚于基础设施与公共服务已经比较完善的中心城区，当"拥挤"超出城市规模经济与城市居民健康生活的边界后，就会演变为"大城市病"（见专栏8），进入"倒U形曲线"的后半段。

专栏8

"大城市病"主要发生在中心城区

以北京为例，2020 年北京市行政区划人口规模已经超过 2189 万人，面积为 16410 平方千米，但是其中的大部分人口集中在中心城区，其面积约占全市的 6%，人口却占全市人口的 60% 左右。南京市行政区划土地面积为 6587.02 平方千米，人口为 850.0 万人，其中中心城区面积只占 7.5%，人口却占 76%。所谓"城市病"，不是发生在行政区划范围，而是集中在面积不到 10% 的中心城区。所以，研究超特大城市问题，应聚焦于其中心城区。

以往讨论城市规模问题时往往会用行政单元概念去替代城市实体空间概念，这是不准确的。中心城区虽只是城市的一小部分，但集中承载了超特大城市的优势产业与主要功能，人口等要素高度集聚，是超特大城市"城市病"的主要"发病"区域，应予以重点关注。通俗地说，超特大城市的"城市病"并不意味着"周身是病"，关键是"心脏病"。只有把中心城区的"心脏病"治好了，才能把系统性的"城市病"治好。我们认为，优化

超特大城市的规模和结构，其核心就是优化中心城区的规模和结构。重新审视中心城区的要素集聚、功能布局、产业发展、人口规模与密度、基础设施和公共服务布局，向外在都市圈乃至城市群范围内寻求布局优化的合理空间与路径。

四　"以人为核心"是优化超特大城市规模和结构的根本遵循

城市的发展，归根结底要形成人与城市和谐发展的良性循环。站在超特大城市高质量发展的历史转折点上，有必要将优化超特大城市规模和结构提上城市发展日程，寻求城市规模扩张带来的规模经济与负外部效应的平衡点。但需要特别强调的是，"以人为核心"是新型城镇化的核心理念，也是优化超特大城市规模和结构的根本遵循，应围绕"经济需要、生活需要、生态需要、安全需要"来统筹空间布局，从而实现"城市，让生活更美好"。

（一）"以人为核心"的城镇化理念及其发展

20 世纪 90 年代中期以来，随着以乡镇企业为主体的"离土不离乡"发展模式逐渐式微，以外资、私营企业为主导的城市部门开始飞速发展，农村劳动力开始大规模地向城市制造业、服务业部门转移。但是，计划经济时期的户籍制度仍然延续至今，与其关联的部分公共服务虽然随着经济的市场化有所调整，总体来看仍然是城乡分割的二元体制，农村转移人口无法实现永久性迁移，而是以乡-城间的"钟摆式"迁移为主。超过 2 亿农业户籍人口已经统计为城镇常住人口，但尚未获得城市户籍，也难以充分享受市民化的公共服务。

在外需旺盛的经济高速增长阶段，上述方式有效降低了工业化的劳动力成本，助推我国成为"世界工厂"，但这也导致我国的城市化在相当长的时期内滞后于工业化（见图 2-6）。进入高质量发展阶段后，内需成为经济增长的重要动力，数亿名进城农民工依然在城乡间"钟摆式"流动，弊端日显，城市的集聚效益和规模效益得不到很好实现，城市化的共享性和可持续性大打折扣。①

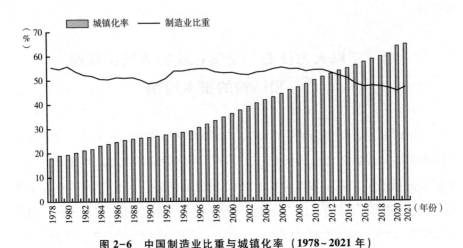

图 2-6　中国制造业比重与城镇化率（1978~2021 年）

资料来源：国家统计局。

　　党的十八大以来，逐步确立了"以人为核心"的新型城镇化理念。《国家新型城镇化规划（2014—2020 年）》提出：城镇化必须进入以提升质量为主的转型发展新阶段。② 城镇化发展方式由速度型向质量型转型，意味着改变主要依靠劳动力廉价供给、主要依靠土地等资源粗放消耗、主要依靠非均等化基本公共服务压低成本推动城镇化快速发展的模式，紧紧围绕全面提高城镇化质量，以人的城镇化为核心，有序推进农业转移人口市民化；以城市群为主体形态，推动大中小城市和小城镇协调发展；以综合承载能力为支撑，提升城市可持续发展水平；以体制机制创新为保障，通过改革释放城镇化发展潜力，走以人为本、优化布局、生态文明、文化传承的中国特色新型城镇化道路。

---

① 蔡昉：《走出一条以人为核心的城镇化道路》，《求是》2016 年第 23 期。
② 《国家新型城镇化规划（2014—2020 年）》，中国政府网，http://www.gov.cn/gongbao/content/2014/content_ 2644805. htm。

总体来看，"以人为核心"是新型城镇化的根本遵循。习近平总书记深刻地指出："要更好推进以人为核心的城镇化，使城市更健康、更安全、更宜居，成为人民群众高品质生活的空间。……统筹城市布局的经济需要、生活需要、生态需要、安全需要。"①

（二）经济需要是城市发展的基础

产业发展是城市发展的基础，产业的持续升级是城市高质量发展的不竭动力。工业革命以来的城市化，源自机器大工业的发展对劳动力的巨大需求，城市中更高的工资和更好的机会吸引了大量来自农村的劳动力，是外部经济、集聚经济带来的螺旋式增长。习近平总书记提出："人要在城市落得住，关键是要根据城市资源禀赋，培育发展各具特色的城市产业体系，强化城市间专业化分工协作，增强中小城市产业承接能力，特别是要着力提高服务业比重，增强城市创新能力。"②

我国的超特大城市产业发展的高地，是各类要素高效集聚的区域，生产率和创新能力等居城市群前列，与周边城市形成有效的产业分工与协作，具备较强的产业链和供应链联系。超大城市的 GDP 总量在 2 万亿元以上，特大城市的 GDP 总量也多数在 1 万亿元以上。

（三）生活需要是城市发展的目标

高质量的基础设施和公共服务是生活需要的核心，既是保障城市人口生活的基本条件，也是城市发挥集聚效应的关键所在。城市基础设施和公共服务为产业发展进而为居民就业提供有效的支撑；城市居民也因优质基础设施而更加充分地享受城市生活的便利，优质基础设施本身也是吸引移民进入城市的重要因素。更好地满足居民对美好城市生活日益增长的需要，是"以人为核心"的政策理念的核心体现，也是城市发展的终极目的。

① 《十九大以来重要文献选编（中）》，中央文献出版社，2021，第 498 页。
② 《习近平关于社会主义经济建设论述摘编》，中央文献出版社，2017，第 163 页。

（四）生态需要是城市发展的承载本底

早在 100 多年前，针对大量农民涌入城市造成城市膨胀和生活条件恶化等"城市病"，英国城市学家霍华德（Ebenezer Howard）便提出建设"田园城市"，即"一种兼有城市和乡村优点的理想城市"，"田园城市"的增长应遵循有助于城市的发展、美观和便捷的需要。"田园城市"理念实际上反映了城市发展的生态需要。

生态需要是城市发展的承载本底，也是"以人为核心"的城镇化的重要组成部分。超特大城市是现代化的前沿，其规模的扩张一方面带来了生态环境的压力、能源的巨大需求以及温室气体的排放，但另一方面也推动了能源利用效率的提升，总体来看，超特大城市的"集约、节约"程度均显著优于中小城市。如何更好地满足超特大城市居民的生态需要，探索出一条绿色低碳的城市发展路径，成为超特大城市高质量发展的内在要求。

（五）安全需要是城市生活的基本保障

根据马斯洛需要层次理论，一旦人的基本生理需要得到满足，安全需要就会成为最主要的需要。安全是城市居民最基本、最普遍的愿望，只有社会保持安全和稳定，才能更好推进超特大城市的高质量发展。党的十九大报告指出，要"树立安全发展理念，弘扬生命至上、安全第一的思想"，强调要健全公共安全体系，完善安全生产责任制，遏制重特大安全事故，提升防灾减灾救灾能力。2018 年 1 月，中共中央办公厅、国务院办公厅印发《关于推进城市安全发展的意见》[①]，指出"城市人口、功能和规模不断扩大，发展方式、产业结构和区域布局发生了深刻变化，新材料、新能源、新工艺广泛应用，新产业、新业态、新领域大量涌现，城市运行系统日益复杂，安全

---

① 《中共中央办公厅、国务院办公厅印发〈关于推进城市安全发展的意见〉》，中国政府网，http：//www.gov.cn/xinwen/2018-01/07/content_ 5254181.htm。

风险不断增大"，并要求"积极推进把安全文化元素融入公园、街道、社区，营造关爱生命、关注安全的浓厚社会氛围"。

（六）"以人为核心"理念下超特大城市规模和结构的优化

我们认为，优化超特大城市规模和结构，需要紧紧围绕"以人为核心"的政策理念，抓住新一轮技术革命带来的数字经济机遇，实现超特大城市中心城区与外围中小城市的产业分工优化，有效克服产业转型的"鲍莫尔成本病"[1]。每一轮技术革命，都带来土地、劳动力、资本等生产要素的革命性重组，规模报酬递增引发产业重构，推动城市化迈上新台阶。新一轮技术革命的突出特征是数字化主导，数据成为一种新的要素，数字经济将深刻改造生产函数并引领生产方式的效率变革，能够极大地提升服务业的生产率，如网课可无限次重复观看，规模经济效应极为显著，超过绝大多数制造业。数字经济的蓬勃发展为超特大城市的劳动力从生产率较高的制造业向服务业转移过程中经济增长"不掉速""少掉速"甚至"提速"提供了可能。

我们欣喜地看到，技术革命使得在都市圈视角下实现中心城区和外围区域的产业与功能优化成为可能。随着新一轮技术革命的纵深推进，特别是轨道交通体系的快速发展，城市间的运输成本与运输时间大大降低，中心城区与都市圈外围区域间的联系更加紧密，不同类型的就业人口与产业在中心城区-外围区域的区位再选择成为可能。在成本-收益的充分考量下，都市圈范围内产业结构的优化已经在静悄悄地进行，研发、设计、管理等环节在都市圈的中心城市特别是在其中心城区集聚，而生产制造环节在外围中小城市集聚；生产性服务业在中心城市特别是在其中心城区集聚，而制造业则在外

---

① "鲍莫尔成本病"刻画的是经济发展从制造业主导向服务业主导转型的过程中经济增速回落的问题。制造业生产率较高，传统服务业因缺乏规模经济而难以实现效率提升，劳动力从生产率较高的制造业向生产率较低的服务业转移的过程中，将导致整个国家的经济增速回落与城市危机。详见 Baumol, William J., "Macroeconomics of Unbalanced Growth: The Anatomy of Urban Crisis," *The American Economic Review*, 57.3 (1967): 415-426。

围中小城市集聚。这些都为我们放眼都市圈，解决好中心城市中心城区发展的突出矛盾提供了方向指引。

优化超特大城市合理规模和结构，不可能毕其功于一役，应着力促进中心城区产业发展和城市治理形成动态的良性互动格局。中心城区产业发展与升级必将吸引人口流入引发新的治理需求，也为城市基础设施与公共服务提供必要的财力支撑，城市治理则为产业发展提供良好的秩序和环境，优质的基础设施与公共服务本身也是吸引新市民进入城市的重要因素。产业发展和城市治理的互动是长期的、动态的。应充分发挥市场配置资源的基础性作用，也要注重发挥政府在产业政策和规划方面的导向作用，鼓励创新并为企业家进行持续创新提供稳定的制度与政策环境，动态、及时、有效地应对这一进程中的公共治理挑战。

推动"以人为核心"的政策理念落地，还应注重提升超特大城市治理的包容性与可持续性。2.7亿农村户籍人口长期在城市工作却无法平等享有城市基本公共服务，这一问题在超特大城市尤为突出，成为新发展阶段城市产业转型升级、城市化高质量发展乃至扩大内需的重要掣肘。在优化超特大城市的规模和结构过程中，一方面要合理疏解部分非核心产业与非核心功能，另一方面也要推动中心城区新市民的城市融入，为产业升级提供有效的人力资本保障。以数字化治理提升城市治理效率与城市发展的可持续性，加强对城市存量资源的盘点，优化城市资源和服务在时空尺度上的供给，更好匹配并满足居民对美好城市生活的向往。

参考文献

范剑勇：《市场一体化、地区专业化与产业集聚趋势——兼谈对地区差距的影响》，《中国社会科学》2004年第6期。

范剑勇：《产业集聚与地区间劳动生产率差异》，《经济研究》2006年第11期。

辜胜阻、王敏：《智慧城市建设的理论思考与战略选择》，《中国人口·资源与环境》2012年第5期。

韩峰、李玉双：《产业集聚、公共服务供给与城市规模扩张》，《经济研究》2019 年第 11 期。

侯慧丽：《城市公共服务的供给差异及其对人口流动的影响》，《中国人口科学》2016 年第 1 期。

贾滨洋、唐亚、张彦等：《四川三岔湖重金属污染与人类活动的关系》，《环境科学与技术》2015 年第 3 期。

柯善咨、赵曜：《产业结构、城市规模与中国城市生产率》，《经济研究》2014 年第 4 期。

陆铭、高虹、佐藤宏：《城市规模与包容性就业》，《中国社会科学》2012 年第 10 期。

梁婧、张庆华、龚六堂：《城市规模与劳动生产率：中国城市规模是否过小？——基于中国城市数据的研究》，《经济学季刊》2015 年第 3 期。

刘修岩、李松林、秦蒙：《城市空间结构与地区经济效率——兼论中国城镇化发展道路的模式选择》，《管理世界》2017 年第 1 期。

刘习平、宋德勇：《城市产业集聚对城市环境的影响》，《城市问题》2013 年第 3 期。

陆铭：《大国大城》，世纪文景/上海人民出版社，2016。

林李月、朱宇、柯文前：《居住选择对流动人口城市居留意愿的影响——基于一项对福建省流动人口的调查》，《地理科学》2019 年第 9 期。

李胜：《超大城市突发环境事件管理碎片化及整体性治理研究》，《中国人口·资源与环境》2017 年第 12 期。

陆铭、冯皓：《集聚与减排：城市规模差距影响工业污染强度的经验研究》，《世界经济》2014 年第 7 期。

马素琳、韩君、杨肃昌：《城市规模、集聚与空气质量》，《中国人口·资源与环境》2016 年第 5 期。

王建国、李实：《大城市的农民工工资：水平高吗？》，《管理世界》2015 年第 1 期。

王小鲁：《中国城市化路径与城市规模的经济学分析》，《经济研究》2010 年第 10 期。

吴江洁：《城市通勤时耗对个人幸福感与健康的影响研究》，硕士学位论文，华东师范大学，2016。

武俊奎：《城市规模、结构与碳排放》，博士学位论文，复旦大学，2012。

郗希、乔元波、武康平等：《可持续发展视角下的城镇化与都市化抉择——基于国际生态足迹面板数据实证研究》，《中国人口·资源与环境》2015 年第 2 期。

习近平：《国家中长期经济社会发展战略若干重大问题》，《求是》2020 年第 21 期。

夏怡然、陆铭：《跨越世纪的城市人力资本足迹——历史遗产、政策冲击和劳动力流动》，《经济研究》2019 年第 1 期。

夏怡然、陆铭：《城市间的"孟母三迁"——公共服务影响劳动力流向的经验研究》，《管理世界》2015 年第 10 期。

叶林、吴少龙、贾德清：《城市扩张中的公共服务均等化困境：基于广州市的实证分析》，《学术研究》2016 年第 2 期。

杨刚强、李梦琴、孟霞：《人口流动规模》，《财政分权与基本公共服务资源配置研究——基于 286 个城市面板数据空间计量检验》，《中国软科学》2017 年第 6 期。

杨晓军：《城市公共服务质量对人口流动的影响》，《中国人口科学》2017 年第 2 期。

赵鹏军、万海荣：《我国大城市交通拥堵特征与国际治理经验借鉴探讨》，《世界地理研究》2016 年第 5 期。

朱菁、范颖玲：《国外出行幸福感研究进展及其对我国未来研究的启示》，《国际城市规划》2018 年第 4 期。

〔英〕埃比尼泽·霍华德：《明日的田园城市》，金经元译，商务印书馆，2010。

Ahlfeldt, Gabriel M., Stephen J. Redding, Daniel M. Sturm, and Nikolaus Wolf, "The Economics of Density: Evidence From the Berlin Wall", *Econometrica*, 2015.

Au, C. and Henderson, J. V., "Are Chinese Cities Too Small?", *The Review of Economic Studies*, 2006, 73.

Baum-Snow, N., Brandt, L., Henderson, J. V., Turner, M. A., and Zhang, Q., "Roads, Railroads, and Decentralization of Chinese Cities", *Review of Economics and Statistics*, 2017, 99.

Baum-Snow, N., "Did Highways Cause Suburbanization?", *The Quarterly Journal of Economics*, 2007, 122.

Black, D., Henderson, V., "A Theory of Urban Growth," *Journal of Political Economy*, 1999, 107.

Cai, Hongbin, Zhi Wang, and Qinghua Zhang, "To Build Above the Limit? Implementation of Land Use Regulations in Urban China," *Journal of Urban Economics*, 2017.

Carlino, G. A., "Manufacturing Agglomeration Economies as Returns to Scale: A Production Function Approach," *Papers of the Regional Science Association*. Springer-Verlag, 1982, 50.

Christian, T. J., "Trade-offs between Commuting Time and Health-related Activities," *Journal of Urban Health*, 2012, 89.

Combes, P. P., Duranton, G., Gobillon, L., et al., "The Productivity Advantages of Large Cities: Distinguishing Agglomeration from Firm Selection," *Econometrica*, 2012, 80.

Combes, P. P., Gobillon, L., "The Empirics of Agglomeration Economies" *Handbook of Regional and Urban Economics*, Elsevier, 2015, 5.

De La Roca, Jorge, and Diego Puga, "Learning by Working in Big Cities," *The Review of*

Economic Studies, 2017, 84.

Glaeser, E. L., Kallal, H. D., Scheinkman, J. A. and Shleifer, A., "Growth in Cities", *Journal of Political Economy*, 1992, 100.

Harari, M., "Cities in Bad Shape: Urban Geometry in India", *American Economic Review*, 2020, 110.

Heblich, Stephan, Stephen J. Redding, and Daniel M. Sturm, "The Making of the Modern Metropolis: Evidence from London," *The Quarterly Journal of Economics*, 2020.

Henderson, J. V., "The Sizes and Types of Cities," *The American Economic Review*, 1974, 64.

Jiang, L., Hardee, K., "How do Recent Population Trends Matter to Climate Change?," *Population Research and Policy Review*, 2011, 30.

Kageyama, T., Nishikido, N., Kobayashi, T., et al., "Long Commuting Time, Extensive Overtime, and Sympathodominant State Assessed in Terms of Short-term Heart Rate Variability among Male White-collar Workers in the Tokyo Megalopolis," *Industrial Health*, 1998, 36.

Kawashima, T., "Urban Agglomeration Economies in Manufacturing Industries," *Papers of the Regional Science Association*, Springer-Verlag, 1975, 34.

Lucas, Robert E., and Esteban Rossi-Hansberg, "On the Internal Structure of Cities," *Econometrica*, 2002.

Marshall, A., "Some Aspects of Competition," *Journal of the Royal Statistical Society*, 1890, 53.

Moretti, Enrico, "Workers Education, Spillovers, and Productivity: Evidence from Plant-Level Production Functions," *The American Economic Review*, 2004.

Palmer, A., "Health of People Who Travel to Work: The Effect of Travel Time and Mode of Transport on Health", Unpublished paper, University of Kent, Canterbury, 2005.

Saito, H., Gopinath, M., "Plants Self-selection, Agglomeration Economies and Regional Productivity in Chile," *Journal of Economic Geography*, 2009, 9.

Wang, Zhi, Qinghua Zhang, and Li-An Zhou, "Career Incentives of City Leaders and Urban Spatial Expansion in China," *The Review of Economics and Statistics*, 2020.

Wheeler, Christopher H., "Local Market Scale and the Pattern of Job Changes among Young Men," *Regional Science and Urban Economics*, 2008.

专题二
基于资源环境视角的超特大城市
规模及结构战略研究*

* 课题组组长：李晓江，中国城市规划设计研究院（以下简称"中规院"）原院长，全国工程勘察设计大师，京津冀协同发展专家咨询委员会委员。成员：胡京京，中规院学术信息中心副主任；吕晓蓓，中规院西部分院总规划师；张永波，中规院学术信息中心主任；罗彦，中规院深圳分院总规划师；刘昆轶，中规院上海分院副总规划师；王文静，中规院西部分院研究中心主任；陈婷，中规院西部分院主任规划师；吴春飞，中规院上海分院规划师；尹俊，中规院上海分院主任规划师；何舸，中规院深圳分院主任工程师；黄斐玫，中规院深圳分院主任工程师；孙若男，中规院信息中心工程师；以及中规院西部分院翟丙英、谭琦川，中规院上海分院胡从文、张尊昊，中规院深圳分院牛宇琛、王青子，中规院学术信息中心何佳惠、秦奕等。

执笔人：李晓江、胡京京、吕晓蓓、罗彦、吴春飞。

摘　要

　　超特大城市及其所在的城市群和都市圈地区，是我国国家发展战略的核心地区与主要载体。当前超特大城市面临的最重大挑战就是"城市病"问题。党中央和广大人民群众关注超特大城市，不仅仅在于科学认识城市的规模合理问题，更在于能否切实解决好"城市病"问题。因此对城市规模与结构的认识，应当从"城市病"这一重大命题出发，深入剖析其内在机制规律，结合来自工程实践的实证性研究，以寻求城市规模结构的解题之道。

　　基于此，本专题重点探讨以下四个方面的问题。①如何科学认识超特大城市的规模与结构？应当打破行政单元，准确界定空间层次，准确识别"城市病"问题的关键地区：中心城区。②如何解析城市资源环境的复杂性与特殊性？应当建立地理分区-都市圈（城市连绵区）-中心城区的多层次资源环境体系。③如何深入认识城市规模与资源环境"城市病"的相关关系，以及具体影响？应当基于实践进行实证研究。④在有限条件下仍应当充分认识"双碳"目标对城市的影响，探索发达城市群地区实现"双碳"目标的有效策略。

　　因此，本专题主要研究内容包括以下方面。①超特大城市的空间特征认识与识别；②国土分区与分区资源环境特征及影响分析；③城市规模结构与资源环境"城市病"问题的相关性：基于市域层面的实证研究；④"双碳"目标对城市结构规模的影响：基于城市群的实证研究；⑤国际大都市"城市病"治理经验；⑥发展策略与政策建议。

　　通过研究，本专题从超特大城市"城市病"治理的角度，提出四项发展策略和八点政策建议。

　　四项发展策略主要包括：①认识国土资源禀赋差异，应重视水资源约束，提倡基于自然的解决方案；②着力中心城区"城市病"治理，提升美好生活品质，积极推动超特大城市在经济增长的同时实现资源环境消耗相对减少；③通过划定发展边界、功能疏解、市域人口产业布局优化等手段实现区域协同发展，以系统保障区域生态安全；④从产业转型、城乡建设领域改造、国土空间开发等方面推动超特大城市绿色低碳的全方位转型。

八点政策建议如下。①倡导基于自然的生态文明价值观；城市发展与资源环境消耗脱钩；落实"双碳"目标，推动城市高质量发展三大发展理念。②建立法律法规体系，加快出台有利于中心城区疏解的法律法规；尽快健全完善绿色低碳的法律法规体系。③完善各类标准规范，提高标准；加快城市"双碳"标准体系建设。④实施刚性约束的目标/指标考核与评估，超特大城市率先实行污染排放总量与强度双管控，率先设立碳减排约束指标。⑤发挥规划管控作用，加快制定都市圈区域规划；加快加强市域范围内"三区三线"管控。⑥推进体制机制建设，健全都市圈协同发展机制；创新绿色低碳发展机制；加强行政监督和执法管理能力。⑦实施治理行动，提高水资源循环利用效率；开展大气环境治理专项行动；工程治污的同时实施生态修复。⑧提升治理能力，提高公众参与积极性；加强国际交流与互鉴；提升环境治理科学化水平。

一 主要任务与技术路线

（一）总体研究思路

1. 突出超特大城市：当前国家发展战略的核心地区与主要载体

近年来，我国人口与资源向城市群、都市圈地区集聚的趋势日益明显，这些地区既包括京津冀、长三角、珠三角等传统地区，也包含了新兴的成渝、中原、关中平原等地区。2016~2019 年，珠三角、长三角、成渝城市群年均人口净流入分别为 66 万人、62 万人、27 万人，2019 年长三角、珠三角城市群常住人口合计占全国的 16.4%，GDP 合计占全国的 29.4%；2016~2019 年，上海、深莞惠、长株潭、广佛肇、杭州等 5 个都市圈年均净流入人口规模超 20 万人，2019 年 33 个都市圈 GDP 占全国比例达到 65.7%。[①]

城市群、都市圈出现的背后，是一批超特大城市的出现与持续增加。按照城区常住人口统计，第七次全国人口普查结果显示我国有 21 座超特大城

---

① 任泽平：《中国正进入都市圈城市群时代》，2022 年 9 月 17 日，https：//finance. sina. cn/zl/2020－09－17/zl－iivhuipp4868279. d. html？ vt＝4&cid＝79615&node_ id＝79615。

市，其中超大城市 7 个，特大城市 14 个。21 个超特大城市常住人口达 2.9 亿人，约占全国总人口的 20.7%；国土面积为 16.9 万平方千米，约占全国市辖区面积的 7.5%；GDP 总量为 33.6 万亿元，约占全国经济总量的 33.1%；在全国经济社会发展中具有举足轻重的地位。

对此，党中央也高度重视。国家"十四五"规划明确提出"发展壮大城市群和都市圈，分类引导大中小城市发展方向和建设重点，形成疏密有致、分工协作、功能完善的城镇化空间格局"。我国城镇化已经进入以超特大城市为内核、以城市群和都市圈为主体形态的发展阶段。

因此，本研究对于城市规模结构首先聚焦于超特大城市及其所在的城市群和都市圈地区，这是我国国家发展战略的核心地区与主要载体；其次对于城市规模结构的研究，不过多讨论超特大城市的科学规模问题，而是分析在既定国家战略下如何切实优化超特大城市规模结构及解决其存在的问题。

2. 关注"城市病"：当前超特大城市首先面临的重大挑战

"大城市病"是一种全球大城市发展的共性现象，最早出现在英国，往往被认为是城市快速发展与人口过度集聚所导致的一系列问题。在解决"大城市病"的过程中，一些城市脱颖而出，成了良性、健康发展的优秀城市，如伦敦、巴黎、纽约、东京等；而另一些城市则产生了严重的后果，陷入了中等收入陷阱，如墨西哥城、里约热内卢、雅加达等。

伴随着城镇化快速推进，我国超特大城市、都市圈、城市群等人口经济密集地区规模持续增加，"大城市病"也集中爆发。北京等城市出现了交通拥挤、住房紧张、供水不足、能源紧缺、环境污染等"大城市病"。

因此，解决超特大城市的"大城市病"是中国城市当下的重大问题，既是满足人民美好生活的最迫切需要，也是党中央关注的焦点。但对这一重大问题，人们往往会简单地把问题归结于城市的"大"，简单地把"城市病"问题归结于城市人口规模扩大，而缺乏对其内在机制规律的深入剖析，以及自下而上的来自工程实践的实证性研究。同时对"城市病"的思考也让我们意识到，党中央和广大人民群众关注超特大城市，不仅仅在于科学论证城市的规模合理问题，更关键在于能否切实解决好"大城市病"问题（见图 3-1）。

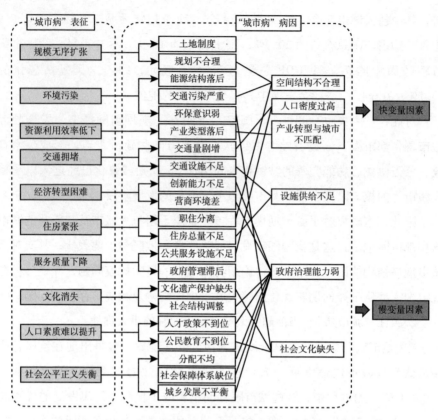

图 3-1 我国"城市病"表征-病因-内在差异因素的梳理归纳

3. 聚焦资源环境，认识城市与资源环境的互动关系

资源环境问题是"大城市病"中的主要类型，英国最早在工业革命期间爆发"大城市病"，其直接诱因就是环境污染所导致的公共卫生健康问题。从人类文明的历史来看，资源环境这一概念始终随着人的需求和社会价值取向等多方面的影响而演进。在农业社会时期，城市发展很大程度上受到自然资源的限制，资源环境的概念主要指自然资源而并无环境要求；进入工业社会时期，资源成为利用性要素，而环境成为"代价性因素"，城市发展受到了资源环境的限制，关键性要素是水、大气，同时也包括土地和固体废弃物；而到了后工业时期即生态文明时期，则更强调人与自然和谐共生，人们对城市与资源环境的期待是安全、健康、绿色与宜居，因此生态安全与绿色福祉又正在成为新的资源环境观。

关于城市与资源环境的互动关系，最直接的理论概念就是资源环境承载力，即在一定时期和一定区域范围内，在维持区域资源结构符合持续发展需要、区域环境功能仍具有维持其稳态效应能力的条件下，区域资源环境系统所能承受人类各种社会经济活动的能力。尽管在理论上存在一个理想的资源环境承载力状态，但事实上在具体实践中，由于资源环境具有区域性特征，区域范围难以与城市准确匹配，同时人均资源环境条件也处于波动之中，因此城市的资源环境承载容量也不是恒定不变的，而是始终受到人类活动水平与社会治理能力的影响。

因此，在当代中国的时代背景下，聚焦资源环境就应当既包括水、大气等在内的传统资源环境要素，也应当包含生态安全与绿色福祉等新型资源环境观。同时我们也必须充分意识到城市规模结构与资源环境之间相互关系的复杂性和不确定性，避免用简单直接的方法得出并不准确和可靠的结论，形成误导。

4. 响应"双碳"战略：现实性与紧迫性

2020 年 9 月，在第七十五届联合国大会上，中国向国际社会做出气候承诺，力争于 2030 年前实现碳排放达到峰值、努力争取 2060 年前实现碳中和，绿色低碳发展已经成为我国上下的共识。2021 年度《政府工作报告》进一步强调，将"扎实做好碳达峰、碳中和各项工作"列为重点内容，并要求"制定 2030 年前碳排放达峰行动方案"。

"双碳"战略实际上是一种新的资源环境视角与要求，将对城市规模、人口密度、产业结构等各方面带来重大影响。我国的超特大城市作为"先行者"，也是碳排放的主要场所，更应加快探索低碳减排与经济增长的共赢路径，有针对性地对城市规模和结构进行优化，加快推进产业和能源结构调整，加强绿色低碳城市建设，强化推进"双碳"目标，争取在碳中和道路上成为表率与引领者。

（二）研究难点与认识

1. 打破行政单元，科学认识超特大城市的规模与结构

要研究资源环境乃至"城市病"与超特大城市规模结构的关系，首先应当认识城市规模结构的空间层次性，即什么范围内的城市规模。不同范围内的城市人口规模往往对应着不同的城市问题及其解决方案。这在我国尤为重要。

我国的特点是城市管理与地区管理合一，这就导致了我们在讨论城市规模问题时往往会用行政单元概念去替代城市实体空间概念。比如，上海通常在统计中被认为超过了 2500 万人，但实际上海市域范围包含了相对集中的中心城区（包含 8 个区）、外围相对分散的 8 个区等。因此，从空间层次来看，上海的城市规模至少包含着两个层次：上海总体行政单元内的规模分布与结构特征，即市域；上海中心建成区范围内的人口规模与内部空间组织。而我们所讨论的"城市病"问题往往聚焦在中心建成区范围而非整个市域范围。

因此，在本研究中我们坚决避免从单一的行政单元去认识城市内外部的规律性问题。通过准确地界定空间层次，可以准确地认识规模结构问题，以更好地针对性解决影响"城市病"的问题。

关于城市尤其是超特大城市的空间层次问题，各种理论概念与范围都很多，各不相同，为研究方便并便于理解及政策实施，本研究对超特大城市的空间层次范围界定如图 3-2 所示。

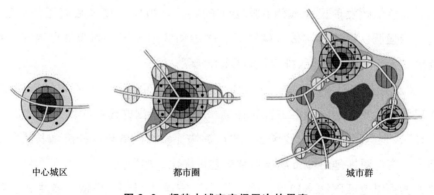

中心城区　　　　　　　　都市圈　　　　　　　　城市群

图 3-2　超特大城市空间层次的界定

2. 从多个空间层次认识城市资源环境的复杂性与特殊性

从国家宏观地理环境尺度来看，我国的人口和城市布局是与自然地理分区、资源禀赋条件高度相关的。比如国家传统视角上的"胡焕庸线"：以东适宜种植的土地面积多，人口占全国总量的 95%；以西适宜种植的土地面积少，人口占全国总量的 5%。因此，要研究超特大城市的资源环境首先应当将其置于具体的宏观地理环境分区中来认识。本研究基于资源要素差异性，提出了全国 8 个地理分区的方案，并针对各分区自然地理、气候条件、资源环境承载能力等特点，提出问题。

城市的资源环境与城市-区域等更大地理空间范围紧密相关。传统的资源环境关键性要素——水、大气——既与我们的日常生活密切相关，也与国家的区域调水、经济产业结构布局等重大工程和政策密切相关，并非单一的中心城区内部问题。同时，从一些发达国家的先进城市来看，跳出单体的城市地域（中心城区尺度），从都市圈或城市群的更大范围进行更高效的资源配置，在更大的空间尺度上协调城市规模与资源环境的矛盾，应对"大城市病"问题也是一种重要的解决方案。

基于以上分析，本次研究中对资源环境的基点在于建立地理分区-都市圈（城市连绵区）-中心城区的多层次资源环境体系。

3. 深入认识城市规模与资源环境"城市病"的相关关系

进一步深入研究资源环境"城市病"问题，我们发现，事实上资源环境的问题和成因十分复杂，既可能与城市所在地区自然地理条件相关，也可能与城市在不同发展阶段的社会经济发展和现代化治理水平相关，还可能与城市社会的价值观和主动选择相关，"大城市病"与城市规模并非简单的因果关系。

同时我们也发现，"城市病"问题是城市发展的阶段性矛盾，并不意味着大城市一定会得"大城市病"，也不意味着城市规模越大，"城市病"越严重。以东京为例，在快速工业化时期，出现了资源环境"城市病"问题，而其城镇化基本完成之后，随着发展理念的转变、治理水平的提升、各项设施的完善以及人口素质的提高等，城市虽然在继续吸引更多人口，却没有出现明显的资源环境"城市病"问题。

因此，究竟资源环境"城市病"问题和城市发展规模的相关关系是什么，资源环境对城市规模结构的具体影响是什么，需要从多个视角综合考虑，需要基于实证和实践做出科学的认识和解答，才能精准施策。

4. 在有限条件下认识"双碳"目标对城市的影响

虽然我国的"双碳"战略行动正处于一个快速落实的阶段，但客观而言，我国尚未建立完善的碳排放统计数据系统。既有的诸如中国碳核算数据库（CEADs）等数据资料，虽然采用粒子群优化-反向传播（PSO-BP）算法统一DMSP/OLS 和 NPP/VIIRS 卫星图像的规模，估算了 1997~2017 年中国 2735 个县的 CO_2 排放量和县级碳汇量，但仍然较为宏观，大多停留于国家、省份或市域层面，难以基于城市规模结构进行精准认识。同时该数据也相对较陈旧，目前仅更新到 2017 年，因此客观地说，我国的碳排放研究精度有限。

尽管条件有限，本次研究仍然希望在既有国家研究基础之上更进一步，通过对 CEADs 数据在中微观层面的分解和认知，力求探索针对中国超特大城市实现"双碳"目标的有效策略。

（三）研究重点

研究重点包括国土分区与资源环境特征、城市规模结构与"城市病"问题的相关性、碳排放与城市规模结构相关性等问题，从资源环境视角切入，探索城市规模结构优化、城市与自然和谐发展的有效路径。

1. 国土分区与分区资源环境特征

重点研究以行政地理区划为基础、结合资源要素分布的全国国土分区，以及不同分区内土地资源、水资源、大气环境容量、水环境容量、气候舒适度、碳排放的特征及短板，并对分区资源进行综合评价，识别重点地区。该部分研究立足于我国资源环境的多样性和差异性，旨在确定重点地区及资源环境的差异性，为分片区城市规模结构优化指引提供依据，难点在于全国各类资源环境的评估。

2. 城市规模结构与资源环境"城市病"问题的相关性

基于国际视野，结合我国实际情况和发展阶段，重点对不同阶段、不同空间尺度下"城市病"的问题进行全面分析，识别造成资源环境"城市病"的城市规模结构关键性指标，并有针对性地提出区域性制度性解决方案。难点在于从"城市病"表征到内部原因的剖析并提出有效的解决方案。

3. "双碳"目标对城市结构规模的影响

重点研究在不同空间尺度下，碳排放总量、排放效率与城市人口规模、经济规模、产业结构、空间形态、土地利用方式等方面的相关性。本研究以粤港澳大湾区作为实证研究对象，选取大湾区不同尺度单元的碳排放数据并进行相关性分析。该部分研究旨在基于大湾区（县区单元）、城市样本地区两个尺度，对低碳发展的关键性指标进行识别与判断。识别影响碳排放的城市规模结构关键性指标，以实现"双碳"为重点，提出城市规模和结构优化的政策建议，总结形成具有普遍意义、可全国推广的政策体系，实现城市绿色可持续发展。

4. 国际先进城市"城市病"治理历程与经验

"城市病"不是中国城市的独特现象。伦敦、东京在二战前后与当前中国超特大城市面临的问题和挑战十分相似，中心城区人口高速增长，伴生了一系列卫生、交通、环境等"城市病"问题。这些问题促使伦敦和东京较早开始思考应对措施，提出了不少有效措施，较为成功地实现了人口疏解、产业转型和城市竞争力提升。因此，学习伦敦、东京等国际先进城市在治理"大城市病"过程中的有效经验，对我国超特大城市的发展具有重要的启示和借鉴意义。

5. 发展策略与政策建议

根据任务安排，本次研究的关注点在于从资源环境的视角认识中国城市的规模和结构战略，但前文已提及，对城市规模结构与资源环境"城市病"之间的相关性还难以准确量化确定，因此在本次研究中，我们认为关键在于找到应对资源环境"城市病"的城市规模结构解决方案，而不仅仅局限于探讨资源环境条件对城市规模的约束阈值问题。同时，我们也认为要探讨城市规模结构解决方案问题，又离不开对城市发展总体的目标、路径和政策机制问题的探讨。

因此，我们最终的研究成果分为两部分：第一部分是发展策略，重点讨论城市规模结构与资源环境的相互关系及其不同空间层次的应对策略；第二部分是政策建议，重点讨论城市规模结构解决方案背后城市发展所应当秉持的基本理念及政策保障机制。

（四）技术路线

基于以上认识，本研究的技术路线如图 3-3 所示。

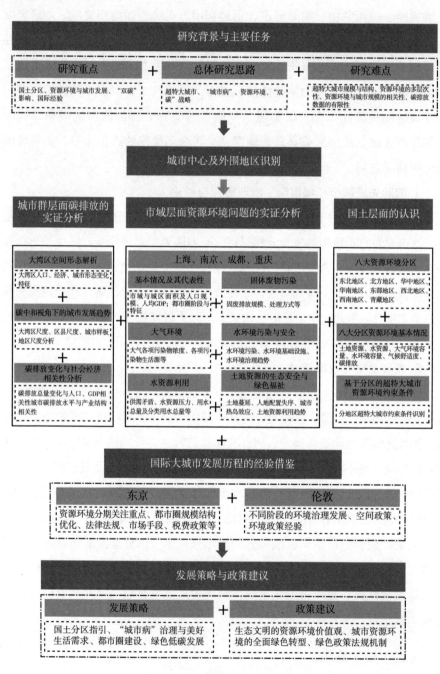

图 3-3　课题的技术路线

二　超特大城市规模结构的空间特征认识

（一）研究方法与案例选取

1. 主要研究方法

根据中国城市的一般特征，我们构建了超特大城市市域范围内"中心城区-外围组团"的总体识别思路。同时，在技术方法上，主要是基于人口密度、通勤联系、建设用地范围三个维度对中心城区实体范围进行识别。

首先，基于遥感解译及多元数据校核，识别城市的建设用地范围；其次，基于 LBS 数据，以 100 米栅格为基本单元，提取居住、就业人口密度超过 1 万人／千米² 的部分栅格并识别其热点栅格，确定中心城区的基础范围；最后，以街道和乡镇为基本单元，对与中心城区基础范围内通勤比例超过 50% 的地区进行识别与校核，最终形成各超特大城市的中心城区范围。

2. 超特大城市研究案例选取

北京、上海作为超大城市，"城市病"和资源环境挑战较为突出，在中国乃至全球范围内治理"大城市病"具有代表性，纳入研究案例对象。成都、南京、杭州、深圳、东莞等是我国人口快速集聚形成特大城市的典型代表，并且未来有可能成长为超大城市，其"城市病"和资源环境挑战需要提前关注和预防，因此将上述城市纳入研究案例对象。

同时，以苏州、宁波为代表的一批城市，尽管城区人口规模尚未达到超大城市标准，但下属市县发达、市域总人口接近或超过千万人，是区域型城市，其规模结构研究和"城市病"治理能够给其他成长中的大城市有所启发，因此也将其纳入研究案例对象。

（二）城市空间识别类型

1. 案例城市总体规模结构特征

对北京、上海、成都、南京、杭州、宁波、苏州、深圳、东莞 9 个城市进行识别。识别结果显示，中心城区人口规模相差较大，北京市最高，为

1224.4 万人，宁波市最低，为 338.1 万人。从用地规模来看，中心城区面积平均 565 平方千米，北京市最高，为 966 平方千米，宁波市最低，为 309.2 平方千米（见表 3-1）。

2. 案例城市四种空间识别类型

在中心城区空间形态上，既有北京、成都等中心集聚较为显著的，也有上海、南京、杭州等跨江（河）发展的，还有深圳、东莞空间连绵式，相互之间差异较大。综合中心城区规模结构、空间形态以及城市自然地理特征，将上述超特大城市总结为单中心集聚型、跨江组合单中心型、多组团型、高度连绵型四种类型。

表 3-1　研究案例城市的中心城区-城镇组团规模序列

单位：万人

类别	北京	成都	上海	南京	杭州	苏州	宁波
中心城区	1224.4	948.3	1192.0	605.5	700.6	458.9	338.1
次级城镇组团 （按规模排序）	81.3	34.5	61.0	22.6	47.1	114.4	52.5
	73.0	26.3	53.0	22.5	23.7	56.4	36.4
	71.4	24.3	45.0	21.0	20.7	50.1	34.3
	41.8	21.9	33.0	19.0	15.6	35.5	23.2
	33.2	17.9	19.1	9.0	13.3		21.7
	19.4	16.6	17.0	6.1	4.7		19.7
	17.9	11.0	12.0	5.6			9.8
	14.8	8.1	7.4	5.0			
	9.9	1.7	5.5				
	7.5		3.2				
	3.5						

注：①本表数据来源于第七次全国人口普查数据，按照比例换算，与地方实际城区人口可能不一致；②本表次级城镇组团是指识别出来的城镇组团；③各城市的乡镇未列入本表。

（三）分类城市空间特征

1. 单中心集聚型城市

（1）北京市

根据识别结果，北京市中心城区面积为 966 平方千米，人口规模高达

1224.4万人。外围组团中：东部的通州和东南部的亦庄，人口规模分别为81.3万人和73.0万人；房山和顺义，人口规模分别为41.8万人和33.2万人；山区的延庆人口规模最小，不到4万人（见表3-2）。

表3-2 北京市中心城区及现状规模等级体系识别

城市聚落体系	面积（平方千米）	常住人口（万人）	规模等级
中心城区	966.0	1224.4	超大城市
通州	72.8	81.3	中等城市
亦庄	100.5	73.0	
大兴	64.9	71.4	
房山	58.8	41.8	I型小城市
顺义	80.8	33.2	
昌平	26.5	19.4	II型小城市
门头沟	22.8	17.9	
密云	25.0	14.8	
平谷	17.8	9.9	
怀柔	23.5	7.5	
延庆	18.0	3.5	
总计	1477.4	1598.1	

注：①本表数据来源于第七次全国人口普查数据按照比例换算，与地方实际城区人口可能不一致；②本表次级城镇组团是指识别出来的城镇组团；③各城市的乡镇未列入本表。

在空间形态上，北京市主要是围绕中心城区向外圈层拓展的高密度单中心模式。中心城区边缘城镇的城乡建设用地以及人口规模在增量和增速上均显著大于密云、延庆、平谷等位于生态涵养发展区的新城，其所处的城乡接合部地区成为全市人口、用地和功能区增长最快的区域。多个功能区围绕中心城区呈几何中心分散、环绕、对称建设，常住人口密度从中心城区向外围逐渐降低。中心城区核心区（即东城区和西城区）人口密度高达2万人/千米^2。

（2）成都市

根据识别结果，成都市中心城区人口规模高达948.3万人，相比第六次全国人口普查数据，增加近190万人，面积为688平方千米。外围地区包括

9 个城镇组团，平均人口规模仅为 18 万人；其中规模较大的组团包括金堂、彭州、都江堰、简阳等，金堂人口规模最大为 34.5 万人；规模较小的组团包括邛崃、崇州、大邑、新津、蒲江等，邛崃人口规模最大，为 17.9 万人（见表 3-3）。

表 3-3　成都市中心城区及现状规模等级体系识别

城市聚落体系	面积（平方千米）	常住人口（万人）	规模等级
中心城区	688.0	948.3	特大城市
金堂	16.6	34.5	Ⅰ型小城市
彭州	21.1	26.3	
都江堰	19.8	24.3	
简阳	15.2	21.9	
邛崃	9.6	17.9	Ⅱ型小城市
崇州	11.1	16.6	
大邑	6.8	11.0	
新津	7.2	8.1	
蒲江	4.3	1.7	

注：①本表数据来源于第七次全国人口普查数据按照比例换算，与地方实际城区人口可能不一致；②本表次级城镇组团是指识别出来的城镇组团；③各城市的乡镇未列入本表。

从空间形态上来看，成都中心城区呈现"单中心同心圆"和"轴带放射扩展"的形态特征。成都平原的龙门山、龙泉山"两山夹一城"是成都市自然地理和城镇空间的基本特征。改革开放以来，成都市建立了围绕老城的中心城区、拓展外围卫星城的空间格局。但随着快速交通网络的形成，卫星城逐渐演化成中心城区的一个功能片区，基本形成成都中心城区"同心圆+轴带放射状"的空间形态基础。并且，随着城市同心圆扩大和轴线不断延伸，成都的"单中心"结构特征日趋增强。

2.跨江组合单中心型城市

（1）上海市

根据识别结果，上海市中心城区面积为 650 平方千米左右，人口规模达到了 1192 万人，占全市比重超过 50%。外围组团中：松江新城、嘉定新城，人口平均规模达到了 57 万人；青浦新城、奉贤新城和临港新城，人口平均规模在 30 万人左右；此外还有若干小型城镇组团，如南翔、亭林、惠南等地区，人口从 3 万人左右到 7 万人左右不等。

从空间形态上来看，上海呈现"中心高度集聚+廊道拓展"的典型空间特征。上海中心城区历史上以黄浦江和苏州河交界处的外滩地区为中心向外拓展。1992 年随着浦东新区的开发，上海中心城区跨过黄浦江，沿黄浦江两岸逐渐延伸。2000 年之后，人口快速集聚和中心城区二次拓展，沿黄浦江两侧的用地逐渐通过圈层式扩展，与宝山区、闵行区、虹桥商务区、川沙镇等形成了连绵态势，中心城区的近郊地区成为城市化推进的前沿地带，形成了上海当前形态和功能上的中心城区。根据城市常住人口密度比较，内环以内人口密度为 2.99 万人/千米²，外环内人口密度为 1.71 万人/千米²。中心城区周边地区人口密度为 0.62 万人/千米²，而郊区新城人口密度为 0.5 万人/千米²（见表 3-4）。

表 3-4　上海市中心城区及现状规模等级体系识别

城市聚落体系	面积（平方千米）	常住人口（万人）	规模等级
中心城区	650.0	1192.0	超大城市
松江新城	35.6	61.0	中等城市
嘉定新城	28.1	53.0	
青浦新城	16.1	45.0	Ⅰ型小城市
奉贤新城	14.5	33.0	
金山区	22.4	19.1	Ⅱ型小城市
崇明区	15.1	17.0	
临港新城	15.7	12.0	
南翔（嘉定区）	10.1	7.4	
亭林（金山区）	7.7	5.5	
惠南（浦东新区）	8.5	3.2	

注：①本表数据来源于第七次全国人口普查数据按照比例换算，与地方实际城区人口可能不一致；②本表次级城镇组团是指识别出来的城镇组团；③各城市的乡镇未列入本表。

（2）南京市

根据识别结果，南京市中心城区面积达 457.1 平方千米，人口规模达 605.5 万人，占据南京全市人口的 65.04%，呈现高度集聚特征。从 2000 年到 2020 年，中心城区人口规模增加了近 200 万人。外围组团中，规模较大的为高新、浦口、六合，规模较小的为溧水、仙林、高淳、滨江以及禄口。外围各组团用地增长虽快但人口集聚能力不强，目前人口总和不足 111 万人，占全市比重仅为 12%（见表 3-5）。

表 3-5　南京市中心城区及现状规模等级体系识别

城市聚落体系	面积 （平方千米）	常住人口 （万人）	规模等级
中心城区	457.1	605.5	特大城市
高新	19.4	22.6	Ⅰ型小城市
浦口	21.1	22.5	
六合	15.4	21.0	
溧水	12.1	19.0	Ⅱ型小城市
仙林	5.3	9.0	
高淳	6.6	6.1	
滨江	8.2	5.6	
禄口	3.6	5.0	

注：①本表数据来源于第七次全国人口普查数据按照比例换算，与地方实际城区人口可能不一致；②本表次级城镇组团是指识别出来的城镇组团；③各城市的乡镇未列入本表。

从空间形态来看，南京市的中心城区跳出老城跨江发展，城市规模扩张迅速。为缓解中心城区压力，南京市采用"跨江发展"的城市发展策略向外扩张，2000~2018 年建设用地规模由 1290 平方千米增加至 1936 平方千米，增长达 50%，扩张态势明显。当前南京市中心城区空间尺度和上海外环、北京五环、武汉三环相当。

（3）杭州市

根据识别结果，杭州中心城区面积约为 626.9 平方千米，实现跨江拓展，人口规模达 700.6 万人，占全市人口的 58.7%。此外还有 6 个外围组团。

从空间形态来看，杭州中心城区跨钱塘江发展，与江南岸滨江和萧山连接成片。随着杭州老城功能逐步疏解以及滨江会议、展览功能的集中，杭州城市拥江发展格局基本形成。同时钱塘江也成为杭州整体发展的重要廊道，从市域层面来看，杭州"中心集聚+廊道拓展"的空间拓展趋势明显。2000 年至今，随着杭州城市规模不断扩张，内部各区县分工逐步明确，逐步形成以中心城区为核心，沿钱塘江、杭瑞高速线性拓展的空间结构（见表 3-6）。

表 3-6 杭州市中心城区及现状规模等级体系识别

城市聚落体系	面积（平方千米）	常住人口（万人）	规模等级
中心城区	626.9	700.6	特大城市
富阳	11.1	47.1	Ⅰ型小城市
临安	8.3	23.7	
桐庐	7.1	20.7	
建德	5.5	15.6	Ⅱ型小城市
淳安	5.4	13.3	
钱塘新区	5.1	4.7	

注：①本表数据来源于第七次全国人口普查数据按照比例换算，与地方实际城区人口可能不一致；②本表次级城镇组团是指识别出来的城镇组团；③各城市的乡镇未列入本表。

3. 多组团型城市

（1）宁波市

根据识别结果，宁波市中心城区面积约为 309.2 平方千米，人口规模为 338.1 万人，占全市人口的 36%，人口密度、经济社会发展情况显著高于周边地区，并继续呈现人口集聚特征。2010～2020 年，中心城区的海曙、江北、鄞州、镇海等地区人口增量占全市增量的 58%，同时余姚、慈溪、北仑等组团增长态势同样显著（见表 3-7）。

表3-7　宁波市中心城区及现状规模等级体系识别

城市聚落体系	面积 （平方千米）	常住人口 （万人）	规模等级
中心城区	309.2	338.1	大城市
北仑	47.7	52.5	中等城市
慈溪	24.9	36.4	I 型小城市
余姚	34.6	34.3	
象山	18.6	23.2	
宁海	19.5	21.7	
奉化	16.3	19.7	II 型小城市
前湾新区	8.1	9.8	

注：①本表数据来源于第七次全国人口普查数据按照比例换算，与地方实际城区人口可能不一致；②本表次级城镇组团是指识别出来的城镇组团；③各城市的乡镇未列入本表。

从空间形态来看，宁波市处于中心集聚、多点并进的发展阶段，正在形成面向杭州湾的多核心多组团空间结构。在宁波市城市发展初期，受产业发展影响，其核心积聚在三江口地区，城市沿甬江两岸扩展。改革开放之后，城市发展以工业发展为核心动力，江北、鄞州等区域成为城市的重要功能板块，城市逐渐向北发展。随着港口开始成为城市空间扩展的重要节点，宁波市成为杭州湾地区发展重心，老城区开始向东扩展。2015年之后，鄞州区与北仑区、镇海区已经连绵成片，面向杭州湾的"一核五副"多核心多组团空间结构基本形成。

（2）苏州市

根据识别结果，苏州市中心城区面积为536.1平方千米，包括姑苏区、工业园区大部，吴中区绕城高速以北部分，吴江区松陵组团，高新区狮山、横塘、枫桥、浒墅关等区域，相城区京沪高铁以南部分等。根据大数据推测，中心城区范围内人口规模为458.9万人（见表3-8）。

表 3-8 苏州市中心城区及现状规模等级体系识别

城市聚落体系	面积 （平方千米）	常住人口 （万人）	规模等级
中心城区	536.1	458.9	大城市
昆山	118.1	114.4	
常熟	39.5	56.4	中等城市
张家港	26.3	50.1	
太仓	21.9	35.5	Ⅰ型小城市

注：①本表数据来源于第七次全国人口普查数据按照比例换算，与地方实际城区人口可能不一致；②本表次级城镇组团是指识别出来的城镇组团；③各城市的乡镇未列入本表。

从空间形态来看，苏州全市空间结构呈现多组团特征。改革开放以来，昆山、常熟、张家港等县级单位发展迅速，规模扩张明显，与苏州市区形成分工明确的城镇体系。2001 年吴县市撤销，并入苏州市区，设立吴中、相城两区。2012 年撤销县级吴江市，设立苏州市吴江区。两次行政区划调整使得苏州城从传统认识上的"古城居中、东园西区"的中等城市，一跃成为城区范围超过 500 平方千米的大城市；同时也形成了多组团的空间结构体系。

4. 高度连绵型城市

（1）深圳市

因深圳市人口快速增长，在空间上呈现相对分散的多中心分布，难以识别其中心城区。深圳第七次人口普查规模为 1756 万人，占广东省常住人口数的 13.93%。常住人口超过 200 万人的区为宝安（447.66 万人）、龙岗（397.90 万人）和龙华（252.89 万人），合计占全市人口的比重为 62.55%。与 2010 年相比，人口增加较多的区为龙岗、宝安、龙华、南山和光明，分别增加 209.46 万人、183.76 万人、114.94 万人、70.75 万人和 61.44 万人。

（2）东莞市

同样是因人口快速增长，人口分布较为分散，难以识别东莞市中心城区。东莞市 2020 年第七次人口普查常住人口总量为 1047 万人，比 2010 年增加了 224.6 万人，10 年间增长了 27.3%，是广东省第三个超过千万人口的城市。东莞城镇化水平高，全市有高达 92% 的人口居住在城市；年轻人口比重高，有 81.4% 的人口为 15~59 岁的就业年龄人口；外来人口比重高，有 76% 的人口为常住非户籍人口。由于市域板块经济特征显著，各街镇依托自身资源，同步、平行发展，形成了相互差异的产业成长模式和格局，导致人口分布极为分散（见图 3-4）。东莞 33 个街镇（园区）中，人口超过 60 万人的有 3 个，40 万~60 万人的有 7 个，20 万~40 万人的有 10 个，小于 20 万人的有 13 个（见表 3-9）。

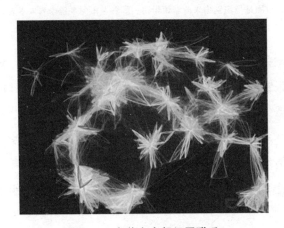

图 3-4　东莞市内部组团联系

表 3-9　东莞市七普分街镇人口分布情况

规模等级	街镇数量	街镇名称
大于 60 万人	3 个	塘厦镇、长安镇、虎门镇
40 万~60 万人	7 个	东城街道、南城街道、常平镇、寮步镇、大朗镇、凤冈镇、厚街镇
20 万~40 万人	10 个	万江街道、石碣镇、茶山镇、石排镇、横沥镇、桥头镇、黄江镇、清溪镇、大岭山镇、沙田镇
小于 20 万人	13 个	莞城街道、石龙镇、企石镇、谢岗镇、东坑镇、樟木头镇、道滘镇、洪梅镇、麻涌镇、望牛墩镇、中堂镇、高埗镇、松山湖产业园

注：①本表数据来源于第七次全国人口普查数据按照比例换算，与地方实际城区人口可能不一致；②本表次级城镇组团是指识别出来的城镇组团；③各城市的乡镇未列入本表。

（四）空间分类特征与"城市病"关联

1.单中心集聚型城市的"城市病"

单中心集聚式的空间形态，一定程度上导致"城市病"在中心城区集中爆发。以北京为例：一方面，中心城区圈层发展，五至六环和城乡接合部空间功能混杂，集聚了大量人口，导致教育、医疗等公共服务设施供给与需求不匹配；另一方面，北京面临全国最严重的交通拥堵问题，以及资源超载、环境污染等资源环境挑战，如高密度开发导致中心城区热岛面积占比达到77%。

同时，单中心集聚型城市往往呈现蔓延式扩张，导致周边资源环境成为蔓延侵蚀对象。如成都中心城区扩展对四川盆地的灌区遗存造成威胁。受近郊城市化、经济林种植等人为活动影响，成都平原灌区侵蚀现象明显，田园本底、林盘资源在土地整治中被大规模破坏。

2.跨江组合单中心型城市的"城市病"

跨江组合单中心城市的"城市病"与单中心集聚型城市的类似。如上海中心城区给城市通勤、基础设施等带来巨大压力的同时，也带来了用地、生态品质下降等资源环境挑战，城市热岛效应随城市规模扩大而不断增高。

另外，跨江的先天阻碍条件进一步加剧了"城市病"问题。同时滨江流域的资源环境也要求更高。如南京当前早晚高峰快速路严重饱和，而滨江重化产业是南京资源环境"城市病"的主要病因，长江大保护也对南京的资源环境提出了更高要求。杭州也同样如此。

此外，受南京市三面环山的盆地格局影响，城市工业生产活动对空气质量影响较大，大气污染问题更为凸显。

3.多组团型城市的"城市病"

多组团型城市的"城市病"最关键问题在于由于"县域经济""镇域经济"的多组团扁平化发展，市域资源环境面临整体遭受侵蚀的危机。如苏州近年来由于各区外拓发展迅速，逐步形成城镇组团间的连绵化和对"四角山水"的侵占。如宁波市域总建设用地已突破原土地规划的"天花板"，城市扩张使农业空间、生态空间侵蚀严重，林地、耕地破碎化严重，湿地系统稳定性下降，串山连城面海的生态走廊系统性遭破坏。

4. 高度连绵型城市的"城市病"

高度连绵型城市的"城市病"与多组团型城市"城市病"的成因类似，但表现更为严重。如东莞连绵发展模式面临土地资源快速消耗、生态问题突出等挑战，东莞全市用地开发强度高达 47%，生态空间保护压力大。而主要河流水质偏低，饮水安全受到威胁。而深圳的土地、资源和环境约束同样趋紧，按原有模式已经难以支撑发展。

（五）小结

基于空间识别的视角，审视超特大城市的规模结构，主要有如下结论。

第一，超特大城市在增长过程中因主动或者被动选择，形成了不同的规模结构空间模式。从案例城市的规模结构识别来看主要有四种类型，即单中心集聚型、跨江组合单中心型、多组团型与高度连绵型。其中单中心集聚、跨江组合单中心是我国超特大城市的典型空间结构特征，中心城区人口规模通常超过全市人口总量一半甚至达到 2/3，外围组团通常规模较小、对中心城区有较强依赖；多组团型是我国县域经济发达地区的超特大城市特征，中心城区规模与外围县市规模相差不大，而连绵发展组团格局的最显著特征就是难以准确界定中心城区。

第二，中心城区是"城市病"的主要集中地区。总体来看，各个超特大城市的中心城区普遍高密度、高集聚度，并且蔓延态势较为明显，造成了中心城区交通、住房、污染等共性资源环境问题，是本次研究的重点地区。

第三，重视中心城区-外围组团的资源环境保护。各城市中心-外围存在区域性的资源环境挑战，如北京热岛效应、南京长江大保护、成都灌溉遗址破坏与保护等，同样需要重点关注。

此外，超特大城市的城市-区域自然地理条件和资源特征，也会导致城市面临特定的资源环境挑战。成都、南京等盆地式的自然地理特征，导致城市在大气污染方面面临更大的压力。

三　国土层面资源环境的影响分析

（一）我国资源环境的整体情况

1. 土地资源：以"胡焕庸线"为分界

我国"胡焕庸线"以东区域土地资源条件较好，该区域位于我国地势一级阶梯，地形平坦，且地貌多以平原、丘陵和台地为主，适宜人口和社会经济活动规模集聚。东北平原、华北平原、长江中下游平原、粤港澳大湾区、茂湛平原等土地资源优势区城镇分布密集，"胡焕庸线"以东区域承载了全国约95%的人口比重。"胡焕庸线"以西区域受高程、坡度和地形起伏度偏大的刚性约束，土地资源条件相对较差，且地面塌陷、滑坡、泥石流等地质灾害多分布于西部地区，其中高易发区主要为藏南-云贵地区、横断山脉地区和环天山山脉地区；受地形条件和地质灾害因素等影响，我国西部地区城镇人口规模相对偏小、城镇分布较为稀疏，人均可利用土地资源不足。

2. 水资源：东南多、西北少

从水资源总量来看，我国水资源分布呈东南多、西北少的总体特征，空间分布与降雨量分布格局基本吻合。西北地区因深处内陆、距海洋较远，且四周受高原山地阻挡，水汽无法进入，水资源量少，为中国水资源最不丰富区域。我国水资源总量居世界第4位，但人均水资源量整体偏低，仅为世界平均水平的1/4、美国的1/5。匮乏区主要集中分布于华北平原、山东半岛以及内蒙古等部分区域；人口分布与水资源丰度空间分布基本吻合，长江流域以北区域人-水不匹配现象尤为突出，海河、黄河流域水资源开发利用率已超过80%，京津冀平原、江淮平原、东北平原等地下水超采区形成漏斗。京津冀、山东半岛、粤港澳等人口稠密区，城市缺水问题越发凸显。

3. 水环境容量：南高北低

我国水环境容量总体呈现南高北低的分布特征，随流域分布特征显著。水环境容量高的区域主要分布于横断山片区、藏东南地区、长江上中游干流区、珠江上游流域和闽西地区。水环境容量空间分布与人口分布存在明显错位，水环境容量高值区主要位于藏东南和长江上中游地区，而人口集聚分布的沿海地区和华北平原的水环境容量低，尤其在山东半岛-中原城市群沿线、京津冀等人口稠密地区水环境容量偏低，这亦表明水环境容量不是影响城镇规模与布局的主导因素。

4. 大气环境容量：青藏高原高、中部地区低

我国青藏高原、内蒙古、沿海等地大气环境容量较高，中部及新疆塔里木盆地等地大气环境容量较低。大气环境容量与人口分布有一定相关性，如沿海地区人口分布与大气环境容量高值区分布关联程度高，但受城市发展治理水平的影响，部分大气环境容量较低的区域，比如成都平原等地区，人口分布仍相当密集，说明大气环境容量并非决定人口分布的强制性因素。

（二）基于资源环境要素的地理区划

传统地理区划主要有 1958 年由黄秉维教授牵头绘制的中国自然区划图，1983 年赵松乔绘制的中国自然地理区域图，1988 年任美锷、包浩生绘制的中国自然地理区划图，以及 2009 年王静爱等人主编的《中国地理图集》中的中国地理分区图等几种版本。

考虑政策传导实施的有效性，本次研究在行政地理分区的基础上，基于资源要素差异进行了部分调整，形成了如表 3-10 所示的全国分区方案。主要有以下三个调整。一是内蒙古东西向跨度较大，从高程、水资源、气候和植被等要素来看全区差异明显，因此基于自然条件差异，以市级行政边界为基础进行拆分，其中呼伦贝尔市、兴安盟、通辽市纳入东北地区，乌海市、阿拉善盟纳入西北地区。二是青藏高原的高程和气候与西南地区差异较大，需单列作为独立的地区，同时青海省与西藏自治区资源禀赋条件更为接近，因此将西藏自治区从西南地区拆分出来，与青海省合并调整为青藏地区。三是山东省从气候、土壤、植被等要素来看，与北方各省区市更接近，因此将山东省从华东地区调整为北方地区。

表 3-10　基于资源要素差异的全国地理分区

资源环境分区	包含省区市
东北地区	黑龙江、吉林、辽宁、内蒙古（呼伦贝尔市、兴安盟、通辽市）
北方地区	北京、天津、河北、山西、山东、内蒙古（锡林郭勒盟、赤峰市、乌兰察布市、包头市、呼和浩特市、巴彦淖尔市、鄂尔多斯市）
华中地区	河南、湖北、湖南
华南地区	广东、广西、海南、香港、澳门
东部地区	江苏、上海、安徽、浙江、江西、福建、台湾
西北地区	陕西、宁夏、甘肃、新疆、内蒙古（乌海市、阿拉善盟）
西南地区	四川、重庆、云南、贵州
青藏地区	青海、西藏

（三）基于分区特征的主要城市资源环境约束

1.各分区资源环境的基本特征与约束条件

本次研究对于上述资源环境分区分别开展土地资源、水资源、环境、气候舒适度、碳排放等多维度资源环境承载力评价，旨在厘清各资源环境分区的优势因素和短板因素（见表 3-11）。

东北地区：土地资源条件良好，地势相对平坦且地质灾害危险性较小；大气环境容量总体较高，仅北部边境沿线存在容量低值区。环境短板以气候舒适度为主，表现为 11 月至次年 3 月气候舒适度偏低；水环境容量偏低，水体自净能力较弱，松花江和辽河等流域水污染形势严峻，主要表现为以农业源污染为主、城市和工矿水污染为辅的特征。东北地区森林覆盖率高，可拉长冰雪消融时间，森林储雪有助于发展农业及林业。

北方地区：主要受水土资源条件限制。水资源方面，华北平原地区降水量少、水环境容量低且跨流域水污染状况显著，主要受资源型、水质型缺水影响。土地资源方面，部分区域受地质灾害制约，如唐山—宝鸡沿线为华北地震带和地面沉降高易发区。此外，受能源结构和产业布局影响，北方地区碳排放总量较大，京津冀、山东半岛等城镇密集区碳排放强度偏高；同时，冬季气候寒冷干燥，舒适度总体偏低。

125

表 3-11　分区资源环境基本特征与短板识别一览

地理分区	土地资源				环境			气候舒适度	碳排放	短板因素	相对不足
	高程	坡度	起伏度	地灾	水资源	水环境	大气环境				
东北地区　黑龙江、吉林、辽宁、内蒙古东部①	+++	+++	+++	+++	++	+	++	+	++	气候舒适度、水环境	水资源量、碳排放
北方地区　北京、天津、河北、山西、山东、内蒙古中部②	+++	+++	+++	++	+	+	++	+	+	水资源、水环境、气候舒适度、碳排放	地质灾害（地面沉降）
华中地区　河南、湖北、湖南	+++	+++	+++	++	+++	++	+	+++	+++	大气环境	水环境、地质灾害
华南地区　广东、广西、海南、香港、澳门	+++	+++	+++	+++	+++	+++	++	+++	+++	—	大气环境
东部地区　江苏、上海、安徽、浙江、江西、福建、台湾	+++	+++	+++	+++	+++	+++	+++	+++	+++	—	水环境、大气环境
西北地区　陕西、宁夏、甘肃、新疆、内蒙古西部③	+++	+++	+++	+	+	+	++	+	+++	水资源、水环境、气候舒适度、碳排放	地质灾害（崩塌、滑坡等）、大气环境
西南地区　四川、重庆、云南、贵州	+++	++	++	+	+++	+++	+	+++	+++	地质灾害（滑坡、泥石流等）、大气环境	土地资源（坡度、起伏度）
青藏地区　青海、西藏	+	++	++	++	+++	+++	+++	+	—	土地资源（高程）、气候舒适度	土地资源（坡度、起伏度、地质灾害）

①内蒙古东部包括呼伦贝尔市、兴安盟、通辽市。

②内蒙古中部包括锡林郭勒盟、赤峰市、乌兰察布市、包头市、呼和浩特市、巴彦淖尔市、鄂尔多斯市。

③内蒙古西部包括乌海市、阿拉善盟。

注：+表示存在明显短板，++表示需要关注，+++表示相对不足，++++表示相对丰富。

　　华中地区：整体水土资源条件良好、气候舒适度佳，仅大气环境、水环境方面存在相对短板。由于华中地区地处内陆，大气污染物不易散失，大气环境污染以工业源为绝对主导；水污染的流域性分布特征显著，污染源以城镇生活源和农业源复合型为主。

　　华南地区：整体条件与华中地区类似，水土资源条件俱佳，气候舒适度较好，相对而言环境质量问题较突出，其中大气环境污染以工业源为绝对主导，广西等下游区域水环境容量偏低。

　　东部地区：相对无明显短板，但部分区域水环境容量偏低，湖泊水库富营养化现象突出，水污染以城镇生活源和农业源污染为主。此外，该区域社会经济活动高度集聚，上海都市圈、环太湖沿线城市群、南京都市圈等城镇密集区碳排放强度明显偏高。

　　西北地区：资源环境整体条件与北方地区相似，主要受水土资源制约，但具体成因有差异。水资源方面受资源型、水质型、工程型缺水等复合因素影响，且水环境容量低，污废负荷重，污废水处理设施滞后，污染源以农业面源污染和工业源为主。土地资源方面，环天山山脉区域坡度偏大，天山北坡、横断山脉地区存在一定的崩塌、滑坡、泥石流易发性。同时，由于西北地区密布国家大型能源基地，碳排放量明显较高。

　　西南地区：主要受土地资源条件和大气环境容量限制。土地资源方面，由于该区域主要以丘陵、山地等地貌为主，坡度和地形起伏度偏大，人均可利用土地资源面积偏小；同时，成渝盆地周围地区为崩塌、滑坡、泥石流等地质灾害较高易发区，云贵高原则地面塌陷情况突出。环境容量方面，地处内陆地区，大气环境容量低，大气污染以工业、城镇生活源复合型污染为主。

　　青藏地区：受高原高海拔、高地形起伏度以及高原极寒气候的刚性约束。藏南地区高山环绕、高差极其悬殊，且地处滑坡、泥石流等地质灾害高易发区，不适宜人口的大规模集聚和城镇建设活动的大规模开展。

2.各分区内主要城市资源环境问题认识

　　随着我国区域经济布局的调整和优化，城市群和都市圈已经成为我国承载区域发展的重要空间载体。

本专题选择了对国家社会经济发展、资源环境安全和国土安全具有重要战略意义的 13 个都市圈或城市群，分别对其资源环境问题进行深入分析，并基于资源环境本底条件，有针对性提出优化城市规模结构以及改善城市资源环境承载力的建议。主要问题识别如表 3-12 所示。

表 3-12 超特大城市资源环境主要问题识别一览

政策区	重点地区识别	资源环境主要问题
东部地区	上海都市圈	生态空间、农业空间受侵占明显； 水质性缺水凸显
	南京都市圈	城市建设侵占自然岸线； 大气污染突出； 土地利用效率低； 土壤污染问题严重； 内涝风险
	杭州都市圈	水资源结构性污染严重； 资源环境压力失衡； 大气污染问题突出
	宁波/舟山都市圈	城市建设用地扩张侵占土地资源,破坏生态环境； 人水矛盾突出； 大气污染和水污染严重
北方地区	青岛都市圈	覆被土层稀薄、陆生生态环境脆弱； 水资源供给矛盾突出； 水污染问题加重
西北地区	西安都市圈	生态约束较大； 水资源供给矛盾突出； 存在水污染问题； 大气污染问题突出
	天山北坡城市群	地质灾害风险大； 水资源缺乏； 大气环境污染严重
华中地区	武汉都市圈	湖泊污染较为严重； 大气污染加剧

政策区	重点地区识别	资源环境主要问题
华南地区	珠三角城市群	开发强度较高； 生态服务功能下降； 水污染严重； 水质性缺水； 海平面上升
	南宁都市圈	水资源供需矛盾； 部分水域环境受到威胁； 大气污染复合性突出； 石漠化； 耕地保护与城市发展矛盾
西南地区	成都都市圈	大气环境容量较低； 水资源供给矛盾突出； 龙门山断裂带、龙泉山断裂带以及蒲江—新津断裂带地震灾害风险高
	重庆都市圈	人地矛盾突出； 大气环境容量较低； 水资源供给矛盾突出； 石漠化和水土流失问题
青藏地区	拉萨都市圈	生态环境敏感性高； 水资源利用效率不高； 矿山开采对环境影响较大； 生态环境较脆弱

（四）小结

第一，高度关注北方超特大城市的缺水问题。我国北方城市极度缺水。由于我国所处的经度、纬度位置以及大的地貌构造割据导致的季风气候特点，水资源在空间上的分布不均匀，总体呈现南方多、北方少的特征。北方城市缺水除了受自然条件影响，地表水和地下水资源的过度开发对水质以及整体生态环境带来负面影响，进一步加剧了北方城市的缺水问题。

第二，高度关注长江中下游城市的大气环境质量问题。长江中下游城市工业化的发展以及城市化的加快，带来空气污染压力。人民物质水平的提高、工业的发展以及城市汽车保有量逐年提升、市政建设和道路施工扬尘等，均是造成大气环境质量问题的原因。同时，长江中下游平原地区风速较小，空气中的污染物在水平和垂直方向上都不容易向外扩散，导致了大气污染加剧。

第三，高度关注沿海城市的水污染防治和水生态修复问题。沿海地区工业发达，工业废水的排放是造成水污染的主要原因，而城市人口增长速度过快、城市污水管网和污水处理设施的建设与城市建设和工业生产的发展不适应、防治水污染投资少等原因进一步加剧了城市的水污染状况。

四　市域层面资源环境问题实证分析

（一）案例选取与研究范围

1. 案例城市选取

本次选择重庆、成都、上海、南京四大城市为实证案例，主要考虑这4个城市在人口规模、空间形态、经济发展阶段和产业结构方面具有一定的代表性，同时这4个城市都位于我国南方地区，可以在排除宏观地理环境水资源约束的影响之外，进一步认识我国超特大城市自身的资源环境核心问题。此外，这些城市也具备较好的数据可获得性条件。

2. 案例城市研究范围

案例城市的研究范围主要包括市域和中心城区两个层次，具体边界结合前文的空间识别，详见表3-13。

表3-13　案例城市市域及中心城区研究范围

城市	市域范围	中心城区范围
重庆市	辖26个区、8个县、4个自治县，总面积82402平方千米	包括渝中区、大渡口区、江北区、沙坪坝区、九龙坡区、南岸区、北碚区、渝北区、巴南区9个市辖区和两江新区、重庆高新区2个功能区，总面积5472平方千米

城市	市域范围	中心城区范围
成都市	辖 12 个市辖区、3 个县、代管 5 个县级市,总面积 14335 平方千米	包括锦江区、青羊区、金牛区、武侯区、成华区、龙泉驿区、青白江区、新都区、温江区、双流区、郫都区、新津区,总面积 3930 平方千米(受统计资料影响,研究范围大于前文识别范围)
上海市	辖 16 个区,总面积 6340 平方千米	基于城市人口密度、通勤联系和用地解译,识别城市的实际聚落体系,总面积 650 平方千米
南京市	包含 11 个区、1 个国家级新区,总面积 6587 平方千米	基于城市人口密度、通勤联系和用地解译,识别城市的实际聚落体系,总面积 457 平方千米

(二)水资源利用

1. 供需矛盾仍然突出

从上海和成都两个城市来看,水资源压力逐步缓解,但整体仍处于较高水平,人口规模大的城市水资源压力指数明显高于人口规模偏小的城市。上海 2019 年水资源压力指数为 1.3,低于 2010 年的峰值 (4.5);成都 2020 年水资源压力指数为 0.4,低于 2015 年的峰值 (1.13)。上海市域人口为 2000 万人级,其水资源压力指数长期位于 1.3 ~ 4.5 的极高压力水平,成都市域人口为 1000 万人级,其水资源压力指数长期位于 0.6 ~ 0.8 的高压力水平(见图 3-5)。

水资源压力指数同时也受极端干旱天气及宏观政策调控影响较大。遭遇特大干旱气候的年份,其水资源压力指数均显著高于前后年份,且同期高温天气对于水资源压力影响也较大。同时,国家宏观政策也显著影响水资源压力指数,节水型政策的推出和节水型城市的创建均对显著降低水资源压力指数起到了重要作用。

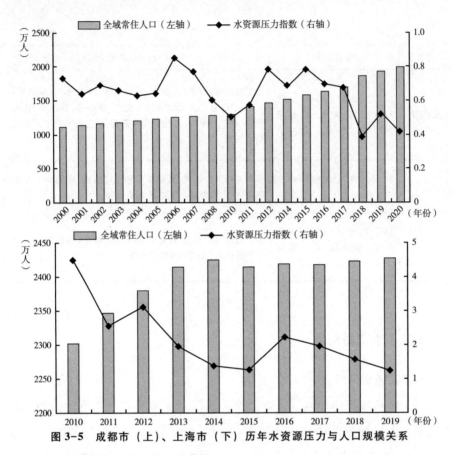

图3-5 成都市（上）、上海市（下）历年水资源压力与人口规模关系

注：成都市缺2009年和2013年数据。

资料来源：相应年份的《成都市水资源公报》《成都统计年鉴》《上海市水资源公报》《上海统计年鉴》。

 专栏9

重庆中心城区历年水资源压力指数与环境政策

极端天气年份导致当年水资源压力指数陡增。重庆中心城区2001年、2006年、2011年为特大干旱年，其水资源压力指数均突破2.0，但其前后年份水资源压力指数均维持在0.5~1.5，若叠加同期极端高温天气，其水资源压力指数为前后年份的2~3倍（见图3-6）。

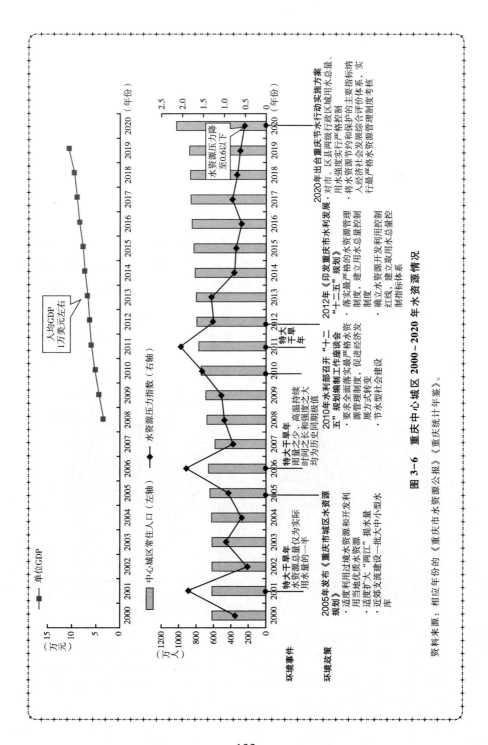

图 3-6　重庆中心城区 2000～2020 年水资源情况

资料来源：相应年份的《重庆市水资源公报》《重庆统计年鉴》。

从宏观政策来看，2010 年水利部召开"十二五"规划编制工作座谈会，要求全面落实最严格水资源管理制度，促进经济发展方式转变，全面建设节水型社会。2011 年重庆水资源压力指数达峰，2012 年，重庆市印发水利发展"十二五"规划，要求落实最严格的水资源管理制度，建立用水总量控制制度，确立水资源开发利用控制红线，建立取用水总量控制指标体系。其水资源压力指数及总用水量同步下降，并彻底与人口及经济发展趋势脱钩。

2. 生活用水占比快速上升

上海市和成都市目前工业用水总量已大幅度下降，生活用水总量则提升较快。上海市一般工业及电力工业用水量占比已从 2001 年的高于 70% 降至 2019 年的不到 50%，而公共生活及居民生活用水量占比从 2001 年的 10% 左右迅速升至 2019 年的 35% 左右。成都市近 20 年工业用水量占比从 2000 年的 23% 下降至 2020 年的 6%，而居民生活用水量占比从 2000 年的 14% 提升至 2020 年的 33%，上升幅度显著（见图 3-7）。

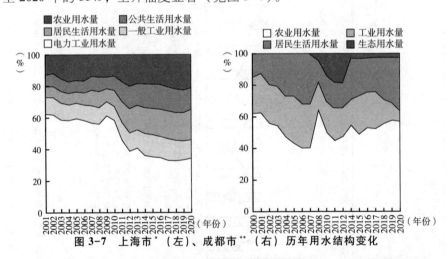

图 3-7 上海市*（左）、成都市**（右）历年用水结构变化

注：* 2010 年《全国水资源综合规划（2011—2030 年）》中规定，自 2011 年起，火电工业直流冷却水以 2000 年为基准年，2000 年后新增的电厂直流冷却水以耗水量计算，故耗水量减少。** 2000～2007 年、2008～2017 年、2017～2020 年为不同统计口径，2008～2017 年，农业用水＝第一产业用水，工业用水＝第二产业用水，生活用水＝生活＋第三产业用水；成都市缺 2009 年和 2013 年数据。

资料来源：相应年份的《成都市水资源公报》、相应年份的《上海市水资源公报》。

3. 人均用水量高于国外发达城市

从上海和成都两个城市来看，城市人均用水量及总用水量基本均已达峰，且呈现稳定下降趋势（见图 3-8）。上海用水量由 2001 年的 637 米³/人降至 2019 年的 313 米³/人；总用水量于 2010 年达峰（126.29 亿立方米）。成都市也呈现同样趋势，用水量由 2000 年的 394 米³/人降至 2020 年的 237 米³/人；总用水量于 2017 年达到 62.49 亿立方米，接近峰值水平。（见图 3-9）。

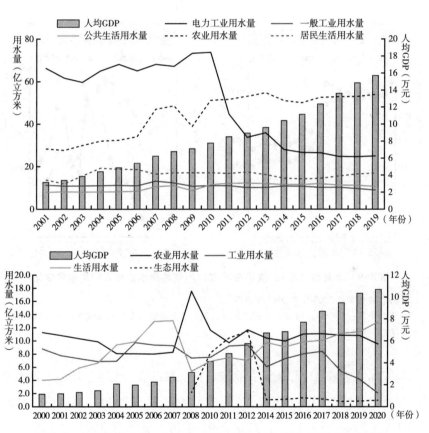

图 3-8　上海市（上）、成都市（下）历年人均 GDP 与用水结构变化

注：成都市缺 2009 年和 2013 年数据。

资料来源：相应年份的《上海市水资源公报》《上海统计年鉴》《成都市水资源公报》《成都统计年鉴》。

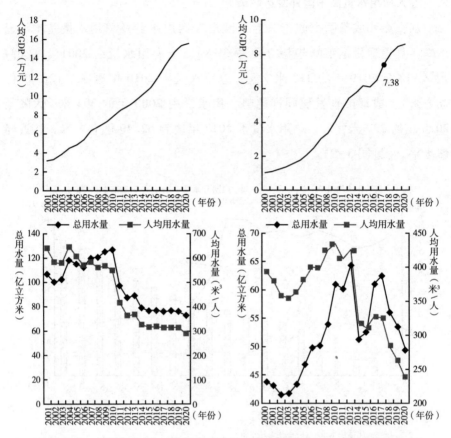

图 3-9 上海市（左）、成都市（右）历年总用水量和人均用水量变化

注：成都市缺 2009 年和 2013 年数据。

资料来源：相应年份的《上海市水资源公报》《上海统计年鉴》《成都市水资源公报》《成都统计年鉴》。

与国际发达城市比较来看，我国超特大城市节水水平较低，水资源消耗相比国外发达城市仍然处于高位。上海市与成都市 2020 年用水量仍然维持在 800 升/（人·日）以上，东京 2007 年用水量降至 350 升/（人·日），此后长期维持低位，旧金山湾区 2015 年用水量降至 589 升/（人·日），纽约湾区 2018 年用水量降至 499 升/（人·日）（见图 3-10）。

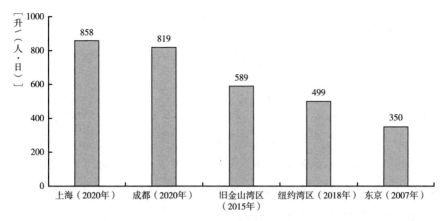

图 3-10　部分城市人均用水量对比

资料来源：《2020 年上海市水资源公报》《2020 年成都市水资源公报》和《上海市城市总体规划（2018-2035 年）》专题研究。

（三）水环境污染

1. 水污染治理仍处于"补短板"阶段

从 4 个实证案例来看，水环境问题经过污染综合治理后水质量改善明显。伴随着"河长制""水环境治理三年行动计划"的实施推进，4 个城市污水处理排放、地表水质量等均有所改善。上海市 2015 年河道水体断面劣 V 类水比例超过 34%，氮磷污染指标超过国家二级标准 3 倍，2019 年地表水 III 类水以上比例上升到 48%，V 类及劣 V 类水占比下降至 4.2%；南京市 2019 年 22 个地表水断面水质全部达标，水质优良（III 类及以上）断面比例达到 100%，较上年提升 18.2%；重庆、成都的这一比例也分别达到了 85% 和 90%。从污染物指标上来看，4 个城市的氨氮平均浓度、总磷平均浓度均达到国家二级标准（见图 3-12）。

上海市和南京市的废水排放总量、人均污水排放量基本稳定，与人口规模弱关联。从废水排放规模上来看，上海市、南京市在 2012 年、2016 年之后，废水排放总量分别稳定在 22 亿吨、11.86 亿吨左右。从人均生活污水排放量来看，上海市经历了 2003~2013 年的 10 年较大幅度的波动后，基本稳定在 0.2 米³/天左右；南京市经历了 2002~2006 年的快速下降后有所反弹，但基本稳定在 0.24 米³/天左右（见表 3-14、表 3-15）。

专栏 10

东京历年用水情况

东京用水总量和人均家庭用水量进入下降通道，与经济增长实现脱钩，生活用水比例不断提升，占用水总量的主导地位。1965～1992年东京用水总量与人均GDP具有相同的增长趋势，1992年前后东京用水总量达到峰值，随后开始下降，实现与经济增长的脱钩。目前东京家庭用水比例还处于上升趋势，且比例较高，超过50%（见图3-11）。

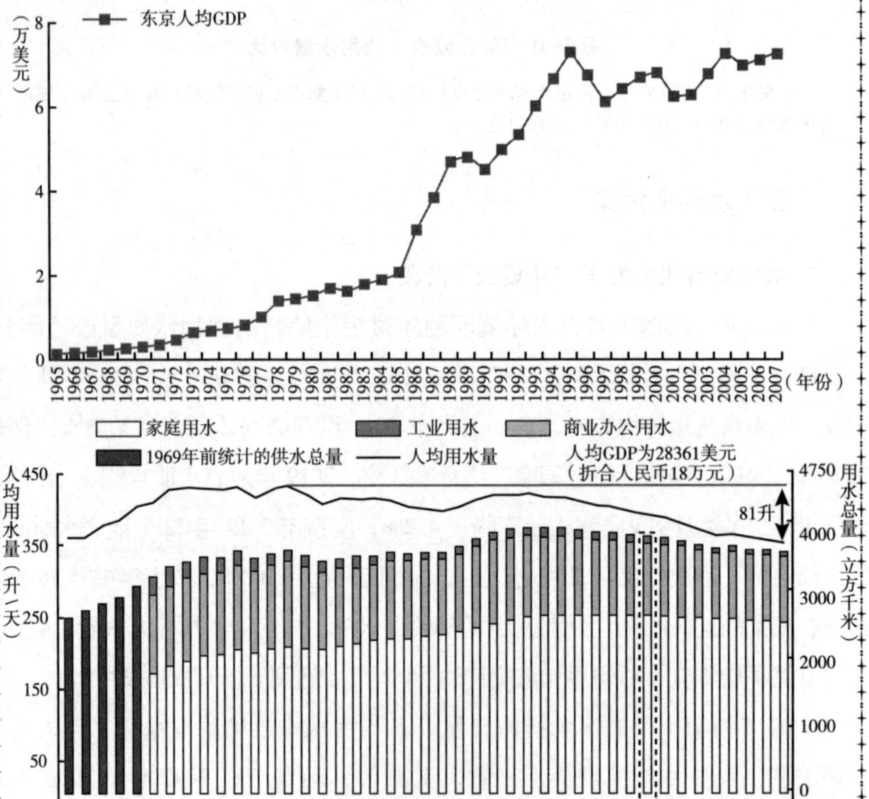

图 3-11 东京各类型用水的平均供水量与对应人均 GDP

资料来源：相应年份的《东京都统计年鉴》。

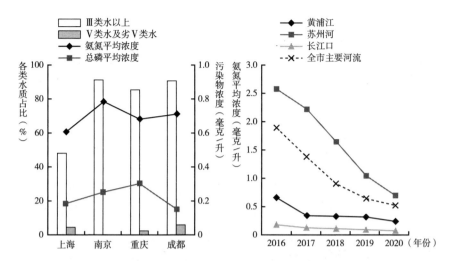

图3-12 2019年4个城市水质、水环境污染物浓度比较（左）以及
2016～2020年上海市氨氮平均浓度变化（右）

资料来源：相应年份的《上海市生态环境状况公报》（2016、2017年为《上海市环境状况公报》）、《南京市环境状况公报》《成都市水资源公报》《重庆市生态环境状况公报》。

表3-14 上海市废水排放总量

年份	人口规模（万人）	废水排放总量（亿吨）	人均生活污水排放量（米³/天）
1995	1414	22.45	0.21
1996	1451	22.85	0.22
1997	1489	21.10	0.20
1998	1527	20.81	0.21
1999	1567	20.28	0.21
2000	1609	19.37	0.21
2001	1668	19.50	0.21
2002	1713	19.21	0.20
2003	1766	18.22	0.19
2004	1835	19.34	0.20
2005	1890	19.97	0.22
2006	1964	22.37	0.24
2007	2064	22.66	0.24

年份	人口规模（万人）	废水排放总量（亿吨）	人均生活污水排放量（米^3/天）
2008	2141	22.60	0.23
2009	2210	23.05	0.23
2010	2303	24.82	0.25
2011	2347	19.86	0.18
2012	2380	22.05	0.20
2013	2415	22.30	0.20
2014	2426	22.12	0.20
2015	2415	22.41	0.20
2016	2420	22.08	0.21
2017	2418	21.20	0.20
2018	2424	20.98	0.20
2019	2428	21.42	0.20

资料来源：相应年份的《上海统计年鉴》。

表 3-15 南京市废水排放总量

年份	人口规模（万人）	废水排放总量（百万吨）	人均生活污水排放量（米^3/天）
2000	615	1861	0.39
2001	628	1935	0.41
2002	642	1906	0.43
2003	655	1801	0.40
2004	668	1681	0.36
2005	690	1676	0.35
2006	719	1110	0.19
2007	741	1156	0.20
2008	759	1152	0.20
2009	771	1124	0.20
2010	801	1143	0.20
2011	811	1103	0.20
2012	816	1129	0.22
2013	819	1185	0.23
2014	822	1157	0.23

年份	人口规模（万人）	废水排放总量（百万吨）	人均生活污水排放量（米³/天）
2015	824	1132	0.23
2016	827	1186	0.23
2017	834	1145	0.24
2018	844	1114	0.23
2019	850	1185	0.24

资料来源：相应年份的《南京统计年鉴》。

水环境治理仍处于"补短板"阶段，中心城区污水处理压力过大。上海、重庆两个城市均表现出基础设施滞后于环境治理需求，并且过度集聚的人口规模增加了设施供给和处理压力，具有如污水管网建设改造滞后、污水资源化利用水平偏低、设施可持续运维能力不强等典型短板。上海市中心城区建成4座大型污水处理厂，设计处理能力达到460万米³/天，但人口规模过大导致中心城区承担全市72%的污水处理压力，并且由于三大污水片区的污水干管互连互通不足，2015~2017年，旱季最大日进水量超过了污水处理厂设计规模的40%~80%，2015~2017年，雨季超负荷率（溢流）最大值可达60%。重庆市城市监测结果显示：重庆市中心城区整体再生水利用水平低下，利用途径单一，主要为尾水发电，工业水回用和市政地质用水利用量不足10%；雨污分流工作也存在一定短板，16个污水处理厂进水五日生化需氧量（BOD5）浓度在100毫克/升以下。

2.污染源以产业废水和生活污水为主

水环境污染与产业发展、生活污水排放和治理水平密切相关，与人口规模间接关联。水污染问题主因是城市工业废水中氨氮、溶解氧、生化需氧量和石油类等污染物规模超过水环境容量。对于已经实现产业结构转型的重庆和上海而言，水环境治理压力还在于城市污染源的多样化和治理水平的不高。以重庆市为例，城市人口规模增长并未直接影响水环境质量，而产业废水排放是最主要原因，重庆长江和嘉陵江环境污染事件主因均为工矿业废水违规排放。又如上海市，从1995年起，人口规模迎来爆发式增长，但水环境污染物指标持续降低（见图3-13），随着上海常住人口达到2000万人水

141

平（此时人均 GDP 达到 1.2 万美元），各类水环境治理政策出台，水质得到显著改善。但 1997 年苏州河事件、2004 年黄浦江油污事件暴露出，随着人口的集聚，超特大城市治理因素日趋复杂，可能面临更多偶发性和不确定的水环境污染问题，这对水环境治理提出更高要求。

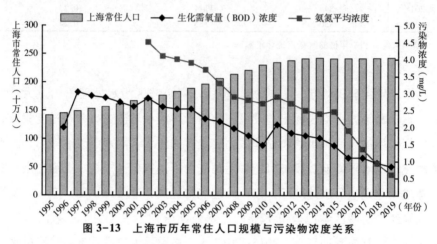

图 3-13　上海市历年常住人口规模与污染物浓度关系

资料来源：相应年份的《上海统计年鉴》、相应年份的《上海市生态环境状况公报》（2013~2017 年为《上海市环境状况公报》，下同）。

水环境质量受上游污染扩散的影响显著，次支河流的污染扩散严重。上海市与江苏省同属太湖流域，受到苕溪、荆溪流域和太湖周边地区沿线乡镇生活污水和鱼塘养殖业的污染严重，如太浦河苏州吴江段、红旗塘嘉兴嘉善段的水质降为Ⅳ类，上海境内的黄浦江段水质降为Ⅴ类；杭州湾黄浦江流域水系为Ⅴ类和劣Ⅴ类以上。2010~2013 年，乌江重庆段水质受上游贵州开阳磷矿开采中磷石膏泄漏的影响，水质整体严重下降（见图 3-14）。

3. 生活污水排放占比不断提升

污水来源逐渐由工业领域转向消费领域，生活污水排放占比不断提升。上海市人均 GDP 达到 1 万美元时（2007 年），生活污水占比达到 79%，2019 年生活污水占比高达 84%，总量基本稳定在 18 吨左右（见图 3-15）；南京市人均 GDP 达到 1 万美元（2010 年）时，生活污水占比超过 70%，2019 年生活污水占比达到 88%（见图 3-16），仍处于上升阶段。

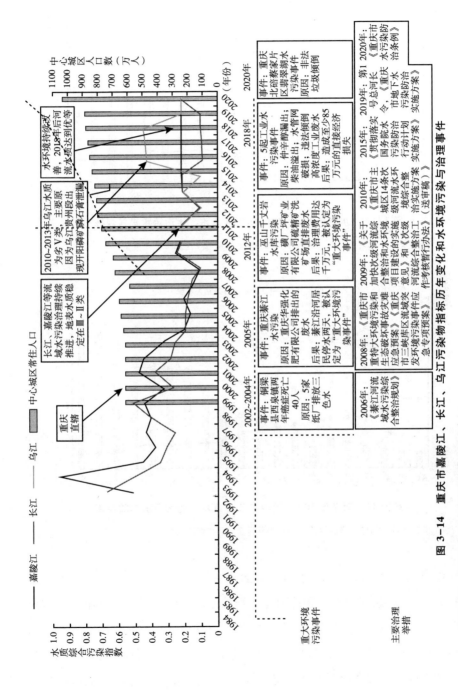

图 3-14 重庆市嘉陵江、长江、乌江污染物指标历年变化和水环境污染与治理事件

资料来源：相应年份的《重庆市水资源公报》。

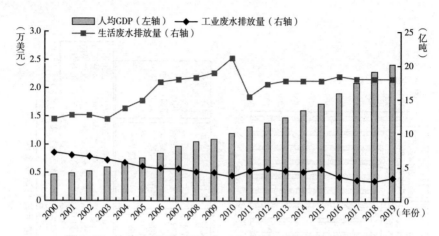

图 3-15 上海市 2000~2019 年工业废水、生活污水排放规模

资料来源：相应年份的《上海市生态环境状况公报》《上海统计年鉴》。

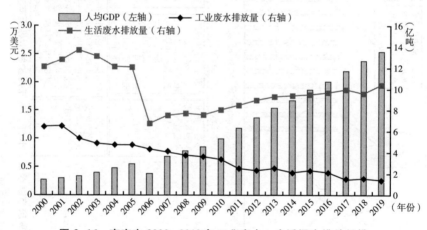

图 3-16 南京市 2000~2019 年工业废水、生活污水排放规模

资料来源：相应年份的《南京市环境状况公报》《南京统计年鉴》。

城市水环境治理应从"水污染防治为主"转向"水污染防治、水生态修复并重"。在最新正在编制的国土空间总体规划中，各城市提出"以水定人"，其内涵包括以水环境容量确定排污上限和总人口规模。除了控制污水排放规模以外，提高水环境容量成为重要手段之一。针对城市生活污水排放为主的特征，通过全面开展水生态修复，保持水面率、提高水体自净能力、提高 BOD 和氨氮的环境容量，成为水环境治理的重要手段。

4. 污染治理标准仍有待提升

通过对上海和南京两个城市的研究发现，人均污水排放量略高于国际大都市，且污染物管控的标准和内容仍与国际有较大差距。从人均排放来看，上海人均污水排放量稳定在 0.2 米³/天左右，南京人均污水排放量稳定在 0.24 米³/天左右，东京人均污水排放量为 0.2 米³/天左右、巴黎为 0.15 米³/天左右。从水污染指标来看，上海 BOD 指标 2019 年为 27.5 毫克/升左右（根据污水化学需氧量进行推算），而东京都 2019 年该指标值为 5 毫克/升左右[①]，伦敦为 15 毫克/升左右。从排放标准上来看，我国《城镇污水处理厂污染物排放标准》中 BOD 一级标准为 10 毫克/升，二级标准为 30 毫克/升，而伦敦标准则包含 5 档，分别为 2.5 毫克/升、4 毫克/升、6 毫克/升、8 毫克/升、15 毫克/升，标准远高于中国。从排放管理体系上来看，我国城市治理仍然采用国家统一的污染物浓度指标控制体系，东京、伦敦则采用了污染物浓度和污染物负荷总量控制双重管理手段。此外，我国环境治理仍然以生活环境指标为主，缺乏有针对性的生活健康指标。

（四）大气环境污染

1. 大气环境总体改善

从上海市、南京市、成都市和重庆市来看，各项大气污染物浓度整体下降。近年来，上海市二氧化硫浓度下降显著，相较于峰值下降约 90%，二氧化氮浓度相较于峰值下降约 40%，PM2.5 浓度相较于峰值下降约 50%；南京 PM2.5 污染改善明显，浓度相较于有记录的峰值下降约 61%，二氧化硫、二氧化氮浓度分别仅为峰值的 40%、65% 左右；成都市二氧化硫和PM2.5 浓度下降显著，相较于峰值下降幅度分别达到 80% 和 74%，二氧化氮、PM10 浓度相较于有记录的峰值分别下降 50% 和 53%；重庆市二氧化硫

---

① 《东京湾水质改善》，https：//tenbou.nies.go.jp/gis/monitor/？map _ mode = area _ env _ water&area = tokyowan。

和 PM10 污染改善明显，浓度相较于峰值分别下降 96% 和 75%，二氧化氮、PM2.5 浓度相较于有记录的峰值分别下降 16% 和 50%。

大气环境质量受极端气候影响较大。2013 年，全国发生大规模的雾霾污染，上海市、南京市、成都市和重庆市相关数据显示，固体颗粒物浓度增加，空气质量优良天数骤降。相较于前一年，2013 年南京市、成都市和重庆市 PM10 浓度分别增加 34%、25%、18%，空气质量优良天数分别减少115 天、154 天、133 天（见表 3-16、表 3-17、表 3-18、表 3-19）。

表 3-16 上海市污染物浓度变化

年份	人口规模（万人）	主要污染物指标（微克/米³）				优良天气数量（天）
		PM2.5	SO$_2$	NO$_2$	O$_3$	
1995	1414	—			—	—
1996	1451	—	32	54	—	—
1997	1489	—	29	56	—	—
1998	1527	—	25	58	—	—
1999	1567	—	20	59	—	—
2000	1609	—	22	56	—	—
2001	1668	—	42	64	—	—
2002	1713	—	38	58	—	—
2003	1766	—	42	57	—	325
2004	1835	—	58	62	—	311
2005	1890	—	60	61	—	322
2006	1964	—	50	55	—	324
2007	2064	—	54	54	—	328
2008	2141	—	49	56	—	328
2009	2210	—	35	51	—	334
2010	2303	—	24	50	—	336
2011	2347	—	24	56	—	241
2012	2380	—	21	48	—	—
2013	2415	62	22	49	—	241
2014	2426	57	19	42	149	281
2015	2415	53	17	47	161	258
2016	2420	45	16	44	163	275

年份	人口规模（万人）	主要污染物指标（微克/米^3）				优良天气数量（天）
		PM2.5	SO$_2$	NO$_2$	O$_3$	
2017	2418	38	13	49	183	275
2018	2424	36	10	41	160	296
2019	2428	35	8	41	150	309
2020	2487	32	7	38	152	319

资料来源：相应年份的《上海市生态环境状况公报》《上海统计年鉴》。

表 3-17 南京市污染物浓度变化

年份	人口规模（万人）	主要污染物指标（微克/米^3）				优良天气数量（天）
		PM2.5	PM10	SO$_2$	NO$_2$	
2000	615	—	—	—	29	—
2001	628	—	140	34	31	—
2002	642	—	134	38	36	—
2003	655	—	120	49	30	—
2004	668	—	122	55	45	—
2005	690	—	109	54	52	—
2006	719	—	109	52	63	—
2007	741	—	107	51	58	—
2008	759	79	98	53	54	—
2009	771	64	100	48	35	—
2010	801	72	114	46	36	302
2011	811	52	97	49	34	317
2012	816	76	102	51	33	317
2013	819	85	137	55	37	202
2014	822	58	123	54	25	—
2015	824	50	96	50	19	235
2016	827	48	85	44	18	242
2017	834	40	76	47	16	264
2018	844	43	75	44	10	251
2019	850	40	69	42	10	255
2020	931	31	56	36	7	304

资料来源：相应年份的《南京市环境状况公报》《南京统计年鉴》。

表 3-18　重庆市污染物浓度变化

年份	人口规模（万人）	主要污染物指标（微克/米³）				优良天气数量（天）
		PM2.5	SO_2	NO_2	PM10	
1999	2860.4		171	62	204	168
2000	2848.8		156	52	248	187
2001	2829.2		108	44	149	207
2002	2814.8		91	38	152	221
2003	2803.2		115	46	147	238
2004	2793.3		113	67	142	243
2005	2798.0		73	48	120	267
2006	2808.0		74	47	111	287
2007	2816.0		65	44	108	289
2008	2839.0		63	43	106	297
2009	2859.0		53	37	105	303
2010	2884.6		48	39	102	311
2011	2944.4		38	32	93	324
2012	2974.9		37	35	90	340
2013	3011.0		32	38	106	207
2014	3043.5	63	24	39	98	246
2015	3070.0	55	16	45	87	292
2016	3110.0	54	13	46	77	289
2017	3143.5	45	12	46	72	277
2018	3163.1	36	9	44	64	295
2019	3187.8	38	7	40	60	309
2020	3208.9	33	8	39	53	333

资料来源：相应年份的《中国环境统计年鉴》《重庆市环境质量简报》。

表 3-19　成都市污染物浓度变化

年份	人口规模（万人）	主要污染物指标（微克/米³）				优良天气数量（天）
		PM2.5	SO_2	NO_2	PM10	
2004	1194.1		67	48	115	309
2005	1221.7		77	52	125	293
2006	1248.5		65	49	123	301
2007	1257.9		62	49	111	319
2008	1270.6		49	52	111	319

续表

年份	人口规模（万人）	主要污染物指标（微克/米³）				优良天气数量（天）
		PM2.5	SO₂	NO₂	PM10	
2009	1286.6		38	55	111	315
2010	1404.8		31	51	104	316
2011	1407.1		31	51	100	322
2012	1417.8		30	50	120	293
2013	1430.0	96	31	63	150	139
2014	1442.8	77	19	59	123	216
2015	1465.8	64	14	53	108	211
2016	1591.8	63	14	54	105	214
2017	1604.5	56	11	53	88	235
2018	1633.0	51	9	44	72	251
2019	1658.1	43	6	42	68	287
2020	2093.8	41	6	37	64	280

资料来源：相应年份的《中国环境统计年鉴》。

2. 产业、交通是主要因素

城市废气排放变化受产业发展水平影响呈现不同趋势。总体来看，4个城市整体进入后工业化阶段，但其废气排放总量及工业废气排放总量并未呈现统一趋势。南京废气排放总量仍然在快速增加，而成都废气排放总量在波动中由上升转为下降（见图3-17），上海工业废气排放总量增速趋缓，重庆工业废气排放总量相对平稳（见图3-18）。通过对第二产业增速及产业发展阶段特征进行进一步分析可以发现：刚进入后工业化阶段的南京，2019年第二产业增速仍然保持7.1%的高位运行（另外三城为4%~5%），其整体产业结构并未体现出后工业化阶段的高精尖化和后现代化特征，因此其废气排放总量仍然在快速增加。成都由于进入后工业化阶段较早，且产业结构调整较早，较早地向周边城市疏解了重工业，因此废气排放总量在2019年后出现下降趋势。上海进入后工业化阶段的核心原因与南京、成都不同，其三次产业产值比重的变化主要原因是第三产业产值的迅速增加而第二产业产值增速缓慢，因此其工业化阶段发展较快，但工业体量并未缩减，因此工业废气排放量近年来逐步企稳。重庆也呈现相同的趋势，在工业体量并未缩减的情况下，第三产业的快速发展推动重庆进入后工业化阶段，因此其工业废气排放量也是相对平稳，偶有波动。

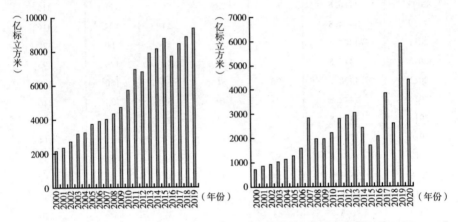

图3-17 南京（左）、成都（右）历年废气排放总量

资料来源：相应年份的《南京统计年鉴》《成都统计年鉴》。

从污染源来看，工业源、移动源、燃煤、扬尘是主要污染来源，其中工业源和移动源占主导地位，大气污染呈现煤烟型与机动车污染共存的新型大气复合污染。上海以移动源、工业源、燃煤、扬尘为主要污染物。2019年，移动源排在第1位，占比为29.2%，由于交通需求增长，移动源污染物排放贡

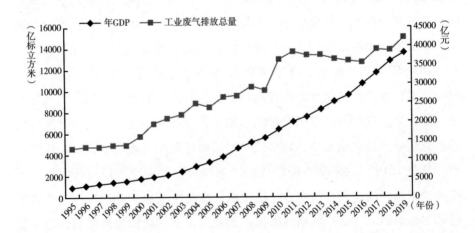

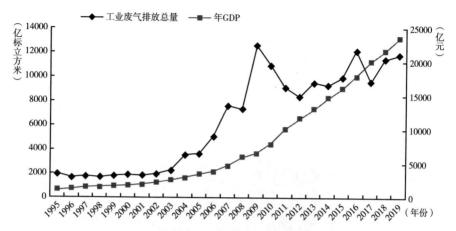

图 3-18 上海（上）、重庆（下）历年工业废气排放总量和年 GDP（1995~2019 年）

资料来源：相应年份的《上海统计年鉴》《重庆统计年鉴》。

献占比持续走高，近 10 年，移动源污染物排放贡献从 25%（2009 年）增加到（2019 年）接近 30%。工业源占比 28.9%，仅次于移动源，且工业废气排放总量不断上升；燃煤和扬尘各占 13% 左右。成都大气污染以移动源和工业源为主。从污染来看，工业源为主要污染物，占比为 68%，其次为移动源，占比为 29%，二者合计占比超过 90%（见图 3-19）。

3. 居民生活排放占比显著提升

伦敦的经验显示，未来氮氧化合物和有害化合物为主要污染物，传统工业指向型大气污染物排放占比下降。整体来看，伦敦近 20 年来，氮氧化合物和有害化合物排放占比提高明显，分别提升 10% 和 11%，二者占比接近80%，然而传统工业指向型污染物二氧化硫的占比大幅度降低，从 36% 降低到 8%（见图 3-20）。

居民生活排放大气污染物占比提高显著。从污染物种类来看，PM10、PM2.5、氮氧化合物、有害化合物、二氧化硫排放来源中居民生活比例分别提高 16%、25%、1%、19%、25%，其中 PM2.5 排放来源中居民生活比例接近 50%。

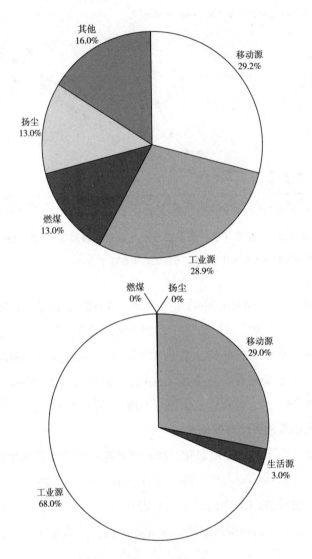

图 3-19　2019 年上海主要污染物来源比例（上）和
2017 年成都主要污染物来源比例（下）

　　资料来源：上海数据来源于《上海市第二次全国污染源普查公报》；成都数据来源于《2017 年成都市环境质量公报》。

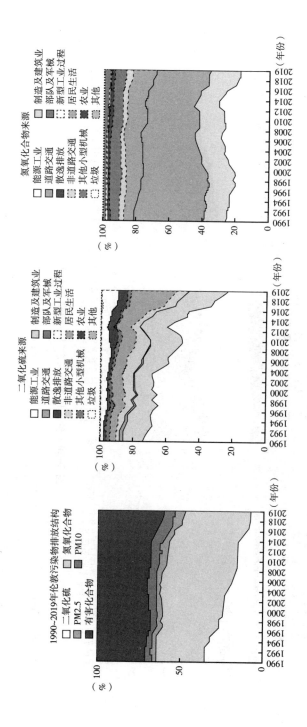

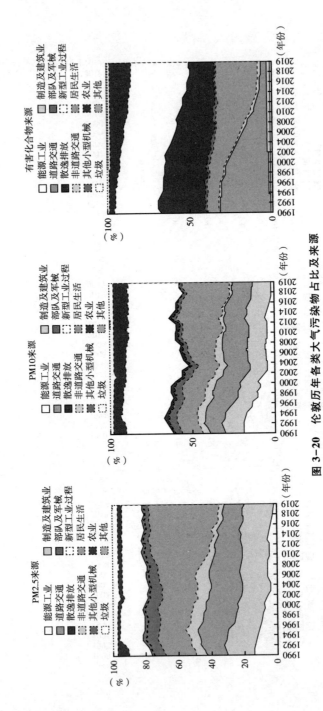

图 3-20　伦敦历年各类大气污染物占比及来源

资料来源：https：//data. london. gov. uk/。

4. 东部大气治理水平优于西部城市，但仍远低于国际水平

东部城市单位 GDP 排放量及对人体有害污染物排放量均低于西部城市。从单位 GDP 废气排放量来看，2000~2019 年，南京单位 GDP 废气排放量从 2.01 亿标米³/亿元下降到 0.67 亿标米³/亿元，2000~2020 年成都单位 GDP 废气排放量从 0.58 亿标米³/亿元下降到 0.25 亿标米³/亿元，均呈现持续下降状态（见图 3-21）。

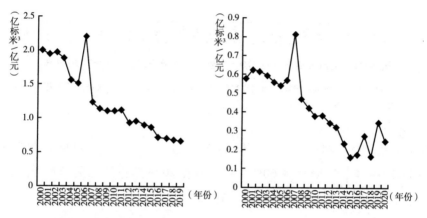

图 3-21　南京（左）、成都（右）历年单位 GDP 废气排放量

资料来源：南京数据来源于对应年份的《南京统计年鉴》；成都数据来源于对应年份的《成都统计年鉴》。

从单位 GDP 工业废气排放量来看，上海单位 GDP 工业废气排放量 1995~2019 年长期低于 2 亿标米³/亿元，2019 年已下降到 0.5 亿标米³/亿元以下，而 1995~2010 年，重庆单位 GDP 工业废气排放量从 1.75 亿标米³/亿元下降到 0.5 亿标米³/亿元，下降超过 70%（见图 3-22）。尽管东西部地区单位 GDP 废气排放量均连年下降，但东部地区绝对值低于西部地区，单位 GDP 总排放量及工业废气排放量绝对值远小于西部地区。

从上海和重庆城市对身体有害的主要污染物指数来看，均呈现稳步下降态势，但上海下降幅度更大，排放绝对值极低。1999~2019 年，上海对人体有害的主要污染物（二氧化硫及粉尘）下降幅度达到 99%，

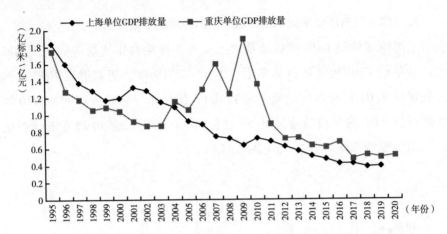

图 3-22　上海及重庆单位 GDP 工业废气排放量对比（1995～2019 年）

资料来源：上海数据来源于相应年份的《上海统计年鉴》；重庆数据来源于相应年份的《重庆统计年鉴》。

2019 年其工业二氧化硫甚至下降到 1 万吨以下。重庆下降幅度也较大，1999～2019 年，下降达到 60% 左右，但其 2019 年排放总量仍然较高，约为同期上海排放量的 15 倍（见图 3-23）。

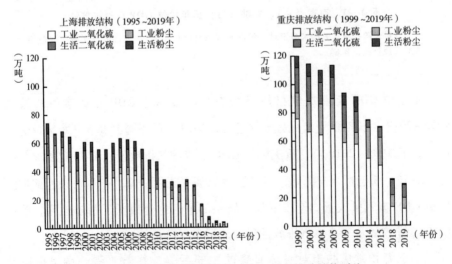

图 3-23　上海（左）、重庆（右）历年排放结构对比

资料来源：上海数据来源于相应年份的《上海统计年鉴》；重庆数据来源于相应年份的《重庆统计年鉴》。

我国空气质量标准中污染的防治管控要求相较国际标准偏低。国家标准中二级标准浓度限值大致为世界卫生组织（WHO）过渡时期第一阶段的目标要求，二氧化硫、PM10、PM2.5 的一级标准低于世界卫生组织空气质量准则值。目前我国执行的空气质量标准为《环境空气质量标准》（GB3095-2012）（以下简称"国家标准"），涉及的污染物包括 SO_2、NO_2、CO、O_3、PM10 和 PM2.5 等 6 种常规污染物，以及总悬浮颗粒物、氮氧化物、铅和苯并芘，同时针对不同环境空气功能区给出污染物的一级和二级浓度限值。世界卫生组织制定的空气质量准则中，涉及的污染物包括 SO_2、NO_2、O_3、PM10 和 PM2.5 等 5 种，同时针对不同污染物给出了过渡时期目标值和空气质量准则值（见表 3-20）。

上海市、南京市、成都市、重庆市空气质量水平处于 WHO-Ⅰ 过渡目标阶段。南京市、成都市、重庆市 PM10 年平均浓度为 56 微克/米³、64 微克/米³、53 微克/米³，仅达到 WHO-Ⅰ 目标值（70 微克/米³），仅上海市（41 微克/米³）达到 WHO-Ⅱ 目标（50 微克/米³）；成都 PM2.5 年平均浓度为 25 微克/米³，与 WHO-Ⅱ 目标值一致，上海市、南京市、重庆市 PM2.5 年平均浓度分别为 32 微克/米³、31 微克/米³、33 微克/米³，与 WHO-Ⅱ 目标设定的浓度限值（25 微克/米³）尚有一定差距；成都市 O_3-8h 的第 90 百分位数为 169 微克/米³，高于 WHO 过渡阶段目标设定的浓度限值（160 微克/米³），上海市、重庆市 O_3-8h 的第 90 百分位数分别为 152 微克/米³、150 微克/米³，达到 WHO 过渡阶段目标设定的浓度限值（见图 3-24）。

（五）固体废弃物污染

1. 固废总量仍将不断上升

总体来看，固废排放总量与城市规模联系相对密切，其增长呈现一定的正相关性。随着经济社会的发展和人口的快速集聚，各大城市固体废物的总量都在持续上升。其中在 1978～2014 年，上海市的固废排放量都在不断攀升，上海的城市规模增速放缓，进入城镇化后期，固体废弃物排放总量则基本保持稳定。

表3-20 我国空气质量标准和世界卫生组织空气质量标准对比

污染物	平均时间	我国空气质量标准 浓度限值（微克/米³）		世界卫生组织空气质量准则 浓度限值（微克/米³）			
		一级	二级	过渡时期目标-1（T1）	过渡时期目标-2（T2）	过渡时期目标-3（T3）	空气质量准则（AQG）
SO₂	年平均	20	60	—	—	—	—
	24小时平均	50	150	125	50	—	20
	1小时平均	150	500	—	—	—	—
	10分钟平均	—	—	—	—	—	500
NO₂	年平均	40	40	—	—	—	40
	24小时平均	80	80	—	—	—	—
	1小时平均	200	200	—	—	—	200
O₃	8小时平均	100	160	160	100	—	—
	1小时平均	160	200	—	—	—	—
PM10	年平均	40	70	70	50	30	20
	24小时平均	50	150	150	100	75	50
PM2.5	年平均	15	35	35	25	15	10
	24小时平均	35	75	75	50	37.5	25

资料来源:《世界卫生组织空气质量准则》(2005)、《环境空气质量标准》(GB3095-2012)。

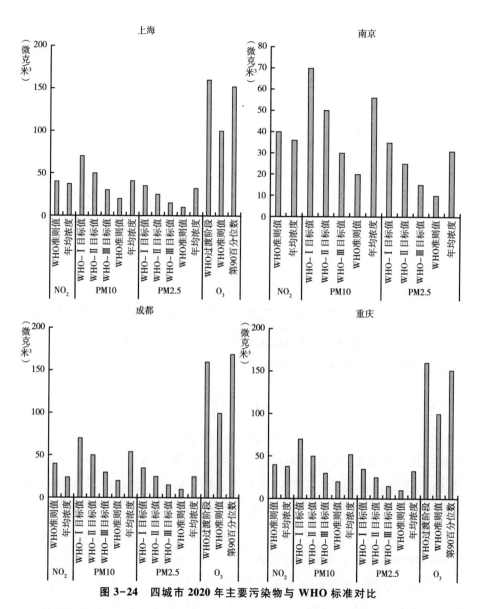

图 3-24 四城市 2020 年主要污染物与 WHO 标准对比

资料来源:《2020 年成都市生态环境质量公报》《2020 年重庆市环境质量简报》《2020 年上海市生态环境状况公报》《2020 年南京市环境状况公报》。

具体来看,各类固体废弃物规模变化差异较大。工业固体废弃物下降迅速。以上海市为例,从 2010 年到 2019 年,上海市第二产业生产总值从 7434 亿元上升至 10299 亿元，增加 38.5%，但工业固体废弃物产生量从 2448 万吨降至 1826 万吨，年均下降 2.5%。建筑垃圾排放则呈现波动态势，2014~2017 年，上海市建筑垃圾产生量从 14392 万吨降至 5535 万吨，到 2019 年则增加到 9613 万吨（见图 3-25）。生活垃圾则呈现快速增长的态势，年均增长 4 个百分点。

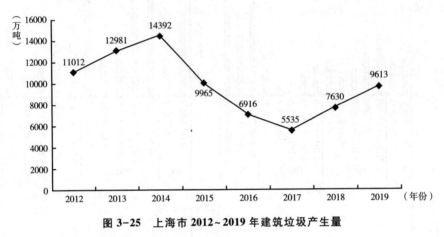

图 3-25 上海市 2012~2019 年建筑垃圾产生量

资料来源：相应年份的《上海统计年鉴》。

2. 生活垃圾与人口规模、经济水平相关

上海、南京、成都、重庆 4 个城市生活垃圾量增长快于人口增长，成渝地区生活垃圾增速高于长三角地区。上海过去 20 年人口扩张了 1.5 倍，人均 GDP 达到 15.6 万元，为 2000 年的 5.2 倍，随着人均 GDP 快速增长，生活垃圾量增加 1.6 倍；南京人口扩张了 1.4 倍，生活垃圾量增加 3.2 倍；成都人口扩张了 1.9 倍，生活垃圾量扩张了 4 倍；重庆人口扩张了 1.7 倍，生活垃圾量增加了 4.2 倍（见图 3-26）。

国际发展趋势显示，随着人均 GDP 的提高，社会环保意识不断提升，环境政策的推行对人均垃圾清运量峰值有决定性影响。欧盟城市垃圾与日本生活垃圾清运总量峰值存在一定差异，但峰值均出现在人均 GDP 3 万美元左右。欧盟 28 国人均城市垃圾清运量从 1995 年的 1.29 千克/日稳步增加到 2002 年的 1.44 千克/日，而后缓慢下降至 2012 年的 1.33 千克/日，并基本保持稳定。当人均 GDP 约为 3 万美元时人均城市垃圾产生量出现峰值。日

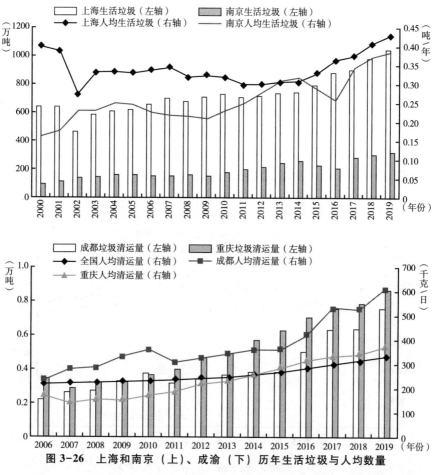

图 3-26　上海和南京（上）、成渝（下）历年生活垃圾与人均数量

资料来源：相应年份的《上海统计年鉴》《南京统计年鉴》《成都统计年鉴》《重庆统计年鉴》。

本 1985~2000 年人均生活垃圾清运量与人均 GDP 呈现伴随上升趋势，从不足 1 千克/日上升到 1.2 千克/日，人均 GDP 同样约为 3 万美元时人均生活垃圾清运量出现峰值（见图 3-27）。

人均垃圾清运量峰值的出现同样与环保意识提高以及垃圾收费等政策推行有关。2002 年欧盟 28 国人均城市垃圾清运量达峰，源于环保意识的提高和垃圾收费政策的大力推行。日本 2000 年人均生活垃圾清运量达峰时，正值日本按垃圾袋称重的最严格垃圾收费政策推行实施。

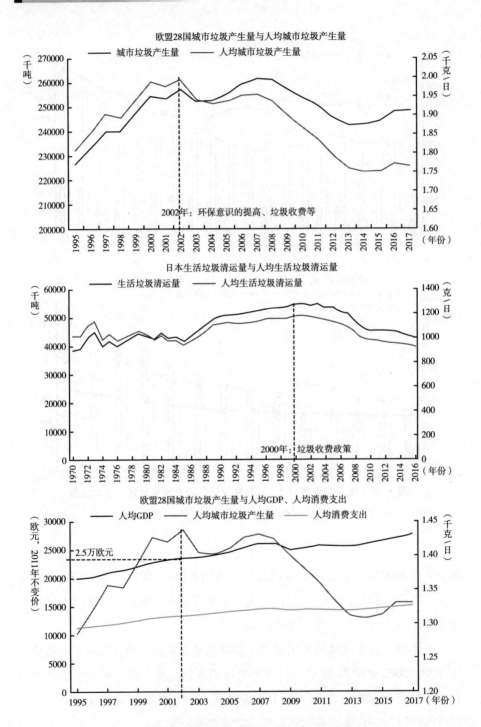

欧盟28国城市垃圾产生量与人均城市垃圾产生量

日本生活垃圾清运量与人均生活垃圾清运量

欧盟28国城市垃圾产生量与人均GDP、人均消费支出

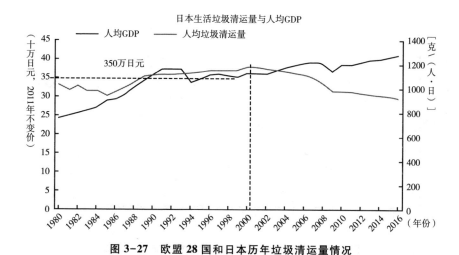

图 3-27 欧盟 28 国和日本历年垃圾清运量情况

资料来源：欧洲统计局、日本环境省、信达证券研究中心。

3. 生活垃圾排放尚未达峰

从我国整体情况来看，目前人均生活垃圾排放规模处于上升期，未来增量较大。根据世界银行垃圾产生量-人均 GDP 模型计算：2035 年，中国生活垃圾总量较 2017 年增加 94%；2050 年较 2017 年增加 130%。2020~2035 年，人均 GDP 在 1 万~2 万美元时的垃圾清运量增速较高。[1][2]

从上海、成都和重庆城市发展水平来看，上海人均 GDP 为 2.3 万美元，成都和重庆目前人均 GDP 较低，约为 1 万美元。上海市人均生活垃圾产生量为 1171 克/人，相当于东京 20 世纪 80 年代中期水平（见图 3-28），对标东京，距离人均"达峰"还有 5~10 年；成都和重庆未来垃圾清运量将产生大量增长，对标东京距离人均"达峰"还有 10~15 年。

4. 固废处理方式不完善

目前，我国城市生活垃圾处理以填埋和焚烧为主。以上海和成都为例：上海生活垃圾填埋占比超过 50%，焚烧处理占比为 36%；成都生活垃圾填

---

① Kaza, S. , Yao, L. , Bhada-Tata, P. , et al. , *What a Waste 2. 0: A Global Snapshot of Solid Waste Management to 2050*, World Bank Publications, 2018: 26.

② 信达证券：《生活垃圾何其多，运营空间细琢磨》2019 年第 12 期。

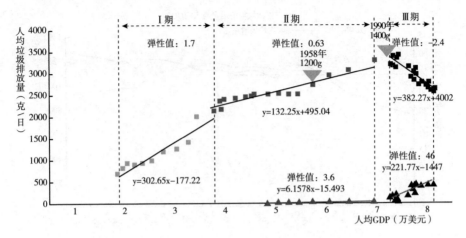

图 3-28 东京人均 GDP 与人均垃圾排放量的关系

资料来源：《世界城市东京的环境问题与对策——兼谈对北京建设"世界城市"的启示》，《世界城市北京发展新目标——2010 首都论坛论文集》，北京出版社，2010，第 289~295 页。

埋占比超过 57%，焚烧处理占比为 42%。

生活垃圾资源化利用水平较低。上海生活垃圾循环利用占比不到 10%，成都生活垃圾循环利用占比为 1%，对比国外发达国家，日本东京生活垃圾循环利用占比为 20%，欧盟 28 国回收比例约为 50%，回收比例最高的德国高达 70%。伦敦生活垃圾循环利用占比为 30%（见图 3-29），其中《伦敦环境战略》[1] 提出到 2030 年，伦敦 65% 的城市垃圾将被回收利用。建筑垃圾回收利用方面，日本建筑垃圾 2011 年回收率已达 97%，英国实现建筑垃圾"零填埋"，相比之下我国城市建筑垃圾回收比例不到 40%，仍有较大的提升空间[2]。

城市卫生环境治理投资不高，垃圾分类刚起步。我国对卫生环境的治理投资占环境治理总投资的 6%，涉及垃圾资源化的投资则相对更加稀少。在法律法规的制定方面，现有的法律体系同样存在不够健全、不够合理等问题，可操作性也相对偏弱。我国在 2016 年推出《"十三五"全国城镇生活

---

[1] Mayor of London, *London Environment Strategy*, 2018, p. 20, https://www.pan.uk.org/site/wp-content/uploads/Mayor-of-London-Environment-Strategy.pdf.

[2] 2018 年住房和城乡建设部开展 35 个城市（区）建筑垃圾治理试点工作。

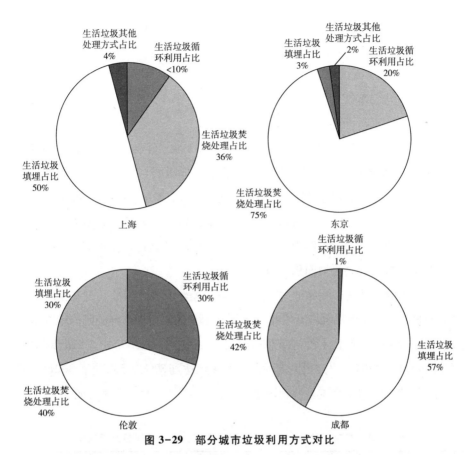

图3-29　部分城市垃圾利用方式对比

注：生活垃圾其他处理方式包括堆肥等。

资料来源：2016年《上海市城市总体规划（2018-2035年）专题研究》、2019年《成都市生活垃圾管理条例》前期研究。

垃圾无害化处理设施建设规划》，标志着垃圾分类从"鼓励"到"强制"，但实行至今仍存在源头分类准确率不高、分类收运处理体系不健全等问题。

（六）生态安全与绿色福祉

1.生态安全风险和城市热岛效应

城市无序蔓延造成区域生态安全风险。都市圈地区是我国城镇发展资源最集中的地区，由城市土地开发需求强劲导致的城市无序蔓延现象，造成了侵蚀生态空间和破坏生态环境的问题。如上海大都市圈周边生态空间被侵占比例从 2000 年的 14% 上升至 2020 年的 27%（基于 Globe Land 30 的上海市人造地表识别）。受此影响，区域生态功能遭到不同程度破坏：上海大都市圈周边水空间调蓄能力下降，吴淞江洪水行泄通道、太浦河洪水行泄通道、杭嘉湖南排洪水行泄通道面域减少。

建设用地过度扩张加剧城市热岛效应。部分大城市随着城市建设用地快速增长，热岛效应也逐步加剧。根据地理空间数据云和 MODIS 中国 1km 地表温度数据，2000~2009 年上海热岛效应极强区域平均占比为 13%，2010~2016 年平均占比上升到 17%，上升了 4 个百分点。重庆热岛效应极强区域占比从 7%（2005 年）上升到 18.2%（2015 年），且随建设用地增加强度逐年增加，两者呈现高度相关关系。

2. 中心城区公共绿地面积与可达性不足

上海市中心城区公园绿地占比仅为 5%，人均绿地面积分别只有伦敦、巴黎的 1/8 左右。城市高强度开发将占用可利用土地，直接影响公园绿地等城市公共服务资源的分布公平性与规模合理性。上海市、南京市中心城区绿地可达性仅为 60%~70%，发达国家超大城市大多已达到 80% 以上（见表 3-21）。同时上海市 20 公顷以上大中型公园绿地欠缺明显，难以提供高质量公园游览体验。

表 3-21   东京、伦敦、巴黎、上海、南京公园绿地建设水平对比

类别	东京	伦敦	巴黎	上海	南京
公园绿地占比（%）	5	11	12	5	10
人均绿地面积（米²）	5.4	17.6	18.1	2.2	8.6
中心城区绿地可达性（%）	51（东京都23 区）	95（内伦敦）	83（巴黎内环区）	62	70

资料来源：OPENSTREETMAP 开源数据。

 专栏 11

绿地空间可达性

绿地空间可达性是影响市民有效利用公园及衡量公园绿地布局合理性的主要指标，本研究中采用基于服务半径的缓冲区分析法进行可达性评价。

可达性具体评价标准参照《大伦敦规划（2019）》提出的公共开放空间相关标准：60公顷以上绿地为大都市公园，服务半径为3.2千米；20~60公顷绿地为区公园，服务半径为1.2千米；2~20公顷绿地为当地公园/开放空间，服务半径为0.4千米。

（七）小结

水资源利用水平是主要限制性因素。实证研究来看，水资源利用水平是城市规模结构主要限制因素之一，随着超特大城市规模的增长，水资源供需矛盾愈加凸显。目前，我国超特大城市基本处于工业化后期或向后工业化转型时期，在最严格水资源管理制度下，用水总量和人均用水量基本均已"达峰"，且呈现稳定下降趋势，但工业用水仍然占据主导地位，生活用水总量和占比呈现上升趋势，未来将会大幅提升。

水环境质量与城市环境治理水平紧密相关。从实证研究来看，水环境质量与城市的产业发展、综合治理水平高度相关。城市工业废水和生活污水违规或低标准排放是导致水环境污染的主要因素，城市人口规模的增加会带来水环境污染加剧的风险。目前，我国超特大城市水环境污染情况整体改善明显，废水排放总量、人均污水排放量基本稳定，整体略高于国际水平，但沿江农业面源污染，废弃矿山和尾矿库、城镇生活污水排放，沿江工业污水排放等污染风险仍然存在，且呈现流域扩散的显著特征。当前我国超特大城市普遍存在污水管网建设改造滞后、污水资源化利用水平偏低、设施可持续运维能力不强等问题，另外，农村和郊区的污染治理能力不足，流域上下游协调治理的体制机制也尚未有效建立，这些都为未来我国城市水环境治理带来严峻挑战。

大气环境质量与城市环境治理水平紧密相关。实证研究来看，大气环境质量受城市所在地区的大气环境条件、极端异常天气影响显著，产业和现代化交通的发展是导致大气环境污染的主要因素。因此，超特大城市人口规模的集聚，工业化水平和机动车保有量的提升，将进一步加剧大气环境问题。

近20年，我国超特大城市各项大气污染物浓度整体下降，大气污染整体得到有效治理，但空气质量仍然远低于发达国家。目前，我国超特大城市整体基本进入工业化后期或后工业化时期，污染源仍然以工业源和移动源为主，从国际城市发展趋势来看，未来各项污染物中居民生活排放占比将大幅提升。

固体废弃物总量随人口规模增长而增加。实证研究看来，城市固体废弃物排放总量随着经济发展和人口规模增长而增加。目前我国超特大城市固体废物的总量仍呈持续增长态势。从固废物排放结构来看，其呈现建筑垃圾量逐渐稳定、工业垃圾量下降、生活垃圾逐渐增加的趋势。在垃圾处理方面，还存在垃圾处理方式不完善、处理工艺主要以焚烧和填埋为主、生活垃圾资源利用化率低等问题。

城市生态安全与绿色福祉的需求还将大幅提升。实证研究看来，随着人口规模的集聚和用地规模的扩张，城市生态环境质量和宜居水平受到显著影响。目前，因区域生态功能空间被侵占，我国超特大城市普遍存在城市应对气候变化和自然灾害能力下降、城市热岛效应日益加剧、绿地面积覆盖率低等"城市病"。

五　城市群层面碳排放实证分析

（一）研究范围与工作方法

1. 主要工作方法

本研究采用人口、经济、土地利用、灯光、碳排放和碳汇五大类数据进行综合研究。其中，土地利用数据来自全球 30m 地表覆盖数据（Globe Land 30）（2010 年、2020 年），灯光数据来自 NPP－VIIRS 夜间灯光遥感数据（2010~2020 年），碳排放和碳汇数据来自中国碳核算数据库（CEADs）（2010~2017 年）。

由于碳排放数据多为宏观类数据，因此本次研究采用灯光数据与碳排放数据相拟合的方法将碳排放数据中微观化。具体方法为：首先，将广东省各县（区）夜间灯光数据加总，得到与碳排放数据在空间上对应的各县

（区）夜间灯光数据；其次，将县（区）夜间灯光数据与县（区）碳排放数据进行标准差标准化处理及数据拟合；最后，以夜间灯光栅格数据为基础，计算县（区）范围内各栅格的碳排放量。数据拟合结果显示，以县（区）为单位的碳排放量与夜间灯光数据呈现较为密切的关系（$R^2 = 0.8835$）（见图3-30）。

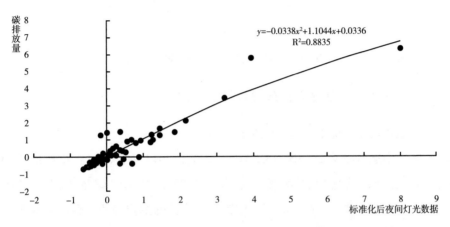

图3-30　广东省县（区）碳排放与灯光数据拟合结果

2. 研究范围

因内地与港澳地区数据统计口径和数据来源存在一定差异，主要以粤港澳大湾区中的广东省9市（部分数据含港澳地区）为研究区域。由于大湾区层面是一个城市连绵带，难以区分明确的中心城区，因此本次研究分别以县（区）和城市组团为基本单元，从大湾区、城市样区两种尺度上开展研究。

大湾区尺度：以县（区）为基本单元，从大湾区层面分析碳排放与碳汇的空间分异规律，计算各县（区）碳排放总量、单位GDP碳排放量、单位人口碳排放量、产业占比、学历人数占比等，探索碳排放效率与空间特征、产业结构、人口教育结构等相关性，以反映处于不同发展阶段的地区之间碳排放效率的差异。

样区尺度：以城区组团为基本单元，计算各城市样区单位GDP碳排放量、单位人口碳排放量、从事行业人数占比等，进一步探索样区碳排放与人口密度、收入水平、产业结构相关性，以反映不同人口密度和土地开发强度的大中小城市之间的差异。

组团是城市的基本组成单元，粤港澳大湾区城镇化水平较高，连片的城市建成区组团面积一般为 30~50 平方千米。本研究以 50 平方千米的矩形为单元，选取 3 个不同区位、不同中心级别的样区，共计 17 个，具体如下——

第一级：广州、深圳中心城区，共 5 个样区；

第二级：广州、深圳外围城区，佛山、东莞城区，共 7 个样区；

第三级：珠海、惠州、中山、江门、肇庆城区，共 5 个样区。

（二）大湾区区域碳排放总体特征认识

1. 碳排放水平优于全国平均水平

基于中国碳核算数据库（CEADs）计算，2017 年大湾区碳排放总量约为 3.69 亿吨，陆地植被固碳总量约为 1.75 亿吨，固碳量占排放量的 47.4%，大湾区整体存在碳赤字。城镇是碳排放的主要空间，碳汇空间主要分布于外围生态屏障地区，森林是固碳主力。

横向比较来看，国内三大城市群中大湾区的碳排放水平最优。粤港澳大湾区单位 GDP 碳排放量、人均碳排放量均低于长三角地区和京津冀地区的排放水平，低碳发展指标在三大城市群中较优（见图 3-31、图 3-32）。具

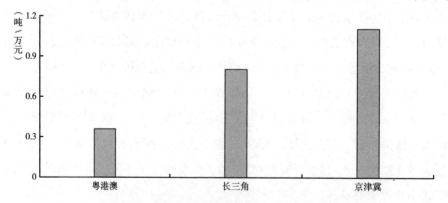

图 3-31　2017 年三大城市群单位 GDP 碳排放量

资料来源：2017 年中国碳核算数据库（CEADs）、各省区市 2018 年统计年鉴。

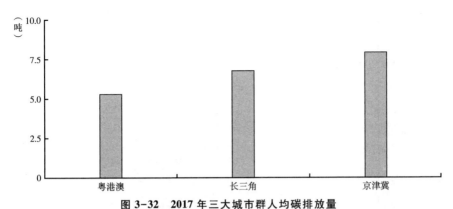

图 3-32　2017 年三大城市群人均碳排放量

资料来源：2017 年中国碳核算数据库（CEADs）、各省区市 2018 年统计年鉴。

体城市中：澳门、深圳、香港、广州等城市单位 GDP 碳排放量，在全国属于先进水平，与英国、挪威等发达国家排放水平相当；但江门、惠州等地单位 GDP 碳排放量仍高于我国平均水平 30%～50%（见图 3-33）。

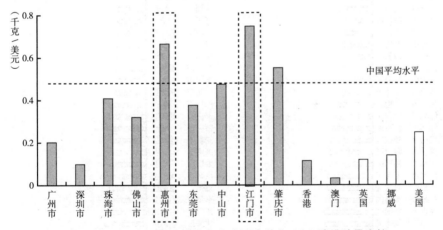

图 3-33　2017 年大湾区城市与多个国家单位 GDP 碳排放量比较

资料来源：2017 年中国碳核算数据库（CEADs）、各省区市 2018 年统计年鉴。

从碳源与碳汇空间分布上来看，城镇是碳排放的主要空间，单位面积碳排放强度高的地区集中于珠江口，特别是广州、深圳、香港、澳门等经济高度发达的核心城市（见图 3-34）。

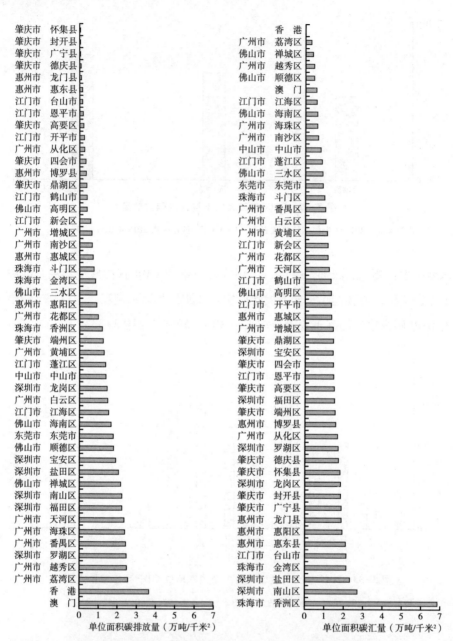

图 3-34　2017 年大湾区各县（区）单位面积碳排放量（左）
和单位面积碳汇量（右）

注：东莞市没有分区县，该数据为全市平均值。

资料来源：笔者根据 2017 年中国碳核算数据库（CEADs）中相关数据绘制。

2. 碳排放集中于环珠江口区域

环珠江口城市碳排放总量较高，外围地区单位碳排放量较高。从碳排放总量来看，较高的县（区）集中在环珠江口区域，主要分布于香港、佛山、惠州、广州等城市；从重点碳排放区域来看，珠江口东侧碳排放量总体高于西侧，特别是深圳宝安区、光明区、龙华区，香港油尖旺区、屯门，澳门，广州城区、东莞市等。在县（区）总碳排放量前 10 位中，有 5 个县（区）均为深圳市下辖（见图 3-35）。

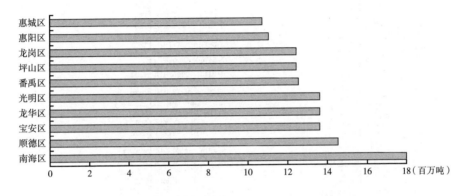

图 3-35 2017 年大湾区碳排放量前 10 的县（区）

资料来源：2017 年中国碳核算数据库（CEADs）。

东部、西部外围地区单位 GDP 碳排放量较高，湾区外围地区单位人口碳排放量均较高。单位 GDP 碳排放量较高的县（区）主要集中在大湾区西部及东部的外围区域；单位人口碳排放量较高的县（区）主要集中在大湾区外围区域，并由外围向中部逐步递减（见图 3-36）。

环珠江口核心地区碳排放总量减少，外围县区碳排放总量增加。2010~2017 年，大湾区核心城市的中心城区碳排放总量减少，主要包括深圳市宝安区、南山区，广州市白云区、番禺区，佛山市禅城区、顺德区，东莞市等。广佛、深莞中心城区外围的县（区）碳排放总量增加，包括惠州市惠阳区、惠城区、博罗县，江门市新会区，广州市增城区、花都区等（见图 3-37）。总体上，2010~2017 年大湾区碳排放量增长了 1464.38 万吨。

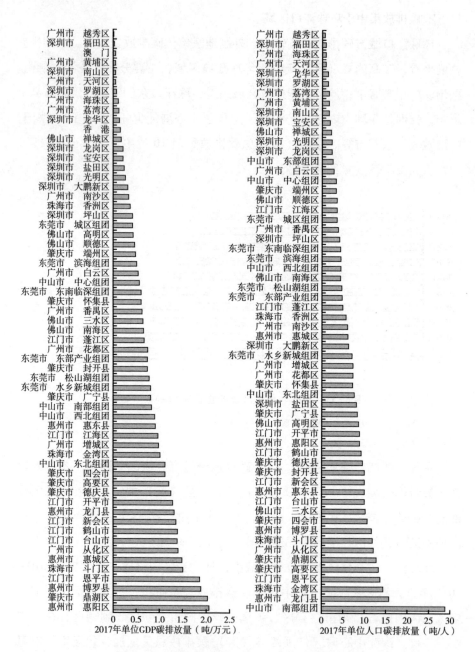

图 3-36　2017 年大湾区各县（区）碳排放指标

注：东莞市没有分区县，该数据为全市平均值。

资料来源：笔者根据 2017 年中国碳核算数据库（CEADs）中相关数据绘制。

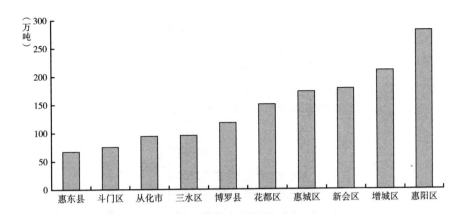

图 3-37　2010~2017 年大湾区县（区）碳排放量变化与碳排放量前 10 的县（区）

资料来源：笔者根据 2017 年中国碳核算数据库（CEADs）中相关数据绘制。

在 2010~2017 年碳排放总量下降的县（区）中，碳排放总量呈先升后降的趋势，且多数地区在 2012 年达最高值。广州市越秀区、深圳市罗湖区等已实现高度城镇化地区碳排放总量变化较小；广州市白云区、深圳市宝安区、佛山市南海区等城区外围组团，碳排放总量先升后降的趋势更为明显（见图 3-38）。

在 2010~2017 年碳排放总量增长的县（区）中，碳排放总量多呈波动增长趋势，且增长速度较快。中心城区外围的广州市花都区、增城区，江门市新会区，惠州市惠阳区，肇庆市鼎湖区、四会市等地区，碳排放总量呈近直线增长（见图 3-39）。

（三）县（区）碳排放特征及影响因素

1. 中心地区的县（区）碳排放效率较高

从人均碳排放和单位 GDP 碳排放来看，广州、深圳、东莞、佛山等环珠江口核心城市的城区，以及位于外围生态屏障区的惠东、怀集、封开等县，人均碳排放量和单位 GDP 碳排放量均较低，碳排放效率高；中间圈

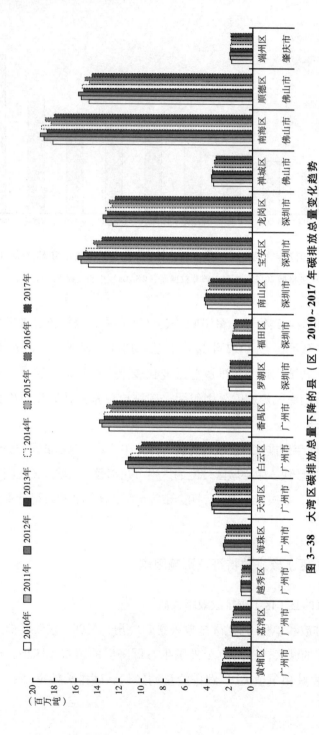

图 3-38 大湾区碳排放总量下降的县（区）2010~2017 年碳排放总量变化趋势

资料来源：笔者根据 2010~2017 年中国碳核算数据库（CEADs）中相关数据绘制。

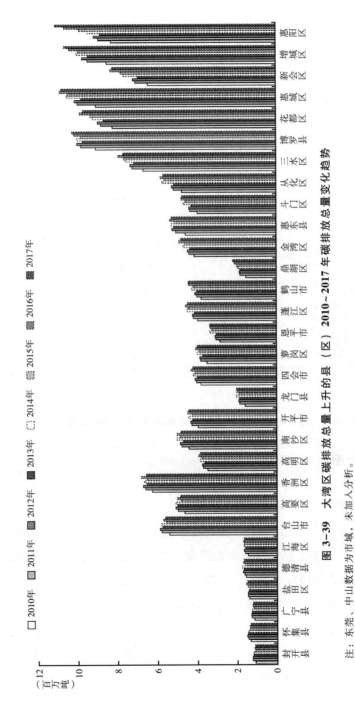

图 3-39 大湾区碳排放总量上升的县（区）2010~2017 年碳排放总量变化趋势

注：东莞、中山数据为市域，未加入分析。

资料来源：笔者根据 2010~2017 年中国碳核算数据库（CEADs）中相关数据绘制。

层的过渡区一般人均碳排放量较高、单位 GDP 碳排放量较低；外围生态屏障区以生态空间为主，除惠东、怀集、封开等碳排放效率较高外，其他县（区）效率一般或较差（见图 3-40）。

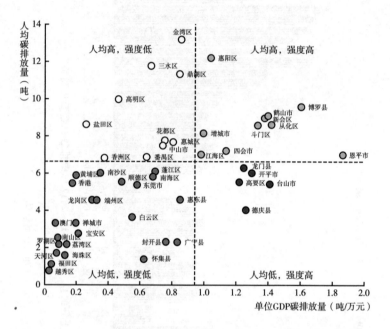

图 3-40　大湾区各县（区）人均碳排放量和单位 GDP 碳排放量关系

资料来源：2017 年中国碳核算数据库（CEADs），2017 年百度慧眼城市人口地理大数据平台；2018 年相关城市统计年鉴。

2.产业结构与碳排放效率高度相关

碳排放与第二产业比重在一定程度上呈正相关关系、与第三产业比重呈负相关关系。从碳排放与产业结构来看，大湾区各县（区）呈现第二产业比重越高、人均碳排放量越高，而第三产业比重越高、人均碳排放量越低的特征。其中，香港、广州、深圳及东莞等环珠江口城市的中心城区，以第三产业为主导，第二产业比重较低，人均碳排放量较低；中间圈层区县多以第二产业为主导，但人均碳排放量有所差异，除深圳北部、佛山市的县（区）外，一般人均碳排放量较高；外围县（区）如肇庆北部、惠东的人均碳排放量较低，但二者产业结构有所差异，肇庆北部二、三产比重均较低，而惠东三产比重高（见图 3-41）。

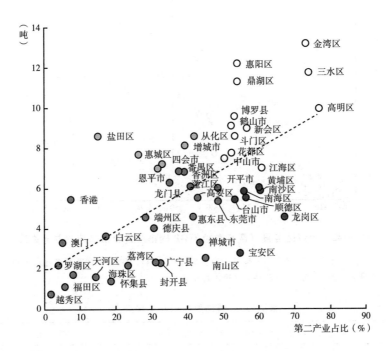

图 3-41　大湾区各县（区）人均碳排放量和第二产业占比关系

资料来源：2017 年中国碳核算数据库（CEADs），2017 年百度慧眼城市人口地理大数据平台；2018 年相关城市统计年鉴。

其中，第二产业比重与碳排放并非完全正相关关系，碳排放受地区主导产业差异影响较大。例如，深圳的龙岗、宝安与江门的台山、新会，第二产业比重均在 50% 以上，但单位 GDP 碳排放量相差 3~6 倍。主导产业是其重要影响因素，深圳的龙岗、宝安以信息通信技术等产业为主导，尽管属于第二产业，单位 GDP 碳排放量仍处于较低水平，而江门的台山、新会以铝业、药业、皮业等资本密集型产业为主，因此碳排放效率较低（见图 3-42、表 3-22）。

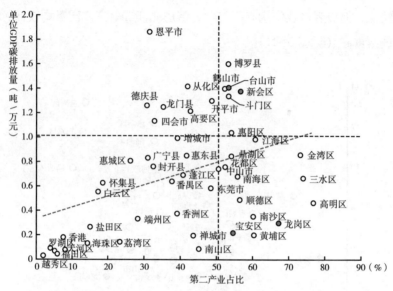

图 3-42 大湾区各县（区）单位 GDP 碳排放量和第二产业占比关系

资料来源：2017 年中国碳核算数据库（CEADs），2017 年百度慧眼城市人口地理大数据平台；2018 年相关城市统计年鉴。

表 3-22 碳排放效率与主导产业

区域	第二产业比重（%）	单位 GDP 碳排放量（吨/万元）	主导产业
龙岗区	67	0.3	信息通信技术、人工智能、电子元器件、新能源、生物医药
宝安区	54.6	0.2	以通信设备、计算机及其他电子设备制造业为主，形成手机、激光、模具、智能可穿戴四大主导产业
台山市	53.2	1.4	以劳动密集型、资本密集型产业为主，骨干企业包括广东富华重工制造有限公司、金桥铝材集团、特一药业集团股份有限公司、浩源皮业（台山）有限公司等
新会区	56.5	1.4	大健康、新材料、先进制造

资料来源：2017 年中国碳核算数据库（CEADs），2017 年百度慧眼城市人口地理大数据平台；2018 年相关城市统计年鉴。

　　碳排放与高等教育人口结构呈负相关关系。从碳排放与人口教育结构来看，大湾区各县（区）总体呈现高等教育人口比重越低、单位 GDP 碳排放量越高的特征。其中，位于环珠江口的深圳、广州、珠海城区高等教育人口比重高，单位 GDP 碳排放量低；过渡及外围区佛山、中山、东莞等高等教育人口比重相对核心圈层较低，单位 GDP 碳排放量低；江门、惠东等高等教育人口比重低，单位 GDP 碳排放量高（见图 3-43）。

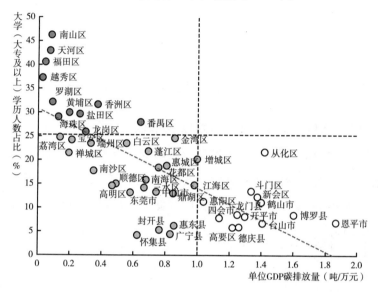

图 3-43　大湾区各县（区）单位 GDP 碳排放量与教育结构关系

资料来源：2017 年中国碳核算数据库（CEADs），2017 年百度慧眼城市人口地理大数据平台；2018 年相关城市统计年鉴。

县（区）碳排放与产业结构、人口结构关系较为显著。基于上述碳排放与用地结构、人口结构、产业结构等因素的相关分析，大湾区不同圈层发展水平、产业结构特征差异较大，碳排放也呈现差异化的特征，具体如下。

位于环珠江口连绵区的县（区），广州、深圳两大核心区域基本形成了服务业为主导的产业结构，以及高等教育人口比重高、单位 GDP 及人均碳排放量低的特征。从城市空间结构角度来看，这类地区未来减碳的重点是从建筑、交通节能的角度出发，采取恰当的措施，或者引导人口的适当疏解。

位于中间圈层过渡区的县（区），基本呈现第二产业比重高、高等教育人口比重低的特征，但碳排放效率与具体产业类型有比较大的关系，这类地区未来减碳的重点应当是合理调整产业结构，引导产业转型升级。

位于大湾区外围的县（区），多数为以生态保育为主的区域，第二产业比重相对低、碳排放量低（如肇庆北部、惠东），或工业门类相对落后的地区（如江门西部）。未来，湾区旅游业的发展，可能带来交通碳排放量的增长，优化区域公共交通供给将有助于降低碳排放量。对于后者，以产业结构转型升级为着力点推进节能减碳工作仍是关键。

（四）城市样板地区的碳排放特征与进一步认识

1. 城市高人口密度地区的人均碳排放量较低

人均碳排放量与城镇人口密度呈较好的线性关系，随着人口密度上升，人均碳排放量逐渐下降。根据各取样区在坐标轴上的位置，可将样区分为三类（见图3-44）：第一类为高人口密度、低人均碳排放量地区，包括广州

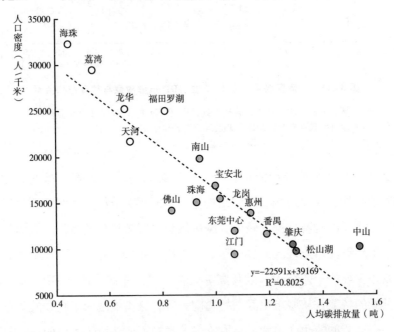

图3-44 大湾区各县（区）人口密度与人均碳排放量关系

资料来源：2017年中国碳核算数据库（CEADs），2017年百度慧眼城市人口地理大数据平台；2018年相关城市统计年鉴。

海珠、荔湾、天河，深圳福田罗湖、龙华，均属于粤港澳大湾区核心城市的中心地区；第二类为中等人口密度、中等人均碳排放量地区，包括广州番禺，深圳南山、宝安北、龙岗，东莞中心，佛山，惠州，江门，珠海等样区；第三类为低人口密度、高人均碳排放量地区，包括松山湖、肇庆、中山等样区，其中松山湖属于科技产业新城，开发强度较低，肇庆、中山样区为老城区。

人均碳排放量和单位 GDP 碳排放量增减规律一致。样区的人均碳排放量、单位 GDP 碳排放量同步增减，人均碳排放量与单位 GDP 碳排放量双低的有广州佛山（除番禺）、深圳珠海样区，均为大湾区核心城市地区。其他样区人均碳排放量与单位 GDP 碳排放量均相对较高（见图 3-45）。

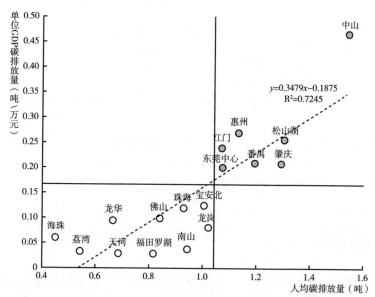

图 3-45 大湾区各县（区）人均碳排放量与单位 GDP 碳排放量关系

资料来源：2017 年中国碳核算数据库（CEADs），2017 年百度慧眼城市人口地理大数据平台；2018 年相关城市统计年鉴。

2. 产业结构与碳排放效率高度相关

地区人员所从事的职业占比可以在一定程度上反映该地区的产业结构，进而体现产业结构与碳排放效率的关系。结果显示，制造业比重较高的地区单位 GDP 碳排放量也较高。总体上，从广州、深圳中心城区，到东莞中心、

珠海、佛山等中间圈层过渡区，再到中山、肇庆、江门等外围地区，制造业
比重逐渐升高，单位 GDP 碳排放量也依次增加（见图 3-46）。

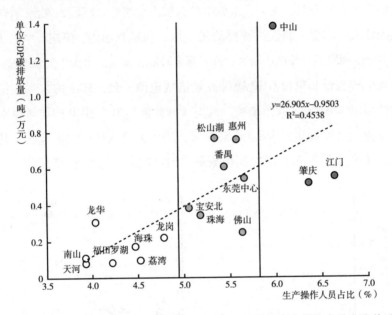

图 3-46　大湾区各县（区）单位 GDP 碳排放量与生产操作人员占比关系

资料来源：2017 年中国碳核算数据库（CEADs），2017 年百度慧眼城市人口地理大
数据平台；2018 年相关城市统计年鉴。

（五）小结

碳排放效率与城镇规模、土地利用结构、区域产业结构具有相关性。以
粤港澳大湾区为研究对象，基于碳排放视角审视城市发展历程，从大湾区和
城市样区两个层面，探索在不同空间尺度下的碳排放总量、碳排放效率与城市
人口规模、经济规模、产业结构、空间形态、土地利用方式等方面的相关性。

碳排放效率与区域产业结构高度相关。进入工业化成熟阶段，尤其是生
产性服务业比重较高的城市，整体的碳排放效率要高于其他城市。如果对其
内部进一步细分可以发现：一方面，第二产业占比越高的区域，碳排放效率
越低；另一方面，第二产业比重相似的区域，其碳排放效率则随着高科技制

造业比重升高而升高。香港、广州、深圳及东莞等环珠江口城市的中心城区，以服务业为主导，第二产业比重较低，人均碳排放效率较高。第二产业比重相似的区域，单位 GDP 碳排放量与本地主导产业相关，如深圳龙岗、宝安与江门台山、新会，第二产业比重均在 50% 以上，但单位 GDP 碳排放量相差 3~6 倍。深圳龙岗、宝安以信息通信技术等产业为主导，尽管属于第二产业，单位 GDP 碳排放量仍处于较低水平，而江门台山、新会以铝业、药业、皮业等资本密集型产业为主，碳排放效率较低。

碳排放总量与城市规模结构相关。区域和城市的中心地区以及人口密集地区往往碳排放总量更大，但同时碳排放效率也越高。如粤港澳大湾区碳排放总量较高的地区集中在环湾区经济活跃区域，主要为香港、佛山、惠州、广州等城市；从重点碳排放区域来看，珠江口东侧碳排放量总体高于西侧。

从碳排放效率来看，城市核心区相比外围地区，具有更高比重的居住用地比例，更高密度的公共服务配套设施、路网密度和绿地公园空间。高度融合的产城关系、更合理的用地结构、更高品质的城市服务配套都会相应提升碳排放效率。如根据珠三角 9 市分县（区）的研究，碳排放效率总体上呈现由都市圈核心区向外围地区递减的趋势。广州、深圳、东莞、佛山等环珠江口核心城市的中心城区，人均碳排放量和单位 GDP 碳排放量均较低，碳排放效率较高。

但同时需要指出的是，更密集的中心城区碳排放效率更高，并不意味着中心城区和核心地区面积与人口密度越大就越有利于碳排，而是指适当的集中而不是蔓延式的发展更有利于碳排放。有关中心城区中微观层面的适宜人口密度和土地开放强度与碳排放效率的关系目前尚无明确科学定论。

六　国际大都市经验借鉴

（一）伦敦：全球"大城市病"治理的先行者

作为世界上最早完成工业化和城市化的城市，英国首都伦敦最早面临突出的"大城市病"，同时也是"大城市病"治理的先行者。回顾历史，伦敦主要有如下应对策略。

1. 以最严格的政策与法律体系保障资源环境治理

伦敦烟雾事件之前，伦敦环境治理处于大量立法阶段，资源环境问题突出，立法频繁，但执行力度及监管强度较低，市民环境意识薄弱，抗拒污染治理。

空气污染方面，从1821年英国首次针对烟减排形成《烟尘禁制法案》开始，此后近100年中不断针对工业排放进行立法管控，先后颁布《烟尘污染控制法案》（1853年）、《制碱法》（1863年）、《制碱业及其他工业管理法案》（1881年）、《制碱工厂管理法》（1906年）等重要法律法案，也成立了世界上首个全国性环境管理机构——碱巡查局。但囿于彼时政府倡导制造业大发展，相应法案的执行力度及监管强度较低。同时，市民环境意识并未觉醒，"烟"仍然被当作进步与繁荣的象征，在面对减排时，市民对于无烟社会展现出一定恐慌，并抗拒家庭燃煤管制。

水污染方面，1847年英国议会通过了《河道法令》，禁止污染公共供水水源，授权卫生管理机构对没有采取防污措施的机构切断供水。1848年颁布第一部改善工业城镇环境的《公共卫生法》，要求把污水和废弃物集中处理，并规定由地方政府负责供应清洁卫生的饮用水。1855年《首都管理法案》和《消除污害法案》规定成立首都工务委员会，全面负责英国的房屋和供水、排水系统的建设与管理。1876年英国议会通过了世界历史上第一部水环境保护法——《河流防污法》。然而当时英国刚形成两党制度，自由党与保守党轮流执政。双方分别为了维护教会与土地贵族、中产阶级的利益，对于河流污染都熟视无睹。种种因素叠加下，直至19世纪中期泰晤士河水污染严重，以及发生震惊全球的伦敦烟雾事件，英国政府才开始意识到环境治理的重要性。在烟雾事件之前，英国政府及社会整体对于已经集中暴露的资源环境问题仍然处于较为矛盾的态度当中。

伦敦烟雾事件之后，伦敦环境治理开始进入铁腕执行阶段，直接赋权中央治污官员，加强法律法规执行，提高监管强度，提高惩处力度，市民环境意识觉醒，支持污染治理。

伦敦大烟雾造成大量人员伤亡后，政府、科学家及社会组织开始致力于研究和普及烟尘与人体健康的关系。英国出台世界上第一部现代意义上治理空气污染的法律——1956 年《清洁空气法案》。同时，伦敦政府下令关闭伦敦城内所有电厂，设置大伦敦无烟区。1968 年颁布《清洁空气法案Ⅱ》，赋予环境部长权力直接管辖地方当局进行强制控烟。1986 年，在碱巡查局的基础上成立了世界上首个综合性污染管控部门——中央女王殿下污染巡查局。随后颁布《环境保护法》全面赋权中央女王殿下污染巡查局综合巡查及全面处罚的权力，提出大气污染防治应当对所有的"燃烧和熔炉"进行管理，形成了"不区分排放设施的所有者，针对排放设施本身"的全方位管控体系。随着市民环境意识的全面觉醒，市民逐渐意识到烟尘可以"杀人"，从最开始的抗拒控烟转向全面支持控烟，并进一步开始支持全面放弃化石能源（煤油、汽油）、全面放弃燃油车。

水污染治理方面，1973 年，英国制定《水资源法》，改革水治理体系，建立水污染防治体制与区域性污染防治体制并重的制度，前者以城市或工矿区为中心，后者以水体为中心。同时，英国政府开始对泰晤士河实施全流域管理，把泰晤士河划分为 10 个区域，合并了 200 多个管水单位，成立了新的管理机构——泰晤士河水务管理局。20 世纪后期，泰晤士河水治理迎来了巩固阶段。英国当局出台了系列监管措施，严控工业污水的排放。1989 年《水资源法》修订草案出台，水务行业开始民营化改革。

2. 不断强化城市管制，提高城市治理水平

联合中央和地方政府，形成长期有效的管理机制。综观英国的治理历程，可以看到，在不同时期，英国都针对空气污染防治形成了中央部门和地方政府有效的协作管理机制，并依托这样的管理机制取得了显著的成效。中央部门负责制定国家清洁空气战略，设定总体目标，并直接负责对大型工业源的控制；地方政府负责在市区制订并执行相应的计划，控制来自市区的污染排放。在烟雾事件初期，随着《清洁空气法案》的出台，一方面住房和地方政府部受委派组建了专门负责空气污染管理的机构——清洁空气委员会，并由部长任主席，总体负责监督空气污染的改善情况；另一方面，依照

《清洁空气法案》，各级地方政府负责空气质量改善措施在辖区内的具体落实，尤其是烟尘控制区的划定和执行。由于烟雾事件的污染源主要来自家庭取暖，因此对市区内的管理，地方政府是最为有效的机构。市长可以协调各部门，划定烟尘控制区，并在区内严格执行各项控制措施。1995 年《环境法》提出由中央政府制定统一的国家空气质量战略，但市郡政府有权在进行空气质量评估的基础上，对无法达到国家统一标准的区域，申请成立空气质量管理区，制订远期目标与行动计划，限期达到国家标准。1997 年，英国环境部发布了国家空气质量战略，承诺到 2005 年实现整个英国的新空气质量目标，该战略在 2000 年与 2007 年又进行了更新，而地方政府对其辖区内的空气质量负责（如伦敦的市长和市长顾问委员会被要求发布空气质量规划）。依照《环境法》的要求，地方政府须定期对当地的环境质量进行评估，并采用类似于美国达标规划的机制，划定不达标区或潜在的不达标区，制定空气质量行动计划，并负责落实该计划。此外，英国于 1996 年成立的环保局，则主要负责大型工业污染源的管理和监督。

理顺各利益相关方权责，确保环境治理措施的可实施。在立法和制定行业标准、疏解传统产业、限制机动车交通等措施之外，伦敦环境治理还特别注重多方协作，确保措施落地。在与居民协作中，政府给予居民适当补贴。1956 年《清洁空气法案》划定了禁止使用有烟燃料的烟尘控制区，需要大规模改造区内城市居民的传统炉灶，这一改装费用，30% 由居民自理，30% 由地方解决，40% 由国家补助。在与企业协作中，政府充分吸纳企业意见。1995 年《环境法》中制定的 78 个行业标准是政府和行业代表共同协商的结果，既考虑了污染物控制要求，也考虑了行业治污成本，并建议和推广了产业转型升级的适用技术。

3. 三次新城运动，推动城市人口疏解

为疏解大伦敦人口，从 1946 年的《新城法》和 1952 年的《新城开发法》确立开始，伦敦掀起了三轮新城建设运动，以缓解伦敦市区人口压力。

1946~1950 年战后恢复期的新城建设。当时的新城建设具有规划规模小、建筑密度低，住宅模式以独立式住宅为主，住宅按邻里单位进行建设，

功能分区明显等特征，但对经济和社会问题考虑比较少，存在文娱或其他服务设施较少、新城中心不够繁华、就业困难等问题，使一些年轻人不得不回流大城市，最终未能起到人口疏解的作用。

1961~1966 年的新城建设。这一时期的新城相较于第一代新城有所改进，即规划上比较集中紧凑，密度相对较高，改变邻里单位的结构形式并努力使新城大部分人口集中在新城中心地带，使其成为一个整体结构较为紧凑的新城。新城有繁荣的市中心，设有为全市居民服务的购物中心以及其他服务设施，市中心外围的山坡上布置住宅区，主要工业区在城市南北两端，城市周围有开阔的绿地。但由于地处伦敦市中心通勤范围，不少新城居民仍前往市中心工作，新城多为睡城，对疏散市中心人口的作用并不显著。

1967 年开始的新城建设。1964 年英国政府公布的《东南部研究》报告，认为过去建设的新城作用不大，不能解决大多数问题，主张建设一些规模较大的、具有吸引力的"反磁力"城市，吸引伦敦增长的人口，决定在伦敦周围扩建 3 个旧镇，每处至少增加 15 万~25 万人口，以期在更大的地域范围内解决伦敦及其周围地区经济、人口和城市的协调发展问题。第三代新城选址都是已有一定基础的城镇，规划规模进一步提高，基本都达到中等城市规模，功能综合性更高，独立性更强。

人口疏解之后的人口回流政策。人口疏散带来的相应问题是伦敦内城的逐渐衰落，从 1978 年开始，伦敦政府反思过度限制扩张的负面效应，鼓励内城新城同步繁荣。1978 年撒切尔政府颁布《内城法》结束新城运动，转向鼓励自由主义，推动再城市化和内城复兴，伦敦经济重振，资本逐步回流市中心，城市增长更为优质（见图 3-47）。

4. 始终关注绿色，建设"世界公园城市"

伦敦从 16 世纪就开始进行"绿色构想"。到 1932 年，第一次法律规定在伦敦外围建设绿带，并得以实现。1935 年，大伦敦区域规划委员会提出绿带系统概念，初衷主要是规避伦敦由于经济发展导致城市不断扩张，最终与相邻的城镇融为一体的趋势，划定城市发展边界，围绕城市周围边缘区绿色空间设置林地、风景区、牧场、农地等"拼接物"地带。20 世纪 40 年代

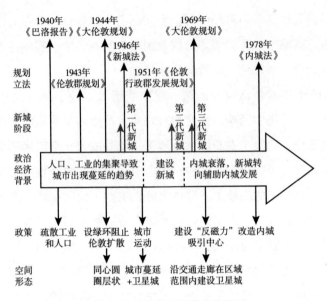

图 3-47　伦敦空间发展历程

资料来源：吕一平、赵民《英国新城规划建设的法制与启示》，《上海城市规划》2022年第1期。

艾伯克隆比（Patrick Abercrombie）等人推进环形绿带思想，提出大伦敦地区整体的公园系统规划方案。1944年《大伦敦规划》将伦敦划分为农业圈、内城圈、近郊圈和绿带圈，绿带作为城市规划政策工具，演化成伦敦绿色福祉的重要组成部分，具有稀缺性、公共性和普惠性特征。

进入21世纪，伦敦力图建成全球首个"国家公园城市"，以绿链、绿楔、绿斑为核心构建全球城市竞争力。21世纪初，"100个公共空间计划"提出全伦敦范围的公共空间改造，为城市创造"绿色空间"。2004年，《大伦敦空间发展战略》将绿环、绿链、绿楔、绿斑纳入整体环境规划，视为伦敦作为全球城市的核心竞争力。2020年，最新版《大伦敦规划》展露出伦敦"绿色治城"的决心：将绿色转型置于城市未来发展的中心，除国家公园城市改善计划，零碳城市、韧性城市等绿色城市打造计划均包括在内。2019年签署的《伦敦国家公园城市宪章》提出伦敦新目标为"全球首个国家公园城市""最绿色的全球城市"。

（二）东京：首都圈规划领衔，多策并举

东京作为典型的单一制国家的复合型首都，其政治中心优势与经济地缘优势相互强化，使得发展资源高度集中，各类"城市病"问题也愈加凸显。为此，东京采用了以首都圈规划为先导的多策并举路径，取得了较好的效果。

1. 五次首都圈规划自上而下逐步引导城市功能疏解

东京的最重要战略之一，就是通过制定首都圈规划，分散部分首都功能。早在 20 世纪 90 年代，日本就提出了此设想。发展至今，东京都市圈逐渐形成大中小城市功能各异、协同发展的网络化城镇体系。

第一次功能疏解由 1958 年颁布的《第一次首都圈基本计划》推动，以推动产业外迁、缓解首都用地压力为主要目标。在城镇化快速发展的背景下，为了控制城市人口的快速增长与工业用地的无序扩张，政府计划向东京近郊疏解化工、钢铁等产业，同时计划将新宿、涩谷、池袋建成综合性副中心，并于京滨工业区外围规划 5~10 千米宽度的环状绿带，向绿带外的城镇发展工业与大学校区。

日本政府于 1965 年颁布《第二次首都圈基本计划》，推动第二次功能疏解，计划建立都市圈特色功能中心。在 1964 年东京举办第 18 届夏季奥运会后，着力通过在郊区建设创新型中心、新产业基地来引导中心城区的相关功能外迁，主要举措包括将生产、周转功能及教育、研究设施向外疏散，都市圈正式拓展为一都七县，在 60 千米外的筑波建设科学城、在横滨建设国际物流基地等，这一时期卫星城的城市功能不断完善并成为人口增长最快的地区。

第三次功能疏解从 20 世纪 80 年代开始，主旨在于改变东京都市圈单极化、职住分离的发展模式，建设东京地区多中心功能结构，最终形成区域联动、协调发展的区域发展格局。1986 年日本政府制定《第四次首都圈基本计划》，提出打造"多极多圈域"的空间结构，通过将政府机关及科研机构向都市圈外围转移，推动次级中心的功能完善与独立发展。

第四次功能疏解旨在在过去的多中心功能结构基础上，进一步建立分散

独立的区域经济体系。日本政府于 1999 年提出《第五次首都圈基本计划》，首次提出建设具有分散网络结构的都市圈，将东京都市圈划分为东京中心部、近郊地区、内陆西部区、关东北部区、关东西部区、岛部地区 6 个区域，并指出 4 个边缘区域既要与都市圈中心保持紧密的经济联系，又要提高经济独立性，将自身打造成具有一定发展带动作用的经济区域。

2. 配合首都圈功能疏解的法制保障

为配合首都圈功能疏解，多管齐下治理"大城市病"，东京还提出了一套完善的法律法规及政策管控体系来支撑。

从第一次首都圈规划开始，东京出台了一系列关于工业与办公疏散的政策与办法。1959 年《工业控制法》中就提出劳动密集型企业外迁的计划。1972 年《工业布局鼓励法》确定了"搬迁鼓励区"和"布局接收区"，对迁出城市的机构和企业购买工业建设用地、税收实行优惠，对因搬迁而建设的工业设施和相关建筑、购置有关设备给予贷款优惠；工厂搬迁后的固定资产费 3 年内免税，但固定资产的建筑物、机械装置等设备的价值不得超过 1000 万日元，总建筑面积不得超过旧厂的 2 倍，拆迁期限为 3 年。对于主动疏散出市区的办公类企业优先考虑解决就业人员住宅供给，并对机构贷款和税收给予优惠；对于市区已有机构建筑的改建、扩建严格实施行政厅许可制度，并对市中心机构提高固定资产税。

同时，日本对于产业鼓励转移接收地区也制定了相应的财税鼓励政策。如《城市开发区域整备法》规定："城市开发区域"内用于安装工业生产设备的建筑物用地免征特别土地保有税；用于工业园开发的土地免征土地保有税；对于特定事业资产的买卖置换，包括从城市建成区向城市建成区以外的置换、从工业园外向工业园的置换、从城市开发区域以外的区域向城市开发区域的置换三种情况，适用收益金征税顺延措施。再如，对于因实施《首都圈整备计划》而在近郊整备地带、城市开发区域实施的某些公共基础设施建设，国家通过提高各都县的国债使用比率、利息补助、提升补贴率等政策予以鼓励。

同时，为了保持城市土地价格稳定，避免城市周边土地过量开发与房价快速上涨，日本政府采用多种方式调控地价，包括对不同保有期限的不动产设立分级税率、对企业法人追加所得税、增设土地保有税与土地购置税等。

3. 逐步深入、不断升级的环境治理战略

东京对环境污染与治理的认识是一个逐渐深入的过程。二战后，东京共经历了 6 次环境战略的转型，分别是战后复兴与公害规制阶段（1945～1960 年）、公害管理体制整备扩充阶段（1961～1975 年）、环境保护预防应对阶段（1976～1985 年）、综合环境管理阶段（1986～2000 年）、低碳城市建设阶段（2001～2014 年）与新的可持续发展阶段（2015～2024 年）（见图 3-48）。

在城市发展初期，因城市发展以战后复兴、经济增长为主导，环境污染现象明显。这一时期以公害规制为主要管控方式，政府将烟尘、水污染、噪声等产业污染作为直接管控对象，并出台《工厂公害防治条例》（1949）、《东京都烟尘防治条例》（1954）、《东京都清扫条例》（1955）等相关法规，管控方式从对工厂设置实行许可制度为主，逐步发展为制定污染物排放标准及相应行政处罚规范。

随着东京城市规模的进一步扩展，产业结构由二产向三产转型，传统产业污染治理取得一定成效，环境质量相对达标，生活污染问题开始凸显，如1982 年生活污水占到东京湾污染负荷的 72%。这一时期继续推动污染物治理已无法彻底解决环境问题，日本政府出台《东京都环境影响评价条例》（1980）、《东京都环境管理规划》（1987）等对应法规，环境治理开始从污染浓度控制转向污染总量控制，也标志着环境管理由末端治理向源头预防、源头减排转变。

随着对环境治理认识的逐步深入，日本政府对资源环境的关注重点转向综合环境治理。新时期垃圾成为日本最大的环境问题，在多级分散型国土开发格局推出的背景下，日本政府第一次提出环境战略，并于 1994 年推出《东京都环境基本条例》，居民健康成为这一时期环境治理的重点。

进入 21 世纪，低碳和新型环境问题成为国际社会新的关注重点。《东京都气候变化战略》（2007）、《东京都环境基本规划》（2008）等政策的推

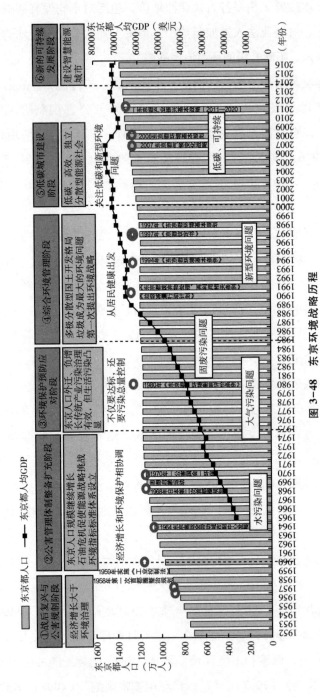

图 3-48 东京环境战略历程

资料来源：历年《东京都统计年鉴》；刘召锋，周冯琦：《全球城市之东京的环境战略转型的经验与借鉴》，《中国环境管理》2017 年第 6 期。

出预示着建立低碳、高效、分散型能源社会成为东京政府新的目标。在
2010 年后，东京正式进入新的可持续发展阶段。

4. 重视城市绿地建设

为了加强城市绿色福祉建设，提升居民生活居住水平，东京还十分重视
区域生态空间保护与城市绿地建设的管控。

如何在生态空间继续收缩的背景下提升生态空间承载能力，强化区域生
态结构强度，是东京城市发展的重要目标。2007 年的《环境轴建设指引》
明确提出以增建沿线绿地的方式建设总长约 98 千米的 15 条环境轴以串联生
态空间，并从公共设施和民间设施两方面提出具体建设方案，包括提升大型
公园防灾能力和加强城市绿地水害减轻能力等。《东京绿政策展开》（2012）
则提出需要从生物多样性角度，对东京绿色进行再分析，并从保护、创造和
利用三方面提出新的施策内容。

在绿地建设方面，在东京城市高密度建设的前提下，为进一步提升城市
绿地建设水平，日本政府以分阶段管控方式塑造多样化绿色空间。1977 年
开始，日本在全国范围内推广"绿地总体规划"的制定工作。东京则在
2011 年提出了《城市规划公园绿地建设方针》,[①] 进一步扩充公园绿地的生
态功能。

（三）小结

规划引领构建都市圈，通过功能疏解优化规模结构。无论是东京的五次
首都圈基本计划还是伦敦的大伦敦规划，两个城市均以自上而下的总体规划
为重要支撑依据，通过建立合理的都市圈，实现中心城区与外围组团的分
工，推动中心城区功能疏解，形成区域联动、协调发展的格局，以缓解
"城市病"问题。

在特定阶段，制定并落实严格、全方位的资源环境政策。在应对"城
市病"问题时，东京和伦敦均有一个环境政策逐步趋向严格的过程。通过

---

① 《城市规划公园绿地建设方针》（「都市計画公園・緑地の整備方針」）（令和 2 年 7 月修
　订），https：//www.toshiseibi.metro.tokyo.lg.jp/seisaku/kaitei_ koen_ ryokuti/。

树立底线控制、总量控制的管控思维，建立全面的资源环境管理标准及相应行政处罚规范，并加强法律法规执行力度，增强社会监管，提高市民环保意识，最终实现较好的资源环境治理效果。

区域绿地建设既是资源环境保护手段也是居民绿色福祉。东京和伦敦均十分重视通过区域-城市级的绿地建设，保护区域生态安全格局，避免无序扩张对生态环境造成的破坏，减少区域环境保护压力；同时这种区域型的绿带、绿廊也是全体居民的绿色福祉，提高了生态资源的公平性与可达性。

七 基于资源环境的超特大城市发展策略

（一）不同层面不同维度制定差异化策略

对资源环境的区域性特征研究表明，我们既要从国土层面认识不同地理分区内资源环境约束条件的巨大差异，同时还应当充分认识资源环境问题在城市的中心城区和市域层面有着不同的表现特征与作用方式。同时，资源环境的内涵随着时代的发展也是一个不断丰富完善的过程，既包含我们传统意义上一直关注的水、大气等要素，也包含近年来人民群众日益关心的生态安全与绿色福祉问题，同时还包括了国家"双碳"战略下有关碳达峰碳中和的新视角。因此，探讨并解决好超特大城市的资源环境问题，必须从不同层面不同维度制定差异化策略。

本次研究提出，建立涵盖国土分区、中心城区、都市圈和城市群四个关键层次，传统资源环境要素影响、人民美好生活新需求和城市治理能力三个维度，以及碳排放一个新方向的超特大城市资源环境策略体系。

1. 国土分区层面：认识资源禀赋的巨大差异，重视水资源约束

（1）基于资源环境的国土空间八大分区及其对城市的主要约束条件

基于传统地理区划和行政地理分区，结合资源要素差异性，我国在国土空间层面应当有八大资源环境分区。通过系统梳理八大资源环境分

区的要素特征，我们识别了各超特大城市在其所在分区内的资源环境约束。

总结各城市约束条件，当前我国超特大城市主要面临三个方面的重大约束：一是北方超特大城市的缺水问题；二是长江中下游城市的大气环境质量问题；三是沿海城市的水污染防治和水生态修复问题。考虑到大气环境和水环境污染所涉及因素的多样性，在这三个重大约束中，水资源无疑又是重中之重。

（2）重视水资源对超特大城市市域人口规模的约束

联合国人口行动组织于 1993 年提出的严重缺水国家的水资源量的标准是小于或等于 1000 米³／（人·年），水资源紧迫国家的标准是 1000 ~ 1667 米³／（人·年）。2019 年中国 21 个超特大城市里有 17 个严重缺水（见图 3-49、图 3-50）。

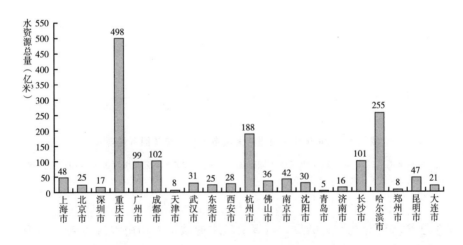

图 3-49 2019 年中国超特大城市水资源总量现状

资料来源：2020 年、2021 年《中国城市统计年鉴》《2020 年深圳市国民经济和社会发展统计公报》《黑龙江统计年鉴 2020》。

同时我们又对 21 个超特大城市市域水资源承载力进行了测算。基于水资源总量具有区域性特征，以及我国统计资料的现状情况，水资源承载力主要落实到市域人口规模。人均用水标准，我们以日本为对标对象，采用了日

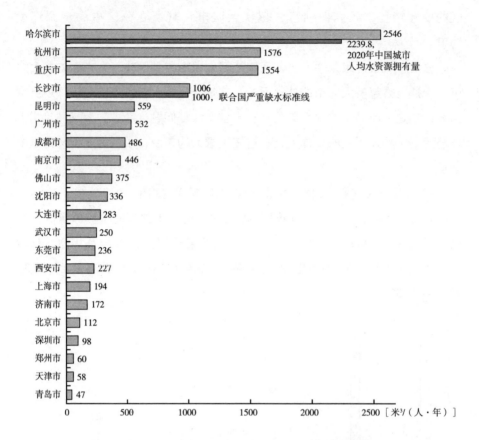

图 3-50 2019 年中国超特大城市人均水资源拥有量现状

资料来源：2020 年、2021 年《中国城市统计年鉴》《2020 年深圳市国民经济和社会发展统计公报》《黑龙江统计年鉴 2020》。

本交通省 2018 年的官方数据，折算后日本的城市人均用水量为 490 升/日，以此为标准进行年用水核算，可以得到日本人年均用水量为 178.78 米³，以此标准衡量我国超特大城市 2019 年水资源的人口承载数量，并与我国超特大城市现状人口相比较（见表 3-23）。由表 3-23 可以看到即使按照日本的人均用水标准，我国北方的北京、天津、青岛、济南、郑州以及南方的深圳也都已经超越了自身的水资源承载力。

表 3-23　2019 年中国超特大城市水资源承载人口核算（按日本 2018 年数据）

城市	水资源总量（亿立方米）	日本用水标准下的人口承载数量（万人）	中国七普城市人口数量（万人）	两者的数量差值（万人）
上海市	48.35	2704	2487	217
北京市	24.56	1374	2189	-815
深圳市	17.17	960	1749	-789
重庆市	498.09	27860	3205	24655
广州市	99.30	5554	1868	3686
成都市	101.87	5698	2094	3604
天津市	8.09	453	1387	-934
武汉市	31.07	1738	1245	493
东莞市	24.73	1383	1047	336
西安市	27.62	1545	1218	327
杭州市	188.12	10522	1194	9328
佛山市	35.67	1995	950	1045
南京市	41.50	2321	931	1390
沈阳市	30.49	1705	907	798
青岛市	4.73	265	1007	-742
济南市	15.79	883	920	-37
长沙市	101.10	5655	1005	4650
哈尔滨市	254.90	14258	1001	13257
郑州市	7.61	425	1260	-835
昆明市	47.25	2643	846	1797
大连市	21.07	1179	745	434

资料来源：笔者根据《中国城市统计年鉴 2020》相关数据绘制。

（3）尊重资源禀赋特征与自然规律，减少对生态体系的干扰

超特大城市的超载发展往往会造成对资源环境与生态体系的重大影响。以京津冀地区的缺水问题为例，2014 年，中国地质调查局报告显示，京津冀地下水超采区域漏斗已经有 20 多个，面积达 7 万平方千米，沉降区面积

达 9 万平方千米，年沉降速率大于 30 毫米的严重沉降区面积约为 2.53 万平方千米，部分地区年最大沉降量达 160 毫米。

而对于这些宏观资源环境问题的解决，我国往往侧重于工程化解决措施。当前北方城市的缺水问题往往依赖于国土层面的大范围水资源调配工程，在这些工程对源头地资源环境、沿线生态环境的影响上同样存在较多争议，对其生态后果难以预计与衡量。水环境的治理同样如此。

因此，超特大城市的规模应当充分尊重资源禀赋特征，充分尊重自然，尽可能采用基于自然的解决方案，尽可能减少对国家、区域、城市生态体系的干扰和影响。

2. 中心城区层面：优化整体治理，重视中心与外围平衡

（1）中心城区是资源环境"城市病"与绿色福祉的主要集中地区

市域范围是具有中国特色的行政单元概念，但研究资源环境问题不能简单套用这一概念，必须具有城市实体空间视野，必须基于二者的结合才能形成有效的政策结论。对"城市病"的梳理表明，各个超特大城市的交通、住房、污染等"城市病"问题主要集中在中心城区。

随着城市的发展，市民最关心的高品质绿色福祉同样在中心城区面临巨大挑战。一方面，热岛效应不断加剧，宜居舒适度显著下降；另一方面，有限的建设用地导致公园、绿地等供给不足，人均开敞空间偏低；这些问题的解决也只能通过都市圈的优化与完善。

（2）针对资源环境"城市病"问题不能简单地研究中心城区合理规模

对上海、南京、成都、重庆四个城市的实证研究表明，水、大气和固体废弃物等传统资源环境要素与中心城区规模并无明显的相关关系。以大气环境为例：大气环境容量既受自然因素影响，对部分地理气候条件的城市形成制约，如四川盆地城市、南京等；也受污染源特征因素影响，如从各城市来看，大气环境均与产业、交通、能源等特征密切相关，与规模结构无直接关联。因此，城市规模对大气环境容量仅有一定影响（如成都中心城区比周边大气污染要严重些），但既不是直接原因也不是主要原因。

我们对 31 个样本城市（含 19 个超特大城市）的中心城区与大气环境进

行了宏观总体相关性分析，研究表明：城市人口规模与大气环境质量在一定范围内存在正相关关系。但城市人口规模的增大并不一定导致空气质量的降低。一般情况下，人口规模增加意味着人类活动强度增加和能源消耗增加，城市大气质量也会受其影响。但当人口规模达到超大城市以上时，随着城市治理水平的提高，城市大气环境污染水平反而会随之有一定程度的降低。同时，城市人口规模与大气质量在空间分布上无明显分布规律（见图3-51）。

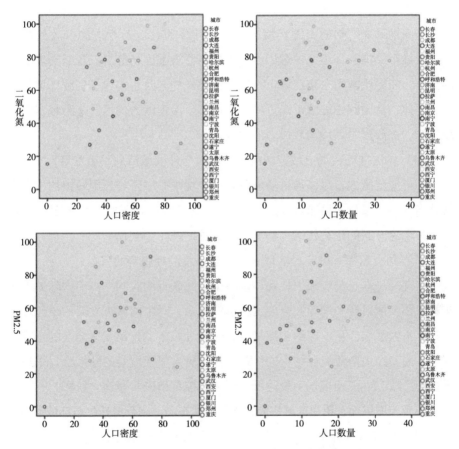

图3-51　31个样本城市人口规模与大气环境质量相关性分析

注：大气污染物浓度与人口密度、人口数量维度不统一，所以笔者对数据标准化处理后进行相关性分析，数据无量纲，无单位体现。

资料来源：笔者根据中国环境监测总站提供的相关数据绘制。

（3）重视城市治理能力提升

从国际城市的经验以及我们的实证研究来看，城市规模的增长与资源环境"城市病"问题不是简单的因果关系，具有阶段性和暂时性，而背后的关键就是社会文明的进步和城市治理能力的提升。

以伦敦和东京为例，资源环境"城市病"问题的解决并未关注和确定城市的合理规模，而是从源头减量，提升城市整体管控、管理水平；制定相关环境指标改善的时间表、路线图，确保相关措施的可落实、可管控、可追责；全面推动最严格的资源环境政策与法律体系，以及相应的行政处罚规范；引导市民提升环境保护意识，增强社会监管强度；等等。正是治理能力的提升，使得伦敦和东京在城市人口经济增长的同时也实现了资源环境的优化。因此，从国际先进城市走过的道路来看，治理能力的提升是跨越资源环境制约、提升资源环境承载能力的关键。

（4）尽快推动实现市域范围内中心城区与外围城镇的平衡发展

在市域范围内，尽快通过功能疏解，实现中心城区与外围城镇的平衡发展是当前中国超特大城市解决资源环境"城市病"问题的一个重要现实选择。关于这方面的论述将结合都市圈层面进行进一步阐释。

（5）建立超特大城市经济增长与资源环境消耗脱钩的目标

实现经济增长与资源消耗和环境污染之间联系的脱钩是当前国际先进城市的主要发展目标和国际社会的主流价值观念，对中国城市发展的绿色转型也具有重大意义。从中国的实际来看，超特大城市尤其是发达地区的超特大城市，随着经济产业社会结构的优化升级，应当尽快借鉴国际经验，采用多样化的行政、财税和规划手段进行干预和管控，率先实现这一目标。

3. 都市圈层面：重视区域协同，优化要素布局，综合提升生态环境品质

（1）都市圈是解决资源环境"城市病"问题的重要手段

对东京、伦敦等国际大都市的研究表明，在空间格局演变过程中，十分重视将某些功能分散布局到中心城区外围的某些区域，形成所谓的"新城""卫星城""反磁力增长极"等，通过构建起平衡发展且有机联系的区域空间格局，来解决中心城区的"城市病"问题并提升区域的整体资源环境品质。

此外，解决中心城区资源环境"城市病"问题的关键在城市治理能力提升。但也必须清醒地意识到强化治理能力、实现制度改革既需要时间也有难度。因此，控制超特大城市的增长速度和人口规模，优化中心城区发展，构建都市圈内的区域-城市、市域范围内的中心-外围良性平衡关系，对解决"大城市病"、缓解资源环境约束具有现实意义。

（2）都市圈是实现生态安全的关键地区

城市规模结构的扩张，中心城区的蔓延，往往会对原有山水林田湖草等生态地区造成较大面积的占用，以及对区域性生态廊道的侵害，造成生态价值降低、气候变化下的生态威胁性大大增加，直接影响城市的整体生态安全，如宁波的圩田、南京的长江两岸、成都的平原灌溉遗址等。而这些问题的解决主要在市域乃至都市圈层面。

（3）抓住都市圈区域协同与市域中心外围地区优化布局两个关键

从国际视野来看，国际上主要发达城市在面对"城市病"问题时，也并没有拘泥于是否达到了某一具体的规模疏解标准，而是致力于通过区域协同的方式与周边城市共同建立高效合理的都市圈，以及通过市域范围内中心城区与外围地区形成整体联动、优化布局两个关键性策略，为中心城区松绑解压，从而实现城市、人与自然和谐相处的最优。

（4）优先推动市域范围内中心外围的优化布局与平衡发展

在市域范围内，在与中心城区保持适度空间距离的前提下，通过建设承担某种特色城市功能，与中心城区功能互补、有机联系，且自身具有一定的集聚能力、能够实现职住相对平衡的外围新城新镇新区，实现中心-外围的优化布局与平衡发展。

（5）加快推动落实都市圈协同发展

都市圈将是中国未来城镇化发展的主体形态之一。都市圈的高质量发展，将进一步推动跨行政区范围的区域空间布局优化，进一步解决好中心城区的"城市病"问题。但都市圈的培育发展并非一蹴而就，应当因地制宜推进都市圈建设，通过做好推动统一市场建设、基础设施一体高效、公共服务共建共享、产业专业化分工协作、生态环境共保共治、城乡融合发展等工作，实现协同发展。

4. 城市群层面：重视"双碳"导向，推进产业转型和城市规模结构优化

（1）碳排放效率与产业结构密切相关

对珠三角的实证研究表明，进入工业化成熟阶段、生产性服务业比重较高地区，整体碳排放效率更高，如香港、广州、深圳及东莞等环珠江口城市的中心城区。反之，第二产业占比越高的地区，碳排放效率越低。而在第二产业比重相似的区域，其碳排放效率则随着高科技制造业比重升高而升高，如深圳龙岗、宝安以信息通信技术等产业为主导，碳排放效率较高。

（2）碳排放效率与城市规模结构相关

对珠三角的实证研究同样表明，在城镇化地区，城市规模越大、城镇化率越高、人口越密集的地区，往往碳排放总量也越大，但单位产出和人均碳排放量较低，碳排放效率较高。尤其是人口密度，与人均碳排放量之间呈现较好的线性关系，城镇人口密度越高，人均碳排放量越低。

进一步深入区域内部结构，大致呈现三个层次的特征：第一层次，超特大城市的中心城区，基本形成了服务业为主导的产业结构与人口构成，高等教育人口比重高，碳排放效率较高；第二层次，外围组团或中等城市，第二产业比重高，高等教育人口比重低，碳排放效率较低；第三层次，外围边缘地区的中小城市，工业相对落后，有些地区以生态保育为主，碳排放量低（如肇庆北部、惠东），随着旅游和工业的发展，碳排放量反而可能增加。

从研究数据来看，城市的碳排放效率和城市规模结构具有相关关系，但究其本质，仍然与产业结构高度相关，因此碳排放效率与城市规模结构应当是有关但也有限。同时对于人口密度要有客观认识，既重视人口密度对提高碳排放效率的重要性，也要避免人口密度越高碳排放效率就一定越高的误区，现有研究及有限数据尚无法完全证明这一结论。

（3）产业转型与规模结构优化是实现"双碳"目标的重点

推进超特大城市中心城区的产业转型升级，是城市实现"双碳"目标的关键所在。应当以生态文明理念推动超特大城市的产业转型升级，建设资源节约、环境友好的低碳循环产业体系。

规模结构的优化对于未来城市实现"双碳"目标同样具有重要的意义，尤其中心城区实现产业转型升级之后，具备了较高的碳排放效率和减碳潜力。应当重视区域交通运输结构的优化，加快轨道交通发展，促进交通运输体系的绿色低碳转型；优化中心城区人口密度控制与空间管制，促进城市集约紧凑布局，促进土地功能混合，利用城市形态的组织和优化影响城市的交通需求与交通效率；通过都市圈生态格局建设，大幅增加林地、湿地等碳汇面积。

（二）基于自然的解决方案

对于解决我国城市发展受资源环境制约的问题，我们倡导应该对自然抱有敬畏之心，尊重资源禀赋特征与自然规律，通过减少对工程措施的依赖来减少对宏观地理资源环境生态系统的干扰，从而实现城市与自然的和谐共生。

1.基于资源环境特征的国土分区发展指引

基于国土空间八大资源环境分区的要素特征，从土地资源、水资源、环境等方面指出不同分区城市发展中的资源环境重点约束条件，并从空间优化、绩效提升、韧性提升、污染防治、设施完善、绿色转型等多项治理维度出发，提出改善城市资源环境品质的结构性指引。

东部地区。相较我国其他地区，东部地区暂无明显的资源环境短板，但水环境和大气环境条件相对不足。东部地区资源环境优化的重点在于城市规模结构优化、绿色转型与污染防治并举。首先应持续优化城镇空间布局，推进超特大城市人口、产业与功能向外围中小城市疏解，培育外围次中心节点城市，缓解大城市社会经济活动高度集聚引致的资源环境问题；其次通过区域合作推进生态环境共保联治，加强生态修复和污染防治；最后应积极推动城市绿色低碳发展，优化城市的产业结构和能源结构，主动推行绿色技术。

北方地区。我国北方地区在水资源、水环境、气候舒适度以及城市碳排放方面存在明显短板，存在地下水超采、地面沉降的风险。优化规模结构的重点在于推动超特大城市人口功能疏解、提升资源环境利用效益和城市韧性以及防治环境污染。北京、天津、郑州等城市应从资源环境趋紧的中心城区向都市圈地区疏解非核心功能，降低资源环境负荷。石家庄、唐山、太原、济南等城市应着力提升资源利用绩效，实施深度节水控水行动，降低水资源开发利用强度。其他一般城市应加强治理地下水超采及地面沉降，通过区域合作联控联治大气污染，特别是加快挥发性有机物排放综合整治，持续改善区域空气质量。

西北地区。我国西北地区在水资源、水环境、气候舒适度方面存在明显短板，存在崩塌、滑坡等地灾风险，大气环境容量较低，低碳减排压力较大。优化规模结构的重点在于防治污染和提升城市韧性，并加强水资源源头保护与流域综合整治。黄河中上游地区应加强流域水坏境治理，汾渭平原和天山北坡等地区应推动大气环境联防共治。黄河上游和天山北坡地区重点开展水土流失防治、荒漠化与石漠化综合治理、小流域综合治理以及农业面源污染治理，强化地下水超采及地面沉降综合治理。一般城市应完善市政基础设施，重点推进污水管网设施建设。

华中地区。我国华中地区大气环境存在明显短板，存在一定地面塌陷、崩塌滑坡等地灾风险，水环境容量相对较低。城市资源环境优化的重点是防治环境污染和提升城市韧性。武汉都市圈应持续推进大气污染物减排，开展重点行业挥发性有机物治理与提升改造。长江流域城市应建立水污染联防联控机制，重点加强城镇污水垃圾处理、工业污染治理、农业面源污染治理。洞庭湖、洪湖等湖区城市应加强湖泊湿地生态修复和湖库污染防治。

华南地区。相较于我国其他地区，华南地区无明显资源环境短板，大气环境容量相对较低。城市资源环境优化的重点是实施污染防治和推动城市绿色转型。珠三角、北部湾等地区城市要通过区域合作推动多污染物协同控制和协同治理，重点加强工业源、移动源造成的大气污染治理，建立区域大气联防联控机制。深圳、广州、东莞等超特大城市应率先进行城市绿色发展示范转型，包括优化产业和能源结构，逐步压缩能源消费和污染排放增量。

西南地区。我国西南地区滑坡、泥石流等地灾问题突出，大气环境容量存在明显短板，且土地资源相对不足。城市资源环境优化的重点是优化城市规模结构，提升城市韧性和城市污染防治。成都、重庆都市圈应引导人口和非核心功能从中心城区向都市圈转移，防止城市"摊大饼式"发展。龙门山断裂带、渝东北、渝东南等地区应强化地质灾害防治。三峡库区加强水源涵养和生态保育。横断山区、川滇生态屏障、云贵岩溶石漠化等地区重点推进河湖湿地修复和石漠化综合治理。沿江城市应严格控制流域污染物排放，成都平原地区应强化大气污染防治。西南地区的都市圈和城市群均应建立流域和区域污染联防联控机制。

东北地区。我国东北地区水环境容量、气候舒适度存在明显短板，水资源量相对不足，低碳减排压力较大。城市资源环境优化的重点是城市污染防治和韧性提升，以及水环境治理与生态保育。松花江流域、辽河流域等应强化水环境治理，构建跨区域水污染联防联控机制。大小兴安岭、长白山及三江平原、松嫩平原重要湿地等生态功能区应重点实施天然林保护修复，有序推行退耕还林，开展水源涵养和水土流失防治等生态建设工程。

青藏地区。青藏地区自然条件特殊，城市建设用地资源明显不足，大部分地区气候和人居条件恶劣，不适宜大规模城市建设发展。青藏高原地区资源环境优化的重点在于引导人口从人居环境恶劣的高寒高海拔地区疏解，向资源条件相对较好的大城市或城镇集聚，并严格保护重要生态空间。适度控制城市发展规模，城市规模扩张要以不损害生态底线和生态资源价值为基本前提。加大三江源、祁连山、甘南黄河等青藏高原生态屏障区重点生态系统保护和修复力度，提升水源涵养能力。

2.基于资源环境治理的重点都市圈发展指引

（1）上海都市圈

建设高质量水源地，加强工程性建设与保护，充分保障城市用水安全；全面构建跨区域水资源污染的治理机制，加强流域污染负荷控制，提升城市水环境质量；加大对都市圈内钢铁、煤电、有色金属等重污染行业实施产业管控。

打造城市通风廊道，建立中心城区"绿环"提高城市宜居性；严守生态空间、农业空间控制线，明确生态保护红线划定和管控要求，明确永久基本农田保护红线划定和管控有关要求。

关注气候变化对上海都市圈防洪排涝、海岸线的影响，加快推动沿江岸线转型、优化水陆资源配置，鼓励采取自然化的解决方案。

（2）南京都市圈

把保护修复长江生态环境摆在压倒性位置。实施好长江十年禁渔，加强自然保护地生态保护建设，全面消除劣 V 类水质入江支流，同步建设长江防护林带。

加快长江沿线产业转型和岸线转型，构建区域污染治理协同机制。逐步清退高污染、高能耗企业，有效提升南京都市圈大气环境质量。

（3）杭州都市圈

深化与上游其他市县和市域范围内钱塘江上下游、干流和支流地区生态协同保护工作，完善生态补偿机制。逐步退出重污染、高耗能产业。

控制机动车尾气排放，建立规范的尾气排放权交易体系和排污权交易市场，实现大气污染治理等外部成本内部化。

（4）青岛都市圈

严格管控围填海建设，规范岸线使用方式与景观布局，保护河口海湾湿地景观，保护及提升自然岸线保有率。

统筹重大水利工程建设，提升水资源承载能力。提升区域供水保障能力，保护调蓄战略水源地。加大实施海水淡化工程，补充区域水资源。

（5）西安都市圈

推进秦岭北麓、关中北山生态环境保护修复以及渭河流域综合治理，强化秦岭中央水塔和中华祖脉保护，提升整体生态服务功能。

构建立足本地，依托跨流域、非常规水为补充的多渠道水资源供应格局，逐步减少地下水开采，退还被挤占的河道生态用水，全面实施深度节水控水行动。

形成连接大型生态冷源和城市集中建设区的连续开阔带状空间，将东向、西向、南向软轻风及清洁空气引至城区外围，提升大气环境自净效能。

（6）武汉都市圈

优先保护湖滨生态敏感区，开展退渔还湖、清理不合理占用湖滨湿地和湖岸线等综合整治工程，实施湖滨缓冲区保护和修复。保护长江干支流两岸生态空间，严防洪涝风险，深入推动流域生态环境治理的区域协调工作。

深入调查污染源，实现精准治霾。及时清退污染严重企业，并在都市圈内推动针对大气污染防治的区域协调工作。

（7）成都都市圈

重点推动岷江流域与沱江流域落后产能、污染产业逐步退出，控制和削减农业面源污染；加强对次支河流水污染治理，构建流域污染联防联控机制；深入推动城市节水工作，实行严格的水资源利用管控，持续提升城市用水效率。

划定大气污染防治功能区，对集中的污染物排放重点区域进行大气污染连片整治；逐步清退高污染、高能耗企业，严格控制工业污染物排放，加强对移动源的严格管控和扬尘治理；构建通风廊道，廊道内限制大气污染排放，城区建设减量增绿，改善城市通风环境。

（8）重庆都市圈

严格保护既有蓝绿空间格局，持续推进向服务业与创新产业转型升级，加强对移动源的严格管控和扬尘治理，持续改善大气污染。

明确水资源开发利用、用水效率控制红线，转变水资源利用方式，提高用水效率。重点加强对次支河流水污染治理，构建流域污染联防联控机制。

做好地质灾害排查、调查等基础性工作，开展综合防治，分类消除地质灾害安全隐患。

（9）珠三角城市群地区城市

加强入河（海）排污口规范化管理，强化陆源污染排放项目、涉水项目和岸线、滩涂管理；以万里碧道建设为抓手，重点解决河流水网水体黑臭、水生态损害、水域空间侵占等突出问题。

强化区域性生态屏障地区的生态系统服务功能，加强环珠三角山区生态涵养区保护；建设粤港澳珠江口湿地保护圈，推进湿地资源保护修复；以海湾为单元，推进岸线修复和沿海防护林带建设，严格控制占用海岸线的开发利用活动；加强珊瑚礁、海草场等典型的海洋生态系统保护。

加强对三角洲网河区入海河流的河道及河口整治，提升防洪标准；完善地质灾害监测预警体系；增加森林、湿地和海洋碳汇。

3. 基于资源环境短板的重点地区发展指引

总结各城市约束条件，当前我国超特大城市主要面临三个方面的重大约束：一是北方超特大城市的缺水问题，二是长江中下游城市的大气环境质量问题，三是沿海城市的水污染防治和水生态修复问题。考虑到大气环境和水环境污染所涉及因素的多样性，在这三个重大约束中，水资源无疑又是重中之重。

（1）应对北方地区城市的缺水

为缓解北方城市缺水问题，应加强"海绵城市"建设，实施海绵城市建设分区管控策略，京津冀城市群、青岛都市圈等地区综合采取渗、滞、蓄、净、用、排等措施，加大降雨就地消纳和利用比重。都市圈中心城市，如北京、天津、青岛等超特大城市的发展布局、功能定位、发展规模应与水资源承载能力相适应，适度控制城市规模。超特大城市应加强再生水等非常规水的多元、梯级和安全利用，因地制宜完善再生水管网及加水站点，应实施深度节水控水行动，降低水资源开发利用强度。

此外，根据前文表 3-23 测算，我国当前的超特大城市中，北京、天津、青岛、济南、郑州、深圳等城市必须适度优化市域人口规模，东莞、西安等城市也必须高度警惕。

（2）应对沿海城市的水污染

为缓解沿海城市水污染问题，应完善水污染防治流域协同机制，加强重点流域、重点湖泊、城市水体和近岸海域综合治理，推进美丽河湖保护与建设，消除劣 V 类国控断面和城市黑臭水体。开展城市饮用水水源地规范化建设，推进重点流域重污染企业搬迁改造。

加强海岸带水生态修复，以环渤海、长三角、粤闽浙沿海、粤港澳大湾区、海南岛、北部湾等为重点，全面保护自然岸线、滨海湿地和防护林。杭州、宁波等城市注重源头防控，深化污染治理坚持陆海统筹，全面开展入海污染源排口整治，确保水质达标。珠三角地区、厦门等城市以环境承载力和养殖容量为基础，清理整顿禁养区内养殖行为，严格规范限养区内养殖行为，推进海洋渔业养殖绿色健康发展。环渤海地区城市严格控制生活源、工业源、农业面源排放，改善近岸海域水质。完善并严守海洋生态保护红线，选划重点海湾河口及其他重要自然生态空间纳入红线管理，加强近岸海域生态保护。

（3）应对长江中下游城市的大气环境制约

正视长江中下游城市的大气环境容量对城市发展的制约问题，以大气环境质量为前提对城市的交通产业结构与治理能力进行再认识。应加强源头防治、综合施策，强化多污染物、多源头协同控制和区域协同治理。实施城市大气质量达标管理，推进城镇生活源、移动源大气污染物排放减量，推进细颗粒物、臭氧协同控制，降低重污染天气数。

上海、杭州、苏州、无锡、常州、武汉等城市推进重点行业结构优化调整，持续推动淘汰落后产能和化解过剩产能；积极调整城市能源结构，持续增加清洁能源供应；持续调整城市交通运输结构，积极推广新能源车辆，引导鼓励公众绿色出行，严格车辆准入环境管理。

南京、宁波等城市深入工业废气治理，实施钢铁等高污染行业超低排放改造，推进垃圾焚烧发电企业治理，开展燃气锅炉低氮燃烧改造，加大钢铁、建材、焦化、火电等重点行业企业粉尘无组织排放治理。

（三）着力中心城区"城市病"治理，提升美好生活品质

1. 优化市域人口产业布局，合理划定发展边界

从我国超特大城市的特点来看，普遍存在中心城区开发过于集聚而发展空间不足、外围地区空间相对丰富而投入不足的问题，是中心城区"城市病"问题的主要成因之一。因此，控制优化中心城区的人口、用地规模，突破中心城区发展的惯性思维，以市域的新城、新镇建设为抓手，实现市域范围内的空间布局优化应当是治理中心城区"城市病"的首要方针。

划定增长边界，促进人口产业疏解，约束城镇无限制蔓延。在市域范围内尽快划定"三区三线"（城镇空间、农业空间、生态空间，以及城镇开发边界、永久基本农田、生态保护红线），在"三区三线"的基础上，促进超特大城市人口与经济/产业优先向市域内的新城、新镇及重要城镇疏解转移，避免中心过度集聚。

优化市域各等级城镇功能分工与产业布局。基于市域内各城镇资源禀赋、自然地理条件与现状特征，合理布局城市功能、产业与人口，构建组团式、网络型的中心外围空间形态与规模结构体系。尤其重点破解外围城镇高端人才吸引力弱、自身造血能力差、公共服务提供能力低的困境，提升外围园区产业能级，降低外围新城商务成本，以强大的产业动能实现人口的疏解与平衡。

重视交通引导。依托交通网络联系，推进区域交通运输结构优化。建设高铁、城际轨道网等区域通勤网络，作为中心城区功能疏解、郊区土地开发及功能升级的有力催化剂，并依托高效、绿色的新型运输模式进一步扩大规模效应，作为未来合理城市规模结构的重要支撑。

2. 全面提高治理力度，着力解决资源环境"城市病"问题

资源环境"城市病"问题的解决在很大程度上还取决于城市环境治理的力度。

严格管控污染排放总量与强度。超特大城市应重视城市污染排放特别是生活污染排放对资源环境的实际影响情况，从污染和排放的源头减量，实现从人均指标达线向总量整体管控的思维转变。因此，超特大城市应从中心城区开始尽快建立污染排放的总量管控与经济/人口强度指标控制体系，包括制定相关环境指标改善的时间表、路线图，确保相关措施的可落实、可管控、可追责。强化管理制度，建立健全完善的指标控制制度，实现对城市资源环境利用与污染排放的实时管控。

提高环境治理标准。正如本文第四部分分析研究的结论，我国的超特大城市在污染排放管控和资源环境治理方面的标准与国际先进城市相比还有较大差距，因此超特大城市应率先提高环境治理的标准，包括在水资源利用方

面，应当控制到 600 升/（人·日）（美国旧金山湾区现状）至 350 升/（人·日）（日本东京现状）；在水环境方面，采用了污染物浓度和污染物负荷总量控制双重管理手段，人均污水排放控制到 0.15 米³/天（巴黎），人均 COD 控制到 15 毫克/升（伦敦），污水处理厂污染物排放标准控制到 15 毫克/升；在大气环境方面，充分借鉴应用世界卫生组织空气质量准则值（见表 3-20）。

3. 在资源环境领域全面提升美好生活品质

水资源保护利用。大力提高城市水资源利用效率，开展水循环利用系统建设，推进优水优用、循环利用和梯级利用；保护城市山体自然风貌，修复江河、湖泊、湿地等水体，加强绿地建设，强化城市水源涵养，加大雨水、海水淡化水等非常规水资源的利用，提高水的循环利用效率。

水环境治理修复。重点加强全流域的治理，强化流域统一规划、统一治理、统一调度、统一管理，提高流域治理管理能力和水平，加大对次支河流的管控力度，尽快建立流域上下游共同治理的区域合作机制；水污染防治与水生态修复并重，进行水源涵养区、河湖缓冲带等建设，实现环境改善、河湖增绿、生态扩容，提升河湖水生态功能，建立绿色韧性的水生态系统。

大气环境质量优化。进一步提高空气质量标准，重点关注随着现代化发展而出现的新型污染物，制定完善的监督管理制度，着重对与人的生活健康和生活环境息息相关的污染物进行监测与管控；提高城市绿化率，鼓励屋顶绿化和建筑立面绿化，利用植被吸附有毒有害气体和扬尘，在老旧城区等地区应结合城市更新增加人均绿地面积。

固体废弃物处理提升。尽可能降低垃圾最终处理量，提高垃圾回收利用水平。一是实施严格的垃圾分类和排放标准，建立高效分类机制，规范设置垃圾分类设施，绘制投放点地图，完善使用功能；二是推行多元化的垃圾处理方式，大城市宜采用以焚烧为主的处理方式，既能满足减量化的要求，又可产生清洁能源；中小城市适宜采用填埋为主、结合堆肥等资源化技术的处理路线。

推进公共绿地服务均等化，提升绿色福祉。加快建设城市公共绿地，推进公共绿地服务均等化，提升绿色福祉，倡导绿色公平；同时结合廊道、河道、步道等建设，实现公共绿地之间、公共绿地与生态空间之间的互联互通，形成城市绿网体系。

（四）区域协同，保障生态安全

1. 系统保障都市圈生态安全

构建都市圈生态安全格局。结合各都市圈整体山水本底特征与生态安全挑战，系统构建生态安全格局，并通过都市圈的线性生态廊道连通各个重要生态资源，提升生态系统的整体性和关联性，保障都市圈生态安全。

严格保护都市圈山水林田空间，管制对关键性资源环境地区的侵占与利用。严格保护自然资源，确保蓝绿空间高占比、高质量以提升资源环境品质，同时让城市与市民更亲近自然。严格管制对生态空间、行洪通道、生物廊道等关键性资源环境地区的侵占与利用，对适宜建设地区重视战略留白，保障城市发展的基本安全与可持续性。加强生态保护红线在跨界区域无缝对接，优化生态保护红线格局，增强生态保护红线的完整性与连通性。探索在中心城区和市域外围城镇间建立"绿环"体系，强化管控、防止中心城区过度蔓延。

推进通风廊道、绿色廊带建设，缓解城市热岛效应。加快推进通风廊道、绿色廊带等城市绿色开敞空间的建设，结合河流、绿地、道路和各类自然开敞空间，引风入城，改善局部地区气候环境，缓解城市热岛效应，提高居住舒适度并降低城市总体能耗。

推进重点地区生态修复，提升生态服务功能。沿海沿江沿河的都市圈，应重点开展人工岸线整治、自然岸线修复、海岸沙滩整治、海岸地质遗迹景观提升等保护与修复工作，合理构建本地湿生植被系统与沿海沿江沿河湿地林地等形成的复合生态体系。其他都市圈要推进湖泊湿地、山体林地、草地的生态修复，采取低冲击开发模式进行保护性开发，充分发挥各类生态要素价值。

2. 推动都市圈的高效协同发展

都市圈将是中国未来城镇化发展的主体形态之一。通过都市圈的高质量发展，将进一步推动跨行政区范围的区域空间布局优化，进一步解决好中心城区的"城市病"问题。但都市圈的培育发展并非一蹴而就，应当因地制宜推进都市圈建设，通过做好推动统一市场建设、基础设施一体高效、公共服务共建共享、产业专业化分工协作、生态环境共保共治、城乡融合发展等工作，实现协同发展。

人口布局的协同。合理疏解产业与人口，划定中心城区增长边界，构建多中心、组团式、网络型都市圈空间形态。围绕超大、特大城市建立跨行政区的大都市圈协同发展机制，促进超大、特大城市人口与经济/产业向都市圈疏解转移，避免中心过度集聚。建立合理的规模结构体系，基于资源禀赋、自然地理条件与人口/劳动力分布特征，优化都市圈内各等级城镇功能分工与产业布局。

产业创新的协同。在都市圈层面统一制定产业转型正负面清单，统一招商引资和项目落地，统筹都市圈的产业招商引资政策，有重点地向合适的城镇引导。建设以中心城市为核心、其他城镇为节点的网络化创新体系，发挥中心城区的辐射和带动作用，将外围城市建设成为相对独立的产业创新功能节点，探索中心城区与外围城镇以及都市圈重要城市和节点构成的创新廊道。

加强交通互联互通。优化都市圈综合交通网络，实现高铁网、城际轨道网、城市轨道网等多网融合；破除毗邻地区的交通壁垒，跨市通勤紧密联系地区应加强跨界道路交通设施的协同布局；统筹多种交通方式，推动多式联运，完善物流运输体系与物流仓储空间布局；通过交通互联和多式联运提升区域交通运输效率，降低区域交通碳排，合力形成高效、可达、绿色、安全的区域交通体系。

推动设施共建共享。推动能源、水系统、环卫、信息等重大基础设施的一体化、网络化布局，合力保障都市圈能源、资源供应安全。加强跨界地区基础设施网络的协同规划建设，推动具有邻避效应基础设施的统筹布局，实现设施的共建共享。毗邻地区强化教育、医疗、文化、体育等高等级公共服务设施共建共享，扩大优质公共服务资源的覆盖范围、提高都市圈公共服务整体质量。

实施环境联防联治。在都市圈层面建立统一的监测标准、管理标准、排放标准等标准体系，搭建都市圈生态环境大数据共享平台，整合大气环境、水质环境等关键性监测数据，统筹区域重大环境应急能力建设。打破行政区划的壁垒，在临界地区积极探索邻避设施共建共享、环境联合执法制度等。

（五）绿色低碳的全方位转型

1. 优化基于绿色低碳的城市规模结构

合理控制优化城市人口、用水、用地规模。合理确定开发建设密度和强度，提高城市综合承载能力，建设一批产城融合、职住平衡、生态宜居、交通便利的郊区新城，推动多中心、组团式发展。

加快城乡建设领域绿色低碳改造。加快城市公共建筑高标准绿色化改造，逐步推进住宅建筑绿色化改造。提高公共交通服务水平，加快城市基础设施绿色化、低碳化改造，建设绿色低碳的基础设施网络。开展海绵城市建设和生态修复，实施污染地块风险管控和治理修复，探索建立城市生态用地的增量、存量挂钩式"绿色折抵"机制。

鼓励绿色出行，优化慢行交通环境。加强城市慢行交通系统建设，鼓励居民采用自行车、步行等方式替代私家车外出，采用多种措施为绿色出行提供更方便、快捷、安全的保障。重视城市交通运输结构的优化，逐步降低公路交通在区域运输结构中的比例，提升铁路、水运等有利于低碳减排的交通方式的占比。

2. 优化城市群国土空间开发格局

优化国土空间开发格局与建成区用地结构，强化国土空间规划和用途管控。超特大城市的规模密度应当集约紧凑，重视组团式的城市形态，避免低效蔓延发展；强化轨道交通对城市结构的引导作用，沿着轨道交通走廊形成中高密度开发地区；结合都市圈环境保护、生态安全与绿色福祉，构筑高效能的碳汇空间。此外还应当积极引导城市的批发贸易、物流仓储、加工制造等功能向城市群和都市圈地区疏解，推动中心城区率先实现碳中和。

3.促进城市群产业结构的绿色低碳转型

加快推进生产体系向绿色低碳循环发展方向转型。对于工业主导型城市（第二产业主导），要聚焦能源优化和产业结构升级，积极运用低碳技术改造和提升传统产业；对于消费主导型城市（第三产业主导），聚焦建筑、交通领域低碳发展与碳排放控制，引领消费侧改革，建立新型达峰示范区；对于综合发展型城市（第二产业、第三产业相对均衡），聚焦工业、能源、建筑、交通四大重点部门的碳排放控制，构建多元化产业体系；对于生态优先型城市（生态良好的重点生态功能区），聚焦生态保护和生态修复，建立产业生态化和生态产业化的生态经济体系，发展创新型绿色经济。

八 政策建议

（一）倡导生态文明新时代的价值观与发展方针

基于自然的生态文明价值观。生态文明时代的中国城市，应当更为系统地理解人与自然和谐共生的关系，更好地认识人类赖以生存的地球家园的生态价值，提倡以适应自然和资源禀赋特征、高效利用资源的方式应对多种社会挑战，城市发展同资源环境承载能力相适应，控制对自然环境最小的人工干扰，构筑尊崇自然、绿色发展的社会经济体系，打造可持续发展的人类命运共同体。

城市发展与资源环境消耗脱耦。生态文明时代的中国城市，应当大幅度减少对资源环境的依赖，城市与自然的和谐共生从被动适应转为主动选择，从根本上阻断经济增长与资源消耗、环境污染和生态损失间的关联性，加强城市高标准、精细化治理能力。

落实"双碳"目标，推动城市高质量发展。生态文明时代的中国城市，应以经济社会发展全面绿色转型为引领，加快形成节约资源和保护环境的产业结构、生产方式、生活方式、空间格局，走绿色低碳的高质量发展道路，构筑绿色发展的社会经济体系，树立和践行绿色生产和生活方式，实现高质量发展。

（二）建立法律法规体系

加快出台有利于中心城区疏解的法律法规。超特大城市的功能与人口疏解是一项系统工程，牵涉方方面面的利益。日本东京通过出台《工业控制法》《工业布局鼓励法》《城市开发区域整备法》等一系列城市功能疏解法案，明确了补偿机制，取得实效。结合我国实际，建议要重视并加强有关超特大城市功能疏解的体制机制建设，应当包括疏解机构，疏解企业的税收优惠、贷款优惠和购买优惠，疏解人员的住宅供给，以及对中心城区的限制机制等一系列内容，解决好利益平衡问题，以确保功能疏解落到实处。

尽快健全完善绿色低碳的法律法规体系。鉴于超特大城市实现"双碳"目标的优先性和紧迫性，应尽快制定应对气候变化领域的地方性法规，城市间联合制定区域协同机制，明确不同城市碳达峰和碳中和的差异化时序。

（三）完善各类标准规范

修订完善现行环境治理标准规范，提高标准。环境质量标准是制定污染物排放标准的依据，也是环保部门进行环境管理的重要手段。我国的超特大城市在污染排放管控和资源环境治理方面的标准与国际先进城市相比还有较大差距，应尽快修订完善现行的城市综合用水量标准、城市生活用水量标准、城市地表水环境质量标准、城市污水再生利用工业用水水质标准、城市污水再生利用景观环境用水水质标准、城市杂用水水质标准、大气环境质量标准等国家标准规范，鼓励超特大城市制定地方性标准规范，结合实际提高标准，提升居民生活品质。

加快城市"双碳"标准体系建设。尽快开展城市碳排放标准化研究，补齐碳排放核算、报告、核查、披露、认证和标识等关键环节短板，加强城市碳排放基础数据库建设，积极参与国际能效、低碳等标准制修订，融入国际能效、碳排放标准和规则体系，制定更多由我国主导的城市碳排放国际标准。

（四）实施刚性约束的目标/指标考核与评估

超特大城市率先实行污染排放总量与强度双管控。超特大城市应重视城市污染排放特别是生活污染排放对资源环境的实际影响情况，从污染和排放的源头减量，实现从人均指标达线向总量整体管控的思维转变。应从中心城区开始尽快建立污染排放的总量管控与经济/人口强度指标控制体系，以实现对城市资源环境利用与污染排放的有效管控。

超特大城市率先设立碳减排约束指标。在我国"双碳"目标的总体要求下，将低碳减排作为约束城市发展的主动选择，通过设立城市低碳减排的目标，倒逼超特大城市产业转型升级，建设资源节约、环境友好的低碳循环产业体系，进而促进城市经济增长摆脱对高碳排和资源消耗的依赖。

建立完善污染管控、考核与评估体系。围绕环境治理与碳减排指标，尽快制定相关环境与碳排放指标改善的时间表、路线图，确保相关措施的可落实、可管控、可追责。强化管理制度，建立健全完善的指标控制、评估与考核制度，确保落实到位。

（五）发挥规划管控作用，优化规划方法

加快制定都市圈区域规划。制定都市圈区域规划、划定增长边界和保护红线，明确都市圈内各个城市间的协同、分工与共享，是伦敦解决"城市病"问题的关键经验。我们建议应当尽快加强都市圈区域规划的编制工作，借鉴伦敦经验，以生态绿地、资源环境、城市功能和城市战略相融合的理念编制规划，在都市圈层面率先实现人与自然的和谐，率先实现"绿水青山就是金山银山"。

加快加强市域范围内"三区三线"管控。在市域国土空间规划中应尽快划定生态保护红线、永久基本农田、城镇开发等管控边界，统筹生产、生活、生态空间，建立水资源约束制度，建设与资源环境禀赋特征相匹配的空间格局。

（六）推进体制机制建设

健全都市圈协同发展机制。建立都市圈城市间多层次合作协商机制，有条件的地方可以探索设立都市圈发展及重点领域协调推进机制，负责推动落实都市圈协同发展的重大事项。强化都市圈发展规划及重点领域专项规划与城市群规划、城市规划的有机衔接，确保协调配合、同向发力、精准施策。

创新绿色低碳发展机制。应当进一步完善生态资源的价值核算方法，推动形成跨区域的碳补偿机制，完善碳排放交易机制。充分发挥全国和地方碳排放权交易所的平台功能，构建以市场为主导的减排机制。依托绿色金融改革创新试验区，建立完善区域绿色金融合作工作机制。

加强行政监督和执法能力。我国存在环境行政监管制度不健全、执法执行力相对较弱等问题，因此，应当进一步健全行政监督与执法管理机制，对城市的污染情况进行实时监督和管理，加大各地区的环境监督力度和执法管理力度，重视监督检查工作，加大环境污染惩罚力度。

（七）实施治理行动

提高水资源循环利用效率。关于缺水城市问题，我们建议应当减少对大范围水资源调配工程的依赖，根据水资源禀赋特征合理优化市域人口规模，同时强化城市水源涵养，提高水资源循环利用效率。

大气环境治理专项行动。重点围绕影响大气环境质量的产业、交通等关键因素精准施策，加强产业结构转型和污染物排放管控。同时在中心城区减量增绿，构建通风廊道，改善城市通风环境。

工程治污的同时实施生态修复。城市水环境治理既要利用工程手段围绕重点问题做好治污，同时也要加强海岸带、滨河带水生态修复，全面保护自然岸线、滨水湿地和防护林。

（八）提升治理能力

提高公众参与积极性。听取社会不同利益群体的意见，通过协商、讨论、谈判等方式形成环境治理共识。加大社会环境监督力度，更好地推动落实环保法律法规。在公民中倡导简约适度、绿色低碳的生活方式，开展创建绿色家庭、绿色社区和绿色出行等行动。

加强国际交流与互鉴。培养国际环境治理人才，积极学习国际环境治理制度、技术等先进经验，积极参与各类全球平台和事件，推动中国城市深度参与全球治理、助力全球共建生态文明。

提升环境治理科学化水平。加大绿色科研投入，实现环境治理的科学化和精细化，建立准确完善的环境质量监测体系、靶向准确的污染源监控体系以及准确及时的重大污染预警体系，做到全过程科学化控制，加快环境治理信息化发展。

参考文献

中国科学院自然区划委员会：《中国综合自然区划（初稿）》，科学出版社，1959。

李晓江：《关于城市长期健康发展的思考》，《建筑实践》2020 年第 7 期。

傅志寰：《对中国交通运输发展的若干认识》，《中国公路》2019 年第 13 期。

李晓江、郑德高：《人口城镇化特征与国家城镇体系构建》，《城市规划学刊》2017 年第 1 期。

李晓江、何舸、罗彦等：《粤港澳大湾区碳排放空间特征与碳中和策略》，《城市规划学刊》2022 年第 1 期。

左长安、邢丛丛、董睿、康翠霞：《伦敦雾霾控制历程中的城市规划与环境立法》，《城市规划》2014 年第 9 期。

周侃、樊杰：《中国环境污染源的区域差异及其社会经济影响因素——基于 339 个地级行政单元截面数据的实证分析》，《地理学报》2016 年第 11 期。

赵欣：《从阴霾到明媚——"雾都"伦敦治理雾霾进程研究》，《国际城市规划》2016 年第 6 期。

赵松乔：《中国综合自然地理区划的一个新方案》，《地理学报》1983 年第 1 期。

张燕、吴玲玲：《日本东京都水污染防治对北京的启示》，《当代北京研究》2013 年第 4 期。

王越：《英国空气污染防治演变研究（1921~1997）》，陕西师范大学硕士学位论文，2018。

王琦、黄金川：《东京都市圈大气污染防治政策对京津冀的启示》，《地理科学进展》2018 年第 6 期。

王静爱、左伟：《中国地理图集》，中国地图出版社，2010。

宋先松、石培基、金蓉：《中国水资源空间分布不均引发的供需矛盾分析》，《干旱区研究》2005 年第 2 期。

任美锷、杨纫章、包浩生：《中国自然区划纲要》，商务印书馆，1979。

陆璐：《日本城市绿地系统规划及其借鉴》，浙江农林大学硕士学位论文，2020。

刘召峰、周冯琦：《全球城市之东京的环境战略转型的经验与借鉴》，《中国环境管理》2017 年第 6 期。

李燕、顾朝林：《日本的城市环境问题及其改善过程——政策和规划视角研究》，《城市规划》2013 年第 5 期。

李俊峰、李广：《碳中和——中国发展转型的机遇与挑战》，《环境与可持续发展》2021 年第 1 期。

江伟康、吴隽宇：《基于地区 GDP 和人口空间分布的粤港澳大湾区生境质量时空演变研究》，《生态学报》2021 年第 5 期。

费宇红、苗晋祥、张兆吉等：《华北平原地下水降落漏斗演变及主导因素分析》，《资源科学》2009 年第 3 期。

范进：《城市密度对城市能源消耗影响的实证研究》，《中国经济问题》2011 年第 6 期。

专题三
基于交通视角的超特大城市合理规模及结构研究 *

---

* 课题组组长：陆化普，清华大学长聘教授、博士生导师、清华大学交通研究所所长。成员：柏卓彤，清华大学交通研究所博士研究生；王益，清华大学交通研究所博士后；吴洲豪，清华大学交通研究所博士后；刘若阳，清华大学交通研究所硕士研究生；张永波，清华大学交通研究所高级工程师。
执笔人：陆化普。

摘　要

本专题紧扣以人为核心的城市化这个关键，从交通角度分析论证中心城区和都市圈的合理规模结构，在此基础上提出破解"大城市病"的对策体系、评价指标和政策建议。围绕"城市合理规模结构研究"这一核心，本专题首先通过分析综述已有的国内外研究成果，发现通勤时间是超特大城市合理规模的控制因素。鉴于当前超特大城市中心城区表述和内涵上的差异，本专题提出了超特大城市中心城区的定义与内涵，这是本专题全面展开的基本前提。有了定义，课题组设计了基于大数据的超特大城市中心城区与都市圈范围的识别方法，在此基础上结合路径规划数据，系统分析了目前我国超特大城市的出行效率。如何预测超特大城市未来的交通效率？这是我们研究超特大城市合理规模结构必须要回答的问题。由于未来城市发展的复杂性和预测难度，经过反复建模实验、论证，课题组最后决定通过优秀案例城市与我国当前城市交通效率的差异比较来判断未来城市交通的效率水平。为突出研究主题，课题组选取了与研究目的相契合的 10 个超特大城市，量化分析了现状通勤效率，然后和东京现状的效率做了对比分析，东京当前的交通效率明显高于我国城市。研究认为，交通结构的调整以及交通技术水平和治理能力的提高，将有助于超特大城市合理规模的优化。因此，设置了"交通效率提高系数"，以量化分析未来的城市交通效率。主要研究内容如下。

第一，综述分析中心城区和都市圈可接受的通勤时间上限，论证通勤时间的长短是决定城市居民幸福感的关键要素；基于国内外大量研究和"以人民为中心"城市的基本要求，经综合分析取 60 分钟（1 小时）作为一日生活圈都市圈通勤时间的上限，取 40 分钟作为超特大城市中心城区单程可接受的通勤时间上限。

第二，提出超特大城市中心城区、都市圈定义和量化分析识别方法。综合应用城市行政边界及栅格 GIS 数据、分类 POI 数据、手机信令通勤 OD 数据、现状公布各城市建成区面积数据等，保证了现状中心城区识别过程及结果的普适性、客观性和可靠性；基于手机信令通勤 OD 推算获取了外围区县向中心城区通勤比例，并综合国内外相关研究，取该比例不小于 10% 作为判断外围区县纳入都市圈范围的标准，进而获取现状都市圈识别范围。

第三，基于交通视角给出中心城区和都市圈的合理规模分析论证结果。以实证研究为核心，基于 GIS 数据、街道精度的 POI 数据和手机信令数据，量化计算我国 10 个超特大城市的中心城区、都市圈的现状范围。在识别都市圈和中心城区范围的基础上，通过早高峰路径规划数据，量化分析超特大城市中心城区和都市圈的交通效率现状。据此提出中心城区和都市圈的合理规模结构。

第四，提出超特大城市空间结构优化建议。课题组从交通与土地使用深度融合的角度，以基层社区、中心城区和都市圈三个范围为对象，提出了优化城市空间结构的思路建议。

第五，提出都市圈交通拥堵对策体系。从规范出行者交通行为、公交优先、绿色交通发展、综合交通枢纽一体化、促进停车供需平衡、提高智能交通水平、交通管理精细化、优化调整城市结构与用地形态等八个方面提出了破解超特大城市交通拥堵对策。

第六，提出基于交通视角的中心城区及都市圈评价指标。课题从基础设施水平、绿色交通水平、一体化水平三个准则层构建了包括都市圈、中心城区道路网密度，都市圈、中心城区轨道网密度，中心城区绿色交通分担率，中心城区步行道路系统连通度，都市圈、中心城区轨道交通平均换乘距离，中心城区常规公交平均换乘距离在内的指标体系。

一　研究内容与研究思路

（一）城市交通面临的问题和挑战

随着中国城镇化与机动化的持续快速发展，城市规模越来越大，城市形态发生显著变化。同时，城市私人小汽车保有量迅猛增长，交通供需矛盾日益加剧，以交通问题为代表的"大城市病"日益严重，已经成为城市社会经济持续发展的制约因素，也是生态城市建设、实现可持续发展、提高城市品位和生活质量的瓶颈问题。

1. 交通供求矛盾尖锐

随着城镇化、机动化的快速发展，中国城市规模不断扩大，城市建成区面积已经由 1978 年的 0.5 万平方千米，增长至 2019 年的 6.03 万平方千米，增长了 11.06 倍。[①] 伴随这一过程，大城市尤其是超特大城市出现了严重职住分离的现象，导致居民出行距离迅速增加，潮汐交通现象日益加剧。例如，北京城市居民的平均出行距离从 2000 年的 8 千米增长至 2018 年的 12.36 千米（不含步行），增长了 54.5%；深圳从 2000 年 5.5 千米增长至 2016 年 10.1 千米（机动化方式），增长了 83.6%；广州从 2005 年 5.0 千米增长至 2017 年 6.9 千米，增长了 38%（全方式）。

从城市用地形态看，大城市普遍存在中心城区公共资源高度集中、就业岗位密度大，周边新城及大型居住区缺乏就业岗位、缺乏生活配套设施和公共设施的问题；大规模单一居住功能小区开发有增无减、依然呈现迅速发展等令人担忧的严重态势。

2019 年全国机动车保有量达 3.48 亿辆，私人小汽车达 2.07 亿辆，千人私人小汽车保有量已达 148 辆，[②] 机动车和私人小汽车保有量分别是 1978 年（159 万辆[③]）的 219 倍和 799 倍，近年来大城市私人小汽车保有量依然以接近 20% 的速度持续增长。

城市交通拥堵状态严峻。2018 年全国 13% 的城市通勤高峰时间小汽车处于拥堵状态，61% 的城市通勤高峰时间小汽车处于缓行状态，只有 26% 的

---

① 《2019 年城市建设统计年鉴》，住房和城乡建设部网站，表 2，https://www.mohurd.gov.cn/gongkai/fdzdgknr/sjfb/tjxx/index.html。
② 《全国私家车保有量首次突破 2 亿辆　66 个城市汽车保有量超过百万辆》，https://hnga.henan.gov.cn/2020/11-10/1887853.html。
③ 《完善法治深化改革交警努力营造畅通安全出行环境》，https://www.mps.gov.cn/n2255079/n4876594/n4974590/n5374167/c6542213/content.html；1978 年的私人小汽车保有量在这里是使用载客汽车数量（25.9 万辆）代替，数据来自百度文库，https://wk.baidu.com/view/c68d611b866fb84ae55c8d00。

城市不受高峰时间小汽车拥堵的影响。以北京、上海、广州、深圳、重庆、成都 6 个城市为例，2018 年高峰时段平均车速仅为 24.83km/h，且呈逐渐恶化的趋势。[①]

2. 城市雾霾严重、交通贡献率不断攀升

城市交通已经成为影响大气环境质量的主要贡献者。据《中国机动车环境管理年报（2018）》，北京、上海、杭州、广州和深圳的移动源排放为城市 PM2.5 排放的首要来源，占比分别达到 45%、29.2%、28.0%、21.7% 和 52.1%。[②] 从交通的角度看，公共交通服务水平低、非机动交通路权没有得到充分保障是机动车对城市雾霾贡献率不断增加的根本原因。

3. 公共交通整体服务水平低

城市公共交通全方式出行分担率整体偏低，与城市高密度的人口分布特点不协调，与东京（51%）、首尔（63%）、斯德哥尔摩（55%）等国外城市相比有很大差距。

突出表现在公共交通运行效率低、缺乏吸引力。公共汽车运行速度普遍偏低（见图 4-1），2018 年北京市高峰时段公共汽车行程车速仅为 9.2km/h，平均出行时耗 67 分钟，公共交通非车内时间比例大，为 36.7%。此外，末端交通系统不完善，公共汽车站布局、位置设置不合理等因素进一步增加居民出行难度，降低公共汽车利用率。

4. 非机动交通出行分担率下滑态势明显

自行车出行分担率逐年下降。例如北京市 1986 年自行车出行分担率为 62.7%，2018 年降为 11.5%，同期私人小汽车出行分担率由 5.0% 上升至 27.0%（见图 4-2）。

非机动交通出行环境差、通行空间不连续、安全隐患多，自行车通行空间被违法停车占据等现象严重，缺少非机动车专用道，路权没有得到保障。

---

① 高德地图编制《2018 年度中国主要城市交通分析报告》，https://www.docin.com/p-2168150499.html。

② 生态环境部：《中国机动车环境管理年报（2018）》，https://www.mee.gov.cn/xxgk2018/xxgk/xxgk15/201806/t20180601_ 630215.html。

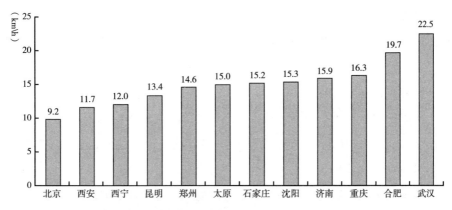

图 4-1　部分城市高峰时段公共汽车平均行程速度

资料来源：北京数据来自《2018 北京市交通发展年度报告》；西安（2015 年）、昆明（2015 年）、石家庄（2016 年）、重庆（2015 年）、合肥（2016 年）、武汉（2015 年）数据来自公安部；其他城市数据取自城市公交都市创建方案。

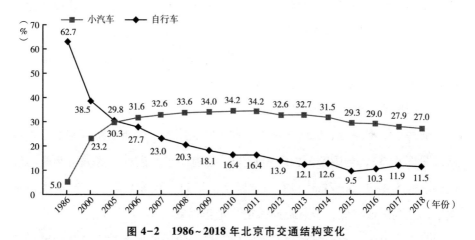

图 4-2　1986~2018 年北京市交通结构变化

注：出行方式中不含步行。

资料来源：北京交通发展研究院《交通强国战略项目研究城市交通研究课题成果报告》，2019，第 16 页。

与积极倡导和鼓励自行车出行的国外城市阿姆斯特丹（60%）、哥本哈根（45%）等相比差距很大，亟须从路权分配、空间确保、管理优先、舆论鼓励等方面采取系统对策，大力提高非机动交通出行环境的安全性、便捷性和舒适度，以显著提高非机动交通出行分担率。

此外，尽管共享单车有效解决了出行"最后一公里"问题，但目前存在封闭大院和一些公共场所禁止进入、停放混乱、管理不到位等问题，需要通过制定相关政策与对策，规范管理和促进服务，鼓励其良性发展。

5. 停车供需矛盾突出

停车位供给不足。中国大城市小汽车与停车位的平均比例约为1：0.8，中小城市约为1：0.5，与发达国家1：1.3相比，严重偏低，全国停车位缺口超过5000万个。[①]

停车设施供给结构不合理。城市合理的停车位结构是配建停车比例应占80%~85%，路内临时停车位占比小于5%。然而，目前的状况是路内停车位占10%~15%，比例偏高。

停车收费结构不合理。现状路内低于路外、地面低于地下的收费模式加剧了交通拥堵、交通秩序混乱程度；有的城市路内停车位采用免费或低收费的管理方式，影响了道路功能的发挥。

违法停车现象普遍。各类城市普遍存在违法停车现象，尤其是路内停车，管理难度大、违法严重，影响交通通行。

6. 路网不完善、交通组织难度大

道路系统不完善、道路结构不合理、断头路多。城市道路网密度总体较低（见图4-3），与国家要求的 $8km/km^2$ 还有不小距离，一些城市甚至与规范要求的 $5.4~7.2km/km^2$ 也有一定距离。同时，大多数的支小路系统也不发达，且利用效率低，没有疏通城市"毛细血管"。

我国已经进入新型城镇化发展阶段，这一阶段的显著特征就是大城市正在向都市圈和城市群的发展形态转变。都市圈的高质量发展，对于我国城镇化的健康发展，不但具有十分重要的意义，而且是面临的紧迫任务和严峻挑战。我们迫切需要研究和解决拥堵、排放、交通、停车等问题，构建出行便捷高效，体验感、获得感更强的美好城市生活环境。

---

① 《我国停车位缺口超5000万个　国务院多举措破解停车难》，http：//www.gov.cn/xinwen/2015-09/25/content_2939043.htm。

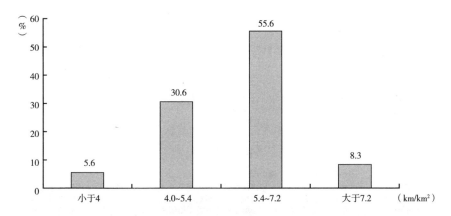

图 4-3　城市建成区路网密度分布

资料来源：根据 2021 年度《中国主要城市道路网密度与运行状态监测报告》（http：//www. guihuayun. com/read/70887）数据绘制。

（二）研究任务及其解读

本课题的任务是抓住"以人为核心"的城市化这个关键，从交通角度分析论证中心城区和都市圈的合理规模结构，在此基础上提出破解"大城市病"的对策体系、评价指标和政策建议。

要想清楚回答上述问题，必须首先厘清城市发展演化过程及其相关的基本概念。随着交通技术的进步和城市社会经济的发展，城市规模形态在不断发展演化（见图 4-4）。需要注意的是，图 4-4 所示的发展阶段描述是一般特征和过程，对不同区域、不同城市而言，因所处的自然地理环境和发展条件差异，在某个时间断面上，城市规模结构不会完全相同，存在大中小城市并存的、合理的城市规模结构空间布局。

从破解超特大城市问题的使命和实现高质量发展面临的挑战出发，本研究从中心城区和都市圈两个空间范围展开，作为当前我国城市发展的两个关键区域，它们面临的主要矛盾及问题的关键不同。

中心城区城市化程度充分、高强度连片开发、人口密度高，是都市圈的主导核心。都市圈是以一个首位度占明显优势的中心城市为核心，以通勤范

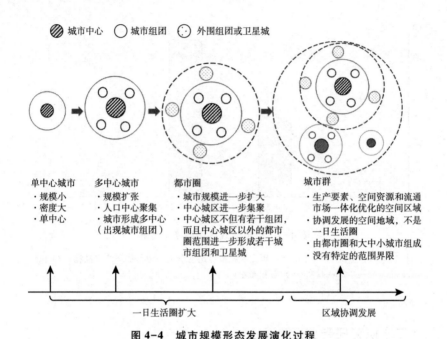

图4-4 城市规模形态发展演化过程

围为空间区域，由若干城镇组成的具有完整城市功能的城市空间区域，是一日生活圈、通勤圈。都市圈内的交通需求以客流为主，是每天的、频繁的生产与生活出行需求，呈现明显的峰值特性与高频度特性。《中华人民共和国国民经济和社会发展第十四个五年规划和2035年远景目标纲要》中也明确提出了建设现代化都市圈的要求。国家发展改革委《关于培育发展现代化都市圈的指导意见》（发改规划〔2019〕328号）指出：都市圈是城市群内部以超特大城市或辐射带动功能强的大城市为中心、以1小时通勤圈为基本范围的城镇化空间形态。[①]

随着中心城区交通拥堵的日益加剧，我国城市居民出行的在途时间显著增加，城市运行效率和竞争力、城市居民的幸福感正在显著下降。因此，中心城区面临的主要任务是破解交通拥堵、缩短出行时间、提高城市出行的便

---

① 《关于培育发展现代化都市圈的指导意见》（发改规划〔2019〕328号），国家发展改革委官网，https：//zfxxgk.ndrc.gov.cn/web/iteminfo.jsp？id＝16110。

捷高效程度，进而提高市民的幸福感。中心城区的严重交通拥堵问题，要通过系统化、科学化、智能化、一体化的一揽子解决方案和系统对策来解决。

而都市圈作为城市的一日生活圈，随着其规模不断发展，通勤距离越来越长，交通时间不断增加，城市竞争力和市民的幸福感显著下降。同时，过度集中的城市人口和城市功能，也需要在都市圈层面上进行统筹优化、功能适当疏解。中心城区人口规模控制和部分城市功能向都市圈范围疏散既是破解城市交通拥堵的核心举措，也是提高都市圈全域土地集约化利用程度、降低生产成本、提高城市竞争力的关键，更是强化城市文明辐射带动作用、实现城市居民更美好生活环境的必由之路。

因此，科学确定中心城区和都市圈的合理规模，并在此基础上通过城市空间结构优化和交通与土地使用的深度融合，缩短城市居民的出行距离、提高出行的便捷高效程度，是建设"以人民为中心的城市"、破解城市交通问题的关键。

从交通角度，本研究要回答和提出以下主要成果：①综述分析中心城区和都市圈可接受的通勤时间上限；②提出超特大城市中心城区、都市圈定义和量化分析识别方法；③给出中心城区和都市圈的合理规模分析论证结果；④提出破解超特大城市交通拥堵问题的对策体系；⑤提出基于 TOD（Transit-oriented development）模式的超特大城市空间结构优化建议；⑥提出基于交通视角的都市圈评价指标。

（三）主要研究内容及其相互关系

围绕"城市合理规模结构研究"这一核心，本研究设计了基于大数据的超特大城市都市圈与中心城区范围识别方法，在此基础上结合路径规划数据，分析目前我国超特大城市交通运行效率；基于对现状通勤效率的深度刻画和对东京现状的深度分析，研究了未来城市交通效率提高和治理能力增强对城市合理规模结构的提高效果，最后给出了中心城区、都市圈的合理规模建议。

具体来说，本研究在基于案例的实证分析研究中，首先通过多源交通大数据提取了我国 10 个城市中心城区和都市圈范围以及不同方式（小汽车、公交、轨道）的出行距离、时间、速度等交通特性。

我国超特大城市交通效率处于什么样的状态，在这样的交通系统结构和交通运行效率状态下，能够支撑的合理城市规模是多少？这是本研究要清楚回答的第一个问题。在此基础上，我们要回答的第二个问题是我国超特大城市未来交通效率提高的程度如何确定？交通效率提高包括交通技术进步、交通组织管理优化带来的效率提升、城市政府综合治理能力提高以及城市结构优化带来的效率提升。经过试验和反复论证，课题组认为，采用数学模型方法预测交通效率提高难度很大，不易精准描述。而案例分析恰恰是多要素联合作用的结果，能够综合反映上述技术进步、组织管理优化和治理能力提高带来的合理城市规模扩大效应。

在研究未来效率提高选择对比案例时，课题组综合考虑了人口密度、城市规模等的相似性和城市的综合可借鉴性，最终选择了东京作为比较对象。尽管东京的城市发展既不是理想模式，也不是成功案例，但是其在城市交通效率和城市治理能力方面，还是值得我国学习的。比如，在交通主线的运行效率、换乘的紧凑程度、末端交通系统及其一体化综合管理等方面，明显比我国更优化。上述方面，有些是我国可以借鉴的，有些由于国情不同无法照搬。所以，在借鉴东京经验分析预测我国城市的中心城区和都市圈合理规模结构时，我们充分注意到了可以显著改进的部分和难以改进的部分，客观地确定了效率提高系数。通过北京与东京交通效率的对比分析，确定了效率提高和治理能力加强后对超特大城市合理规模结构的提高效应。依据这些研究成果，给出了中心城区和都市圈的合理规模建议。

同时，课题组对超特大城市空间结构优化进行分析研究，提出基于 TOD 模式的超特大城市空间结构的优化建议和破解超特大城市（以北京为例）交通拥堵问题的对策体系。

基于以上研究成果，课题组建立基于交通视角的都市圈合理规模结构评价指标，以期动态评价我国都市圈规模结构现状、差距与存在问题，阐明我国都市圈规模结构及交通发展的方向和工作重点。

二　通勤时间是超特大城市合理规模的控制因素

如前所述，本研究的根本任务是回答和解决"以人民为中心的城市化"命题下的超特大城市合理规模结构问题，而超特大城市规模问题的决定性因素是城市居民的幸福感。

国内外的大量研究成果表明，通勤时间的长短是决定城市居民幸福感的第一要素。

2002 年诺贝尔经济学奖获得者、美国普林斯顿大学心理学和公共事务教授 Daniel Kahneman 在 2004 年 *Science* 上发表的文章，通过昨日重现法研究发现，在人类 16 种主要的日常活动（包括工作）中，最令人厌恶的是上下班通勤。日常生活中不同活动的时间安排和效用都会影响个人的幸福体验，其中上下班通勤活动的影响是最为显著的，当通勤时间超过 1 个小时，幸福体验就会急剧下降。

英国统计局发布的关于英国通勤时间对于幸福感的报告发现，通勤时间更长的人幸福感更低，同时焦虑感更严重。当单程通勤超过 60 分钟时，这种负面的影响最大。进一步对不同通勤方式下通勤时间对幸福感的影响进行考察，发现对于采用公交出行时间 30 分钟以上的居民来说，通勤时间的负面影响是最大的。

Stutzer 等（2008）发现通勤时间越长，个人幸福感越低，将该指标更换为生活满意度，这样的结论依然成立。同时，通勤时间不仅是主观感受的需要，对于身体健康和生理健康也有重要影响。

以下将分别从国内外研究者对于通勤时间的可接受程度和城市居民幸福感与通勤时间的关系两个方面总结已有研究成果，论证居民可接受的通勤时间。

（一）通勤时间的可接受程度

国内外学者对于通勤时间的可接受程度进行了大量研究，主要成果概括如下。

1. 关于合理通勤时间的研究综述

国外大量的研究发现，通勤时间 40 分钟以上显著影响通勤者满意程度。2013 年，O. B. Smith 在他的博士学位论文中利用美国波特兰的网络问卷调查数据，发现当美国员工的汽车通勤时间达到 40 分钟时，对通勤幸福感（CWB，Commuting Well-Being）有显著的负作用（$P<0.01$）。尽管人们认为更长的公交通勤时间将显著降低通勤幸福感，但是他通过多种方式证明了只有 40 分钟这个"转折点"（break point）是重要的。这个研究也证明了 P. L. Mokhtarian 等（2001）提出的：理想通勤时间实际上是出行者个体的期望出行时间预算的一个子集，即通勤时间存在合理区间。当人们的出行时间处于这个特定的期待出行时间的区间内时，将会感到满意。

通勤时间 40 分钟，已经在国外较多研究中作为长通勤出行的门槛值。Cassel 等（2013）分析了瑞典找工作的人对于长时通勤的意愿，以单程出行时长 40 分钟以上为长时间通勤，研究性别、受教育程度、家庭有小孩对长时间通勤意愿的影响。

纵观国外大量研究，通勤时间的转折点均处于 30～45 分钟。如 E. Sandow（2010）等将长通勤定义为大于或等于 45 分钟（单程），其利用瑞典的调查数据，发现收入、年龄、受教育程度、职业、居住区位及长通勤经历等对长通勤有显著影响。

综合上述分析，城市规模不同，市民对可接受的通勤时间的认识略有不同。为实现我国建设交通强国和更美好的城市生活目标，本研究确定以 40 分钟作为中心城区的通勤时间上限。

2. 1 小时研究综述

英国国家统计局曾采集 6 万人的通勤行为和多项幸福指标信息，经研究发现，相对于非通勤者，通勤者的生活的满意度和幸福感指数均比较低。单程通勤达到 1～1.5 小时的就业者，他们受到的负面效应是最大的。

英国私人医疗保险公司"活力健康"委托剑桥大学等机构对 3.4 万余名上班族联合展开调查，试图找出通勤时长、灵活安排工作时间和在家办公对雇员健康和工作效率的影响。① 结果显示，单程通勤时间超过半小时，就能对员工健康和工作效率产生负面影响，通勤时间最长的人单程通勤在 1 小时以上，抑郁概率高出平均水平 33%，产生与工作相关压力的风险高 12%，每晚睡眠时间不足 7 小时的可能性高 46%。

在美国的研究调查中，Christian（2012）采用美国 2003~2010 年调查（American Time Use Survey）数据，考察了全美健康相关的行为与通勤时间之间的关系。研究表明，1 小时的通勤时间，会造成个人体育锻炼活动时间减少 16.1%，准备食物的时间下降 4.1%。

以中国城市为背景，孙斌栋等（2019）用来自 2010 年中国家庭追踪调查中城市 16~65 岁工作者的数据，研究了通勤时间和主观幸福感之间的关系。该研究发现更长的通勤时间与更低的生活满意度和幸福感密切相关，特别是当每天通勤时间大于 1 小时时，生活满意度和幸福感更低。

此外，我国近两年发布的政策对都市圈的定义也与 1 小时通勤有关。《国家发展改革委关于培育发展现代化都市圈的指导意见》② 中指出，都市圈是城市群内部以超特大城市或辐射带动功能强的大城市为中心、以 1 小时通勤圈为基本范围的城镇化空间形态。

《关于推动都市圈市域（郊）铁路加快发展的意见》③ 中指出，市域（郊）铁路主要布局在经济发达、人口聚集的都市圈内的中心城市，联通城区与郊区及周边城镇组团，采取灵活编组、高密度、公交化的运输组织方式，重点满足 1 小时通勤圈快速通达出行需求。④

以上的国内外文献以及现有政策研究都说明，1 小时的通勤时间是人们

---

① 《单程通勤时间超 1 小时，抑郁几率高出平均水平 33%》，搜狐网，https://www.sohu.com/a/143311640_313745。

② 国家发展改革委：《国家发展改革委关于培育发展现代化都市圈的指导意见》（发改规划〔2019〕328 号），2019。

③ 国家发展改革委、交通运输部、国家铁路局、中国国家铁路集团有限公司：《关于推动都市圈市域（郊）铁路加快发展的意见》（国办函〔2020〕116 号），2020。

④ 《国务院办公厅转发国家发展改革委等单位关于推动都市圈市域（郊）铁路加快发展意见的通知》（国办函〔2020〕116 号），中国政府网，http://www.gov.cn/zhengce/content/2020-12/17/content_5570364.htm。

幸福感得到一定保障的临界点，超过 1 小时的单程通勤时间与抑郁、焦虑、肥胖、疾病等一系列问题都有关系，超出了人们可以接受的最长时间上限。故本研究选取门到门 1 小时作为都市圈的通勤时间上限值。

（二）城市居民幸福感与通勤时间的关系

在城市快速发展的同时，居民生活水平也在不断提高，提升居民幸福感已成为国际社会公认的国家发展必然要求。Alexa Delbosc 等（2017）提出，政府治理国家的终极追求是在保证人民生活质量的前提下维持人民幸福感处于高水平；澳大利亚、不丹、英国等地政府也将"幸福指数"作为一项重要指标。我国也发布了一系列提升居民生活质量及幸福感的政策。在 2016年举办的中央城市工作会议中宣布："城市工作要坚持以人民为中心的发展思想，坚持人民城市为人民"；广东省将"城市幸福感"加入其幸福城市评价指标体系中，作为考核政府绩效的一项重要指标；《上海市城市总体规划（2017—2035 年）》[①] 提出注重打造 15 分钟社区生活圈，通过优化社区生活、就业和出行环境，创建优良的人居环境以提高人民的幸福感。[②]

对于城市来说，城市的经济正常运转离不开通勤的保障；对于大多数城市居民来说，工作和日常通勤都是其日常生活中必不可少的刚性活动，其时间安排也势必会影响居民日常生活中的其他活动。长时间、远距离通勤不仅耗费城市居民的时间精力，同时也会占用人们的日常运动、社交娱乐、睡眠等生活时间，进而损害居民的身心健康。由于职住地及工作时间的相对稳定性，所以通勤活动在时间和空间上也比其他出行活动具备更多的稳定性。每天都有数以亿计的就业者奔波在通勤途中，直接影响城市居民的幸福感。

为此，本研究对已有的通勤时间与幸福感的关系研究成果进行了系统梳理，目的是进一步厘清通勤时间与城市居民幸福感之间的关系，以及通勤时长对居民幸福感的影响程度。

---

① 上海市人民政府：《上海市城市总体规划（2017-2035 年）》，2018。
② 《上海市城市总体规划（2017-2035 年）》，上海市人民政府网，https://www.shanghai. gov.cn/nw42806/index.html。

1. 通勤时间对个人幸福感有显著负面影响

德国研究者 Stutzer 和 Frey（2008）采用德国社会经济面板数据（GSOEP），运用线性固定效应模型，结果发现通勤时间增加会导致个人主观幸福感的显著降低。

英国 Roberts 等（2011）采用英国家庭面板调查数据（BHPS），考察了幸福感与通勤时间的关系。结论表明通勤更长的人幸福感更低。

美国 Smith（2013）通过对美国波特兰地区的问卷调查发现，通勤时间、对于通勤的态度都对于个人幸福感有显著的影响。Choi 等（2013）考察了通勤时间对于主观幸福感的影响。结论表明，通勤时间与主观幸福感显著负相关，通勤时间是决定居民幸福感的重要影响因素。

Anderson 等（2016）用北京市交通限行数据研究了交通拥堵与主观幸福感的关系发现，交通拥堵会显著地影响个人的主观幸福感。Ye 等（2007）以西安为案例，利用结构方程模型，考察了通勤方式、通勤时间和交通服务水平对于通勤满意度和个人主观幸福感的影响。通勤时间与通勤满意度负相关，而通勤满意度对个人幸福感有显著的影响。

2. 长时间通勤对个人心理健康有负面影响

英国国家统计办公室利用抽样调查的方式，对 6 万多名上班的人进行了样本调查。调查结果显示：当上班路途通勤时间在 45~60 分钟时，上班者的幸福感就会马上减低；当人们上班路途通勤时间超过 60 分钟，人们的焦虑感达到最高程度，幸福感降到最低。

Stutzer 和 Frey（2008）研究发现，通勤对于个人的情绪、活力以及精神状态存在较大的影响。主要表现为通勤时间越长，日常压力更大，更没有活力，自我评价的健康程度也更低，更容易因病缺席工作。长距离通勤者（通勤时间大于 45 分钟）比短距离通勤者（通勤时间小于 20 分钟）所承受的压力更大。

澳大利亚 Gottholmseder 等（2009）以澳大利亚居民为例，从多方面考察了通勤对于个人压力感受的影响。实证结果表明，在控制了个人和工作地特征的情况下，通勤仍然具有重要作用。随着通勤时间的增加，个人感受到的压力也会增加。

3. 长时间通勤对个人身体健康有负面影响

日本 Kageyama 等（1998）通过对日本 223 名白领的心率变化检测发现，单程通勤超过 90 分钟的人更倾向于有慢性压力和肥胖的症状，这都会导致如血管疾病和心脏相关的功能紊乱。

美国 Walsleben 等（1999）发现纽约长岛的轨道交通的长距离通勤者显著有更少的晚间睡眠和更高的血压。

英国 Palmer（2005）通过对英国肯特和梅德韦地区的调查发现单程 45 分钟以上的通勤者自我报告的健康程度较差。

意大利 Costa 等（1988）发现 45 分钟以上时间的通勤者自由时间与睡眠时间更少。

美国 Christian（2012）采用美国 2003～2010 年调查数据，考察美国健康行为与通勤关系，发现：个人的通勤时间比平均通勤时间多 1 个小时，睡眠时间减少 28%～35%；60 分钟的通勤时间，会造成个人体育锻炼活动时间减少 16.1%。

纵观国内外研究可知，通勤时间与居民幸福感呈现显著相关关系，主要表现在以下方面：第一，通勤是日常生活中最令人厌恶的活动；第二，缓慢而长距离通勤对个人感受影响显著；第三，通勤时间对个人幸福感有显著负面影响。

长时间的通勤会给居民身体、心理健康带来危害。通勤时间超过 40 分钟是转折点，通勤者幸福感会明显下降，承受的心理压力明显加大，通勤满意度下降明显，睡眠时间明显减少。超过 60 分钟的通勤会使通勤者幸福感降到最低，同时会带来其他活动时间明显减少以及肥胖等慢性疾病。

综合分析，都市圈作为一日生活圈范围，以 60 分钟作为其通勤时间的上限，是实现更美好的城市生活目标最基本的要求。中心城区作为城市发展的发动机和实现高度城镇化的范围，以"人民满意"为城市发展目标，取 40 分钟作为超特大城市中心城区单程可接受的通勤时间上限，已经为国内外大量研究所证明，是构建"以人民为中心"城市的基本要求。

三　中心城区与都市圈的合理规模研究

（一）研究思路

本研究以实证研究为核心，基于行政区划 GIS 数据、栅格 POI 聚类数据和手机信令数据，量化计算我国 10 个超特大城市的中心城区、都市圈的范围。在计算方法上，考虑到既有自然间断分级方法尽管标准统一，但缺少实践数据支撑等问题，本研究从第七次全国人口普查获得的 21 个超特大城市中选择了与研究目的相适合的 10 个超特大城市作为研究对象进行范围识别和检验。

同时，在识别都市圈和中心城区的基础上，研究通过路径规划获取早高峰实际出行数据，计算现有条件下公交、轨道交通、小汽车的出行效率。结合识别中心城区、都市圈范围和手机信令数据，计算都市圈通勤比例。基于对北京交通效率的深度分析，以东京为案例做对比，以期为我国交通健康发展提供经验借鉴。

（二）分析计算方法

1. 案例城市选取

根据第七次全国人口普查公报数据，在超特大城市中综合考虑城市分布情况和城市形态，选取 10 个城市进行分析，这些城市的基本情况如表 4-1 所示。

表 4-1　选取案例城市一览

单位：万人

序号	城市	人口
1	上海	2487
2	北京	2189
3	成都	2094
4	广州	1867

序号	城市	人口
5	西安	1295
6	郑州	1260
7	武汉	1232
8	长沙	1004
9	哈尔滨	1001
10	沈阳	907

资料来源：国家统计局第七次人口普查数据，http：//www.stats.gov.cn/tjsj/pcsj/rkpc/7rp/indexch.htm。

2. 中心城区与都市圈范围识别

中心城区与都市圈范围识别流程如下。

第一步，在各案例城市 200 米×200 米栅格尺度下统计综合 POI（包括住宅楼栋、公司企业、餐饮服务/购物服务/生活服务）数量。

第二步，采用 GIS 热点聚类分析方法，识别具有统计意义的热点栅格。其中热点栅格识别原理是，根据研究目的不同，选择不同要素指标作为热点分析的统计判断依据。比如，要判断一个对象栅格区域的商业发达程度，就可以选择商店的数量作为热点分析的统计要素；要想衡量人口密集程度，就可选择住宅及小学的数量等作为热点分析的统计要素。本研究综合选取了住宅楼栋、公司企业、餐饮服务/购物服务/生活服务等多类 POI，作为识别中心城区范围的基础统计要素。

第三步，统计城市各街道范围内热点栅格数量占比，获得街道热度分级 d（0~100）。分级 d=0 表示该街道无热点栅格，d=100 表示该街道内全为热点栅格。

第四步，中心城区范围识别确定。对任一城市，确定某个临界热度等级后，就能对应确定一个唯一的中心城区范围。那么，问题的关键就是，如何确定某个城市中心城区范围大小的临界热度等级。本研究采用了通过具有中心城区调查数据的对象城市标定临界热度等级，即选取与该城市公布的建成区中心部分（剔除外围组团后）的面积最接近的连片范围所对应的热度等级为临界热度等级，然后以该临界热度等级为判断准则计算识别中心城区范围的方法。

第五步，计算每个街道的热度值，当该值大于等于临界热度等级且位于中心连片区域时，就将该街道纳入所识别的中心城区范围的热度栅格面积进行加和计算，这样就可以识别研究对象城市对应的中心城区范围了，即该中心城区范围内热点栅格面积之和即为识别中心城区面积。

第六步，基于手机信令数据获取的通勤 OD 数据（中国电信 2021 年 8 月数据，暂时难以获取街道级别通勤 OD），推算各周边区县（城市总体范围减去中心城区范围后）向中心城区通勤比例，最后通过各区县 POI 热点/非热点栅格面积比例加权推算，获取周边区县到中心城区通勤比例。

第七步，对于任一周边区县的建成区，若其所属热点栅格区域向中心城区的通勤比例不小于 10%，则将该周边区县热点栅格纳入识别现状都市圈范围。此外，在对全部区县的建成区进行推算后统计增加到都市圈面积中。

3. 超特大城市交通效率现状分析方法

超特大城市交通效率现状分析的流程与方法如下。

①采用地图坐标拾取系统，定位街道中心点坐标，以街道中心点坐标为圆心，提取圆心 3km 范围内的居住性质 POI（作为通勤出发点）以及就业性质 POI（作为通勤到达点）。将 POI 配对形成 OD 对，并采用手机信令数据进行校核。

②通过地图路径导航接口爬取高峰时段出行数据，获取工作日早高峰以轨道交通、公共交通、小汽车为代表交通方式的出行时间与距离，具体包含首末端、换乘、主线全过程出行链的距离与时间信息。

③对出行距离与时间信息进行统计分析，获取各城市中心城区范围不同交通方式（小汽车、轨道、公交）的交通效率，按照实际出行分担率进行加权获得综合交通速度，作为城市的综合效率。具体流程见图 4-5。

图 4-5　交通效率获取流程及代码示意

（三）计算结果

1. 中心城区与都市圈范围识别计算结果

（1）中心城区当量半径

10 个城市中心城区范围分布情况如图 4-6 所示。

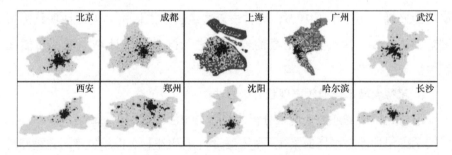

图 4-6　10 个城市热点识别情况示意

为表达方便，我们把识别后得到的空间范围转化成等量的虚拟圆的面积，用当量半径来表述面积的大小。需要说明的是，上述范围识别过程中使用的城市空间形态和城市居民真实的出发地和目的地等数据都是真实数据。只是在获取识别后的空间范围数据后，为了说明上的方便，做此当量换算。根据公式 3-1 计算 10 个城市中心城区的当量半径。

$$R = \sqrt{\frac{S}{\pi}} \qquad\qquad （公式 3-1）$$

计算得到的 10 个城市中心城区当量半径分布如图 4-7 所示，现状的当量半径在 10.69km（长沙）到 17.54km（北京），当量半径的平均值为 13.12km。

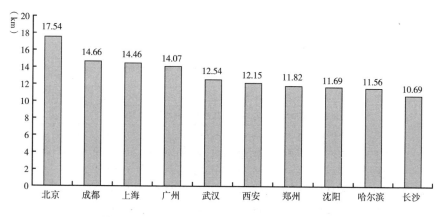

图 4-7　10 个城市中心城区当量半径计算结果

（2）都市圈当量半径

同理，根据 GIS 软件统计目前识别都市圈范围面积，根据公式 3-1 计算 10 个城市都市圈的当量半径。10 个城市都市圈当量半径分布情况如图 4-8 所示，都市圈现状当量半径在 12.36km（郑州）到 24.25km（上海），平均值为 16.09km。

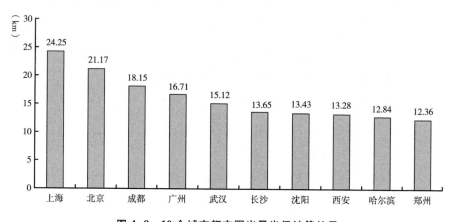

图 4-8　10 个城市都市圈当量半径计算结果

2.中心城区与都市圈出行效率

通过路径规划数据提取和处理，得到中心城区与都市圈的出行效率情况如表4-2所示，对中心城区、都市圈的小汽车、轨道交通、公交三类交通方式进行详细分析。

表4-2　10个城市出行效率一览（早高峰）

序号	城市	速度（km/h）						加权速度（km/h）	
		小汽车		轨道交通		公交		中心城区	都市圈
		中心城区	都市圈	中心城区	都市圈	中心城区	都市圈		
1	上海	17.09	18.48	17.49	17.49	14.06	16.94	16.31	17.78
2	北京	14.98	15.36	20.30	20.30	15.70	17.57	16.61	17.21
3	成都	16.43	17.91	16.62	16.62	13.50	15.93	15.39	17.06
4	广州	15.71	16.02	17.21	17.21	13.65	15.98	15.43	16.28
5	西安	14.72	15.44	15.62	15.62	11.70	12.12	13.77	14.21
6	郑州	16.50	16.86	19.91	19.91	11.20	12.04	14.98	15.47
7	武汉	15.07	15.19	16.18	16.18	13.10	14.32	14.51	15.04
8	哈尔滨	14.44	15.88	15.45	15.45	12.25	13.05	13.37	14.41
9	长沙	14.77	16.92	16.89	16.89	12.28	12.34	14.73	15.95
10	沈阳	14.21	14.49	14.67	14.67	11.27	11.67	13.96	14.14

（1）中心城区范围交通效率

中心城区范围内小汽车、轨道交通、公共交通高峰时间三种交通方式的效率和对应范围的当量半径情况如图4-9所示。可以看出，高峰时间10个城市中心城区范围轨道交通（全出行链）出行效率最高，公交（全出行链）的出行效率较低，小汽车的出行效率介于二者之间。

小汽车效率分析。10个城市中心城区小汽车平均出行时间：51.53分钟；最大出行时间：68.54分钟（北京）。小汽车平均速度：15.36km/h；最大出行速度：17.09km/h（上海）。

轨道交通效率分析。10个城市中心城区轨道交通平均出行时间：47.19分钟；最大出行时间：53.9分钟（广州）。轨道交通平均速度：16.80km/h；最大出行速度：20.30km/h（北京）。

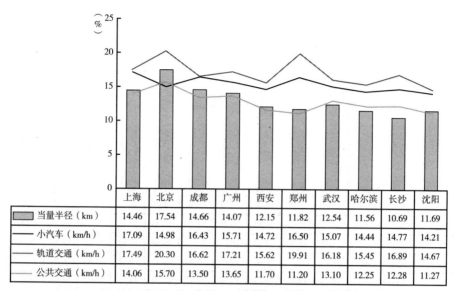

	上海	北京	成都	广州	西安	郑州	武汉	哈尔滨	长沙	沈阳
当量半径（km）	14.46	17.54	14.66	14.07	12.15	11.82	12.54	11.56	10.69	11.69
小汽车（km/h）	17.09	14.98	16.43	15.71	14.72	16.50	15.07	14.44	14.77	14.21
轨道交通（km/h）	17.49	20.30	16.62	17.21	15.62	19.91	16.18	15.45	16.89	14.67
公共交通（km/h）	14.06	15.70	13.50	13.65	11.70	11.20	13.10	12.25	12.28	11.27

图 4-9　10 个城市公共交通中心城区当量半径与各交通方式效率

地面公交效率分析。10 个城市中心城区公交平均出行时间：62.84 分钟；最大出行时间：74.5 分钟（广州）。公交平均速度：12.61km/h；最大出行速度：15.70km/h（北京）。

（2）都市圈范围交通效率

都市圈范围内小汽车、轨道交通、公共交通高峰时间三种交通方式的效率和对应范围的当量半径情况如图 4-10 所示。可以看出，高峰时间 10 个城市中心城区范围轨道交通（全出行链）出行效率较高，公共交通（全出行链）的出行效率较低，小汽车的出行效率介于二者之间。

小汽车效率分析。10 个城市都市圈小汽车平均出行时间：55.97 分钟；最大出行时间：75.29 分钟（北京）。都市圈小汽车平均速度：16.21km/h；最大出行速度：18.48km/h（上海）。

轨道交通效率分析。10 个城市都市圈轨道交通平均出行时间：54.02 分钟；最大出行时间：61.74 分钟（天津）。都市圈轨道交通平均速度：16.80km/h；最大出行速度：20.30km/h（北京）。

地面公共交通效率分析。10 个城市都市圈公共交通平均出行时间：

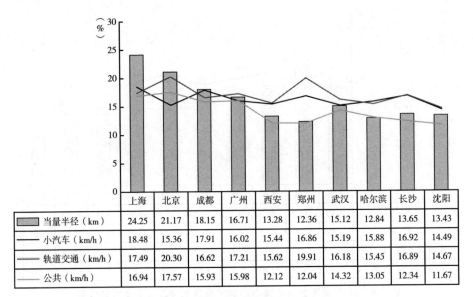

	上海	北京	成都	广州	西安	郑州	武汉	哈尔滨	长沙	沈阳
当量半径（km）	24.25	21.17	18.15	16.71	13.28	12.36	15.12	12.84	13.65	13.43
小汽车（km/h）	18.48	15.36	17.91	16.02	15.44	16.86	15.19	15.88	16.92	14.49
轨道交通（km/h）	17.49	20.30	16.62	17.21	15.62	19.91	16.18	15.45	16.89	14.67
公共（km/h）	16.94	17.57	15.93	15.98	12.12	12.04	14.32	13.05	12.34	11.67

图4-10　10个城市都市圈当量半径与各交通方式效率

65.96分钟；最大出行时间：77.61分钟（广州）。都市圈公共交通平均速度：13.79km/h；最大出行速度：17.57km/h（北京）。

计算目前10个城市的出行时间如表4-3所示。10个城市中7个城市的中心城区现状平均出行时间大于40分钟，说明各城市中心城区范围内交通效率不高。10个城市都市圈现状出行时间大于60分钟的城市有5个，分别是：上海、北京、成都、广州、武汉。

表4-3　10个城市现状出行时间一览

序号	城市	中心城区范围		都市圈范围	
		面积（km²）	现状时间（min）	面积（km²）	现状时间（min）
1	上海	657	42.69	1848	81.85
2	北京	966	46.62	1408	73.81
3	成都	688	42.45	1035	63.84
4	广州	622	40.25	877	61.58
5	西安	464	40.09	554	56.07
6	郑州	439	34.83	480	47.94

续表

序号	城市	中心城区范围		都市圈范围	
		面积（km²）	现状时间（min）	面积（km²）	现状时间（min）
7	武汉	494	40.50	718	60.31
8	哈尔滨	420	38.17	518	53.47
9	长沙	359	33.26	585	51.33
10	沈阳	429	44.83	567	51.07

3. 都市圈通勤比例分析

根据上节"都市圈范围识别"部分提出的推算方法，基于各案例城市手机信令、区县通勤 OD 数据推算获得中心城区周边区县向中心城区通勤比例。与传统大规模 OD 调查采样方法相比，该方法的优势包含：①POI 数据为公开数据源获取难度低，且样本量大；②以综合 POI（居住楼栋、企业岗位、购物服务、餐饮服务、生活服务）为基础构建的街道人员交流密度更能反映周边居民与中心城区的联系程度；③识别过程可随城市外围区域发展及人员热度变化进行快速更新。

图 4-11 所示为各城市识别都市圈外围区县向中心城区平均通勤比例。我国 10 个超特大城市都市圈外围区县向中心城区通勤比例均值为 30.1%，

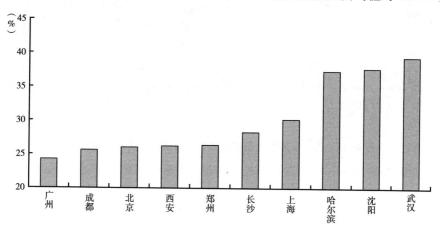

图 4-11 各城市都市圈外围区县向中心城区平均通勤比例

资料来源：根据路径规划数据、手机信令数据、GIS 数据等推算获得。

说明我国都市圈正在形成过程，都市圈中外围组团对中心城区的依赖程度不是过大。其中广州、成都、北京、西安、郑州都市圈外围区县向中心城区平均通勤比例较低，表明该类城市正处于迅速扩张阶段，当前阶段对中心城区的依赖低一些。武汉、沈阳、哈尔滨都市圈外围区县向中心城区平均通勤比例相对较高，说明城市外围组团与中心城区联系更为密切，同时也可能意味着中心城区的就业岗位过多，职住均衡程度有待改善。

下面针对北京都市圈进行详细分析。如图 4-12 所示，北京的外围组团（区县）向中心城区通勤比例以 10%比例为分界可以分为：小于 10%比例地区（怀柔、延庆区、平谷区、密云区），大于 10%比例地区[1]（房山区、门头沟区、顺义区、通州区、昌平区、大兴区）。计算结果表明，即使是远离中心城区的外围组团，也有相当数量的通勤人口到中心城区就业，北京都市圈已经达到了相当的规模，与其他成长中的都市圈相比，发育相对更成熟一些。从另一个角度看，也说明北京的通勤距离过长，需要着力调整职住关系。

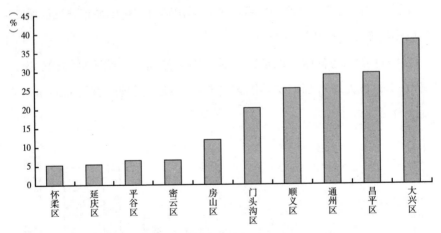

图 4-12　北京市外围组团部分向中心城区通勤比例分层分布

资料来源：根据路径规划数据、手机信令数据、GIS 数据等推算获得。

---

[1]　由于部分区的部分区域识别为中心城区范围，计算中仅统计除中心城区外组团地向中心城区通勤比例，如图 4-12 中大兴区应为除中心城区外的大兴区内部组团向心通勤比例，简化表述为大兴区。

因此，北京不但要疏解中心城区的人口，而且要加强外围组团的就业岗位设置和宜居宜业城市建设，以适当降低外围组团的长距离通勤比例。

4.北京与东京交通效率比较分析

课题组对东京和北京的交通效率进行了比较计算。从北京和东京的交通效率比较（见表4-4）可知，北京轨道交通效率（门到门）为20.3km/h，东京轨道交通效率（门到门）为30.8km/h，东京效率是北京的1.5倍。东京小汽车的平均速度是22.1km/h，北京是15.4km/h，大约也是1.5倍。

表4-4　东京与北京都市圈现状交通效率对比分析

指标	东京	北京
1小时通勤都市圈半径(km)	30.8	20.3
轨道换乘距离(平均值)(m)	78	220
末端步行距离(两端之和)平均值(m)	1230	1220
末端步行距离(两端之和)最大值(m)	2310	2750
轨道运营模式(大站快车)(km/h)	58.6	—
轨道运营模式(站站停)(km/h)	44.5	33.3
小汽车效率(km/h)	22.1	15.4

资料来源：根据谷歌地图等平台数据计算获得。

尽管东京效率相对较高，但通过与东京交通效率对比来看，东京的城市规模和城市结构并非我们学习的榜样。主要原因有如下四点。

其一，都市圈人口过度聚集。日本整个国家最核心、最重要的功能都在东京都市圈内。不像美国整个国家有多个中心，如纽约、芝加哥、洛杉矶等。日本几乎是东京独大，所以几乎全国的主要核心功能都集中在东京，功能的过度集中，带来了人口的过度集中。在日本，全国总人口已缓慢下降的情况下，向东京都市圈里面迁移的人口还在缓慢增长，地方的城市人口开始在减少，首都圈却还在略涨。

其二，国土空间一极集中。日本政府提出要疏散、疏解，不要把那么多功能全部放在东京都市圈里，但是资源配置能力有限。大量企业总部设置在都市圈，带来大量就业人口。这都造成了一极集中现象产生，造成国土开发利用的失衡，并带来了城市中心区地价高涨、职能单一化、长通勤距离导致的生活质量下降，以及噪声和尾气污染等诸多问题。

其三，高效便捷的交通设施带来虹吸效应。快速交通体系是一把双刃剑。一方面，快速轨道交通能够把都市圈核心城市辐射功能发挥出来，但另一方面还有虹吸效应，吸引地方人才和产业，带来更长距离的通勤。

其四，本质上是单中心城市结构。课题组将一个城市的结构分为物理形态结构和需求特性结构。所谓的需求特性就是城市居民出行的空间分布特性。按照上述观点，虽然东京空间布局形式上是多中心，但是从交通需求的空间分布特性看仍然是单中心。无论是东京核心区还是东京 23 区，乃至东京周边的千叶、埼玉和神奈川县东京都市圈的部分，对东京都市圈来说，都是向心离心的。

因此，东京单中心空间联系的城市布局带来的长距离通勤并非我们学习的样板，但其高效便捷的轨道交通体系值得我们学习和借鉴。

（四）中心城区及都市圈合理规模

中心城区及都市圈合理规模研究展开之前，有必要再梳理和说明一下研究思路。

超特大城市中心城区合理规模研究的目的是提升城市居民的幸福指数，即将门到门的通勤时间控制在理想范围。如前所述，已有研究表明，不同规模城市大家所能接受的最长通勤时间不同，超特大城市可接受的门到门通勤时间以 40 分钟为上限。按照"交通强国建设纲要"的目标要求，都市圈通勤的最长时间不能超过 1 小时。从中心城区与都市圈的关系分析，40 分钟通勤也是可以接受的时间上限。中心城区的通勤时间如果超过 40 分钟，都市圈的通勤交通就无法实现 1 小时的目标值。

有了这个判断标准，我们就需要研究我国中心城区交通效率的现状以及到了目标年以后，我国城市的交通效率会有多大程度的提高。因为，给定一个城市的交通需求特性（主要是城市居民出行的空间分布特性）和交通效率之后，合理的中心城区范围就确定了。这里，一个重要的问题是如何确定我国超特大城市未来的交通效率值。

按照课题组的研究流程，提取了案例城市交通效率现状指标，并且分析了在现状的交通效率下交通系统支撑的中心城区规模和通勤出行时间后，接下来就要回答未来研究对象城市的交通效率如何，在未来的交通效率下，按照 40 分钟以内的通勤时间目标要求，中心城区的上限规模不应超过多少。为计算未来研究对象城市的交通效率，我们把城市结构优化、交通系统改善、治理能力增强等综合要素共同作用产生的效率提高效果用"效率提高系数"来刻画。那么，如何科学确定"效率提高系数"值呢？由于采用数学模型预测未来交通效率极其困难，故本研究采用了将北京与东京进行比较分析的案例分析法来确定"效率提高系数"值。基于对中心城区及都市圈现状的精准、量化刻画，对交通效率的计算分析和对东京经验的借鉴和反思，立足本国国情，考虑到我国现状及与东京的差异分析，课题组根据"效率提高系数"计算我国中心城区及都市圈的最大规模。其中，"效率提高系数"值是指综合交通效率（轨道、公交、小汽车门到门运行速度按分担率平均）的提升程度。未来通过提升交通工具的速度、优化运营模式、提高公共交通分担率可显著提高综合交通效率。

本研究假定经过若干年的努力，通过治理能力提高、运行组织优化、交通结构调整和土地利用形态适当优化之后产生的交通运行效率提升，我国城市在治理能力和交通运行效率等大多数方面能够达到日本东京的水平（以及智能化、TOD、管理现代化的作用）。但是，有些方面不仅取决于技术进步和治理能力提高，还与城市发展演化过程息息相关。如轨道交通线网密度、轨道交通的多运行模式以及末端交通的零距离换乘方面还会有一定的差距，东京高峰期通勤出行的 91% 乘坐轨道交通，因为其覆盖率和可达性以及运行组织模式都是在城市发展的早期就形成的。我国目前的超特大城市从空间可能性上看实在难以实现东京的轨道交通密度等。加之考虑到智能技术和先进的管理手段的影响，因此，结合我国城市当前的城市结构、交通结构和交通运行效率现状及其可能的优化提升程度，以及不同城市的提升潜力差别，分类确定我国超特大城市中心城区和都市圈的"效率提高系数"值。

当前我国10个城市中心城区当量半径为10.69~17.54千米。由于不同城市的城市发展状态、轨道交通现状、未来发展趋势不同，因此，对于不同类型的城市，规模提升系数不能一刀切，需要与城市轨道交通发展相适应。课题组综合考虑轨道线网密度、线网长度、在建站点数量等因素，综合判断每个城市的潜在发展能力，在中心城区取1.20~1.50的效率提高系数（部分城市中心城区已发展较为成熟，提升潜力较小）。对于目前中心城区的发展程度基本趋于成熟，部分城市轨道交通线路已经基本铺设完成，未能预留大站快车等运营模式的用地，难以切实提高中心城区的运行效率，上限突破较为困难。效率提升主要用于提高通勤交通质量、提高居民生活幸福感，但大力推进TOD模式，效率提升程度仍有较大空间，因此北京中心城区的"效率提高系数"值取为1.50。对于部分中心城区的范围仍有一定的发展空间的城市，考虑到城市的各异性，对不同发展类型的城市进行分类考虑，确定其规模提升系数。

当前我国10个城市都市圈当量半径范围在12.36~24.25千米。由于都市圈发展不均衡，且大部分城市还未形成都市圈形态，具有较大发展潜力。《国家发展改革委关于培育发展现代化都市圈的指导意见》（发改规划〔2019〕328号）明确指出："打造轨道上的都市圈。统筹考虑都市圈轨道交通网络布局，构建以轨道交通为骨干的通勤圈。在有条件地区编制都市圈轨道交通规划，推动干线铁路、城际铁路、市域（郊）铁路、城市轨道交通'四网融合'。"① 专家提出：都市圈处于发展阶段，打造轨道上的都市圈，需通过交通系统引导其发展，应注重两点，一是通过轨道交通引导形成合理的城市空间布局，二是强化以轨道交通站点为核心的TOD发展模式，促进轨道交通与土地使用一体化。因此根据课题组研究取1.70作为"效率提高系数"值（都市圈发展仍具有较大潜力）。

根据各城市的"效率提高系数"，分别计算中心城区满足40分钟通勤、

---

① 《国家发展改革委关于培育发展现代化都市圈的指导意见》，人民政府网，http://www.gov.cn/xinwen/2019-02/21/content_ 5367465.htm。

都市圈满足 1 小时通勤的当量半径,如表 4-5 所示。中心城区效率提升后的当量半径为 11.78~17.16km,平均值为 13.42km;都市圈效率提升后的当量半径为 24.16~30.22km,平均值为 26.82km。因此,本专题建议中心城区的规模上限为 13~15km,都市圈的规模上限为 25~30km。

表 4-5 10 个城市中心城区与都市圈效率提升后合理规模

序号	城市	中心城区范围				都市圈范围			
		当量半径(km)		面积(km²)		当量半径(km)		面积(km²)	
		现状	提升后满足40分钟	现状	提升后满足40分钟	现状	提升后满足1小时	现状	提升后满足1小时
1	上海	14.46	14.14	657	627.42	24.25	30.22	1848	2868.37
2	北京	17.54	17.16	966	924.49	21.17	29.25	1408	2686.99
3	成都	14.66	14.32	675	635.26	18.15	29.01	1035	2642.16
4	广州	14.07	13.89	622	605.63	16.71	27.68	877	2405.45
5	西安	12.15	12.85	464	518.68	13.28	26.46	554	2198.50
6	郑州	11.82	12.98	439	529.30	12.36	24.16	480	1833.34
7	武汉	12.54	13.06	494	535.79	15.12	25.01	718	1964.32
8	哈尔滨	11.56	12.04	420	454.81	12.84	26.31	518	2172.98
9	长沙	10.69	11.78	359	435.98	13.65	25.57	585	2052.41
10	沈阳	11.69	12.10	429	459.77	13.43	24.50	567	1884.83

资料来源:根据路径规划数据、手机信令数据、GIS 数据等推算获得。

(五)研究结果及结论

基于交通视角对城市规模进行研究,通过量化计算得到以下分析结果。

①现状当量半径:当前我国 10 个城市中心城区当量半径为 10.69~17.54km;都市圈当量半径为 12.36~24.25km。

②交通效率:目前我国 10 个城市有 7 个城市中心城区现状出行时间大于 40 分钟;10 个城市中都市圈现状出行时间大于 60 分钟的城市有北京、上海、成都、广州、武汉。

③效率提升后当量半径:中心城区效率提升后的未来当量半径为 11.78~17.16km,平均值为 13.42km;都市圈效率提升后的当量半径为

24. 16~30. 22km，平均值为 26. 82km。

因此，建议中心城区的规模上限为 13～15km，都市圈的规模上限为 25～30km。

为实现我们当前建议的上述目标，也需要落实 8 个方面的措施。

①主要交通需求通道以轨道交通为骨干（在郊区提高轨道交通或建快速铁路）；

②推进轨道交通多种服务模式和零距离换乘；

③强化轨道交通与公共交通网络的协同优化和站点的科学设置；

④提供良好的末端交通系统，包括步道和自行车道；

⑤加快优化建设城市群、都市圈公路网络体系，尤其是高速公路、快速路系统建设，做好道路等设施区域衔接，包括公路与城市道路、城市交界地区交通衔接；

⑥推动城市道路网结构优化，形成级配合理、接入顺畅的路网系统；

⑦优化综合交通枢纽布局，建设一体化综合客运枢纽和衔接高效的综合货运枢纽，促进各类交通方式无缝接驳、便捷换乘；

⑧发展智慧交通，提高城市交通治理能力。

四　基于 TOD 模式的超特大城市空间结构优化

（一）空间结构优化的内涵解读

所谓城市的空间结构，是指城市空间用地布局和功能安排，即在给定空间对象下不同性质用地的规模、功能、开发强度、相互关系及其与城市社会生产活动和生活活动深度融合的空间安排。

根据国内外城市发展经验，"城市病"问题主要发生在超特大城市的中心城区，交通严重拥堵、空气环境污染、城市生活不便等。从交通角度看，上述"城市病"的主要影响因素是城市结构、交通结构、路网结构、路权结构的优化程度以及管理水平、治理能力和人的交通行为等。因此，优化结

256

构、引导需求、规范行为是破解"大城市病"的关键。

在研究超特大城市合理结构时，我们进一步细化，抓住三个层面展开，即基层社区、中心城区和都市圈。在基层社区范围，课题组首先分析了研究对象城市的生活设施和公共设施配置现状，在此基础上提出了优化基层社区空间布局结构的最小城市单元即基本细胞 5 分钟、10 分钟、15 分钟生活圈的构建模式。构建 X 分钟生活圈的不同生活设施配置范围方面，我们的基本思路是：最大限度地方便市民。能够在 5 分钟范围内设置的生活设施，不在 10 分钟的范围设置。但是，很多生活设施的服务对象需要利用者达到一定规模才能支撑，比如学校。没有一定规模的小学生，就没办法设置小学，所以 5 分钟的范围是无法配置小学的。依此类推，我们采用了比较分析法。一方面，分析我国城市的生活设施的配置，统计研究对象城市分别在 5 分钟、10 分钟、15 分钟范围内都有哪些设施；另一方面，研究了日本城市在同样范围内有哪些设施。然后通过类比分析并结合我国城市的传统习惯和生活特点等多要素分析，提出了上述 5 分钟、10 分钟、15 分钟范围内的生活设施和公共设施的配置方案。在中心城区范围，我们侧重中心城区的组团结构；在都市圈范围，我们则侧重都市圈的合理规模、合理结构形态和对中心城区功能的疏解等的合理结构及其实现路径研究。科学优化上述空间结构，有利于破解超特大城市的交通拥堵、构建以人为本的快乐宜居城市，同时能够保持城市活力、城市竞争力和城市吸引力与创新能力。

如上所述，本研究着眼都市圈、中心城区和基层社区三个层次进行研究，提出优化布局的建议方案。

（二）都市圈范围城市空间结构优化思路与框架方案

在城市群和都市圈范围，重点是解决城市群或都市圈中的城市与组团的空间布局优化问题。本研究提出依托轨道交通廊道，结合城市发展轴带，通过城市土地使用与交通系统的深度融合，构建轨道上的城市群与都市圈。

在城市群和都市圈层面上，依托轨道等交通廊道，强调城市的空间布局与轨道交通线路布局的高度一致化，形成"葡萄串"结构（发展模型如图 4-13 所示）：轨道线路是葡萄的主蔓茎、城市或城市组团则是一个一个的大葡萄粒。

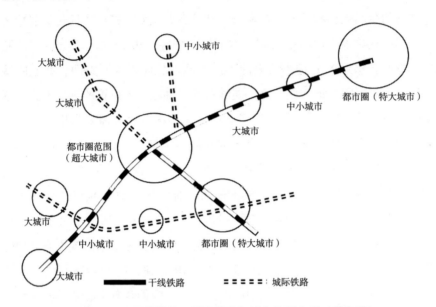

图 4-13　干线铁路、城际铁路与城市空间布局（城市群）

陆化普教授在研究京津冀城市群交通一体化中，提出建设"轨道上的京津冀"[①]，强调在城市群层面，沿轨道交通走廊布局城市，建设轨道上的城市群，实现土地的集约节约、出行的便捷高效，支撑交通强国"123 交通圈"的建设目标。

构建铁路和轨道交通引导的走廊发展模式，承担交通走廊上的主体交通需求。优化城市群城镇、人口、产业空间布局，实现布局紧凑、集约高效的区域空间发展方式。串联城市核心区、区域重要的功能区和成长性地区联动发展，促进土地资源的高效集约利用。通过轨道交通引导形成合理的城市群城市布局和用地形态，强化轨道交通与城市用地的深度结合。

---

① 京津冀协同发展专家咨询委员会编著《京津冀协同发展战略研究》（2014），内部资料未公开。

　　在都市圈层面，以高铁、城际铁路、市域铁路、市郊铁路、地铁等多层次轨道交通串联中心城区的核心区/中央商务区、功能组团，以及外围的卫星城、特色发展区域等，建立高效便捷的干线交通网络，优化城市组团空间布局与用地形态，促进形成合理的多中心城市结构，实现土地高效节约利用、绿色综合交通主导的目标，建设轨道上的都市圈，实现门到门 1 小时的通勤交通圈，如图 4-14 所示。

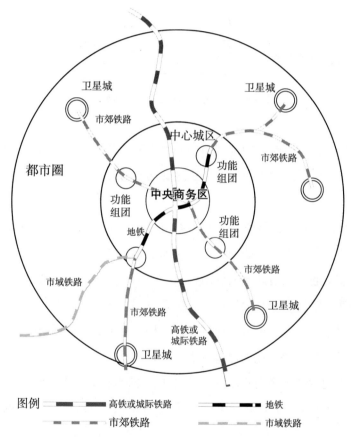

图 4-14　城市轨道交通与城市组团和卫星城的空间布局（都市圈）

　　实现上述城市群都市圈区域与廊道层面城市结构与交通系统深度融合目标，目前核心关键是做好公交导向的开发模式即 TOD 发展模式的顶层设计，在不同层次的相应阶段制定符合实际的融合 TOD 核心要素的一体化规划与设计方案，并将其纳入相关区域及城市法定规划中，实现轨道交通引导形成合理的城市布局结构和用地形态，如图 4-15 所示。

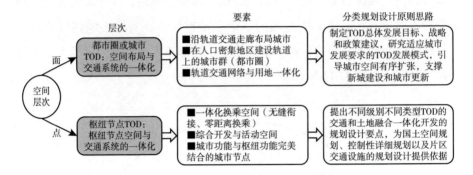

图 4-15 TOD 发展模式与规划原则

综上所述，都市圈范围空间结构的优化模式是多中心组团式。即沿轨道交通线路设置外围组团和卫星城，轨道交通穿越组团中心，建设轨道上的都市圈。具体建议有如下 10 点。

①按照高质量发展要求，对整个城市 TOD 全环节做好顶层设计；

②轨道交通站点区域成为城市的活动中心和魅力中心（如上盖物业）；

③轨道交通与周边建筑无缝衔接；

④构建完善的末端交通体系；

⑤按照需求特性组织轨道交通服务，构建完善的换乘系统；

⑥依托公共交通站点构建基本生活圈；

⑦加快构建都市圈内互联互通多层次公路网与城市道路网络体系；

⑧统筹考虑都市圈轨道交通网络布局，构建以轨道交通为骨干的通勤圈，推动干线铁路、城际铁路、市域（郊）铁路、城市轨道交通"四网融合"；

⑨打造"通道+枢纽+网络"的物流运行体系，大力发展多式联运，提升都市圈物流运行效率；

⑩建设时序要与城市发展重点紧密结合，做好预留控制，分步优化实施。

（三）中心城区范围以轨道交通等枢纽站点为核心构建城市组团

在超特大城市中心城区强调轨道交通串联核心区、重要功能区及成长发展新区和交通枢纽。

基于轨道交通枢纽节点，利用多个不同功能的 TOD 站点联动，形成基于 TOD 模式的、有一定功能特色的城市组团，从而形成多中心多组团结构的中心城区。

组团内进行功能分区，以就近完成生活出行和实现职住均衡为目标，各组团具有一定的主体功能特点，强调组团功能的多样性，避免形成功能单一的组团，使城市的空间布局与用地形态集约节约、便捷高效，使市民便捷感、幸福感、归属感更强，使城市有魅力、有活力，能够实现持久繁荣。

其中 TOD 模式是关键，通过混合土地使用、一体化开发、绿色交通优先、完善末端交通等方式用地结构合理、开发强度科学，其特征是交通与土地利用的深度融合、多种交通方式零换乘、绿色交通主导、土地使用高效、布局科学合理，是市民感到亲切、舒适、方便、快乐、幸福的综合生活空间。

为了精准打造 TOD，实现组团的功能多样性，又避免功能单一，提出以一个或若干个枢纽场站为依托，根据每个站点具体特征和使命，对其分级分类，打造不同类型 TOD，同时在具有核心竞争力地区，通过 TOD 站点联动、分工协调、避免同质竞争，形成特色 TOD 群落，通过 TOD 联动形成中观层面的城市空间结构。

为通过 TOD 模式实现交通与土地使用深度融合，本课题组在承担世界银行 TOD 的中国示范项目任务"贵阳 TOD 发展的顶层设计研究"中，提出了 TOD 项目分级分类标准，具体如下。

基于承担城市功能、枢纽特点、周边供需等情况，打造 4 级 6 类 TOD 模式，构建 24 种特色 TOD。

分级主要从 TOD 站点承担的城市或区域定位、功能及等级，交通需求及特征等角度出发，明确 TOD 在城市或区域建设中的相应地位，即进行站点定位，在此基础上，可根据站点定位对该 TOD 站点的用地开发、服务范围、交通方式等一系列属性做出相应要求与规划设计。站点分级是进行站点规划的首要参考依据，分为城市级、组团级、片区级、小区级。

分类主要从 TOD 站点的功能类型、特点角度出发，明确 TOD 站点主导功能，进而规划该 TOD 站点的功能构成、位置布局、用地开发等属性。站点主导功能分类是进行站点规划的重要参考依据。分为商业发展类、产业发展类、生活服务类、景区旅游休闲类、交通枢纽类、综合发展类，如图 4-16 所示。

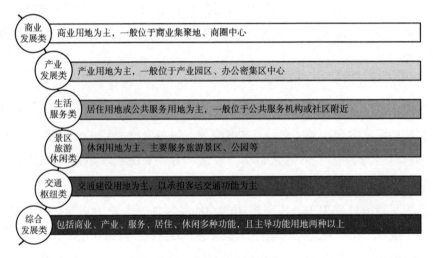

图 4-16 TOD 分类要求

例如，贵阳花溪区提出打造贵州大学-花溪公园 TOD 特色群落，使其成为花溪城市新增长极（见图 4-17）。该 TOD 群定位为依托高教资源、景观资源等，成为高新技术孵化器、推进器、加速器，创新"TOD+"的孵化器模式，打造宜人"3 空间"：科创+生活+休闲，并对其中该 TOD 群落中贵州大学、民族大学、农学院（贵大）、花溪公园等 4 个 TOD 站点提出不同 TOD 发展策略与要求，打造具有区域竞争力的 TOD 群落。如图 4-17 所示，贵州大学、民族大学、农学院（贵大）站 TOD 定位为花溪智谷，依托 TOD 综合开发打造高品质科创空间；花溪公园站 TOD 定位为花溪仙境+花溪家园，依托 TOD 综合开发旅游休闲街区+生活综合服务中心。

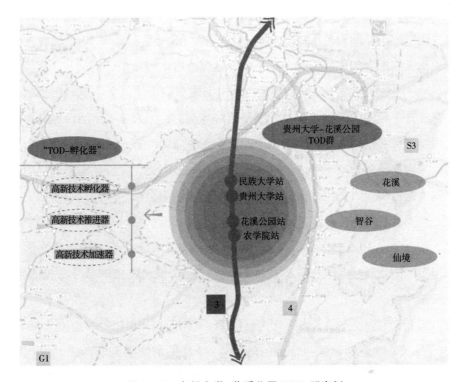

图 4-17　贵州大学-花溪公园 TOD 群案例

（四）以5-10-15分钟生活圈为核心构建基层社区

超特大城市轨道交通站点需要以组织城市居民生活为中心的基层社区相融合，构建高可达性的末端交通系统，并为之服务。配合 TOD 模式，构建 5-10-15 分钟生活圈——5 分钟街坊圈（300～400 米）、10 分钟邻里圈（600～800 米）和15 分钟社区生活圈（900～1500 米）。

轨道交通末端交通系统质量是影响 TOD 成败的关键之一。围绕轨道交通站点，建立完善的末端绿色交通接驳体系，包括轨道交通设置多出入口，尽可能与周边建筑一体化，按照步行、非机动车、接驳公交的优先顺序设置一体化衔接交通体系，构建高可达性的末端交通系统，服务出行"最后一公里"。

同时，5-10-15分钟生活圈的生活设施的科学配置显得尤为重要。为充分说明生活设施配置范围的合理性和可能性，课题组对我国10个超特大城市生活设施配套的现状情况做了系统的量化分析。

5分钟生活圈是组织城市生活的基本细胞和最小单位，希望城市生活设施都在这个范围内安排，但是，这是无法实现的，因为有些生活设施需要人口规模支撑和空间容量的支撑。因此，10分钟和15分钟范围内的合理布局也是城市高质量发展不可或缺的关键环节。如前所述，之所以需要这样的一组基本配置单元，是因为有些城市生活配套无法完全在5分钟范围内都能够配置完善，需要一定的规模支撑，比如学校的设置、医疗卫生服务的安排等，所以才有10分钟、15分钟的生活圈这些基本单元，不同的生活圈需要配置不同的生活配套设施。但是，主要生活配套需求应在15分钟的范围内完全满足。

因此，通过完善5分钟街坊圈（300～400米）、10分钟邻里圈（600～800米）和15分钟社区生活圈（900～1500米）的生活配套和公共设施配套，在相应范围提供完善的生活配套设施和公共设施，以从源头上减少居民出行总量、缩短居民出行距离，实现建设交通负荷小的紧凑型城市的目标，从城市基本单元的层面落实"以人民为中心"，从源头上改变交通需求特性。本专题提出的5-10-15分钟生活圈的生活设施配置方案，如图4-18所示。

5-10-15分钟生活圈交通系统要点为：采取"小街区、密路网"交通组织方式，路网密度不应小于$8km/km^2$，内部道路网络具有良好的通达性；具有连续安全温馨的步行自行车通行空间；在生活圈（1～1.5km范围内）内利用步行与自行车交通方式出行；短距离（不超过3km）以自行车为主，更远距离利用公共交通方式出行；完善的公交站点及首末站；科学配套的停车设施。

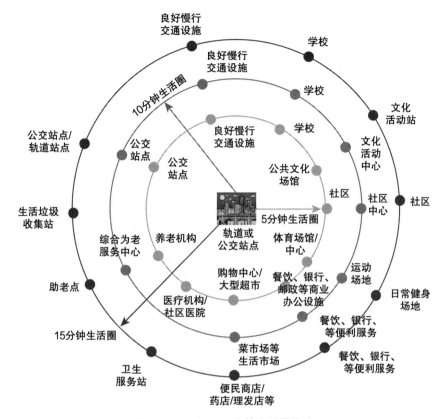

图4-18　5-10-15分钟生活圈构建

五　超特大城市交通拥堵对策（以北京为例）

（一）北京交通拥堵症结分析

北京通过长年多方努力，城市交通文明畅通状况有所改善。虽然在综合治理提升、智能交通推进、文明交通深化等方面均有进步，但城市交通拥堵问题依然是北京城市高质量发展的一个难题。北京全年日均拥堵时间由2011年的210分钟（3.5小时）增长到2019年的370分钟（6.17小时），交通效率虽然高于国内大多城市，但与东京相比，差距较大，北京轨道交通方式出行效率（门到门）为 20.3km/h，而东京为 30.8km/h，是北京的 1.5 倍。

造成交通拥堵的本质原因是供求不平衡，交通拥堵类型包括常态拥堵和非常态拥堵，如图 4-19 所示。

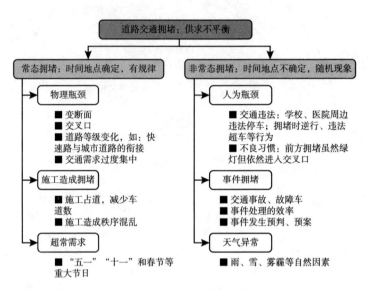

图 4-19　北京交通拥堵类型

通过研究，北京交通供需失衡、交通拥堵的主要成因包括职住分离潮汐交通、公共交通质量不高、综合枢纽一体化程度低、停车供需矛盾突出、路网密度偏低、智能交通管理水平有待提升、交通参与者素质有待提升等（如图 4-20 所示）。

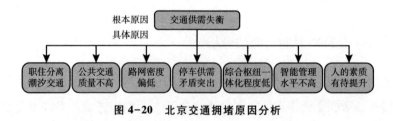

图 4-20　北京交通拥堵原因分析

一是职住分离严重，大规模的潮汐交通。北京城市空间与功能布局不合理，职住分离程度加剧，潮汐交通严重。中心城区公共资源高度集中，就业岗位密度大，周边新城及大型居住区域缺乏就业岗位、缺乏生活配套设施和公共设施，导致人口与就业分布失衡，三环内交通出行吸引强度为六环内平均强度的 4.5 倍。

二是公共交通质量不高，交通结构不合理，小汽车过度使用。

①公共交通分担率低于国外发达城市。2019 年北京市公共交通分担率为 31.8%，与东京（51%）、首尔（63%）、斯德哥尔摩（55%）等国外城市相比有很大差距。

②自行车出行分担率明显下滑。北京市 1986 年自行车出行分担率为 62.7%，2019 年为 12.1%，同期私人小汽车出行分担率由 5% 上升至 27.9%。

③末端交通不便捷。共享单车有效解决了出行"最后一公里"问题，但目前存在封闭大院和一些公共环境禁止通行和进入、停放混乱、管理不到位等问题。

④步行系统问题明显。步行出行环境差、通行空间不连续、安全隐患多，通行空间被违法停车等占据现象严重，路权没有得到保障。

三是中心城区路网密度偏低、结构不合理。北京市中心城区路网密度 5.7km/km²，与规范要求的 "≥8km/km²" 差距较大。

四是停车供需矛盾非常严重，停车结构不合理。2019 年北京市停车缺口约达 398 万个，城市路内停车泊位占比 25.65%，高于规范要求 5%~10% 的比例，对动态交通存在较大影响。

五是综合枢纽一体化程度不高。枢纽与周边用地没有一体化、枢纽内外不同交通方式之间没有实现"无缝衔接，零距离换乘"。

六是交通管理的精细化、智能化、信息公开共享程度不够，信号控制优化提升有巨大空间。智能交通存在"重建设、轻运管，重设备、轻软件"问题，智能交通的发展缺乏系统性、科学性、实用性和效益性。普遍存在距离比较近的相邻信号交叉口应实现信号联动而没有实现联动，加上交通工程精细化、人性化程度不高，造成通行资源浪费和安全隐患，路口通行能力不高。

七是交通参与者素质有待提升。非机动车、行人交通违法过街，电动自行车违法"抢道"行为，机动车驾驶员违法停车等交通违法现象时有发生，不主动避让行人现象普遍。

此外，北京缺少基于拥堵机理分析形成的科学缓堵顶层设计、强有力的推进落实与反馈模式，这也是造成交通供需矛盾突出、交通拥堵严重的不容忽视的因素。

（二）破解北京交通拥堵的思路框架

交通拥堵的根本原因是交通供给与交通需求关系的不平衡。因此，缓解交通拥堵的关键是增加交通供给、减少交通需求、提高交通效率，实现交通供求关系的动态平衡。

具体来说，可以"战略强化、战术落实、动态优化、跟踪督导"为指导思想，以"加大供给、减少需求、提高效率"的缓解思路为战略重点，通过调整城市结构、调整交通结构、科学实施交通需求管理、规范交通出行行为、提高交通效率、优化交通设施（重点包括调整路网结构、调整路权结构等）等对策体系，实现破解交通拥堵的目标（见图4-21）。

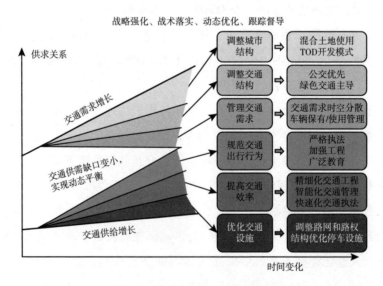

图4-21 破解北京交通拥堵对策思路

破解北京交通拥堵的关键有如下四点。

第一，解决城市交通问题需要系统思维、综合治理和一体化的体制机制保障。

解决城市交通问题是一个系统工程，既需要一体化的系统解决方案，也需要一体化的体制机制保障。需要城市政府综合协调，建立健全城市交通综合治理体系，推动形成协同共治管理格局，提升城市交通现代治理能力。

第二，破解城市交通问题要抓住重点，持续调整和优化城市结构、交通结构、路网结构和路权结构。

源头对策是调整城市结构，促进混合土地使用、实施 TOD 开发模式，构建多中心、职住均衡、城市功能配置完善、交通与土地使用深度一体化的城市结构，推进混合土地使用。通过城市与交通的一体化规划，实现合理的城市结构和土地使用形态，从而实现降低交通需求总量、缩短出行距离的目的，打造短距离出行采用非机动交通、长距离出行乘坐公共交通的绿色交通主导的交通发展模式。

调整交通结构，采取系统对策努力提高绿色交通分担率，实现绿色交通主导，是破解交通拥堵的关键。

调整路网结构，优化道路网的布局结构、级配结构、功能结构，合理优化路网密度、道路宽度和街区规模，打通断头路、提供安全便捷温馨的慢行交通体系，是缓解交通拥堵的基础。

调整路权结构，将宝贵的道路通行资源向公共汽车、步行和非机动车通行空间倾斜，切实实现公共交通优先，确保连续、安全、温馨的非机动交通通行空间，是缓解城市交通拥堵的重要战略举措。

第三，推进科学化、精细化、智能化的交通管理是提高基础设施利用效率、破解城市交通问题的关键举措。

完善的交通工程设施、科学的交通管理、一流的智能技术、创新的交通组织方案，是实现基础设施高效利用、提高交通畅通和安全水平的基础和前提。应确保城市交通治理的基础完备扎实，确保每个城市道路上的标志标线、信号灯规范合理，交叉口渠化科学醒目，路段通行安全可靠，系统优化实施到位。

实现信息化和智能化是有效破解城市交通问题的重要技术手段，也是城市交通的发展方向和未来。通过加强信息化手段和提高智能化水平，重点提升信号灯智能控制水平、路面诱导的动静态供需平衡优化水平、路面全面感知与态势研判水平、路面勤务指挥调度管控水平、车路协同与自动驾驶水平等。不断提高交通的智能化水平是未来城市交通的发展方向。

第四，取得城市交通治理效果的保障体系是全面实施依法治理和显著提升市民的出行文明程度。

通过严格执法来整治交通秩序混乱状态，通过秩序改善提高通行效率、消减动态致堵因素是城市交通安全顺畅的重要保障。通过宣传教育和执法，规范出行者行为，提高出行者交通道德水平和现代交通意识，改变出行行为，是实现交通强国建设目标不可逾越的攻坚战。

（三）破解北京交通拥堵（提高效率）的对策建议

根据北京交通拥堵特点与成因分析，本专题提出破解北京交通拥堵的主要对策（如图4-22所示）。对策体系由8个方面32项具体对策构成。

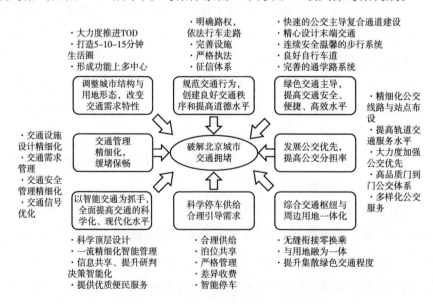

图4-22 破解北京交通拥堵主要举措一览

1. 规范出行者的交通行为，创建良好交通秩序，提高道德水平

规范人的交通出行行为是治本之策，推动形成全民参与、社会共治的治理格局，需要全社会共同长期不懈的努力。如，系统完善交通工程设施，明确路权，依法行车走路；严格执法，提高违法成本；高度重视、深入开展交通宣传工作，加大处罚力度，规范行人的交通行为，规范机动车的驾驶行为、规范电动自行车行驶、规范快递交通等，包括机动车在斑马线前守法、改变电动车骑行者无视交通信号等违法行为、停车有序、停车入位、行人不闯红灯、过街走过街设施等；建立交通征信体系，通过全社会征信体系规范交通行为，提高交通道德水平，进行交通文化建设。

2. 以绿色交通为主导，大幅度提高交通的安全、便捷、高效水平

道路资源须向绿色交通资源倾斜，具体有如下五点。

①精心设计末端交通，以出行"最后一公里"为对象，提供温馨连续的可选择的绿色出行体系。提高共享单车服务质量与秩序，以轨道交通站点为中心梳理慢行系统，组织步行与自行车系统与轨道系统的接驳路径，实现快慢交通高效衔接。

②以小学为中心组织通学路系统，减少接送学生交通，实现学生步行、自行车或公交方式独立上下学，缓解学校周边交通压力，减小家长接送孩子压力。

③系统完善良好的步行空间，完善连续安全温馨的步行系统。

④连续完善的自行车通行与停放空间，构建良好的自行车出行环境条件。

⑤加强中心城区与周边新城、组团间快速复合交通通道。在北京都市圈内相关交通廊道层面，要实现"轨道覆盖主要客流走廊+常规公交覆盖次要客流走廊+支线与微循环实现广覆盖"的公交优先发展复合廊道模式。

3. 发展公交优先，提高公交分担率，全面提升公共交通门到门出行服务品质

全面提升公共交通门到门的出行服务品质要抓住如下关键几点。

①全面优化调整公共交通线路与站点布设，加密轨道交通线路与站点布局。

②构建多层次轨道网络：适时建设市郊铁路、城际铁路；合理扩大轨道线网规模，尤其是中心城区，加密轨道站点，提高轨道交通服务水平，实现轨道交通与常规公交站点零换乘。

③大力度加强公交优先，推进建设公交专用道网络，进一步提高公交速度优势。

④着眼于提升城市公共交通"门到门"效率和品质，围绕"快速、便捷、多样"提高公共交通相对于小汽车的竞争力和吸引力，打造"门到门"全环节高效便捷的公共交通出行链条。

⑤将"互联网+"全面运用到公共交通服务领域，鼓励定制公交、网约专车服务等多样化开放性辅助公交服务。

4. 促进综合交通枢纽无缝衔接零换乘

当前我国城市交通出行效率不高的关键影响因素是综合交通枢纽物理设施衔接不紧凑导致换乘距离过长，以及运行时刻表相互不衔接导致等车时间过长。因此，需要通过下列举措，实现综合交通枢纽不同交通方式之间的无缝衔接、零距离换乘。

①制定规划，优化已有综合交通枢纽内外各交通方式之间零距离换乘、无缝衔接，各方式间运营时间要匹配；新建枢纽按照该要求规划设计建设。

②促进综合交通枢纽与城市融为一体，交通、城市功能有机结合，新建改造地铁与周边用地融为一体化，设置合理的直达建筑的出入口。

③创造硬件和软件条件，提高地面客流集散绿色交通比例。

5. 科学提供停车设施，合理引导交通需求，严格执法管理

当前，停车问题是造成我国超特大城市交通拥堵严重、交通秩序混乱的重要原因之一，需要综合治理。停车供给既要考虑停车需求，又要考虑合理供给停车设施，因为科学调控停车设施供给是交通需求管理的重要手段。解决停车问题的另一个难点是超特大城市停车供给缺口大。因此，推动停车资源共享应该是解决停车供求关系不平衡问题的重要途径之一。

①实现停车设施合理供给。细化停车配建指标；合理建设公共停车位。

②促进泊位共享。资源整合，加强停车信息服务与诱导；鼓励停车泊位共享。

③严格停车执法管理，系统治理违法停车，提高违法成本。

④完善差异化停车收费体系。进一步提高核心区差异化停车收费标准和覆盖范围。

⑤提升智能停车水平，建立一体化停车管理平台，智能化停车管理（情景支付）。

6. 以智能交通为抓手，全面提高交通的科学化、现代化水平

交通大数据的迅速发展和交通智能化水平的不断提高使得交通机理分析和规律揭示成为可能，借助于智能化手段，我们可以深入分析交通事故和交通拥堵的成因及规律，精准施策，从而，显著提高交通效率、安全水平和交通管理的科学化程度。

①做好北京市智能交通发展顶层设计，面向需求，坚持实用原则，重视应用效果，实现智能分析研判、智能规划决策、智能组织管理和智能一体化服务并举。

②打破信息孤岛，实现信息共享，提高综合交通数据资源利用水平，提升研判决策智能化，提供优质便民服务。

③建设一流城市智能交通管理系统。重点功能包括先进的绿波及区域自适应信号控制功能、区域交通组织方案实时生成功能、路网交通状态分析诊断功能、公交优先信号控制与管理功能、智能违法数据提取与智能执法功能、交通拥堵点识别原因分析与对策生成功能、交通安全态势分析与预警功能、城市交通发展顶层设计支撑功能、交通对策智能交通管理相关的服务功能等。

7. 交通管理精细化，缓堵保畅

城市交通供求矛盾的日益尖锐和道路交通饱和度的不断上升，推动交通工程进入精细化设计的新阶段。因此，需要采用更加科学精细的交通管理应对措施，实现有限交通资源的优化配置和充分利用，具体包括以下 4 个方面。

①交通设计精细化。道路交通设施、交通渠化以及交通组织设计精细化，并编制符合北京实际的规范、标准作为设计、施工和验收的依据。

②交通安全管理精细化。精细化交通执法，建立交通安全事故大数据分析及预测平台，有效避免或高效处理交通安全事故。

③交通信号优化智能化。通过前端设备统一、信号联网、数据库统一等措施，实现交通信号的智能优化。

④优化交通需求管理。调研北京交通需求管理政策实施效果及问题，形成一揽子交通需求对策建议，包括错时上下班、弹性工作、限行、拥堵收费、推动共享租赁、以租代购等。

8. 调整城市结构与用地形态，改变交通需求特性

优化城市结构与用地形态是破解交通拥堵、满足居民美好生活需要、实现高质量发展的重要途径。通过推进城市交通与土地使用深度融合的 TOD 模式，实现优化城市结构与空间利用形态，促进实现职住均衡的多中心城市空间结构。

①TOD 已成为城市高质量发展的重要抓手和途径，北京应全面推进北京 TOD 发展。在区域、通道、节点层面全面发展北京 TOD，制定北京 TOD 发展专项战略、规划、设计，对北京市所有轨道交通站点 TOD 发展潜力及发展现状进行全面盘点，划定 TOD 发展范围，借鉴国内外城市的先进经验做法，并结合北京的实际，实事求是，加大创新力度，确定形成 TOD 方案及实施细则，并建立动态跟踪优化调整机制和体系，对北京市轨道站点 TOD 实施效果展开分析。

②完善中心城区周边城市副中心、卫星城，使其具有相当独立的城市功能，形成多功能中心的北京。

③全面打造 5-10-15 分钟生活圈，混合用地、集约化利用土地，居住与就业均衡，就近上下学、就近上下班、就近购物，区别街路和道路，将构建温馨的步行与生活环境放在第一位，促进北京生态绿色健康的可持续发展城市的建设。

六　都市圈交通评价指标选择与计算方法

（一）评价指标设置意义

设置基于交通视角的都市圈合理规模结构评价指标，一方面能够评价我国都市圈规模结构现状、差距与存在的问题，对都市圈状态与规模的适应性进行动态评估，另一方面也能指明我国都市圈规模结构及交通发展的方向和工作重点，说明应该加强发展的系统要素，提供政策导向。

（二）评价指标构成及计算方法

1.评价指标构成

研究建议从都市圈合理规模、交通绿色化水平、交通一体化水平三个准则层构建指标体系，从交通视角对我国都市圈的合理规模结构进行评价，引领都市圈健康发展。一方面，基础设施水平是支撑都市圈合理规模的基本条件，基础设施水平是基于交通视角的都市圈合理规模结构评价指标的关键因素之一；另一方面，都市圈范围内需要实现城市的高质量发展、破解拥堵等城市问题，迫切需要优化交通结构、提高交通效率。一体化、绿色化作为交通强国建设的技术着力点和关键突破点，应成为基于交通视角的都市圈合理规模结构评价指标的关键因素。

基础设施水平是支撑都市圈合理规模的基本条件，是基于交通视角的都市圈合理规模结构评价指标的关键因素之一。都市圈范围内需要实现城市的高质量发展、破解拥堵等城市问题，就迫切需要优化交通结构、提高交通效率。一体化、绿色化作为交通强国建设的技术着力点和关键突破点，应成为基于交通视角的都市圈合理规模结构评价指标的关键因素。

因此，选取基础设施水平、绿色交通水平、一体化水平作为三个关键要素，建立基于交通视角的都市圈合理规模结构评价指标，主要选取指标如图4-23所示。

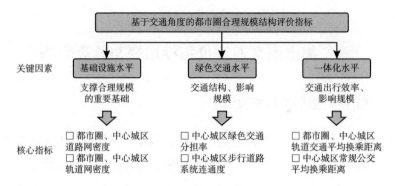

图 4-23　基于交通视角的都市圈、中心城区的合理规模结构评价指标

2. 评价指标设计的目的与计算方法

（1）都市圈、中心城区道路网密度

作为支撑都市圈合理规模的重要基础设施，道路网密度主要通过以下两种方法进行计算。

方法 1：利用传统统计数据，计算道路网总里程与对应面积之比。

方法 2：利用交通设施 GIS 数据、OSM 开源数据库数据得出道路总里程，计算道路网密度。

（2）都市圈、中心城区轨道网密度

其主要通过以下两种方法进行计算。

方法 1：利用各城市轨道线网数据，计算轨道网总里程与对应面积之比。

方法 2：利用交通设施 GIS 数据、OSM 开源数据库数据得出轨道总里程，计算轨道网密度。

（3）中心城区绿色交通分担率

作为缓解中心城区交通拥堵，实现绿色交通主导的重要指标，其主要通过以下两种方法进行计算。

方法 1：利用各城市居民出行调查数据。

方法 2：基于手机信令数据进行提取判断每人次出行交通方式，统计计算步行、自行车、公共交通出行次数与总次数之比。

（4）中心城区步行道路系统连通度

中心城区步行道路系统连通度反映了步行系统通达性，是体现以人为本的高质量生活的基础，有效支撑"最后一公里"出行，服务绿色交通主导的出行结构。其主要通过以下两种方法进行计算。

方法 1：利用传统调查数据，得到可步行的道路网络，利用图论中连通度计算公式进行计算。

方法 2：利用交通设施 GIS 数据、OSM 开源数据库数据得到可步行的道路网络，利用图论中连通度计算公式进行计算（路网中邻接的路段总数与节点总数的比值）。

（5）都市圈、中心城区轨道交通平均换乘距离

都市圈、中心城区轨道交通平均换乘距离反映轨道交通一体化换乘水平，是轨道高质量发展的重要体现，从而影响都市圈规模半径。其主要通过以下方法进行计算。

利用地图公司开放的接口爬取网络导航路径数据，可以得出同一站点的不同线路之间换乘距离（导航中为步行距离数据）。

（6）中心城区常规公交平均换乘距离

平均换乘距离反映常规公交一体化换乘水平，是公交服务水平的重要体现，从而影响都市圈规模半径。由于交通拥堵是中心城区核心矛盾，因此计算范围选取中心城区。该指标主要通过以下方法进行计算。

利用地图公司开放的接口爬取网络导航路径数据，可以得出同一站点的不同线路之间换乘距离（导航中为步行距离数据）。

3.关键评价指标建议值

中心城区绿色交通分担率指标建议值为 85%。[①]

七 主要成果与研究结论

通过以上研究，课题组取得了以下主要成果和研究结论。

---

① 傅志寰等：《交通强国战略研究》，人民交通出版社，2019，第 45 页。

（一）关于超特大城市中心城区和都市圈合理规模问题

基于对中心城区及都市圈现状的量化分析研究，包括对研究对象城市现状交通效率的计算分析和对东京经验的借鉴，立足本国国情，并反复研究论证了我国城市与东京的差异，课题组基于交通视角论证分析了我国超特大城市中心城区和都市圈的规模问题。考虑未来通过交通结构调整、运行组织优化、新技术的推广应用以及治理能力提高和土地利用形态适当优化之后产生的交通运行效率提升，提出我国中心城区及都市圈的合理规模的上限值如下。

1. 分析计算结果

当前我国 10 个城市中心城区当量半径为 10.69~17.54 千米。当前我国 10 个城市都市圈当量半径为 12.36~24.25 千米。在综合考虑交通效率提升后，分别计算中心城区满足 40 分钟通勤、都市圈满足 1 小时通勤的当量半径。中心城区在效率提升后的当量半径为 11.78~17.16 千米，平均值为 13.42 千米；都市圈在效率提升后的当量半径为 24.16~30.22 千米，平均值为 26.82 千米。

2. 研究结论

建议中心城区的规模上限为 13~15km，都市圈的规模上限为 25~30km。

（二）关于我国超特大城市空间结构优化问题

超特大城市空间结构优化调整是实现我国城市高质量发展的关键，重要而紧迫。原因在于我国城市依然处于快速扩张期，一旦形成不合理的城市结构，调整起来将要付出巨大的时间代价和经济代价，往往会花费几十年甚至上百年，城市生活品质无法提升，无法实现城市生活的幸福感和高效率。从现在起，如果能够高度重视城市与交通的深度融合，我们就会实现便捷高效的出行环境、集约节约的土地利用形态，有助于"双碳"目标的实现和人民幸福感、获得感的提升。为此，提出我国超特大城市空间布局优化调整建议如下。

1. 基层社区：助力打造步行生活圈

构建5分钟（街坊，300~400米）-10分钟（邻里，600~800米）-15分钟（社区，900~1500米）生活圈，在相应范围提供完善的生活配套设施和公共设施，全面构建基本的生态城市单元，从源头上方便市民出行，缩短出行距离，实现"以人民为中心"的城市发展目标。

2. 中心城区：推广 TOD，支撑构建多中心

规划建设以轨道交通枢纽节点为核心的物理和功能多中心的职住均衡的组团，分散核心区高度重叠的功能，组团内进行功能分区，落实交通与用地的深度融合，实现职住均衡，居住、工作、日常生活所需在组团内完成。各组团具有独立性，同时具有强联系，强调组团功能的多样性，避免功能单一的组团。

3. 都市圈：构建轨道上的都市圈，疏解中心城区人口

依托轨道交通廊道，构建轨道上的都市圈，强调各组团的空间布局与用地形态科学化，以轨道交通串联核心区、重要功能区及成长发展新区和交通枢纽，优化城市组团、人口、产业空间布局，实现布局紧凑、集约高效，合理的多中心城市区域空间发展方式，促进土地资源的高效集约利用，实现职住均衡，推进生态城市绿色交通系统建设，建设轨道上都市圈，支撑都市圈门到门通勤时间不超过1小时的目标。

（三）破解超特大城市交通拥堵对策

城市是一个复杂巨大的系统，破解城市交通拥堵是一个系统工程。经过"畅通工程""公交都市建设"以及城市交通的绿色化、智能化和一体化发展的不断努力，我国城市交通系统和交通管理的科学化、现代化、智能化水平已经有了长足发展，初步具备了实现突破性进展的基本条件。本专题提出的破解超特大城市拥堵的主要对策如下。

第一，规范出行者的交通行为，创建良好交通秩序，提高道德水平，形成依法行车走路、绿色出行光荣的城市精神风貌。

第二，以绿色交通为主导，大幅度提高交通的安全、便捷、高效水平，

系统完善安全、便捷、温馨的慢行交通系统，城市重点区域实行无车区、限速区、低碳区，实现交通的绿色化。

第三，大力度、全方位推进公交优先，提高公交分担率，全面提升公共交通门到门出行服务品质。

第四，促进综合交通枢纽无缝衔接零换乘，提供完善的末端交通系统，显著缩短市民出行时间，实现交通一体化。

第五，全面推进停车系统的科学供给、智能管理、开放共享。优化提供停车设施，合理引导交通需求，严格实施执法管理。

第六，以大数据分析为基础，以智能化水平提升为抓手，以分析研判、交通组织管控方案自动生成为重点，全面提高交通的科学化、现代化水平，实现交通智能化。

第七，科学分析、系统诊断、精准施策、系统整治城市交通问题，做好城市交通拥堵治理的顶层设计，以提高实战能力为目标推进交通管理的科学化、精细化和智能化。

第八，大力度推进 TOD 模式，调整城市结构与用地形态，改变城市交通的出行特性和出行结构，构建安全温馨、便捷高效的城市出行环境。

（四）关于都市圈合理规模结构评价指标的建议

选取都市圈当量半径、绿色交通水平、一体化水平作为交通视角下都市圈合理规模结构的评价指标。

关于都市圈当量半径指标。中心城区合理规模上限为 13～15km，都市圈合理规模上限为 25～30km。

关于交通绿色化水平指标。中心城区绿色交通分担率指标建议值为不低于 85%。中心城区步行道路系统连通度指标建议值为 100%。

关于交通一体化水平指标。通过新建、改建，将都市圈、中心城区轨道交通平均换乘距离指标建议值逐步控制在 120 米以内。中心城区常规公交平均换乘距离指标建议值为不大于 60 米。

参考文献

傅志寰、陆化普：《城市群交通一体化：理论研究与案例分析》，人民交通出版社，2016。

Kahneman, D., Krueger, A. B., Schkade, D. A. et al., "A Survey Method for Characterizing Daily Life Experience: The Day Reconstruction Method," *Science*, 2004, 306 (5702).

Royal Society for Public Health, *Health in a Hurry: The impact of rush hour commuting on our health and wellbeing*, 2016. 8.

Stutzer, A., Frey, B. S., "Stress That Doesn't Pay: The commuting paradox," *Scandinavian Journal of Economics*, 2008, 110 (2).

Roberts, J., Hodgson, R., Dolan, P., "It's Driving Her Mad: Gender Differences in the Effects of Commuting on Psychological Health". *Journal of Health Economics*, 2011, 30 (5).

Smith, O. B., *Peak of the Day or the Daily Grind: Commuting and Subjective Well-Being*, Portland State University, 2013.

Mokhtarian, P. L., Salomon, I., "How Derived is the Demand for Travel? Some Conceptual and Measurement Considerations," *Transportation Research Part A Policy and Practice*, 2001, 35 (8).

Cassel, S. H., Macuchova, Z., Rudholm, N. et al., "Willingness to Commute Long Distance Among Job Seekers in Dalarna, Sweden," *Journal of Transport Geography*, 2013, 28 (Apr.).

Sandow, E., Westin, K., "The Persevering Commuter-Duration of Long-distance Commuting," *Transportation Research Part A*, 2010, 44 (6).

《单程通勤时间超 1 小时，抑郁几率高出平均水平 33%》，搜狐网，https://www.sohu.com/a/143311640_ 313745。

劳工统计局：《美国人时间使用调查》（*American Time Use Survey*），2010。

孙斌栋、吴江洁、尹春、陈玉：《通勤时耗对居民健康的影响——来自中国家庭追踪调查的证据》，《城市发展研究》2019 年第 3 期。

〔澳大利亚〕Alexa Delbosc、郭伟：《幸福感在交通政策中的作用》，《城市交通》2017 年第 1 期。

上海市人民政府：《上海市城市总体规划（2017~2035 年）》，2018。

Institute for Social and Economic Research of the University of Essex. British Household Panel Survey (BHPS). 2008.

Choi, J. , Coughlin, J. F. , D'Ambrosio, L. , "Travel Time and Subjective Well-being," *Transportation Research Record*, 2013, 2357 (1).

Anderson, M. L. , Lu, F. , Zhang, Y. et al. , "Superstitions, Street Traffic, and Subjective Well-being," *Journal of Public Economics*, 2016, 142.

Ye, X. , Pendyala, R. M. , Gottardi, G. , "An Exploration of The Relationship Between Mode Choice and Complexity of Trip Chaining Patterns," *Transportation Research Part B*: *Methodological*, 2007, 41 (1).

Gottholmseder, G. , Nowotny, K. , Pruckner, G. J. et al. , "Stress Perception and Commuting," *Health Economics*, 2009, 18 (5).

Kageyama, T. , Nishikido, N. , Kobayashi, T. et al. , "Long Commuting Time, Extensive overtime, and Sympathodominant State Assessed in Terms of Short-term Heart Rate Variability among Male White-collar Workers in the Tokyo Megalopolis," *Industrial Health*, 1998, 36 (3).

Walsleben, J. A. , Norman, R. G. , Novak, R. D. et al. , "Sleep habits of Long Island rail road commuters," *Sleep*, 1999, 22 (6).

Palmer, A. , "Health of People Who Travel to Work: The Effect of Travel Time and Mode of Transport on Health". *Unpublished paper*, University of Kent, Canterbury, 2005.

Costa, G. , Pickup, L. , Di, Martino, V. , "Commuting—A Further Stress Factor for Working People: Evidence from the European Community. II. An Empirical Study," *International Archives of Occupational and Environmental Health*, 1988, 60 (5).

Christian, T. J. , "Trade-offs between Commuting Time and Health-related Activities," *Journal of Urban Health*, 2012, 89 (5).

专题四
基于城市数字化视角下的超特大城市规模及结构研究 *

* 课题组组长：王坚，杭州云栖工程院创办人、中国工程院院士。成员（陈黎珍辉外，其他均为杭州云栖工程院自愿者）：方洁，浙大城市学院城市大脑研究院教授；黎珍辉，杭州云栖工程院首席科学家；吴越，之江实验室助理研究员；张义修，浙大城市学院城市大脑研究院特聘副研究员；谷保静，浙江大学教授；郑冠杰，上海交通大学助理教授。鸣谢：薛贵荣，上海天壤智能科技有限公司 CEO；周涛，电子科技大学教授；章琪，杭州市社会科学院副院长；周围，杭州市文广旅游局文化和旅游发展中心（杭州市旅游经济实验室）副主任。

执笔人：方洁、黎珍辉、吴越、张义修。

本专题数据来源说明：本专题标有出处之外的数据（含专栏和图表）来源均出自三个方面：①本课题组调研所得。②城市大脑数字驾驶舱。③根据杭州云栖工程院"城市大脑"开放创新平台（citybrain.org）计算而得。在此也一并致谢杭州市数据资源管理局及有关单位提供的相关数据支持。

摘　要

在规模效应影响下，城市人口持续增长，对城市资源环境承载力和治理能力提出了挑战。今天的数字化就是 100 年前的电气化，城市数字化推动的治理不仅可以基于数据优化城市既有资源配置、提升资源使用效率、有效缓解"大城市病"，也为探索超特大城市的合理规模及结构提供了基础支撑。

城市数字化带来了重新认识城市、认知城市规模研究问题的视角，并构建起以数据资源为基础的城市新型资源观。数字化时代，城市资源不仅包括物理形态的自然资源，也包括非物理形态资源，尤其需要重视结构化的公共服务、数据等非物理资源。"城市大脑"技术体系下的"城市大脑"开放创新平台（citybrain. org）为数字化认知城市提供基础支撑（即数据网络、算力设施和城市智能引擎）。"城市大脑"中枢化体系致力于解决城市数据资源、技术能力、治理决策的碎片化问题，从系统意义上提升城市整体治理能力，精准回应市民追求幸福生活的诉求。

2016 年杭州市启动的"城市大脑"建设，是一次推进城市数字化转型的探索，在缓解城市交通拥堵、调节泊位资源配置、优化医疗服务、精准匹配惠企对象、提升文旅服务质量等方面已取得显著治理成效。

基于"城市大脑"的城市数字化治理有助于通过数据资源重新认识、重新配置城市既有资源，推动从基层社区到中心城区再到都市圈的多层级协同治理，最终实现城市整体协同治理，有效缓解"大城市病"问题的同时，持续为未来超特大城市规模与结构的动态合理化提供有力的分析工具及支撑手段，促进超特大城市治理走向科学化、精细化、智能化，寻求城市高质量可持续发展之路。

一　城市数字化是城市发展必由之路

在城市规模效应的影响下，全球城市人口持续增长，给城市资源环境承

285

载力带来严峻挑战。为了缓解人口增长与有限资源的矛盾，需要优化城市资源结构与配置效率，改善资源浪费和供需结构性错配，促进城市可持续发展。

（一）突破城市承载力困境需要提升资源使用效率

"城市病"的本质是人口增长与资源有限之间的矛盾。电气化重新塑造了 20 世纪的城市，城市得到了空前的发展。但是城市发展带来的交通拥堵、环境污染等一系列"城市病"没有根本缓解，背后其实是资源利用与配置问题。

全球城市人口持续增长，全球已经有一半以上的人口居住在城市。有研究预言，世界的城市化率 2020 年为 50%，到 2050 年将达到 67%。[①] 即使在城市化率已经达到 80% 的欧美发达国家，到 2050 年也将增加总计 1.2 亿城市人口。中国新增城市人口、大城市数量远超西方。

城市人口的持续增长给城市承载力带来严峻挑战。联合国提出的 17 项可持续发展目标都跟城市的资源使用息息相关。如何在人口规模持续增加、城市资源有限的情况下实现可持续发展，是全球都面临的问题。

首先，以城市水资源为例，IBM 在其"智慧城市愿景"白皮书中提及城市供水管网渗漏率最高达 60%。[②] 爱尔兰十分重视自来水渗漏问题。在 2018 年，爱尔兰全国各城市的供水管网平均渗漏率是 46%，经过努力，2020 年和 2021 年分别下降到 40% 和 38%，目标是 2024 年下降到 32%。从 46% 到 32% 是个巨大的进步。然而 32% 对一个城市而言，依然是一个天文数字般的水资源浪费。[③]

---

① Our World in Data, " Urban and Rural Population Projected to 2050, World, 1500 to 2050 ", https：//ourworldindata. org/grapher/urban-and-rural-population-2050？ country = ~ OWID_ WRL.

② IBM Institute for Business Value, " A vision of smarter cities ", https：//www. ibm. com/ downloads/cas/2JYLM4ZA.

③ The Irish Times, "Loss of Water Through Leaks in Irish Water Network down 9% in 2019", https：// www. irishtimes. com/news/environment/loss-of-water-through-leaks-in-irish-water-network-down-9-in-2019-1. 4332401.

　　其次，以城市道路及建筑空间资源为例，从 1991 年开始动工，一直持续到"智慧城市"出现的波士顿大开挖计划（Boston Big Dig Project）也是一个非常值得反思的极端案例，反映了在发达城市人们想以极大的资源投入来解决日益严重的交通拥堵与都市空间不足的问题。撇开项目的有效性不说，就项目所消耗的资源来看，它不应是城市发展的技术路径。大开挖计划主要包括市中心 2.4 千米主隧道（Thomas P. O'Neill Jr. Tunnel），加上配套的隧道（Ted Williams Tunnel）及其他配套工程，共耗资 220 亿美元。项目共开挖了 1600 万立方英尺（45 万立方米）的土方（超过 50 万辆卡车的容量）；用了 380 万立方英尺（11 万立方米）的水泥，如果修成水泥人行道，可以在波士顿和旧金山之间打三个来回；项目用掉的钢材，如果做成 1 英寸（2.54 厘米）的钢棒，可以绕地球赤道一圈。① 未来城市发展不能按照这种极大资源消耗的路径发展。

　　中国城市在人口规模和空间规模上均达到了世界较高水平，然而中国城市人均资源水平难以达到西方发达国家水平。面对预计将要新增的 2 亿城市人口，若人均资源水平达到和欧美一样，中国的城市资源消耗还将大幅度增加。在这种背景下，按照传统的资源消耗型的路径继续扩大城市规模将会导致资源需求量急剧增加，难以为继。资源紧张往往是由于使用上的浪费和供需结构上的错配。为了解决"城市病"，促进可持续发展，除了增加资源供给、降低资源需求，还有一条重要路径：优化城市资源配置效率和使用方式。城市作为一个开放的复杂系统，如何适应城市人口增长、系统复杂性加剧的趋势，改善资源环境紧张的局面，在有限城市空间中容纳更多市民并实现精细化治理，在城市化的过程中引导城市规模和结构优化，以实现资源有效精准配置，这是对治理能力的考验。

　　城市治理能力决定资源的利用效率。未来城市规模和结构的研究需要关注城市运行的治理问题，在不增加城市资源消耗的情况下进一步提高城市的运行效率。虽然城市结构主要是由其地理禀赋决定的，但治理能力亦在很大

---

① 　吴志强、王坚等：《智慧城市热潮下的"冷"思考学术笔谈》，《城市规划学刊》2022 年第 2 期。

程度上影响着规模与结构的演变。通过治理可以改善原先的城市资源错配，提高资源利用效率，助力解决"大城市病"。

（二）城市高质量可持续发展必须探索新路径

中国提出 2030 年前争取实现碳排放达峰，2060 年前争取实现碳中和，这无疑对城市发展提出了约束性指标。"双碳"目标的达成意味着绿色发展、生态文明转型。

"十四五"规划提出"完善新型城镇化战略，提升城镇化发展质量"，其内涵是："坚持走中国特色新型城镇化道路，深入推进以人为核心的新型城镇化战略，以城市群、都市圈为依托促进大中小城市和小城镇协调联动、特色化发展，使更多人民群众享有更高品质的城市生活。"① 在以上宏观目标之下，规划中设专门一章"全面提升城市品质"，具体要求包括：转变城市发展方式，按照资源环境承载能力合理确定城市规模和空间结构；建设宜居、创新、智慧、绿色、人文、韧性城市，提升城市智慧化水平；不断提升城市治理科学化、精细化、智能化水平，推进市域社会治理现代化；等等。为了落实"十四五"规划及 2035 年远景目标的要求，必须推动城市低碳发展，探索城市高质量可持续发展的新路径。

（三）城市数字化是推动城市发展的必由之路

如今的数字化就是 100 年前的电气化，电气化时代"大城市病"的本质是人口增长与资源有限之间的矛盾。迄今为止全世界还没有一个城市完成数字化，对城市的认知尚未从一种粗略的统计走向微观精细，也无法精准优化城市资源结构配置，进而提升资源使用效率、突破城市承载力困境。

"数字化"不是"信息化"的简单延续，而需从人类科技革命与文明演进的高度来认识这一轮数字变革的历史意义。中国是城市数据资源最丰富的

---

① 《中华人民共和国国民经济和社会发展第十四个五年规划和 2035 年远景目标纲要》，中国政府网，http://www.gov.cn/xinwen/2021-03/13/content_ 5592681. htm。

国家，如果说电气化成就了 20 世纪的美国城市，那么数字化会是中国城市在城市发展史新的转折点上的重要机遇。比如，现在绝大部分城市只知道机动车保有量，并不知道实时在途车辆有多少，然而通过数据资源掌握一个城市有多少车，有多少道路，每条道路的车辆分布，就能更好地规划道路建设，避免盲目修路导致资源浪费。[①] 人类正在进入数字文明新时代，城市数字化是城市发展的必经阶段，这对于引领中国城市走上高质量、可持续的发展道路具有重要意义。

"十四五"时期，我国提出了"加快数字化发展、建设数字中国"，这是顺应新发展阶段形势变化、抢抓信息革命机遇、构筑国家竞争新优势、加快建成社会主义现代化强国的内在要求，数字化也是推动我国城市发展的必由之路。城市数字化可以让城市使用资源的效率有一次巨大的提升。从技术的角度，我们是有机会用城市数字化治理来换回能源消耗降低的。在城市人均资源消耗量远远低于发达国家的情况下，怎么能够在达到碳中和的前提下，让人民的生活水平有一个巨大的提升，这是城市数字化可以致力于实现的目标。[②]

在城市数字化方面，国民经济和社会发展"十四五"规划做出如下部署。一是以数字化助推城乡发展和治理模式创新，全面提高运行效率和宜居度。二是分级分类推进新型智慧城市建设，将物联网感知设施、通信系统等纳入公共基础设施统一规划建设，推进市政公用设施、建筑等物联网应用和智能化改造。三是完善城市信息模型平台和运行管理服务平台，构建城市数据资源体系，推进城市数据大脑建设。四是探索建设数字孪生城市。[③] 推动城市高质量发展、向着实现共同富裕目标迈进。推动城市数字化发展与推进新型城镇化战略、完善城镇化空间布局不仅并行不悖，而且相得益彰，有利于更好满足高品质城市生活的需要。

---

① 《阿里王坚博士的城市大脑，一个写给城市的操作系统》，搜狐网，https://www.sohu.com/a/256590626_256833。

② 王坚：《数字化与碳中和》，首届中国数字碳中和高峰论坛，2021 年 9 月 7 日。

③ 《中华人民共和国国民经济和社会发展第十四个五年规划和 2035 年远景目标纲要》，人民出版社，2021，第 49~50 页。

为了实现城市数字化，需要达成以下三个基础目标。第一，应该像规划土地资源一样规划城市的数据资源，像规划电力供应一样规划算力供应。传统观念认为城市发展主要是指空间上的发展，但数字化时代数据资源以及用于数据处理的算力资源在城市发展中占据了重要地位。第二，通过探索实践城市数字化治理，基于数据资源重新认识城市现状，实现城市资源重新配置，提升城市资源使用效率，最终形成研究城市数字化的系统方法论。第三，面向城市整体协同治理，以现有信息化系统平台为基础，以场景作为基础单元，以中枢系统作为内在支撑，以数字驾驶舱作为综合工具，推动建设城市数字化新型基础设施。

二　"城市大脑"是实现城市数字化的关键

"城市大脑"是随城市数字化应用实践不断深化而形成的技术体系，是提高城市决策科学化的重要支撑。城市数字化带来了重新认识城市、认知城市规模的视角，并构建起以数据资源为基础的城市新型资源观。基于"城市大脑"的城市数字化治理可以重新配置城市既有资源、有效缓解"大城市病"问题，同时也为未来超特大城市规模及结构的合理化提供有力的分析工具与支撑手段。

（一）"城市大脑"已成为城市科学决策的重要支撑

数据资源的分享和深度分析使重新认识城市成为可能。基于数据的深度融合、规律挖掘和机理分析解决城市复杂问题，使得城市科学决策在数字化时代有了一次巨大的跨越机会。以数据量化城市资源供需水平，用计算来优化城市资源的供需匹配，可提升资源效率。在此意义上，迄今为止全世界还没有一个城市完成数字化，对城市的认知、治理尚未从一种粗略的统计走向整体、微观、精细。

数字化时代实现城市的整体认知、治理的微观精细，需要认识到城市问题研究的复杂性，需要与之相匹配的方法论与探索路径。"城市大脑"是随城市数字化应用实践不断深化而形成的技术体系，已成为研究城市数字化不可或缺的重要支撑。

"城市大脑"技术体系下的"城市大脑"开放创新平台（citybrain. org）为数字化认知城市研究提供基础支撑（即数据网络、算力设施和城市智能引擎）。目前，该平台已实现了对全球近 209 万个开放数据系统的连通，为数字化时代研究城市级复杂问题搭设了可能的路径。

最为重要的是，"城市大脑"给城市规模问题的探讨提供了一个数字化的模板、分析工具。

城市的合理规模与多重因素相关，其结论并不能通过单一维度的模型或数据分析获得，"城市大脑"只是提供了一种研究城市复杂问题的技术体系，可助力探索特定城市合理规模与结构这一科学问题。

（二）以数据资源为基础重新盘整城市资源

城市治理能力集中体现为对城市各类资源的配置能力，而城市资源使用效率进一步影响了城市可承载人口规模的大小。提升城市治理能力，提升资源的使用效率，便能用更少的资源满足更多的需求，实现人均资源增长高于总量增长。城市数字化意味着把城市的实时全量数据作为认识城市资源供需水平、治理城市的要素，数据资源是一种能够量化和调度其他资源的特殊治理资源。数字时代城市治理能力的重要表现形态，就是基于数据资源调度其他资源的能力。

城市数字化，需要构建以数据资源为基础资源的新型城市资源观。新型城市资源观认为城市资源不仅包括物理形态的资源，也包括需要重视的结构化非物理资源，如公共服务、数据。物理资源的分享极其有限，数据资源的分享使得城市有一次巨大的跨越机会。[1] 以数据量化城市资源供需水平[2]，

---

[1]　王坚：《城市大脑：用数据重新认识城市》，第十二届清华大学公共管理高层论坛，2017 年 8 月 19 日。

[2]　国务院发布的《全国资源型城市可持续发展规划（2013-2020 年）》（国发〔2013〕45 号）是我国首次在资源型城市可持续发展领域发布的国家级专项规划，在全国确定了 262 个资源型城市，并依据其可持续发展能力和资源状况，分为成长型、成熟型、衰退型和再生型四种类型。

用计算来优化城市资源的供需匹配，从而降低资源浪费。① 目前城市的时间、电力以及公共服务等资源都在被大量浪费，包括交通拥堵等显性浪费，也包括由于未合理规划而耗费的隐性浪费。如果不对存量资源进行盘点，则无法知道有多少被浪费的资源。②

通过数据资源，可以进一步认清城市，更新城市治理的思路。习近平总书记强调："把资源真正用到发展经济和改善民生上来。"③ 预判未来城市规模的起点是知道城市现有的规模。城市是一个复杂的系统，而目前对于城市的认知并不能反映城市的整体情况，只是城市的某一部分。只有基于更为真实全面的城市数据，才可以为城市治理提供新的依据，甚至新的思路。

杭州市全城的泊位资源可对以上分析做出例示。"城市大脑"数据显示，2021年1月6日全城一共3458个停车场，除去不对外开放和数据不可靠情况，剩余2535个停车场，显示出全城停车场库泊位资源的总量；再进一步算出停车场具体泊位的空闲率、泊位指数，即一个泊位能被多次利用时，泊位资源从认知上明显就会有一个扩展增量。在泊位资源绿力图中，以空闲率不低于1/10为绿色、空闲率小于1/10为红色来显示全城停车泊位资源情况，则可见资源并非紧张，反而足够富余。平均来看，红色停车场在距离300米之内能找到一个空闲率不低于1/10的绿色停车场。这意味着资源紧张更多受制于局部空间，当以城市规模来盘整资源，就近协同配置，某些治理难点已能疏解。

（三）基于数据资源重新配置城市资源

城市治理能力是影响城市资源使用效率、公共服务水平的重要变量，也是影响城市可承载人口规模限度的重要变量。"数据"关乎合理调配资源，提升治理能力的关键。随着互联网基础设施的普及，城市数据比人类历史上

① 王坚：《数字化与碳中和》，首届中国数字碳中和高峰论坛，2021年9月7日。
② 王坚：《城市大脑，"算力时代"的治理机遇》，《杭州》2020年第9期。
③ 《中共中央召开党外人士座谈会 习近平主持并发表重要讲话》，《人民日报》2019年12月7日。

任何时候都更大规模、更快地沉淀。逐步收储、充分运用这些数据，关乎城市未来发展。数据构成不同的信息，在不同的场景，其价值也会不同。完整的数据资源体现出的信息，将更接近城市的全貌，为城市发展、城市监管提供更系统、更科学的参考。有了数据资源才能定量地优化其他资源的使用。

"城市大脑"建设实践表明，通过将城市运行过程中产生的数据通过"城市大脑"中枢协同机制处理，可以大幅度提高城市资源的利用效率。以特种车辆的优先通行为例，一般情况下特种车辆虽有法定优先通行权，但由于受到社会车辆的影响，实践中优先通行的保障并不稳定。杭州市"城市大脑"通过系统性的数字治理解决方案，实现对救护车的"一键护航"，救护车不需要"闯红灯"，也避免了事故，杭州市萧山区试运行阶段救护车的实际通行时间与导航路径测算时间比平均缩短了近一半。① 这意味着在不必开辟专用车道和占有更多公共道路资源的情况下，通过数据资源对特种车辆通行的支持，提供了更好的公共服务，产生了更好的治理效果。

（四）基于"城市大脑"建设城市数字化基础设施

在广义上，城市的基础设施不仅包括支撑城市社会经济活动、提供资源与服务的物理系统，还包括与之紧密联系的管理系统、信息系统、数字系统。城市数字化为城市治理提供坚实的数据资源基础，需要建设适应城市数字化的新型基础设施。习近平总书记强调："要加快新型基础设施建设，加强战略布局，加快建设高速泛在、天地一体、云网融合、智能敏捷、绿色低碳、安全可控的智能化综合性数字信息基础设施，打通经济社会发展的信息'大动脉'。"② 除了泛在智能的网络连接设施、物联数通的新型感知基础设施、云网融合的新型算力设施，更要探索建设有助于构建城市数据资源体系，系统化、整体性推进数字化治理的新型城市基础设施。这里的"基础

---

①　王坚：《城市大脑，"算力时代"的治理机遇》，《杭州》2020 年第 9 期。

②　《习近平主持中央政治局第三十四次集体学习：把握数字经济发展趋势和规律 推动我国数字经济健康发展》，中国政府网，http://www.gov.cn/xinwen/2021－10/19/content_5643653.htm。

设施"不仅是指狭义的硬件设备，而且指软硬件一体集成的城市数字治理系统。

杭州市 2016 年启动的"城市大脑"建设，是一次推进城市数字化转型的探索。以数据资源为基础，由中枢系统、系统与平台、数字驾驶舱和应用场景等要素组成，整合了大数据、云计算、区块链等新技术，在中枢协同架构组织下形成了一个新的技术体系。通过建设这一城市数字基础设施，改变了过去城市信息化建设中"各自为政、条块分割、烟囱林立、信息孤岛"的困境，推动城市整体性治理（见图 5-1）。

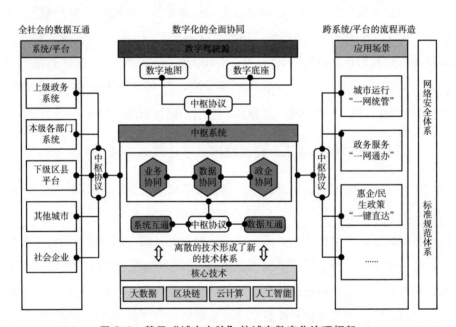

图 5-1 基于"城市大脑"的城市数字化治理框架

1. 现有的信息化系统与平台是基础

"城市大脑"以现有的信息化系统与平台为基础，包括了政府数字化转型所做的建设，数字经济、数字社会领域内各个组织机构所做的信息化系统平台建设成果。数字政府层面：市级行业部门建设的统称为系统，比如市公安局建设的称为"城市大脑警务操作系统"；区、县（市、区）建设的统称为平台。系统与平台的重要作用之一就是数据的整合。

长期以来城市信息化建设都是按部门来设计的，在推进过程中出现了一个悖论：部门的信息化建设得越好，城市整体的信息化越分裂。"数字烟囱"林立，城市的治理也会碎片化。"城市大脑"的建设必须以城市为整体，更强调整体协同。作为一个整体性的数字化基础设施，"城市大脑"首先以现有的信息化系统与平台为基础，实现数据互联互通，支撑各个条块建设的信息化系统与平台进行整合，实现数据共享，在中枢系统协同下发挥作用。

2. 场景是数字化治理的基本单元

场景是指特定时空观下的具体城市事务处理过程，代表了城市数字化治理的基本单元。它是以具体的便民惠企、基层治理等方面的问题诉求为回应，借助"城市大脑"技术体系支撑，完成以最小量资源投入、最大成效治理并满足目标诉求的过程。支撑场景建设的技术体系是技术意义上的场景，意味着为回应诉求所需的业务协同背后的数据协同技术系统，为此需实现相关的跨部门、跨层级、跨区域、跨系统的协同，从而解决过去工作业务过于细分、各部门各自为政，甚至部门内部流程互不衔接交流从而难以解决的问题。

"城市大脑"的场景治理变人力行政协调为数据协同，进而完成业务协同，实现了过去不具备的治理能力。在建设"城市大脑"的过程中，人们可以重新理解场景和应用的关系。为什么强调场景而不简单讲应用？因为场景是体现多跨协同要求的复杂应用，一个简单的应用常常不能解决问题，就像解决老百姓就医难问题，它需要医院、街道办等好几个部门协同处理。

场景建设是面对市民的服务，能否有效回应目标诉求是检验场景价值的主要标准。当目标诉求得以实现，则相应的技术运行机制将沉淀在"城市大脑"场景技术体系中；而相应的城市治理流程再造、制度重塑同样将沉淀在场景的治理体系中。就检验场景的标准而言，便利、流畅、低耗、高效应为必要指标。只有解决了具体问题，让民众、企业和社会组织感受到更多的便利和幸福感，才是一个成功的场景建设（见专栏 12、专栏 13）。

👆 **专栏 12**

杭州火车东站 4800 个车位如何满足 38 万人次客流

杭州东站日均客流量 38 万人次，进站和出站人数大约各占一半。停车场占地 25 万平方米，有 4800 个车位，是杭州市最大的单个停车场。出入停车场的车辆分为长停车与非长停车两类，超过 90% 的车辆有快速离场的需求。2019 年 9 月治理之前，节假日杭州东站停车场库出现过因入库停滞而车辆溢出，造成外部道路交通堵塞的现象，治理之后这种现象未再出现。停车场满停率基本维持在 60%~70%，最高时亦未超过 80%。

在停车位并无增量的情况下，日停车次从 2019 年 6 月 27 日的 6949 辆，到 2021 年 7 月 26 日的 22009 辆，停车场保持了有空余泊位存量状态。付费车次与免费车次比从 61.86%：38.14% 到 24.29%：75.71%，不仅完成了逆转，且免费车次占比是付费车次的 3 倍，受益于免费停车的车次占比较 2019 年增长了 1 倍。但从收费车的绝对车次量来看，整体稳中有升，所以停车场运营单位的收益不减反增。总结来看，这种变化得益于如下数字化治理措施。

（1）"抬头见车位"场景建设将有需求的车辆迅速引流至东站停车场。"抬头见车位"可让车主迅速知晓东站即时停车位空余情况，并通过指示牌和导航 App 如"导航分流""预约停车"等系统帮助完成停车导引。

（2）VR 寻车。停车场内借助 VR 寻车系统，可以更快找到车辆，开车离场时间从 18 分钟减少到 11 分钟，下降 39%。

（3）"先离场后付费"场景建设，移除了停车杆。打通便捷泊车系统、Q-Parking、ETC 等多种付费方式，加速车辆流动出库。移除停车杆之前车辆离开停车场出口的时间平均所需 30 秒，移除之后变成 0 秒。撤杆后，虽有逃单支付情况，但即时收费率仍稳定在 88.3%。

（4）改变了收费标准。从 2019 年 3 月前的"15 分钟内停车免费"到之后实行"30 分钟内停车免费、阶梯式收费"，经济杠杆激励行车人在 30 分钟内离场。按日平均 71% 的 30 分钟内离场车次来计，每年免费停车已达到 307 万辆次。

专栏 13

"民生直达"

传统民生政策的实施，往往需要政府、群众两头忙，即群众需要准备政策规定的各种材料，政府部门需要大量的人力和时间来审核材料和受益资格，会有办理烦琐、材料复杂、耗时长、失误多、不能全覆盖、到账缓慢等痛点。杭州"城市大脑"率先建设"民生直达"数字化服务平台，实现了民生资金兑付"一个都不少、一天都不差、幸福秒到账"。

（1）数据协同破壁垒。数据从"定向索取、单点对接"到"实时协同、全量获取"。以民生需求为导向，加快数据资源归集共享和协同。如西湖区三墩镇首批上线的 12 项民生政策涉及公安、民政、残联、人社、卫健、教育等 6 部门的数据，涉及 20 余个数据接口。通过各业务部门系统开发接口和向省市数据共享平台申请等方式，将数据接口注册到杭州"城市大脑"中枢系统，实现跨区域、跨领域、跨部门数据互联互通、共融共享。

（2）流程再造提速度。业务管理从"层层审批"到"一键直达"。对于区县级事项，由平台自动核定发放名单，从确认到发放实现一键全流程办理。省市级给付事项，由省市平台汇聚各条线数据核定兑付名单，自动同步至"民生直达"平台。以数字化变革倒逼流程优化、模式创新、效率提升，让"数据多跑路、群众少跑腿"。如重度残疾人补贴发放工作，之前申领需 6 个步骤、7 天公示期、15 天审核，上线"民生直达"平台运行后，所有流程全部"归零"。

（3）资金兑付统一化。资金兑付从"多渠道分散"到"集约式统一"。归并同类项，最大程度整合同类政策，自动校验同一人员、同一信息在不同时期、不同系统中的数据，计算发放对象及金额结果，既避免重复建设，又能最大程度发现和避免多补、漏补、重复补贴情况。两端同开放，打造"政府端"和"社区端"，在政府端设置批量预审、批量发放功能，对核验成功的定期自动发放，兑付不成功的，自动流转到社区端二次核实、修正后发起线上兑付，大大减少了社区工作者的重复劳动。

（4）主动服务零申请。百姓申请从"多材料、长等待、依申请"到"零材料、零等待、零申请"。以"百姓"为中心去思考问题，变"政策发布、政策解读、审核材料、政策兑现"的流程为"制定标准、协同数据"，将"坐店等客、审核材料"的管理方式变为"主动推送、无须材料、瞬间兑现"的服务模式，实现一个都不会少，一天都不会差。群众满意度、获得感大幅提升。

3. 中枢系统是"城市大脑"的内在支撑

"城市大脑"的中枢系统是城市大脑赋能城市治理的核心系统，各系统与平台数据通过中枢协同机制互联互通、实现业务协同、数据协同、政企协同，提升城市运行的整体协同能力。[①] 这是解决城市治理碎片化问题的关键，可支撑城市级的"整体智治"。在"城市大脑"中，中枢系统通过中枢协议，实现全社会的数据互通，有力支撑技术融合、业务融合、数据融合，实现跨层级、跨地域、跨系统、跨部门、跨业务的协同管理和服务，支撑多样化的便民服务应用场景、惠企服务场景，实现治理现代化。不同城市也可以通过中枢协议实现"城市大脑"的互联互通，实现区域治理现代化。

中枢系统对城市数字治理能力的提升具体体现在以下三个阶段。

---

① 详见 2021 年《杭州城市大脑赋能城市治理促进条例》第八条。

其一，数据在线，资源共享。[①] 数据在线化才能真正实现数据的可用性，城市才可以真正实现数据闭环。只有数据在线之后，才能实现数据的即时性，各个业务部门才可根据不同的需求及时获取有用数据。

其二，数据开放，协同治理。中枢加速了从数据封闭到数据开放，通过打通城市的神经网络，对整个城市进行即时分析和研判，让数据帮助城市"思考"、决策和运营。[②] 通过中枢协议，可以联通各种公共数据、企业数据和社会数据，进而实现跨部门、跨层级、跨区域的数据、业务协同。

其三，数据闭环，智能治理。城市治理真正变化的开始是使机器完成以往人不能完成的事。[③] 在数据得以闭环的情况下，探索实现从人的智能（以人的经验主导治理）、人工智能（人的经验的规模化、集合化）到城市智能（数据协同，整体智治）的迭代，从而实现通过数据和算力解决城市治理动态复杂问题，推进城市整体上的智能治理。

4. 数字驾驶舱是数字化治理的综合工具

数字驾驶舱是数字化治理的综合工具，也是城市治理直达现场的数字媒介。场景建设中体现的治理能力，通过数字驾驶舱体现和沉淀下来。数字驾驶舱是基于中枢系统的数字化管理工具，通过为各级城市治理实战提供数据化、在线化、智能化的功能，做到横向到边、纵向到底。

城市管理者作为城市运行管理的"驾驶员"，既要考虑"前进方向"，又要对"乘客"的安全负责。作为"城市大脑"数字化基础设施中的综合性工具，数字驾驶舱可以帮助城市治理者实时掌握一手资料、一手感知、一手舆情，并且通过分析、比较做出科学精准的决策和判断。例如，疫情防控期间指挥部需要随时了解发热门诊的人数，相关数据就能显示在数字驾驶舱

---

① 王坚：《城市大脑：用数据重新认识城市》，第十二届清华大学公共管理高层论坛，2017 年 8 月 19 日。
② 王坚：《云计算之后，我为什么要做城市大脑?》，《人民日报》2019 年 11 月 9 日。
③ 王坚：《机器智能、城市大脑和下一个 10 年的登月计划》，"未来已来"全球人工智能高峰论坛，2017 年 7 月 9 日。

里。反之，按传统方式层层统计通报费时费力，容易延误决策和行动时机。设计好数字驾驶舱，让城市管理者的治理理念沉淀到这套系统中，职能部门的人员通过数字驾驶舱就能感知城市动态、获得把握管理全局的便利与支持。

三 城市数字化治理探索实践

（一）"在途量+延误指数"显示交通资源配置

"城市病"之一——交通拥堵的本质原因是道路资源供需之间的不平衡。"智慧交通"场景通过"城市大脑"中枢协同系统与平台，实时感知道路资源及其供需匹配情况，并通过"在途量+延误指数"的计算为城市交通设施的结构与规模优化提供基础依据。

1. 道路资源与车辆出行需求的匹配

判断道路资源是否能满足出行需求，其一是量化道路资源总量与结构，其二要数清出行车辆数据，掌握出行需求。如果城市已完成数字化，那么就可精确回答上述问题。在城市数字化基础上，一方面可根据实时车流数据，通过红绿灯管控等方式动态提升道路时间资源的使用效率；另一方面，根据车辆出行需求和道路资源的量化分析确定是否要对道路空间资源做出进一步优化。目前，大城市普遍采用的限行政策本身是一种对车辆出行需求的控制，其基础认知是根据拥堵现象推导出道路资源不足，因而做出通过限行以抑制需求的决策。然而，目前尚未完成城市的数字化，对道路时空资源认知其实是失真的，因而所做出的相关决策也缺乏科学依据。

2. 通过"在途量+延误指数"感知交通运行实况

在"城市大脑"中枢系统的支撑下，对道路交通状态感知可以实现实时化、精细化。例如，评估道路交通承载能力的重要依据是机动车在途量，而不只是保有量。即使是保有量，中国许多城市的机动车保有量数值也是不清晰的，不同的统计口径会出现差异。而具体到一个特定的时间点上有多少车正在路上行驶则更加模糊。基于"二八原则"的经验来估算,一般认为平峰期在途量是保有量的20%,高峰期在途量是保有量的80%。事实上,经中枢协同系统平台的精细计量分析,以上估算存在较大误差。杭州市真实的在途量大约是保有量的10%,即平峰期在途量为20多万辆,高峰期为30多万辆。也就是说,额外的10万辆车造成了高峰期的交通拥堵。

从居民出行体验的角度来看,城市居民真正关心的是能够评估城市出行效率的"延误指数",而不是城市间的拥堵排名。即便是拥堵排名在最后的城市仍可能是拥堵的,拥堵指数的排名虽然可用于城市间的比较,但并不能指导如何解决问题,也不代表着民众对拥堵的不适感消失。"城市大脑"基于数据协同实时计算"延误指数",为一个有指导性的阈值,对判别即时的交通运行状态起到了重要作用。通过系列治理让延误指数低于1.35,就可以让这种延误处于老百姓可承受的范围之内。"在途量+延误指数"使城市道路资源供需水平能够被更精准地刻画,以此来衡量道路资源的总量与结构,才可知其配置合理度。

3. "交通不限行"决策体现治理成效

当前许多大城市采取限行政策的重要参考数据是机动车保有量,然而,在途量而非保有量应成为决策的基础依据。为20万~30万辆还是280万~300万辆车匹配道路资源将是迥然不同的决策结果。实践证明,南昌市取消限行,在途量也仅仅是稍有抬升,并未发生拥堵倍增的情况。而通过城市大脑模拟实验甚至发现,在A市关闭1条道路的通行反而可能会降低城市整体延误。A和B两市通过城市大脑模拟对全城的交通信号灯进行优化,结果显示累积服务车辆数明显增大,车辆通行效率显著增加,这很好地印证了数字化治理对城市规模结构优化的重大意义。当然,城市交通状况的变化绝不是一个两个因素改变而产生的结果,需要做整个系统的变化分析,这里的例子是在说明资源优化配置的意义和作用(见图5-2、专栏14)。

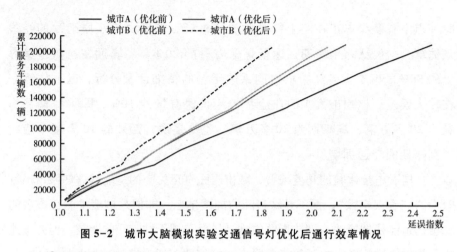

图 5-2　城市大脑模拟实验交通信号灯优化后通行效率情况

注：①城市 A 路网里程 1289 千米、2067 个交叉口，城市 B 路网里程 3057 千米、3819 个交叉口。

②对于某辆车 i，其延误指数 d_i 计算如下：

$$d_i = \frac{tt_i}{tt_i^f}$$

式中，tt_i 是车辆的真实行程时间，tt_i^f 是假设车辆按照道路最大限速行驶的行程时间。路网中所有车辆的延误指数求均值可得到图 1-10 中的交通延误指数 d。延误指数是一个相对值，延误指数 2.5 表示相于于按照路段限速行驶的平均行程时间 t_1，真实平均行程时间是 t_1 的 2.5 倍。

专栏 14

南昌城市大脑"交通不限行"

2020 年，南昌发出"城市大脑"建设令，决定"交通不限行"。之前，该市机动车保有量以每年 10% 的速度快速增长，交通压力与民众的畅行需求形成紧张关系。

南昌对原限行区 80 平方千米范围内的 2400 个交通卡口进行了数字化改造提升。城市大脑"驾驶舱"接入了 802 个卡口、1828 路监控视频、168 个交通信号等前端感知设备，融合了 4302 辆公交车和 5453 辆出租车的数据，每天接入 2000 万条卡口数据、200 万条公交数据和 1400 万条出租车数据，使智能感知的神经末梢基本覆盖重点道路、路口，建立了态势感知、识别报警、通行评价、成因分析等四种模块的算法仓。①

---

① 方洁：《南昌不限行》，《瞭望东方周刊》2021 年第 8 期。

第一个模块是态势感知，即基于跨部门的多源数据，利用大数据分析与人工智能技术，建立数字化的道路交通运行评价体系；提出七大核心指标，从时间、空间、速度等维度，对区域、路段、路口进行系统评价，呈现拥堵排名，并实时显示畅通、轻度拥堵、中度拥堵、严重拥堵的数量和状态。

第二个模块是识别报警。该场景对突发性交通拥堵、常发性拥堵自动发现、自动报警，并根据系统中的报警次数，摸索拥堵规律，实现交通管理的长效治理。

第三个模块是"通行评价"。基于历史数据，比如近15天早晚高峰等重点时段，对重点片区、道路、路口，从拥堵指数、拥堵里程比、行程车速、主干道车速、快速路车速五个维度设立预警值，并进行评价。

第四个模块是成因分析。从区域、路段、路口三个层面，分析常发性堵点的原因，最后通过成因诊断，一点一策，实现系统治理。

在突发性拥堵的城市治理方面，过去主要依托指挥中心人工视频巡查和路面报警，"交通不限行"场景建成后，形成了"自动发现堵点-自动报警-指挥调度-警情处置"的业务闭环，构建了扁平化指挥调度体系。而作为市民口中"最强大脑"和"最快双腿"的高效结合，线上与线下工作的配合，南昌重塑了警务系统。1分钟发现交通拥堵、3分钟民警到达现场、5分钟快速处置轻微事故的"135"快反机制，也让治理有力且不乏温情。

（二）"停车指数+泊位指数"衡量泊位资源与空间结构

城市"停车难"现象说明了停车资源与泊位需求之间的紧张关系。"便捷泊车"场景通过中枢系统实现多停车设施的数据协同，以"停车指数+泊位指数"实时表征泊位资源供需匹配情况，为相应场库、道路结构、可承载规模相关决策提供参考。

1. 泊位资源与停车需求的匹配

"城市大脑"便捷泊车场景从数清车位数开始。在杭州市最初调研时，交警部门备案的有 74 万个停车位，再通过一年多的时间实地摸排、系统汇聚，最后盘整共计 134 万个车位，4720 个停车场（截至 2021 年 7 月），两个数值相差近 1 倍。

停车指数代表了停车场的占用率，泊位指数代表了一个泊位的日常使用频率。如果一个停车场的停车指数为 0.82，则意味着 18%的车位处于空闲状态，资源未被良好利用；泊位指数从 1.6 到升到 1.9，提升 0.3，则相当于仅通过提升车位的使用效率，在未新增车位投资的前提下可满足额外 20 多万辆车的停车需求。基于停车指数和泊位指数两项指标，可重新评估城市停车泊位供给与需求的匹配度。

2. "停车指数+泊位指数"感知泊位资源利用实况

将医院周边多个停车场通过中枢系统实现数据协同，可实时精准量化区域范围内的停车资源（即停车指数和泊位指数），再通过路侧指示牌、导航软件等方式进行停车引导，"便捷泊车"场景在医院周边综合治理上获得明显成效。杭州市从市第一人民医院开始，继而带动浙一、浙二医院等 15 家重点医院的周边治理，解决"停车难"问题。以杭州市上城区 9 家市级医院为例，数字化治理具体方案为：其一，"聚零为整，数据变停车资源"。充分挖掘医院周边 2.5 千米范围内的写字楼、居民小区、公共道路等泊位资源，摸排出 16 个停车场和 1 个公共道路泊位共计 3309 个泊位，通过场库导视系统设计出 6 条最优停车轨迹，打造 15 分钟停车圈。其二，统一引导，通过覆盖三个城区的 41 块路网固定导视牌有效分流车辆，解放路、庆春路两处动态可变导视牌实时发布信息，推送比选最优停车方案，把城市大脑的运算数据转化成车主可识别的行驶路径，引导就诊车辆快速到达周边停车场，实现从"低头找车位"到"抬头见泊位"的转变。其三，综合治理优化使交通有序，具体治理措施包括拆除医院周边 663 米隔离带，取消浙一、浙二医院排队专用车道，变"等候车道"为"即停即走缓冲区"和"非机动车、行人通行区"，设置停车 2 分钟限时泊位 35 处，同步开展机动车、非机动车和行人的协同整治，初步实现"道路回归通行，停车回归场库"目标，"道路变停车场"的资源错配情况得到调整。

3. 不增建车位却能解决"停车难"问题

在医院周边道路设置隔离带、设置排队专用车道等措施来解决就医停车难的问题，其背后原因是医院泊位资源不足以满足就诊停车需求。当这个问题被简单地从单个停车场（库）泊位数的角度来思考时很容易得出"需增建车位"的结论。然而，将医院周边多个停车场（库）看成一个整体，以停车指数、泊位指数来更精准地量化整个系统的停车需求与供应关系，并配合以适宜的协同治理手段时，结论就会不一样：一方面，通过停车指数实时显示区域内不同停车场（库）的空闲情况，可实现车辆和停车位置的精准匹配，并减少车辆找车位过程中对道路资源的占用；另一方面，在不增建停车场的前提下，通过提高单个停车位的周转率（即提高泊位指数）来提升停车场的承载能力。如此，针对医院停车难的问题，有些空间结构无须改变——无须再新建停车场；有些空间结构又得到优化——隔离带、专用车道撤走，医院周边道路回归高效通行。

（三）"先看病后付费"场景调节医疗服务与时间资源

"看病难"这一城市生活的痛点代表了医疗服务资源与需求之间的紧张关系。"先看病后付费"场景的实质是"只需付一次"，通过中枢协同系统平台，将就医付费环节聚零为整，"只需付一次"节约了时间资源，进一步提升了医生资源、医疗空间的利用率，提高了就诊承载力。

1. 医疗服务资源与就诊需求的匹配

医疗服务资源含义丰富，其中包括医生资源、医疗空间、医疗时间。医疗信息化系统里已有一定能力显示医疗服务资源与就诊需求的实际情况。医疗承载力终归是有限的，面对需求，"先看病后付费"场景是从感知医疗流程所能影响的时间资源与就医体感度上入手提升医疗服务能力的。

2."只需付一次"为就医"减环节""减时间"

就医的既定模式是到医院就诊挂号、检查、化验、配药每个环节都需要付费;"只需付一次"是就医流程的大变革,把原来的医生诊间、自助机多次付费减少到一次就诊只需付一次费,实现 $1+1+1=1$。通过"城市大脑"中枢交互,"先看病后付费"场景可实现卫健系统、医保系统等的信息互通,将线下的非医疗服务流程搬到线上,参保人员可在手机、自助机上开通"舒心就医"服务,并在"钱江分"的授信额度内,通过部门间系统互联互通和医院流程再造,减掉挂号付费、诊间处方开单付费、入院预缴金付费流程,全部就诊结束后,48 小时内可通过自助机、手机等方式一次性支付,实现"只需付一次"。通过舒心就医系统绑定支付宝、银联或银行卡,可不付费直接离开医院,"舒心就医"系统每天 18 时起进行批量代扣,实现无感支付,为医疗付费"减环节""减时间",实现便捷就医。

通过杭州"城市大脑"卫健系统(舒心就医)实时在线展示界面,实时掌握、准确分析全区各医疗机构的舒心就医情况。平台使用红、橙、蓝、绿 4 种颜色的数据条分别显示各个医疗机构的就诊人数,实时反映市民在各医疗机构里挂号、看病、付费等诊疗行为情况。通过"城市大脑"对各医疗机构诊疗态势实时感知,形成"信用指数、拥挤指数、付费指数、移动指数、预约指数"等 5 个核心指数,反映市民通过预约挂号、移动支付等智慧医疗服务情况,实现数据驱动管理决策。

3.提升医疗资源利用效率降低空间需求

"先看病后付费"场景在杭州已实现 303 家公立医疗机构的功能覆盖。自从有了这个场景,以市红会医院为例,病人平均看病时间从 29 分钟降到 19 分钟,收费窗口减少 50%。场景建设继而提升改造电子健康档案系统,全市 1000 多万名医保病人在 303 家公立医院实现电子健康档案调阅应用全覆盖。信息共享让患者可以不带病历,在不同医院就诊减少重复检查,医生也可通过系统及时准确地获取以往病史和检查检验等信息,更全面地掌握患者的病情,快速进行诊断和治疗。

收费窗口的减少是一种微场景中的结构调整,减流程、医疗服务资源协同调度不仅减少了时间资源消耗，更提升了空间资源的使用效率，包括医院空间与周边交通空间，在不改变医疗资源空间结构的前提下，提升了就医规模的承载能力。

（四）"惠企直达"场景精准拨付惠企资源

完善财政资金直达机制，切实解决惠企政策直达难题是进一步深化"放管服"改革、优化营商环境的重点任务之一。政企信息不对称、政策层层传递、政策兑现手续繁、财政资金到位慢等问题削弱了惠企政策实施的时效性和精准性。杭州市"亲清在线"场景以流程再造为核心，创造了"申报零材料、审批零人工、兑现秒到账"的政策直达模式。

1. 惠企服务资源与企业合格申领者的匹配

2020 年疫情期间，各城市纷纷出台大量帮助企业复工复产的帮扶政策。以杭州为例，健康码使用人数突破 1200 万人，申请复工复产企业突破 24 万家。帮扶政策缺乏明确的实施细则，会导致很多"不懂政策"的企业难以得到帮扶，政策兑付"最后一公里"存在梗阻。合格申领企业的甄别以往是由企业自行申请后进行统计收集，但由于信息不对称，符合条件但未予申领，或是不符合条件等现象大量存在，所以待帮扶企业的需求规模是不清晰的。因此，"惠企直达"场景中首先需要清晰评估惠企资源的实际需求量与供应量之间的匹配程度。

2. 流程再造与制度重塑

"惠企直达"场景中，"亲清在线"数字平台通过开放式的接口接入政府端各部门提供的政策解读、政策发布等服务模块，聚合惠企政策信息；同时面向企业端，提供政策解读、政策兑现和互动交流服务等功能，打通企业和政府部门反馈、申报诉求给平台的在线通道；后端通过"城市大脑"中枢系统，与部门及区、县（市）业务系统进行数据协同、业务协同，实现政策服务、在线互动和决策支持等功能（见图 5-3）。

在操作层面有以下几点。其一，确定政策兑付的对象和规模。政策上线前经过市场监管、税务、社保、住保等政府端数据的交叉核验。其二，实现

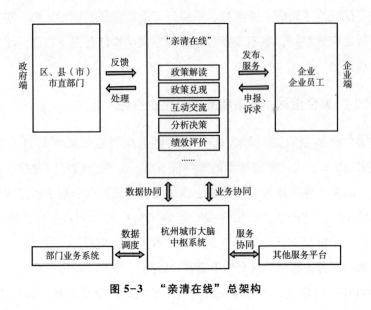

图 5-3　"亲清在线"总架构

数据互通和系统互通。通过中枢打通各部门业务系统，采集源头数据，开展线上验证；打通金融机构的支付通道，实现线上即时兑付；打通政府门户网等前端入口，实现多渠道触达企业；打通信用系统，实现企业信用体系的在线闭环。将政策主动推送至符合要求的企业，企业可一键兑付。其三，形成职责分工机制。政策责任部门负责政策解释，数据资源局提供资源保障，区县主管部门和数据提供单位分别负责属地业务异议处理和数据异议处理，审管办、审计、公安、法务部门全面介入。以数据协同驱动治理高效协同。"城市大脑"中枢按照政策兑付标准，对各个部门所拥有的数据进行协同，产生兑付结果（见图 5-4）。

　　依托"城市大脑"，杭州市 53 个职能部门及 14 个区、县（市），建立起 453 个数据接口，集成 300 余个服务模块，通过"城市大脑"中枢系统的存储、计算及分析，将比对结果经企业和个人确认后，直接发至个人的银行账户或者支付宝账户。通过数据协同驱动以"服务场景"为中心的资源协同、业务协同、服务协同、监管协同，精准、主动、安全地直达企业和职工。

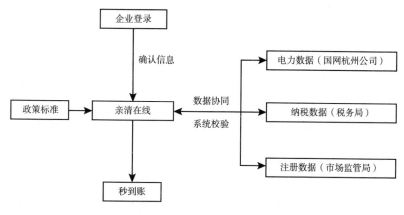

图 5-4　"数据协同"秒到账示意

3. 惠企资源精准直达零损耗

以小微企业和个体工商户"两直"补助政策为例，2020 年疫情期间，短短 7 天之内完成了 36 万次机器审核，14.9 万笔线上支付，10.9 亿元资金即时兑付，中央资金 6.677 亿元 100% 兑付到位，惠及小微企业 99465 家、个体工商户 49480 户。在线直达的兑付新模式让政策得以高效精准落地，效果实时可见，及时化解了企业的燃眉之急，解决了职工的生活之困。

不再受制于公共服务资源分配的流转长周期，意味着原先分配方式对应的行政资源损耗的减少。而对合格申领者而言，数字化治理场景使规模精准呈现，资源分配的在线直达模式变申领为确认，申领一系列动作所需的时间空间资源得以释放。在"亲清在线"的改革引领下，进一步衍生了在线许可"一键审批"、企业诉求"一键直达"，还有"民生直达"、行政服务"去中心化改革"等一系列改革场景。这些场景汇聚协同扩大升级了规模结构的认知与其中的资源精准配置。

（五）"多游一小时"场景优化配置文旅交通与时间资源

"多游一小时"场景针对游客入园排队、入住等候时间长等痛点，通过"城市大脑"实现公安、城管、交通和气象等各个部门及各区、县（市）业务数据的即时获取，以及基于数据的分析结果和行动策略的即时执行，优化了对文旅资源的配置方式，持续提升游客的获得感和幸福感。

1. 旅游幸福感与时间资源的有效利用

文旅行业长期以来存在诸如旅游管理决策不科学、排队购票时间长、酒店入住难等问题。按照杭州市历史旅游数据测算，如果能让游客"多游一小时"，能够增加100亿元的旅游收入。"30秒入住"等子场景通过数字化在游客出行、景区入园、酒店入住和消费引导的精细化管理，缓解堵车、排队、等候等问题，节约时间，提升旅游幸福感。即以涉旅数据为资源，向数据要人力，向数据要服务能力，解决产业治理中的突出问题，实现创新的人性化治理模式。

2. 多跨协同提升数字化服务能力

基于"城市大脑"中枢系统，通过景区闸机、票务、酒店PMS、公安登记等系统数据的多链融合与服务场景叠加应用，将大数据、物联网等先进技术扩散到文旅企业的运营流程、服务供应链条、产品和服务创新、线上线下服务融合等领域，以数字赋能推动企业管理提档、服务升级。同时，也在发挥政府主导作用的同时引入市场化运作机制，与社会资本形成协同效应，加快推动数字技术在文旅产业的创新应用。例如，子场景"20秒入园"场景建立在市民卡、支付宝等企业深度参与、全面支持和资源投入的基础上；子场景"30秒入住"场景则是通过与银行、酒店、自助机厂商等合作，使数据协同支持场景建设，实现帮助游客节约时间的目标，相应数据亦沉淀在"城市大脑"，进一步为提升服务能力提供数据资源。

3. 场景叠加优化交通与游客时间的资源配置

"多游一小时"场景集成了若干个子场景。"30秒入住"打通公安入住、OTA预订、客房、酒店直销等六大系统，实现游客在30秒内完成入住；"20秒入园"打通线上预订、线下票务系统、闸机等三大系统，帮助游客在20秒内完成入园；还有诸如"数字旅游专线"提供各个交通枢纽通向各个景区的直通公交专线；等等。通过为旅客提供便捷的信息化服务，大大节省旅客出行时间，助力"多游一小时"。场景通过系统互通再造服务流程。从用户需求导向，通过系统互通实现数据流通，改变服务流程，改变服务模式，改变服务理念，提升行业治理能力现代化，实现对城市交通资源和游客时间资源的优化配置。

四 以数字化推动城市整体协同治理

城市规模增大以后，一个非常大的挑战就是协同的难度增加。"大城市病"涉及多个方面，每个方面对城市结构和规模的约束可能各不相同，有时候甚至是相互矛盾的。为此，需要将城市视为一个整体。以场景为基础治理单元，通过"城市大脑"中枢的协同能力，最终实现整个城市的整体协同治理。城市的规模取决于城市治理能力，更进一步讲，取决于一个城市整体协同治理的能力。

（一）推动数据互联互通，实现多维度协同治理

习近平总书记指出："要以数字化改革助力政府职能转变，统筹推进各行业各领域政务应用系统集约建设、互联互通、协同联动，发挥数字化在政府履行经济调节、市场监管、社会管理、公共服务、生态环境保护等方面职能的重要支撑作用，构建协同高效的政府数字化履职能力体系。"[1] 城市数字化治理是一个从"场景"到"全景"的过程，通过数字化协同，可以推动城市实现整体性治理。首先要通过掌握城市各个领域的实时、动态、全量数据，摸清城市运行底数。其次要通过中枢系统让城市碎片化的系统与平台数据形成网络，推动数据互联互通、系统协同联动，让城市真正变成一个可以整体性优化的系统。最后要整合城市资源环境、日常运行、公共资源等多个治理维度，全面优化各个维度的资源规模与结构，实现城市协同治理、协调发展。

---

[1] 《习近平主持召开中央全面深化改革委员会第二十五次会议强调加强数字政府建设 推进省以下财政体制改革》，中国政府网，http://www.gov.cn/xinwen/2022 - 04 - 19/content_5686128.htm。

1.掌握动态全量数据，摸清城市资源供需底数

城市治理的数字化不能变成碎片化，需要在一个系统体系中衡量是否激发了现有资源的有效整合利用，是否大大促进了对构成决策之事实基础的数据底数的掌握，即底数与实时变化是否摸全。数字化治理需要掌握关于城市运行管理的动态、全量数据，摸清城市资源供需底数，在此基础上实现更有效的整体性治理。

资源供需匹配的第一步就是要量化供给，更基础的一步就是要量化现在城市资源的使用情况。城市的数字资源正是量化城市规模的核心资源。过去的城市统计数据往往是静态的，不包含人口流动、资源使用的实时动态等情况。这些数据实则并非"数据"，而是"信息"。[①] 甚至其中的绝大多数信息在还未发生过作用前就已经被删除。[②] 数据要流动才有价值，数据在线到互联网上的流动，是信息社会和数据社会的本质区别。[③] 如杭州市"城市大脑"的"电梯智管"应用，将过往市场监管部门和街道的存量数据接入市级平台，为维保监管、应急救援等公共服务提供支撑，同时，也落实与消防部门间的数据共享，为紧急事故提供救援资源最优调度，实现了从"信息"到"数据"的转化。

城市治理中先进科技的应用需要在一个系统体系中衡量是否激发了现有资源的有效整合利用，是否有利于掌握决策需要的基础数据底数，即底数与实时变化是否摸全。2018 年，杭州市湖滨的跨年活动预测安全人数为 3.8 万人，2019 年预测为 8 万人。如果用其他城市的标准衡量，这场活动大概率是会被取消的。然而，杭州市决定保留湖滨跨年活动。事实上，正是数字化助力这座城市举办这样的活动。2018 年，180 分钟内疏散了 3.8 万人。2019 年，最高峰时，100 分钟内疏散了 4.8 万人。其奥妙就在于人流和地铁公交班次的匹配。又如，在城市交通领域，从自由通行到限行，是一个城市

---

① 王坚：《城市大脑：从城市的电气化到数字化》，2020 智能建造与智慧城市高端论坛，2020 年 11 月 26 日。
② 王坚：《云计算之后，我为什么要做城市大脑》，《人民日报》2017 年 11 月 9 日。
③ 王坚：《在线》，中信出版集团股份有限公司，2016，第 69 页。

资源难以承载需求的不得已的治理方式，这种政策的出台适应了一定阶段的城市发展要求。从限行再到取消限行，在场景目标设置时称得上是个大胆假设，但从假设到实现，必须改变立足于粗放的"事实"的决策方式。正是"城市大脑"为"事实"的精准感知提供了有力支撑，才为普遍治理与个别治理、合理匹配管理资源及定策立规提供了清晰的依据。在总量与变量尽数掌握后，城市对交通的承载上限以及治理制度效应的可得性可以得到更科学的依据。

2.推动数据互联互通，奠定协同治理基础

数字治理最大的难题就是数据散落在各个部门和系统，而完成一个治理场景又往往需要跨部门的数据协同。"城市大脑"建立中枢系统这一核心机制，强调数据的协同而非简单汇集。中枢系统让城市碎片化的数据形成数据网络，城市才真正变成一个系统，才可以开始系统化地优化整体的城市资源。

"城市大脑"给城市带来新的治理工具以及新的手段。"城市大脑"方法论强调的是一个城市的整体性，是"城市发展到今天，它应该有一个什么样的技术体系、应该有一个什么样基础设施"的问题。城市需要有效吸收先进技术资源，在"城市大脑"的中枢系统里，云计算、大数据、区块链、人工智能等技术形成了一个完整系统。中枢系统的核心技术机制强调数据的协同而非汇集，"不求所有，但求所用"，系统和平台互通，数据可流动。城市数字治理通过构建"城市大脑"中枢系统建立了智能对话机制，解决了部门之间数据无法对话的弊端。此外，数字治理中的"协同"，不仅是政府部门间的协同，也是政府与企业，企业与企业，政府、企业与社会组织的协同，是数字政府、数字经济、数字社会场景的交织协同。以开放的机制而非限定的结论去助推城市发展进化。

3.整合多个治理维度，实现协同治理、协调发展

城市的规模取决于城市治理能力，更进一步讲，取决于一个城市整体协同治理的能力。通过对城市资源的数字化，优化资源和服务在时空尺度上的供给，可以实现与居民需求的实时匹配，降低传统供需匹配时的高交易成本，提高城市资源和服务的利用以及供给效率，最大化以人为本的个性化服务。在不增加城市资源量的情况下，多个场景的协同有助于规模化提升城市资源和服务的效率，这便是治理能力的体现。例如惠民惠企直达会减少居民需要通过远距离交通去获得公共服务，从而降低对交通拥堵的压力，实现场景之间的协同增效。同样的优化也存在于医院/商圈周边的交通拥堵治理，通过先停车后付费等一系列停车的在线化治理，提升了医院和商圈的停车泊位指数，从而减少了周边的拥堵。很显然，这样的治理能力与城市的规模承载量正相关。

（二）建立中枢化机制，推进城市整体性治理

在城市数字化治理变革中，中枢系统发挥着关键作用。在技术体系层面，通过中枢协议建立起完整的技术体系，有助于实现业务协同、数据协同、消息协同。在治理体系层面，中枢系统不仅帮助治理者真实完整地感知场景治理需求，而且通过整合条块之间的数字资源，达成过去无法达成的治理效果，形成现代城市整体性治理新模式。

1. 有别于"中心化"与"去中心化"的"中枢化"

从治理模式上看，基于"城市大脑"的城市治理区别于传统城市的"中心化"或者"去中心化"模式。

就传统的"中心化"治理模式而言：在纵向上，城市治理限于自上而下的单向和单维信息；在横向上，各部门之间缺少对话，一般要通过上级部门来协调。随着城市人口规模的增加，城市治理成本指数级上升，资源配置效率下降，最终会导致整个系统治理成本增加，治理效率降低，资源浪费严重。

另一种"去中心化"的城市发展模式和治理模式无法有效应对挑战，特别是无法有效应对涉及公共安全等关键领域的治理难题。数字技术领域的"去中心化"一词起源于比特币底层的区块链技术，后被扩展到包括城市管理在内的其他领域。去中心化导致各地区、各部门之间的信息整合和资源共享的能力不足，造成一盘散沙，不能有效地组织并优化资

源利用。

不同于以上两种模式，数字化时代，城市扩张的趋势使城市需要从底层具备"自己的思考能力"，即通过中枢系统来实现资源的自调配和规划。"一个城市引入大脑中枢后，不需要改变原有数据结构，且可以根据自身特点，设计和接入应用，从而达到解决问题、治理城市的目的"。① "城市大脑"中枢化治理体系既非"中心化"，亦非"去中心化"，而是通过中枢能力，实现城市数据互通、场景化协同以及跨部门流程再造，实现从数据共享到数据协同的升级。中枢系统能够让部门、系统、平台作为一个整体开展工作，通过区块链等技术增强城市治理的协同性，通过增强协同性促进城市治理体系和治理能力现代化。

2. 以中枢化机制将分布式结构协同为一体化系统

"城市大脑"是跑在云计算上的，数据通过中枢实现互联互通，数据的价值是靠人工智能和智能技术产生的，它是一个完整的系统。② "城市大脑"通过中枢协议，连接部门系统、区县平台，形成一个分布式结构支持的一体化系统，实现系统互通和数据协同，由此达成业务协同来切实解决问题。协作各方在获得授权的情况下，可以通过中枢系统访问对方的 API（应用程序接口），以完成复杂的业务流程，同时确保跨部门业务的完整性和数据一致性。整个协同过程，协作各方无须关心对方的网络情况、部署情况、网络协议等，只需要获得授权，即可完成业务协作，可极大提升协作效率。

3. 以中枢化视野理解城市数字化治理体系

对于城市治理体系的理解，可以包含多个维度：从治理的参与者维度来看，城市治理包含多方主体，主要是政府、企业、社会三个方面，这一维度不同主体的治理希望能够更加"协同"；从空间层级的维度来看，城市治理包括市一级、区（县）一级、街镇一级以及延伸到村社一级，这一维度的

---

① 王坚：《数据让城市变得超级智能》，《瞭望》2020 年第 40—41 期。
② 王坚：《城市大脑——城市数字化技术体系的创新实践》，第二届未来技术与颠覆性创新国际大会，2020 年 10 月 25 日。

纵向治理希望能够更加"贯通"；从治理的具体功能维度来看，城市治理包含动员、组织、监管、服务、配置等多元功能，这些功能希望能够实现更好的"整合"。

通过数字化场景治理，目的是实现以上几个维度的治理优化，推动横向协调、纵向贯通、主体协同、功能整合。在场景中，领域和主体的多跨是常态，纵向和横向的数据贯通是前提。例如，城市大脑"医院周边治理"场景就是跨部门（交警、城管和卫健等）、跨区域的协同，以街道为主体解决了过去多年都没有解决的问题。而为了实现这几个维度的治理优化，就需要中枢系统发挥至关重要的作用。

具体来说，中枢系统通过如下两个层次实现上述治理优化目标：其一，通过综合各领域、各系统、各板块数据，帮助治理者真实完整地感知一个场景治理所需要的各方数据和各方需求；其二，通过整合"条""块"之间的数字资源，促进多元主体在治理过程中，围绕具体的场景，实现资源共享、业务协同、功能整合，达成以往无法达成的治理效果。

中枢原理投射使城市规模与结构的认识上可以拥有新的治理结构导向。政府是治理的主导组织，但非单一主体，政府、企业、社会组织需要形成共治关系，提升整体治理能力。拥有中枢化能力的城市治理促进治理权力各有分布但不散乱，能聚力却不垄断，对"条"和"块"的治理组合科学，治理收放可控，保有治理创新的空间和活力。也正因为中枢化，城市得以在场景治理相对独立的基础上，再以场景交织同构强化整体观，系统提升城市的治理水平。"实际上，现代化这个概念就是既包括理念的创新又包括技术的创新。我们对城市理念的创新认识推动了技术的创新。而技术的创新又保障了城市管理的创新。城市作为一个整体，需要中枢化的协同机制，强调系统和数据的共享互通。城市大脑是城市治理体系和治理能力的体现。"①

---

① 王坚：《城市大脑是中国的创新》，中央纪委国家监委网站，2020 年 5 月 18 日，https：//www.ccdi.gov.cn/yaowen/202005/t20200518_217481.html。

五　数字化治理对城市合理规模与结构的探索

基于"城市大脑"的数字化治理旨在有利于超特大城市从基层社区到中心城区再到都市圈的多层级协同治理，也为探索未来超特大城市的合理规模与结构提供了分析框架和推动力。

（一）以数字化促进基层社区资源本地化配置

基层社区治理是城市治理体系的基础。以数字化优化基层社区治理结构可促进"管理精细化"与"治理场景化"，助力实现生产生活所涉的就业、住房、医疗、教育、交通、绿地等资源分布式、本地化配置。通过数字化治理，能够更好地为居民提供涵盖生活、生态、安全管理、防灾防疫等公共服务，减少交通流量和交通拥堵，更好地回应市民需求，打造幸福城市、宜居社区。数字化治理还可推动城市基层的结构优化与治理能力提升，减轻基层工作负担，提升工作自主性。

1. "以人民为中心"，城市治理从基层结构着眼

城市治理的核心理念在于"以人民为中心"，尊重人民的主体地位。习近平总书记指出："必须把让人民宜居安居放在首位，把最好的资源留给人民。"[①] 城市治理体系与治理能力现代化的目标，是更好地服务于"居住于城市中的人"，使其有更多的安全感、获得感、幸福感。

要宜居安居，"把最好的资源留给人民"，首先对应的是基层治理，"街区式""本地化"的城市结构形态值得关注。这种结构代表了一种分布式的组织方式，但不局限于空间意义。生产生活所涉的安全、交通、住房、医疗、教育、绿地、空气、水源所对应的最基础的资源需求，宜"本地、就近"予以配置保障，形成基层治理闭环。这些城市内分布式结构区域治理"各司其职"，让每个有城市功能的地方发挥作用。无法"本地"解决的问题再向其他区域获得功能

---

① 习近平：《在浦东开发开放 30 周年庆祝大会上的讲话》，《人民日报》2020 年 11 月 13 日。

支持，城市整体形成相互协同的分布式治理：核心区与这些局部中心形成良好的资源流通、供需协调配置，疏解核心区压力的同时，赋能局部中心的发展。

2. 数据下基层，提升基层治理能力

数字化治理，推动街道这一层基层治理的能力提升可以从杭州"城市大脑"数据下基层疏解拥堵，以及为社区工作者减负，释放治理能力实践中得到观察。

不同于以往发现拥堵等问题采用自上而下的派单交办模式的管理，通过中枢互联互通，街道第一时间可向区数据局寻求支撑，通过中枢协同抓取到商圈泊车指数、延误指数等一系列数据，对所提问题进行印证，理性溯源。杭州武林商圈经此治理，可以在 7 天完成电子围栏建设，12 天完成 28 个绿色泊位建设，网约车接客免费停靠 20 分钟，市民买菜买药免费停靠 30 分钟；17 天新建 17 块停车引导屏和 58 处公共服务指示标示，哪里有车位、有多少车位，哪里有厕所、有多长距离，做到"抬头就能见，来逛就能停"。天水街道充分整合原有孤立数据，将商圈 8 个公共停车场 2685 个车位等 150 余项公共服务点位信息，纳入杭州"城市大脑"城区枢纽，并同步投放到商圈人员密集点位的触摸屏上，实现"一屏指引，三秒呈现，五分钟到达"，让消费者真正通过"数据赋能"获得便捷体验。"抬头就能见"场景延伸到武林街道，让街道的商业综合体与武林商圈、中国杭州丝绸城形成呼应，实现了场库泊位实时在线，方便群众"一路见泊位"，做到停车不再难，使区域化交通治理协同实现。再进一步打通区域间壁垒，形成天水街道-长庆街道-武林街道-上城湖滨街道的"商圈一盘棋，服务不分家"。"最多录一次"平台建设则打通国家、省、市区业务系统，将基层社工等社区工作者需要大量填报的表格"多表合一"，数据不再一一由社工摸排，由中枢协同前述已有系统完成基础性数据信息的自动匹配生成，实现"最多录一次，一次不用报"，为基层工作者减少近 60% 的信息录入工作量，把时间资源节约下来投入为社区居民提供服务的质量与频次提升上来，真正实现数据赋能，治理直达。

3.数字化推动基层治理结构的优化

数字化推动基层治理结构优化方面,上海与杭州等城市积累了一些探索经验。上海自 2013 年起开始网格化管理,率先提出一网统管。杭州则从 2015 年起步,逐步明确在新时期怎么样通过街道、社区党委夯实基层;同时提出城市大脑数字赋能。上海网格以 100 米×100 米为标准单位;杭州则以 300~500 户为单位,为 0.4~0.5 平方千米,以事件、人的管理为先,再及城市部件管理。上海由城及人,侧重"管理精细化",杭州由人及城,得益于城市大脑实践,侧重"治理场景化",都有赖于城市数字化的能力。

在基层治理结构功能上,基本服务与秩序等公共物品的提供,即安全管理、防灾应急、生活、生态基本需求都要在治理中被涵盖,并服务于多个维度的城市级整体治理。通过城市数字化,有助于从网格等基层治理结构起步,计算城市资源结构与人口规模承载的对应关系,从而研究一整套城市数字治理指数,为城市规模的规划调控提供科学依据。

(二)以数字化助力超特大城市及其中心城区治理

1.以中枢互联优化城市治理

发挥"城市大脑"中枢系统的作用,按照"范围全覆盖、数据全口径、标准全统一"要求,推进各系统和平台特别是各级政府机构、企业事业等系统和平台的有效连接,实现跨区域、跨层级、跨系统、跨部门、跨业务互联互通、共建共享,对优化城市治理尤其是超特大城市的治理有规模支撑意义。

具体而言,"城市大脑"中枢系统与区县枢纽之间的互联建构起中枢互联机制的核心骨架。通过区县枢纽,超特大城市可以基于数据上下贯通,高效实现城市一体化基础上的精细化治理。区县枢纽作为"城市大脑"的下级节点,为"城市大脑"在区县先行梳理形成数据协同,通过逐级逐层的方式,全面打通部门系统和区县平台之间的数据互联互通。基层节点可以进一步延伸至街道、社区。通过"城市大脑"中枢系统提供的协同能力,各街道、社区结合实际情况与创新理念,以基层治理场景为主,形成覆盖社会民生、综合治理、应急保障、便民服务多场景治理覆盖，直面"生活第一时间"。

2. 推进中心城区治理精细化

城市数字治理是围绕"摸清底数"和"始终注重数据质量"所展开的治理模式。当一个城市没有"大脑"去进行协同时，城市运行"手脚不协调"，治理是支离破碎的。超特大城市中心城区的精细化治理尤其需要注重整体性与协同能力，这显然是一种规模级的挑战。数字化为进一步智能化发展提供了能力基础，从而使精细化治理有实现可能。可以通过如下典型实践案例的探索来做观察（见专栏 15、专栏 16）。

> **专栏 15**
>
> #### 上海超大规模客流管控
>
> 超大规模客流的安全高效疏导是超特大城市治理的一大难题，是以数字化基础设施推动城市治理精细化智能化的一个典型例子。
>
> 约一个世纪以来，外滩一直是上海最富标志性的旅游景点。绝大多数来沪的外地游客，都把这里视为首选旅游点。每逢节假日，尤其是五一、国庆、元旦、春节等节日，大量游客聚集到外滩区域。2019年 10 月 2 日 18：30 左右，外滩江堤区域瞬时客流突破 7.1 万人；大外滩区域（江堤+南京东路步行街区域）瞬时客流突破 22 万人，为历史最高；当天外滩区域总客流达 55 万人次，相当于美国怀俄明州的每一个人都在这一天到过外滩 0.346 平方千米地域某处游览。
>
> 一方面，外滩区域相对开放，不像封闭景区有事先规划好的进出口和游览路线。光是要搞清楚区域内到底有多少人、是不是处于非常密集的状态就已经是一个困难的任务了。根据国家旅游行业标准（LB/T 034-2014）景区最大承载量核定导则要求：核心景区、游步道、等候区等空间的承载指标要求最低为 0.5 米²/人（即 1 平方米不超过 2人）。当人群密度值达到 0.3~0.4 米²/人（即 1 平方米 3 人左右）时，

已经可能出现混乱；当人群密度值达到 $0.2\sim0.3$ 米^2/人（即 1 平方米 5 人左右）时，人群非常拥挤，只能短时间忍受。根据美国 John J. Fruin 的观点，只要人群密度达到临界点，也就是 1 平方米超过 7 人，灾难就可能到来。因此，既要做到能宏观感知几十万平方米范围内的客流整体规模，实现大片区客流引导，避免客流集中在某一大片；又要做到微观感知每平方米级别的客流密度，有效识别高风险地点，才能实现超大规模客流在人群聚集阶段的安全高效疏导。

另一方面，针对大客流在疏散阶段的疏导，也缺乏足够有效的措施。"近十万人群聚集后，能否在一个小时内疏散完？"是一个艰难的目标。更进一步的，"是否可能在半个小时内疏散完？"及"最少需要多少时间才能安全高效地疏散完成？"等问题更是难以得到求解。依托城市数字基础设施和数字科技赋能，上海外滩实现了大客流"一小时疏散"，从而给城市治理精细化智能化做了很好的例证。

专栏 16

医院周边治理

杭州上城区是省市级医疗机构最为集中的区域，杭州市第一人民医院位于浣纱路 261 号，毗邻湖滨商圈。在"城市大脑"医院周边治理场景建设前，医院周边日日车满为患，滞留车辆最长队尾达 350 米，平均等候时间 90 分钟，无奈之下占用车道，隔出了 290 米等候车道，而医院周边部分道路成了临时停车场。而同一时段（7：00~9：00）附近商场还未营业，停车位闲置。从医院停车"一位难求"通常会导出"需要新建停车场"的诉求，而因为对资源底数和真实的城市不了解，所以一个堵点的治理很容易形成片面化碎片的决策。与其新建停车场，用好现有停车场是数字赋能治理给出的决策基础。

通过"城市大脑"数据协同，盘整出这一区域共 4 个场库 1293 个泊位。通过 4 个场库的实时引导牌以及交警专班线下引流，医院预约挂号系统上点开停车信息，再可从卫健专班 App 上得到线上提示，通过智能规划，车辆可知道"最快停哪里"。由此，医院周边得以疏通，拆除硬隔离恢复正常通行车道、即停即走缓冲区限停 3 分钟等一系列治理再予配合，看病难、停车难、交通难等中心城区通病得以系统解决。车位活了，甚至还促进了民营停车场的经济效益。以工联 CC 停车场为例，7：00~9：00 的车位周转率从 0.3 提高到 0.8，峰值引流车辆达到 388 辆/天；等待入院的车辆"尾巴"没了，原来早高峰队伍最多 70 辆车，最长 350 米，通过时长 90 分钟，治理后即停即走；事故也少了。通过交警的拆隔离+执法、志愿者的引导服务，机非刮擦事故降低了 30%。

从就医复合交通需求来看中心城区可以承载的人口，与生产生活舒适度的数值临界值的匹配计算，是精细化管理所必然要求的，显然也有赖于数字化的能力。

3. 提升城市数字化能力，实现公共服务均等化配置

提升城市数字化治理能力，不仅意味着城市可以用更高的效率分配公共资源，同时意味着城市可以更好地把握各类群体的现实情况和需求，从而以更公平、普惠的方式分配好公共资源。在扎实推动共同富裕的背景下，更加重视在民生领域城市数字化建设中推动公共服务均等化配置，具有特殊的重要意义。

为了切实提高城市中每一个市民的生活品质，既要实现公共服务的"高效便捷"，也要注重公共资源的"公平普惠"。如果只促进"高效便捷"，不考虑"公平普惠"，优质的资源就有可能被具有优势地位的群体便捷地优先享有，反而造成新的社会不公。因此，在教育、医疗、居住、交通、资源等领域，需要探索一条促进公共资源普惠化、公共服务均等化的城市数字化建设道路，既能更加高效地满足群众需求、缓解公共资源紧张，又

能避免资源倾斜于优势群体，更好造福于弱势群体。在这方面，城市数字化需要并且可以在以下方面加以突破。

第一，在数字基础设施建设方面，推动超特大城市联动周边城乡一体化规划、建设。以中心城市为核心，牵头建立统一规划、统一建设、统一管护机制，推动以"城市大脑"为导向的数字基础设施向城市外围地区和规模较大中心镇延伸，让"城市大脑"的中枢互联机制真正发挥作用，为共享数字时代的基础性数字化服务奠定基础。

第二，在基本公共服务方面，发挥数字化赋能作用，推进基本公共服务标准统一、制度并轨，尤其是要发挥中枢联动的机制，助力城市周边地区教育、医疗、养老、文化等服务供给，促进城乡一体发展，支持城市高水平公共服务机构对接郊区和乡村。例如，在医疗资源相对匮乏区域，加大"远程医疗"建设推广力度；在基础教育资源相对紧张区域，通过数字化"入学早知道"等场景及时把握年度入学需求，为市民个性化推送周边地区的相关政策信息；在文化领域加大建设线上线下融合服务力度，推行"一键借阅"等服务，方便市民共享城市公共资源。

第三，在经济社会生活方面，发挥"城市大脑"在产业数据协同方面的功能，完善超特大城市与周边区域融合消费网络，改善城市外围地区消费环境，同时提高城市周边区域对城市的民生物资保障服务水平，促进城市群范围内城乡循环畅通，实现供应链数字化、智能化。

第四，增强数字发展包容性，统筹加快信息无障碍建设，切实解决老年人等特殊群体在运用智能技术方面遇到的突出困难，因地制宜探索多样化的数字技能培训、志愿服务支持，一方面健全无智能设备群体便捷生活渠道，另一方面帮助老年人、残疾人等共享数字生活。

总之，应该立足于更宏观的视角，坚持以人民为中心，让数字化更好地服务于城市生活品质提升，推动公共资源普惠化，促进区域协调发展，以扎实推动共同富裕为目标，让数字化城市成为更加包容、更加促进每一个人全面发展的城市，这也必将有力舒缓中心城区压力，城市规模在一种拥有均质资源的场景化、结构化的地域分布上形成更优解。

（三）以数字化协同都市圈治理的可能方向

"十四五"时期，我国将坚持走中国特色新型城镇化道路，推进以人为核心的新型城镇化战略，"以城市群、都市圈为依托促进大中小城市和小城镇协调联动、特色化发展"。基于"城市大脑"的数字化治理，可以探索推动超特大城市与都市圈的同城化，实现中心城区与周边城市"无感联通、共享服务"，支撑建立跨地区、跨层级协调机制，助力疏解中心城区过载功能和设施，合理降低中心城区开发强度和人口密度。另外，通过数字化共享机制，还可以推动中心城区优质资源及时共享，带动提高周边城市教育、医疗等服务水平。

1. 以"城市大脑"引领都市圈数字治理一体化

都市圈是一个超越行政边界的城市生活共同体，旨在发挥中心城市辐射带动作用，提升与周边城市同城化程度，推进基础设施互联互通、公共服务互认共享是都市圈建设的基本任务。因此，需要以数字化破除行政管理上的不兼容性障碍，在都市圈范围内，可由中心城市牵头，以"城市大脑"建设为牵引，形成都市圈城市数字化紧密共建机制，推动都市圈内协同式城市数字治理。

首先，以"城市大脑"为牵引，促进数据应通尽通。按照逻辑集中、物理分布的原则，发挥"城市大脑"作为都市圈内数据流通的"中枢"作用，并以此为抓手，建立符合都市圈实际的数据开放共享标准和规则，推动各类城市级数据安全有序开放共享。

其次，围绕教育、医疗卫生、社会保障、社会服务等重点领域，推动都市圈内公共服务一体提升。建立民生重点领域跨地区、跨层级对接的专项协调机制，实现都市圈内民生保障事项"一地受理、一次办理"。探索以市民卡、健康码等为载体，拓展服务范围，打造都市圈"一卡通""一码通"，实现都市圈内"无感联通、共享服务"。

最后，形成城市数字化核心场景共建共享机制，避免各城市、各层级的重复建设，避免由此导致的都市圈居民生活的不便。中心城市可基于资源优势和改革先行机制优势，增强具有全域感知、预警、调度能力的城市数字化服务平台、城市运行管理平台等综合性治理工具的能力，为都市圈整体运行服务管理赋能；都市圈内其他城市则重点建设基础性、本地化的数字治理场景，以更好地服务于本地居民和企事业单位的特定需求。

2.数字治理促进城市空间治理多中心协同

习近平总书记指出："长期来看，全国城市都要根据实际合理控制人口密度，大城市人口平均密度要有控制标准。要建设一批产城融合、职住平衡、生态宜居、交通便利的郊区新城，推动多中心、郊区化发展，有序推动数字城市建设，提高智能管理能力，逐步解决中心城区人口和功能过密问题。"① 这说明了城市规划建设与城市数字化治理的内在关联性。以数据为要素、以中枢系统为核心的城市数字化治理，可以借助中枢互联机制实现城市多中心发展的协调一致，促进城市空间多中心协同。

中枢系统能够实现城市之间的互联，它的主要作用是解决跨城市之间的数据在线与协同。城市一体化由全国各区域城市节点、各城市的城市大脑节点组成，用于在全国不同城市之间实现资源元数据目录共享，实现跨城市的业务协同、数据协同。

从城市空间治理的角度来说，基于数据的中枢治理模式将有助于借由数据的互通与治理的协同，实现城市内部组团之间、城市群内多中心之间的协调一致，确保区域之间既能互联互通，又能通过数字技术形成一道无形的、智能的生态与安全屏障，提高城市治理能力和抗风险能力。所有通过中枢协议形成中枢互联的城市，经由城市大脑这个数字化基础设施的一体化，从而成为区域一体化的有机组成，使多个城市可独立可融合，在区域内进行数据共享、业务协同、城市生命体有序高效互动。

3.以数字化支撑超特大城市多中心、组团式发展

对于超特大城市而言，优化提升中心城区功能是"十四五"时期的重

---

① 习近平：《论把握新发展阶段、贯彻新发展理念、构建新发展格局》，中央文献出版社，2021，第347页。

要任务，其核心在于有序疏解中心城区一般性制造业、区域性物流基地、专业市场等功能和设施，以及过度集中的医疗和高等教育等公共服务资源，合理降低开发强度和人口密度。在这方面，城市数字化治理需要有新的作为、新的突破。

如果单纯提高中心城区的资源利用效率，而不引入城市空间结构优化的视角，那么从长远来看，优化之后的中心城区一定会吸引更多的需求涌入，这就会导致问题重复出现和恶性循环。以交通为例，过去各国大城市的中心城区普遍采用增加道路供给的方式来满足车辆通行需求，然而其结果是路越修越宽，车越开越多，最后交通依然拥堵。为了能够在结构上优化超特大城市的空间布局，中心城区的数字化治理必须在以下二者之间寻求平衡：既要能够更好满足市民对公共资源的刚性需求，又要着力将更多需求引导到中心城区之外，避免中心城区资源环境过载。

乍看起来，这似乎是一个悖论：既然数字化治理提升了中心城区的资源适配和利用效率，人们对中心城区的资源需求度又怎么会不升反降呢？显然，重点不在于如何限制中心城区的活动，而在于如何提升非中心城区的吸引力。还是以交通为例，在中心城区的拥堵有所缓解的同时，如果车辆不进主城，通过免费的绕城高速还能够更快抵达目的地，则这一部分车辆通行需求就得到了有效疏解。同理，数字化治理既要一定程度上解决中心城区的问题，更要着力让更多资源抵达非中心城区，让人们无须进入中心城区，在城市的多中心、郊区新城也能享受到甚至更容易享受到优质的公共资源和服务，实现对城市多中心、组团式发展格局的数字赋能。在这方面可以采取的具体做法如下。

第一，以新型资源观为引导，整体性系统性运用数字化能力认知城市，做好城市多中心组团、郊区新城的数字基础设施建设，高标准规划、高品质建设、一体化推进，让优质高速的网络和通信成为这些地区的优势而非短板，为数字赋能打好基础。

第二，城市数字化与产业数字化同频互促。结合高科技企业等在新城的产业布局，以治理数字化赋能数字经济和产城融合，推动"城市大脑"中枢与外围组团产业集群和企业系统深度对接，为企业提供精准直达的服务，帮助员工高效解决在当地求职、培训、租房等问题，切实支撑产城融合、职住一体。

第三，充分利用新城居民平均年龄较低、数字化技能掌握水平较高的特定优势，推动各类数字化应用在当地先行先试，鼓励支持数字社区、数字就业、数字文旅、数字法务、数字消费等领域在当地的线上线下融合发展，把新城率先建设成为数字潮流之城、智慧前沿之城。

第四，积极采用数字技术优化公共服务，推动在当地高标准建设数字化的托育、教育、医疗场景，配合其他现实支持措施，通过"双师课堂"、远程+线下诊疗等方式，推动中心城区优质资源的即时共享，切实提高新建组团、郊区新城在教育、医疗等民生重点资源领域的服务水平，让居住在当地的市民在本地可以满足绝大部分生活所需服务，甚至因为人均资源量更高、线上线下融合度更高，在当地满足需求的效果更好。

数字化时代改变了人们对物理资源的需求方式，深刻影响着城市合理规模以及产业结构、功能结构和空间结构，为促进城市资源分布式建设、本地化配置提供了新的契机。面对数字化时代的整体性变革，城市也需要整体性的治理现代化方案。运用"城市大脑"方法论，有助于探索超特大城市的合理规模和结构，以整体性数字化基础设施作支撑，加快城市数字化进程，完善城市数字化治理架构，提升数字化治理能力，积极促进超特大城市治理科学化、精细化，为未来城市可持续发展道路贡献中国智慧、中国方案。

参考文献

Geoffrey West, *Scale The Universal Laws of Life, Growth, and Death in Organisms, Cities, and Companies*, Penguin Books, 2018.

王坚：《城市大脑：以数据资源驱动社会可持续发展——从电力时代迈向算力时代》，《前沿科学》2019年第2期。

王坚：《城市数字化，杭州实践的启示》，2019年中国电子政务论坛暨数字政府高峰论坛，2019年7月21日。

王坚：《"城市大脑"让城市更聪明》，《南昌日报》2020年9月14日。

专题五
中国超特大城市治理能力现代化战略研究 *

* 课题组组长：杨立华，北京大学政府管理学院长聘教授、公共治理研究所研究员、国家治理研究院研究员。成员：张洪谋，北京大学政府管理学院助理教授、公共治理研究所研究员；保瑞，北京大学政府管理学院博士研究生；徐璐琳，北京大学政府管理学院博士研究生；唐力博，北京大学政府管理学院硕士研究生。
执笔人：杨立华，张洪谋。

摘　要

实现超特大城市治理体系和治理能力现代化不仅是解决超特大城市的"大城市病"问题，也是实现我国整体国家治理体系和治理能力现代化的迫切要求。当前，我国超特大城市面临规模与结构的双重约束：一方面，资源环境承载力、基础设施承载力与治理能力发展水平等因素影响超特大城市规模；另一方面，交通组织、空间组团、治理模式等因素影响超特大城市结构，进而影响其规模。基于规模、结构与治理的关系，本专题分析了超特大城市治理主体、模式及历史演进过程，总结了治理挑战，介绍了国内外经验案例，并提出了治理思路和政策建议。

第一，在解析城市治理内涵基础上，本专题提出：如何通过政府、市场、社会等城市治理主体间的良性互动提升治理能力与治理水平，是治理亟待解决的问题；新中国成立以来，超特大城市治理在空间结构、中心城区行政区划设置、组织单元、工作模式、整体治理模式、治理理念等方面都经过了从传统方式到现代方式的转变，不仅揭示了治理模式的演进特征，也从侧面探究了治理困境的来源。

第二，从治理角度出发，分析了超特大城市面临的三大挑战：一是超大规模正负效应带来的治理困境与矛盾；二是资源、人口、空间、产业等多元耦合复杂巨系统带来的治理复杂性挑战；三是人们美好生活愿望对智能治理能力提出更高要求。

第三，总结了国内外超特大城市在都市圈协同、中心城区疏解与社区多元共治方面的经验，并提出建立跨行政区的都市圈常态化治理机构，通过TOD等方式规划形成多中心组团，以及在社区层面形成功能完整的生活圈并推进居民参与治理，对解决治理问题具有重要价值。

第四，提出了两条治理思路和三个关键点。两条思路是：①基于对规模约束的认识，优化资源、人口、空间、产业的关系；②围绕圈层嵌套结构，进行治理模式创新。三个关键点是：①基于资源、环境、治理能力等约束科学控制规模；②促进多中心结构发育与中心城区疏解；③依托都市圈进行协同治理模式创新。

第五，提出五点政策建议：①建立超特大城市及都市圈多中心联管联治机制；②建立以中心城区为核心的多圈层共同体；③推进以人民为中心和社区为基础的家园式治理；④建设文明型智能治理，实现智能治理建设 2.0版；⑤通过先行先试，探索超特大城市治理能力现代化。同时，应充分发挥我国制度优势，建立国际引领的超特大城市治理经验，在超特大城市治理领域"讲好中国故事"，在国际舞台上为其他国家，尤其是发展中国家，提供可借鉴案例。

一　引言

根据 2014 年《国务院关于调整城市规模划分标准的通知》，城区常住人口 500 万人以上、1000 万人以下的城市为特大城市，城区常住人口 1000万人以上的城市为超大城市。[①] 按照我国 2020 年第七次全国人口普查数据，现阶段我国的超特大城市数量为 21 个。[②] 人口在超特大城市的聚集，或者说以人口增长为主要驱动力的超特大城市规模扩张，带来了以水资源紧张为代表的资源紧张、空气污染为代表的环境污染以及交通拥堵等诸多问题。

超特大城市一般为国家或区域中心城市。这一格局导致超特大城市治理不仅依赖城市本身，也与其所处的空间结构密不可分。首先，在大的结构上来说，不仅超特大城市的人口构成中有很大一部分来自区域内的其他城市，而且超特大城市需要区域内其他城市对其形成物质、经济、社会等方面的支持。如北京的食品、水、能源等系统都依赖于整个京津冀甚至更大区域内的协调。[③] 其

---

① 《国务院关于调整城市规模划分标准的通知》（国发〔2014〕51 号），2014 年 11 月 20 日。

② 国家统计局：《经济社会发展统计图表：第七次全国人口普查超大、特大城市人口基本情况》，《求是》2021 年第 18 期。

③ 封志明、刘登伟：《京津冀地区水资源供需平衡及其水资源承载力》，《自然资源学报》2006 年第 5 期。

次，在小的结构上，超特大城市内部也存在"圈层"①"组团"②等多层次结构，而超特大城市的上述问题多集中在人口密集的中心城区。

从城市治理的宏观结构而言，超特大城市的治理能力也应当包括其所在都市圈的治理能力。《国家发展改革委关于培育发展现代化都市圈的指导意见》中指出，"城市群是新型城镇化主体形态，是支撑全国经济增长、促进区域协调发展、参与国际竞争合作的重要平台。都市圈是城市群内部以超大特大城市或辐射带动功能强的大城市为中心、以 1 小时通勤圈为基本范围的城镇化空间形态"。③因此，都市圈起着在城市群与单体城市之间承上启下的重要作用。事实上，从国家发展改革委批复的南京、福州、成都、长株潭等多个都市圈的发展规划当中，以及北京、上海等超特大城市的发展经验中，我们也可以看出，我国目前超特大城市发展的确需要在都市圈层面进行布局和规划。因此，超特大城市的治理也必然需要在都市圈层面进行制度设计和实践安排。事实上，超特大城市的"大城市病"的形成也往往与城市与都市圈这两个层级之间的关联与错配相关。因此，要提高超特大城市的治理能力与治理水平，就必须充分考虑到超特大城市作为区域中心城市的辐射与吸引作用，以及由此带来的城市问题。④以北京市流动人口为例：一方面，流动人口为北京劳动市场和公共服务提供了支持；另一方面，数量庞大的流动人口也对自然资源承载能力和资源需求造成了影响。总之，如何处理城市和都市圈这两个层面之间的关系是超特大城市治理的核心问题之一。

---

① 城市圈层概念来自德国经济学家约翰·海因里希·冯·杜能（Johann Heinrich von Thünen）的著作《孤立国》（*Der isolirte Staat*，原书出版于 1826 年，本专题参考 Salzwasser-Verlag 出版社，2011），指从城市中心从内向外由功能和土地价格区分形成的同心圆结构。

② 组团式布局在城市规划当中一般指城市形成"若干片不连续城区的空间组织方式"，组团指其中被分割成的一片。全国科学技术名词审定委员会：《城乡规划学名词》，科学出版社，2020，第 28 页。

③ 国家发展和改革委员会：《国家发展改革委关于培育发展现代化都市圈的指导意见》（发改规划〔2019〕328 号），2019 年 2 月 19 日。

④ 史育龙、周一星：《关于大都市带（都市连绵区）研究的论争及近今进展述评》，《国外城市规划》1997 年第 2 期。

从城市内部的中心城区和外围组团的关系而言，也需要解决好规模和结构的关系问题。以北京为例，其人口规模已经超过 2000 万人。但是，其中的大部分人口集中在以城六区为主的中心城区，占人口比重的绝大部分；外围组团的人口规模则较小，事实上并没有形成对中心城区问题的有效疏散。因此，解决规模与结构问题，就需要对城市治理模式进行优化：一要通过资源、环境、基础设施、治理能力的条件确定中心城区的适宜规模，二要通过培育功能完善、结构合理的多中心结构疏散解决中心城区的问题。

从城市治理的微观结构单元而言，超特大城市内部的具体治理问题，又往往落脚于基层社区的具体需求。例如，环境污染对健康的影响、交通拥堵带来的幸福感降低以及社区居民联系缺乏带来的人际关系疏远等，都是基层社区治理必须解决的问题。因此，要实现城市治理现代化，也需要对基层社区的具体治理问题进行解决，从而打通都市圈、中心城区、社区三个层面的治理结构。

二　城市治理内涵与超特大城市治理模式

（一）城市治理内涵

党的十八届三中全会通过的《中共中央关于全面深化改革若干重大问题的决定》，第一次在中央高层文件中明确提出，我国全面深化改革的总目标是"完善和发展中国特色社会主义制度，推进国家治理体系和治理能力现代化"。[①] 城市治理，尤其是超特大城市的精细化治理，是国家治理体系和治理能力现代化的重要组成部分。第七次全国人口普查结果显示，我国的城镇常住人口已经超过 9 亿人，城镇化率达到 63% 以上，比六普增长 14%。[②] 而

---

① 《中共中央关于全面深化改革若干重大问题的决定》，《人民日报》2013 年 11 月 16 日，第 1 版。
② 国家统计局：《第七次全国人口普查公报（第七号）》，2021 年 5 月 11 日。

从人口的城市间分布来说，存在农村向县城集中、地方向区域中心城市集中、全国向超特大城市集中的多层级集中化趋势。[1] 特别是，作为国家级中心城市的北京、上海的常住人口已经超过 2000 万人，广州、深圳的常住人口也已超过 1500 万人。[2] 因此，如何提升超特大城市的现代化治理水平是我国下一阶段城市治理的重点问题之一。[3][4]

与传统的城市规划、城市管理面向物质空间的特点不同，随着城镇化水平的不断提高，大量的城市治理问题从"增量发展"转向"存量品质"提升。在这一过程中，一要从过去的城市大规模建设、土地大规模开发的思路转变为对于既有城市空间和社区的精细化管理，二要从过去自上而下的城市管理模式逐步转向多元主体参与的协同治理上来。[5]

在 2015 年召开的中央城市工作会议上，习近平总书记强调"走出一条中国特色的城市发展道路"。[6] 党的十九届六中全会通过的《中共中央关于党的百年奋斗重大成就和历史经验的决议》也提出，要"推进以人为核心的新型城镇化，加强城市规划、建设、管理"。[7] 总之，依托都市圈破解超特大城市所面临的"大城市病"问题，推进"以人为核心的新型城镇化"，即在超特大城市的治理创新当中强调以城市居民为核心的共建、共治和共享，是城市治理能力现代化的重要内涵。

---

① 朱宇、林李月、柯文前：《国内人口迁移流动的演变趋势：国际经验及其对中国的启示》，《人口研究》2016 年第 5 期。

② 国家统计局：《经济社会发展统计图表：第七次全国人口普查超大、特大城市人口基本情况》，《求是》2021 年第 18 期。

③ 《中华人民共和国国民经济和社会发展第十四个五年规划和 2035 年远景目标纲要》，2021 年 3 月 13 日，第 28 章。

④ 俞可平：《中国城市治理创新的若干重要问题——基于特大型城市的思考》，《武汉大学学报》（哲学社会科学版）2021 年第 3 期。

⑤ 王志锋：《城市治理多元化及利益均衡机制研究》，《南开学报》（哲学社会科学版）2010 年第 1 期。

⑥ 《中央城市工作会议在北京举行》，《人民日报》2015 年 12 月 23 日，第 3 版。

⑦ 《中共中央关于党的百年奋斗重大成就和历史经验的决议》，《人民日报》2021 年 11 月 17 日。

（二）超特大城市治理的模式及主体与工具

2019 年国家发展改革委印发的《关于培育发展现代化都市圈的指导意见》提出，要"坚持市场主导、政府引导"的基本原则，加快构建"协商合作、规划协调、政策协同、社会参与"等机制。① 可见，在从城市管理到城市治理的模式演进中，事实上地方政府已经不再是解决城市问题的唯一主体，市场、社会（包括公众、社会组织等）等同样也是解决超特大城市治理难题的重要组成主体。如何通过政府、市场、社会三者之间的良性互动，建立政策宏观引领、市场优化配置、公众协同参与的模式，是提升超特大城市治理能力需要解决的重要问题。有学者指出超特大城市的治理模式应当是"公私多元主体互动协作的动态平衡过程"，需要"按照特大城市社会经济发展的内在规律，科学处理政府与市场、政府与社会、政府与市民之间的权力与职能关系，采用民主手段和方法，最大限度地促进多元领域资源的整合与协作，以实现社会公共利益最大化，进而促进城市社会的融合、和谐与文明"。②

为什么在政府之外，还必须强调市场和社会在城市治理中的重要作用呢？这是因为，首先，市场在解决超特大城市的问题上可以起到有效的资源配置作用。土地、交通、住房、碳排放等方面的问题，都可以通过市场手段对资源的有效分配进行疏解。例如，在政府对排放总量宏观控制的情况下，可以通过建立地方碳交易市场，通过市场交易实现碳排放权的最优分配。再如，在应对城市交通问题时，政府可以通过对新能源汽车、公共交通、非机动出行等交通方式进行定向政策激励，实现政策目标；同时，公共交通、共享单车运营企业也可以通过市场化的办法对城市交通进行更有效的供给。其次，社会可对超特大城市治理问题的解决提供重要支持。例如，在社区，需要通过居民自治等形式对地方具体问题进行商讨解决，可以对政府宏观政策

① 国家发展和改革委员会：《国家发展改革委关于培育发展现代化都市圈的指导意见》（发改规划〔2019〕328 号），2019 年 2 月 19 日。
② 陶希东：《中国特大城市社会治理模式及机制重建策略》，《社会科学》2010 年第 11 期。

的实施细节和具体实施方法进行有效补充；同时社会组织等的有效参与，也可以有效弥补城市治理中政府、企业、市场和公众等主体力量的不足，为提高城市治理水平做出重要贡献。

如从治理工具的角度而言，超特大城市治理又主要包括行政、经济、法律、技术等多种手段。行政手段可以通过行政命令对超特大城市治理问题进行干预，例如车牌号的分配可以通过抽签、轮候等方式进行总量控制，通过尾号限行进行使用天数限制；经济手段可以在政策引导下通过市场机制进行调节，例如通过土地市场调节住房供应，通过拥堵费、停车费、新能源补贴等手段调节不同交通方式的出行需求；法律手段通过立法对特定的行为进行约束和引导，前者包括对空气、水污染的排放进行立法，后者包括对城市基层治理形式，如社区、居委会、群众自治团体的构成与运行进行立法；技术手段指通过城市实时数据、算法和平台进行治理能力的提升，如城市大脑运行中心、交通信号灯联动优化、城市应急响应平台等先进的技术工具。

面向多元治理主体参与和治理模式创新，我们将从都市圈、中心城区、社区三个不同的空间层次与尺度对我国超特大城市的现状治理问题以及国内外的先进经验进行分析，并提出超特大城市治理的政策建议。

（三）我国超特大城市治理模式演进特征

从历史上看，我国超特大城市治理模式的历史演进具有如下几个方面的特征。

一是从空间结构的发展而言，经历了从新中国成立初期的"切块设市"转变到后来的"中心城市逐步并入邻近郊区、郊县"的过程，从而发展成了今天空间规模庞大的超特大城市。例如，北京、上海就不仅分别合并了河北、江苏的一些县份，而且伴随着撤县设区等行政区划调整。

二是从中心城区的行政区划设置而言，经历了重组、合并和优化的过程。例如，北京的崇文区、宣武区分别与东城区、西城区进行合并，上海的静安区与闸北区进行合并，广州的黄埔区与萝岗区进行合并。

三是从城市治理的组织单元而言，经历了从以居民所属单位为组织单元的治理模式转变到以社区为组织单元的治理模式的过程。[①]

四是从城市治理的具体工作模式而言，经历了从老城区围绕大院、胡同、里弄、街巷开展工作的具体工作模式转变到新城区围绕商品化住宅小区的街道、居委会、业委会开展工作的具体工作模式的过程。

五是从城市治理的整体治理模式而言，经历了从党政主导的治理模式转变到党政宏观领导、多元主体参与的协同治理模式的过程。

六是从城市治理的治理理念而言，经历了从"方便生产、服务生活"的城市治理理念的转变到"更关注人民群众幸福感与获得感"的治理理念的转变。

以上几点总结了新中国成立以来我国城市治理理念与实践的变化，但也从侧面印证和反映出现阶段我国超特大城市治理困境的几个来源：一是空间结构的扩张以及与之伴随的人口和经济规模的极大增长所带来的压力；二是从单位到社区的组织单元结构的演变所导致的城市治理的不适应、不成熟；三是城市治理所关注的目标更靠近"以人为核心"的需求，对城市治理提出了更高要求。

三 中国超特大城市治理面临的挑战

（一）城市超大规模正负效应带来的治理矛盾

超特大城市的超大规模具有正、负两个方面的效应：一方面，超特大城市具有各类要素集聚的规模经济；另一方面，一些要素的过度集聚也会带来负面效应，经济学上将其称为负外部性，即人口或生产要素的增长对其他人造成的成本。例如，每个人在早晚高峰的出行实际上都通过拥堵时间的增加给其他人带来了交通成本的上升。因此，在超特大城市治理中必须处理人口与生产

---

① 何海兵：《我国城市基层社会管理体制的变迁：从单位制、街居制到社区制》，《管理世界》2003 年第 6 期。

要素聚集所带来的规模经济正效应与诸如负外部性之类的负效应之间的矛盾。

首先，就人口而言，人口聚集可以带来几个方面的优势。一是稳定的劳动力市场，其中既包括同行业共享的人才库，也包括上下游产业之间人才的相互关联与学习，即新经济地理学中所指的"知识溢出"效应。[1] 二是对于劳动力本身，同行业人口集聚也隐含着就业机会多，对个人来说寻找同行业替代工作的成本较低，因此可以较为稳定地在一个城市工作较长时间。但是，人口的增长累积也会带来相应的负外部性。特别是，人口密集会导致人均自然资源、基础设施和公共服务享有量降低，而且人口与资源的消耗往往并不呈现单纯的线性关系。例如，在道路交通中，由于网络效应和随机性，一具体路段交通通行时间与出行总量成四次函数关系。[2] 这就意味着，每当人口规模翻一番，就需要数倍至十余倍的交通基础设施才能满足人们同样的出行质量与体验。可是，由于在快速城镇化阶段，人口在短时间涌入超特大城市，远超规划预期速度与基础设施建设速度，因此就会在一段历史时期之内导致基础设施的严重不足。而且，在这种情况下，还会出现个体理性导致集体非理性的集体行动困境问题。由于个体对于资源的消耗往往以个体的效率最优为目标，而无法全盘考虑系统影响，因此就会出现虽对个体最优但对全局有负效应的决策。例如，当个人在做交通行为选择时，通过考虑成本、出行时间、舒适度等因素，很多人会选择小汽车出行；但是，大量的小汽车出行会导致交通拥堵，从而导致集体非理性和对全局有负效应的决策。而且，即使在事实上，对于其中很大一部分人来说，虽然将其导向公共交通出行会使得整体系统更有效率，但是这一全局目标却无法通过个体决策来实现。[3] 因此，在这时，就需要在政策设计方面对于个体行为进行定向引导和激励。再如，我国部分超特大城市的人均水资源远低于世界主要超特大城市

---

① 李玉成、杨开忠：《集聚与增长整合研究评述》，《经济问题》2008年第5期。

② Heinz, Spiess. "Technical Note—Conical Volume-Delay Functions." *Transportation Science*, Vol. 24, No. 2, May 1990, pp. 153-58.

③ Dafermos, Stella C., and Frederick T. Sparrow, "Traffic Assignment Problem for a General Network," *Journal of Research of the National Bureau of Standards*, *Section B: Mathematical Sciences*, Vol. 73B, No. 2, Apr. 1969, pp. 91-118.

的平均水平，因此造成了水资源使用紧张状况。个体在考虑迁入超特大城市的时候，却往往不会考虑水资源对个人的影响，这就在事实上进一步加剧了超特大城市现有居民水资源紧张的状况。因此，是否需要根据每个城市水资源的资源分布情况限制和调整超特大城市的规模，成了当下一个非常具有紧迫性的问题。

其次，就产业方面而言，与人口方面相类似：对于很多企业来说，超特大城市或其所在的都市圈由于靠近市场，是非常适合进行生产布局的区位，但大量高污染企业位于或靠近城市，又会对居民生活质量造成影响。在这种情况下，人们所面临的困境和矛盾是：虽然将这些企业搬离超特大城市确实可以降低污染，但是不论对于企业或其产品购买方，却又都将导致交通成本提高，进而降低双方的效用。因此，在此时，就需要综合考虑二者的损益关系，才能最终确定最优区位。①

在城市超大规模存在正、负两方面效应的情况下，要对城市进行治理，就必须对多方面的效益进行综合权衡，尤其要权衡生产生活效率、生活质量、社会公平等多维度目标之间的矛盾。在"鱼和熊掌不可兼得"的情况下，人们就只能有所取舍，或者需要首先建立不同目标之间的优先级和权衡关系，进而才能判断哪一维度的决策应处于更重要或更优先的地位。

还需要说明的是，不同社会发展目标还常常会随着社会发展阶段的不同，呈现出不同的主要矛盾和次要矛盾。例如，在新中国成立初期，社会主义建设需要大量的工业企业促进经济增长和提升生产力水平，亦即"人民日益增长的物质文化需要同落后的社会生产之间的矛盾"是当时的主要矛盾。而且，在那时，城市特别是超特大城市是资金和劳动力的主要集聚区域。因此，在当时就将主要的大型工业企业都布局在城市当中，甚至大量布局在中心城区。这一生产布局方式，在当时的一段时期内，确实解决了生产力发展的主要矛盾问题。虽然也造成了一定问题，尤其是工业企业特别是重

① 郑鑫、陈耀：《运输费用、需求分布与产业转移——基于区位论的模型分析》，《中国工业经济》2012 年第 2 期。

工业企业靠近居民区，带来了大量污染问题，但是这在那时还只是次要矛盾。可是，随着我国生产力水平的不断提高，在需要大量工业企业促进经济增长与提升生产力水平的矛盾问题有所解决时，由企业污染所导致的矛盾则有所上升，这时国家就不得不开始正视新的主要矛盾，并开始采取有力措施促使这些工业企业逐步搬离市中心。中心城区的资源紧张、环境污染恰好是制约中心城区人民美好生活需要得以充分满足的重要原因之一，这时就需要集中力量解决中心城区资源紧张、环境污染问题的主要矛盾。同时，考虑到超特大城市中心城区与外围、城市本身与都市圈其他城市之间都仍然存在发展的不平衡和不充分问题，还需要进一步优化城市产业布局，解决区域发展的不充分以及区域间发展不平衡等问题。总之，只有从以上两个方面入手，才能更好地解决当前我国社会"人民日益增长的美好生活需要和不平衡不充分的发展之间的矛盾"，更好地提高我国超特大城市治理现代化水平。

（二）多元耦合复杂巨系统带来的治理复杂性挑战

除超大规模带来要素过度聚集而导致的负外部性外，大城市结构功能的复杂性也是导致其治理难题的重要原因之一。这主要表现在以下六个方面。

第一，城市本身就是多种要素高度耦合的复合体，包括物理要素、社会要素、信息要素、心理要素等多个方面，其中每个要素又通过相互联系构成复杂网络。这些复杂网络之间的耦合即满足了钱学森等学者所提出的"开放的复杂巨系统"的构成条件，因此我们也可以把城市理解为一个大型的复杂巨系统。[①] 而且，这一系统的复杂程度也与各种要素类型的数量和要素的数量呈现高度的非线性关系。例如，100 个节点的网络，可能形成 1000 数量级的相互联系，而 1000 个节点的网络，则可形成 100000 数量级的相互联系。可见，其复杂程度的增长速度远超要素增长的速度。因此，即使同样

---

① 钱学森、于景元、戴汝为：《一个科学新领域——开放的复杂巨系统及其方法论》，《自然杂志》1990 年第 1 期。

作为复杂巨系统，超特大城市形成的复杂巨系统的复杂性相较于小城市的复杂性，其倍数也远大于超特大城市相对于小城市的人口倍数，由此造成了超特大城市治理的许多问题来源。例如，我们知道，人与人之间发生冲突的概率与人的接触频率和强度有关。但是，由于上文所述的超特大城市人群相互联系的非线性，超特大城市发生冲突的数量的速度要比人口增长的速度快得多。因此，在社区治理、警力分配等方面，超特大城市也需要比中小城市的人均配比更高。

第二，除要素的数量本身外，超特大城市复杂巨系统要素类型，即子系统的种类也往往多于中小城市。例如，在超特大城市中，产业类型更多元、行业种类更丰富、就业类型更多样，这就造成超特大城市存在中小城市所不具备的一些特定职业网络，包括高端金融服务业、高端创意文化产业、科技企业的算法工程师与数据科学家等。而且，在超特大城市的复杂巨系统中，也会与之相应地形成超特大城市特有的产业链和产品组合。因此，在这些具有特定性的行业和网络当中，会出现中小城市不会出现的问题，如工作时间过长造成的"996"工作制（即早9点到晚9点、一周工作6天）问题。

第三，中小城市的人口社会结构往往较为均质和本地化，而超特大城市的人群构成则常常非常多元。这些多元性一方面带来了丰富性和多样性，促进了相互学习和交流；但是，另一方面，不同文化背景、生活习惯、行为特征并存，往往也会导致人们之间会产生一定的矛盾与冲突。所有这些，也都同样是由于要素类型复杂化而产生的超特大城市的特有特征。例如，其中一个非常突出的表现形式就是"本地人"与"外地人"之间的矛盾。因此，如何处理由文化或生活习惯差异导致的社会矛盾冲突也是超特大城市治理的重要内容之一。①

第四，超特大城市由于年轻人较多，相比于中小城市存在与互联网的更高度耦合关系，即线上空间（虚拟空间）与线下空间（实体空间）的互

---

① 此处参考了 Haidt, Jonathan, *The Righteous Mind: Why Good People Are Divided by Politics and Religion*, New York: Vintage Books, 2013。

动关系，这也增加了超特大城市复杂巨系统的复杂性。因此，在超特大城市的社会治理过程当中，还存在需要整合、并行治理线上信息传播与线下行为活动的特点。例如，在群体事件治理过程当中，需要同时考虑线下的人群行为模式与线上舆情处理之间的联动关系。而且，超特大城市由于社会关注度高，其社会事件的传播效应往往也更大。因此，对于超特大城市的系统性治理，除线下治理外，还需要考虑其特定的线上信息系统传播规律与特征，[①] 进行有效的线上治理，并处理好线下治理和线上治理的互动关系。

第五，作为"开放的"复杂巨系统，开放性也是超特大城市治理的重要特征之一，这也增加了其复杂性。作为复杂巨系统的超特大城市，不仅自身已经足够复杂，而且还往往和区域内的其他城市以及全国甚至全球的同等级城市存在复杂而密切的联系，并被内嵌在一个更大的"超系统"当中。因此，考虑超特大城市治理问题，也需要将其放在整个城市网络甚至全球相关城市体系的、开放的"超系统"框架内进行。所有这些也都显著增加了超特大城市治理的难度。

第六，超特大城市的中心城区承载了超特大城市的大部分人口、产业、经济活动与资源环境压力，因此超特大城市的复杂性也最为突出地表现在超特大城市的中心城区。因此，在解决超特大城市的"大城市病"等问题上，需要重点关注中心城区所面临的交通、资源环境等各项问题。

（三）人民美好生活愿望对智能治理提出更高要求

由于城市问题与人口经济总量等往往呈现高度非线性关系，因此随着人口增长，治理能力需要更快速地成长。这对于城市治理主体来说，往往不是仅仅通过提高治理者的主观能动性就可实现的，还需要更为先进的科学方法与手段来辅助城市治理，对城市治理能力赋能。例如，近年来，发展较为迅

[①]　Xu, Yang et al. , "Quantifying Segregation in an Integrated Urban Physical-Social Space," *Journal of The Royal Society Interface*, Vol. 16, No. 160, Nov. 2019, p. 20190536.

速的大数据与人工智能技术，如城市大脑、城市数字平台、智能交通优化等方法，都对提高超特大城市治理能力发挥了重要作用。

首先，以交通治理为例，交通拥堵的处理可以通过人工智能方法对个体出行行为进行预测、对特定出行模式进行定向政策引导（如错峰出行、拥堵费）、交通基础设施的智能化运营管理（如交通信号灯协同调度、定制公交、整合出行服务 MaaS）以及共享出行、无人驾驶等新型智慧交通方式进行解决。① 虽然在中小城市也可以使用类似的手段，但是从效费比和对解决城市交通拥堵的贡献程度来说，这些方法在超特大城市可以发挥更大的作用。例如，北京市地铁的客流量日均可达到千万人次的数量级。在这样的规模之下，对于人流的预测、定向的出行信息疏导和预警模拟可极大提高地铁系统的平稳运行，缓解交通拥堵。而且，通过日常的公交卡刷卡数据和手机信令数据的结合可以推断出每个人的日常出行模式，并可对接下来的出行进行较为准确的预测。基于这种预测，在突发事件时可以有效预警还未出发的出行人群，进而避免危险的发生与扩大。

其次，在城市应急管理当中，应对城市突发的各类自然灾害、事故灾难、公共卫生、社会安全等事件时，中小城市可以通过应急预案制定的相应规则处理，但对于超特大城市，面临的自然灾害、事故灾难、公共卫生以及社会安全等事件种类复杂、影响因素多、影响范围大，往往很难通过单纯的规则判定所使用的应急预案和情景，这需要更为复杂详细的应急模拟系统，能够针对具体的应急场景随时动态提供可执行的建议。所有这些，也都需要依赖大数据与人工智能技术，并通过智能治理进行处理。

最后，在城市综合执法中同样可以通过对于历史大数据的收集、建模和分析推断出城市违法违章的可能地点，建立对于一般规律的经验模型和面向未来的演绎分析模型，并在此基础上对城管执法工作进行更为准确和有效的

---

① Zhang, Hongmou, *Social Perspective of Mobility Sharing: Understanding, Utilizing, and Shaping Preference.* (Ph. D. diss., Massachusetts Institute of Technology), 2019, pp. 53–81.

指导，进而提高城管工作人力和物力的利用效率。

由于超特大城市智能基础数据条件和智慧基础设施的布局往往较充足，往往也有更快实现智能治理的可能路径。例如，深圳市规划国土房产信息中心就汇集了深圳市人口、土地、住房、规划、交通、公安等多个部门的数据，将其呈现在统一智能平台（CIM 平台）当中，并可提供动态、可视化的分析工具和分析结果，为深圳市的城市精细化治理提供了扎实的基础。但是，目前这些工具往往只能解决数据展示和现状分析，需要进一步挖掘对未来可能出现的城市治理场景进行演绎和优化的功能。

还必须指出的是，在使用智能平台对城市治理进行支持的过程中，除了需要考虑智慧、智能治理对于城市治理效率的提升，同样需要高度关注智能化与数据安全、个人隐私保护等"文明型"治理之间的矛盾。特别是，在使用综合数据汇集的城市智能治理平台进行分析、建模的过程中，是否能够通过有效的技术手段对多渠道、多部门汇总的城市个体信息数据进行有效保护，是"文明型"智能治理必须解决的问题。所有这些也都表明，现代人民对美好生活的愿望对智能治理本身又提出了更高要求，也对如何更好地在超特大城市治理中使用大数据和人工智能技术以及更好地推行"更文明"的智能治理提出了新挑战。

总结起来，本专题从超特大城市的超大规模、多元耦合的复杂巨系统结构、智能技术使用和智能治理三个方面对超特大城市治理所面临的挑战进行了分析。总结来说，三者存在如下辩证关系：超特大城市的人口、土地、经济等各项要素规模对超特大城市的复杂巨系统结构和治理能力存在影响和制约；与此类似，超特大城市的空间、人口与产业等要素的复杂巨系统结构也会对超特大城市的规模和治理产生影响和制约；而且，治理能力的提升不仅可以优化结构，而且可以帮助超特大城市突破规模限制，提升有效规模、最佳规模的阈值。总之，这三者之间存在相互影响和相互制约的关系。而且，这三者的辩证关系也决定了我们在分析超特大城市的问题与挑战时，既无法脱离规模与结构谈治理，也无法脱离治理谈规模与结构的调适，需要将这三个方面有机结合起来，进行综合考虑。

四　超特大城市治理的国内外经验

（一）国内外超特大城市概念的可比性

根据国务院 2014 年印发的《关于调整城市规模划分标准的通知》，我国使用 1000 万与 500 万人口作为超大与特大城市的识别标准。[①] 但是，由于国际上对于城市概念的界定与城市设置方式不一，其他国家的行政区划意义上的城市与我国并不完全可比。例如，有些国家的城市实际上对应的是我国城市内部分区，因此需要首先从概念上对城市和超特大城市等进行辨析。

举例来说，美国的城市设置方式为自下而上的"切块设市"，一般为一个空间范围内一定比例的本地居民和土地所有权人向州政府申请建立（法律上称为"建制"过程，英文为 incorporation）。而且，申请设市的辖区范围不必从属于同一县级行政区，即可以在多个县交界地带的一块连绵地域设立跨县城市。由于建立市制需要向州政府申请，因此无法进行跨州设市。随着时间推演，历史上彼此不相邻的城市（city）或镇（称为 town 或 borough）等基层行政区划单元由于空间扩张，其建成区逐渐扩大并相互接近，最终相互连接形成了今天我们所看到的美国超特大"城市"，如纽约、芝加哥、洛杉矶、旧金山等。实际上，在日常生活中，我们所提到的纽约、洛杉矶并不是行政区划意义上的"一个城市"，而是由多个城市组成的"都市区"（metropolitan area）。每个行政区划意义上的个体城市，都是这个都市区的组成部分。虽然行政区划意义上的城市不跨州界，但都市区则常常出现在两州或多州边界上。最著名的例子包括跨纽约州、新泽西州和宾夕法尼亚州的纽约都市区（人口约 2000 万人，[②] 2020 年数据，下同），跨伊利诺伊州、印第

---

① 《国务院关于调整城市规模划分标准的通知》（国发〔2014〕51 号），2014 年 11 月 20 日。

② U. S. Census Bureau. "Metropolitan and Micropolitan Statistical Areas Totals: 2020." 2020. https://www.census.gov/data/tables/time-series/demo/popest/2020s-total-metro-and-micro-statistical-areas.html.

安纳州和威斯康星州的芝加哥都市区（人口约 960 万人），跨华盛顿特区、弗吉尼亚州和马里兰州的华盛顿都市区（人口约 640 万人），等等。

　　为了城市治理便利，美国历史上也曾出现过将一组较小的市镇合并为一个城市的现象，即所谓的"consolidation"。例如，今日宾夕法尼亚州费城市辖区的范围在历史上就包括多个小城镇，如西北部的日耳曼敦镇（Germantown Borough）和东北部的法兰克福镇（Frankford Borough）。但是，经过 1854 年的合并形成了今天费城市的行政区划范围，并使合并之后的这些镇逐渐演化成了费城市的社区。而且，在 1854 年之后，由于费城和周边更远城市在扩张中又进一步形成了建成区的彼此相邻，使得现在的费城都市区事实上依然包含着其他城市，但它们彼此之间并无隶属关系。例如，同一个州的特拉华县的米尔博恩镇（Borough of Millbourne）和新泽西州的卡姆登市（City of Camden）虽然都属于费城都市区，但它们在行政上并不隶属于费城市本身。可是，虽然它们在行政上并不隶属于费城市，但是如要在费城都市区内进行基础设施规划、轨道交通和道路建设时，就需要其他城市和费城市进行协同。

　　其他国家也同样存在类似的行政区划意义上由多城市组成但功能上统一的都市区。例如，在英国，行政区划意义上的伦敦市（City of London）事实上只有近 3 平方千米和不到 1 万人口。但是，我们通常提到的伦敦实际上是围绕伦敦市形成的由 32 个镇（borough）组成、面积约 1500 平方千米、人口约 1000 万人的大伦敦地区（Greater London）。再如，日本的东京历史上称为"东京市"，仅仅包括现东京都核心区约 600 平方千米的区域。但是，今天的东京都的行政区划范围已经扩大到超过 2000 平方千米。日本 1956 年颁布的《首都圈整备法》所规定的首都圈（东京都市圈）则进一步包括东京都和周边七县约 14000 平方千米、近 4000 万人口的范围。这一空间地理范围大体和北京市市域面积相当，但人口却几乎达到北京的 2 倍。

　　当然，我国的城市概念也同样存在复杂现状。这里针对超特大城市进行讨论。一方面，我国的城市行政区当中（即市域范围内），除中心城区之外的郊区、下辖县甚至建制镇中心等，事实上都可对应其他国家的"城市"概念。因此，在比较的时候，如果单纯以行政区划作为识别城市的标准，就会出现由行政区划设置方式以及"市"或"city"的概念差异而导致实际所指对象的概念不可比问题。对这个问题，可简单描述为：某些时候，"行政区意义上的'城市'大于功能区意义上的'城市'"。另一方面，我国也已经出现跨多个城市行政区边界，由于建成区彼此邻近而形成的连绵都市区。例如，广州和佛山已经实现了同城化，北京和河北的廊坊燕郊、上海嘉定区和江苏省昆山市花桥镇也已经形成了一定程度的功能整合。这种情况也可以简单描述为："行政区意义上的'城市'小于功能区意义上的'城市'"。两种情况可以统称为：行政区意义上的城市和功能区意义上的城市边界不一致。

由于国内外城市概念的复杂性以及本研究的目的，在本专题中进行国内外经验案例比较时，我们主要考虑什么是对于城市治理问题最适宜的"城市"概念。城市治理往往需要考虑跨行政区划边界的问题，因此需要考虑功能意义上的城市或都市区（functional urban area），在我国被称为都市圈。根据《国家发展改革委关于培育发展现代化都市圈的指导意见》，都市圈是指围绕某一个中心城市（即超大或特大城市）的城镇化形态，① 这和我们上文所提到的国外的都市区（metropolitan area）概念是一致的。综上所述，我们在国内外经验比较中不仅需要分析城市内部社区、组团的治理经验，也需要分析都市圈治理经验。

例如，在全球夜景灯光地图中（见图6-1）可以排除行政区划边界的影响，较为直观地看出功能意义上全球超特大城市的分布情况，即图6-1面积较大、亮度最高的空间斑块。从图6-1可以发现：超特大城市较易形成人口密集国家或地区的区域中心，例如东亚的东京、首尔，东南亚的曼谷、雅加达，西亚的德黑兰、伊斯坦布尔，南亚的德里。欧洲与美洲的超特

---

① 国家发展和改革委员会：《国家发展改革委关于培育发展现代化都市圈的指导意见》（发改规划〔2019〕328号），2019年2月19日。

大城市同样集中在主要人口大国的区域中心，例如纽约、伦敦、巴黎、墨西哥城和里约热内卢。非洲的个别地区同样也有超特大城市分布。

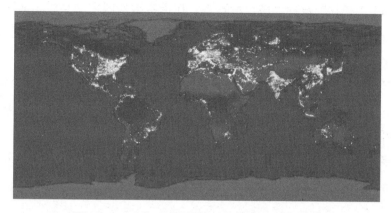

图 6-1　2012 年全球夜景灯光与超特大城市分布

资料来源：NASA，"Night Lights 2012 Map."Accessed May 10, 2022, https://earthobservatory.nasa.gov/images/79765/night-lights-2012-map。

从全球超特大城市的分布中我们可以看出以下方面问题。一方面，超特大城市并不必然对应较高的经济发展水平和城市治理水平。在发展中国家治理水平较为薄弱地区，同样存在多个超特大城市，如印度的德里、巴西的圣保罗和里约热内卢，以及非洲的金沙萨和达累斯萨拉姆。事实上，不管是发达国家还是发展中国家，超特大城市都存在一系列共性问题，如第二篇中提到的城市规模巨大带来的交通拥堵、环境污染等"大城市病"。但是，发达国家的一些超特大城市在历史上曾经采取过一系列措施来解决"大城市病"问题，积累了成功的经验，对我国超特大城市"城市病"问题的治理具有借鉴意义。另一方面，超特大城市往往仅基于人口指标定义，但实际上同样人口规模的城市，其人口密度和空间分布格局也不尽相同。例如，纽约的人口分布体现为高密度集中，而洛杉矶体现为低密度蔓延。在此基础上，不同城市的"大城市病"的具体表现形态和解决方法也有不同。纽约市可以通过发展公共交通，征收拥堵费来解决拥堵问题；但是对于低密度蔓延的洛杉矶来说，由于存在高度的小汽车依赖现象，这一方法就不具有可行性。因此，在对国外案例进行分析的时候，也需要考虑其方法措施对我国超特大城市的适用性。

综上，在我国超特大城市治理中，在借鉴国外城市的具体案例和经验时，需要注意三点：①城市规模不必然与经济发展水平和治理水平呈正相关，存在经济发展水平和治理水平较差的超特大城市；②超特大城市只是基于人口规模提出的概念，但是每个超特大城市的城市形态格局存在特定性，在具体城市问题上依然需要具体分析；③从共性角度来看，借鉴国外城市的经验可以选择和中国有较大共性的城市进行比较。

接下来，在都市圈、中心城区和社区等多个层面介绍和分析国内外超特大城市治理的经验。

（二）都市圈协同治理经验

面向超特大城市的都市圈特性，现有国内外超特大城市治理的典型特征就是跨行政区协同。在这方面，国内外都具有诸多案例，以美国、法国等国家的相关都市圈治理经验和国内上海、南京、成都和粤港澳大湾区的都市圈治理经验为例进行分析。

1. 美国都市圈协同治理经验

在美国的跨行政区都市圈治理当中，不同的城市功能由不同的行政区划层级进行管理。例如，土地利用、给排水等基础设施往往由城市政府提供和管理，但是高速公路、区域铁路等跨行政区的基础设施和空气污染等区域性问题则需要更高层级的管理机构进行城市间协调。在美国，这类都市圈规划和建设管理机构被称为"都市区规划组织"（Metropolitan Planning Organization，MPO），由联邦进行管理和资助，承担都市圈内大型基础设施的规划、建设和空气污染的治理工作。例如，美国1962年颁布的《联邦资助高速公路法》（Federal-Aid Highway Act）规定5万人口以上的城市就需要设立MPO，而5万人以下的城市可以设立"小都市区"规划组织（Micropolitan Planning Organization）。美国现有MPO数量超过400个。其中，整个美国东北部和加州城市密集区的几乎所有县份都从属于某一个

MPO 的规划范围。

从组织机构上来说，这些都市圈规划管理机构设有委员会或理事会（board），通过委员会或理事会投票通过都市圈的各项基础设施规划建设决策。委员会成员由各组成行政区（constituent local governments）派出官员（而非选举）产生。城市政府通过成为都市圈管理委员会成员对都市圈治理问题表达意见，并通过代表不同城市的委员会成员之间的协调产生都市圈整体政策。因此，在这一过程中，如何统筹委员会成员构成和平衡都市圈各城市利益是机构设置的重要问题。下面，我们以费城都市区和旧金山湾都市区为例，说明理事会席位设置中的两种平衡方式。

费城都市区又名特拉华河谷都市区，其 MPO 名称为特拉华河谷区域规划委员会（Delaware Valley Regional Planning Commission，DVRPC）。该规划委员会的理事会成员包括宾夕法尼亚与新泽西两州的交通局（State Department of Transportation）的派驻官员，以及该都市区内每个县政府派驻的各一名官员。由于费城都市区范围跨两州 9 县（市），共涉及两级共 11 个州或地方政府，因此该委员会设 11 个席位，即各县的代表人数完全一致。该规划委员会为常设机构，有规划编制、数据收集、分析、模型模拟等多个部门，针对该都市圈内的交通基础设施规划、环境治理等展开工作。

旧金山湾都市区的同类机构平衡方式则更为复杂。首先，在旧金山湾都市区的 MPO 类机构有两个，分别称为湾区政府协会（Association of Bay Area Governments，ABAG）和都市区交通委员会（Metropolitan Transportation Commission，MTC），其分工为前者负责土地利用，后者负责交通。其次，由于旧金山湾区的城市众多、隶属县份关系不同，并且城市的规模差距较大，旧金山湾区 MPO 理事会席位设置采取了更精细的协调和平衡。以 MTC 为例，其委员会总席位数为 21 个。在理事会构成上，都市区内大中小城市的关系，县政府和市政府的关系，都市区和州政府、联邦政府的关系，以及 MTC 和其他都市区管理机构的关系，都在席位设置上得到了体现。MTC 理事会的具体构成方式见专栏 17。

专栏 17

旧金山湾都市区交通委员会（MTC）理事会构成方式

旧金山湾都市区（共包含加州 9 县）交通委员会理事会共有总计 21 个席位，具体构成方式如下。

其中 16 席由地方政府指派，在这 16 席中：

9 县中 5 个人口较多的县每县可以指派两人（共 10 人）。每县两人中，1 人由县级政府指派，另 1 人由该县下辖市的市长共同协商产生。这样就使得县、市两级政府都有在委员会的相应代表权。

都市区内的两个重点城市奥克兰市（City of Oakland）和圣何塞市（City of San José）市长各再指派 1 人（共 2 人）。因此，奥克兰市和圣何塞市所在县在理事会当中都各有 3 名代表。本都市区最大城市为旧金山市，但因旧金山县（San Francisco County）仅有旧金山市（San Francisco City），即二者辖区完全相同，因此旧金山在上一条中已有足够代表权。

人口较少的 4 个县每个县可以指派 1 人（共 4 人），既代表该县县级政府，也代表这些县下辖的地方政府。

2 席由本地其他都市区规划管理机构和环境保护机构指派产生。湾区政府协会（ABAG）和旧金山湾保护发展协会（Bay Conservation and Development Commission，BCDC）各指派 1 人。这一机制保证了地方政策制定的各个部门之间的沟通和协调。ABAG 和 MTC 的工作分工分别为土地利用和交通两个方面，因此 ABAG 的委员在 MTC 的决策过程中可以沟通协调交通对土地利用的影响，并参与决策。由于 BCDC 的代表要求必须是旧金山市（县）居民，因此旧金山县在理事会中实际上也有 3 名代表。

还有 3 席为非投票席位，由美国联邦交通部、联邦住房及城市发展部和加州政府的交通部门指派人选，这一设计保证了各级政府之间的政策衔接关系。由于美国并不是自上而下的行政体制，联邦和州政府通过资金支持和决策机构人员派驻的形式进行跨层级的政策协调。

资料来源：Metropolitan Transportation Commission. "Commissioners." Accessed April 10, 2022, https://mtc.ca.gov/about-mtc/commissioners。

从费城与旧金山两个例子看美国都市圈治理的组织机构设计可以发现，存在三个方向的协同关系：一是不同层级政府之间的协调，包括联邦、州、县和地方（市、镇等）；二是都市圈内大中小城市之间的协调，既保证每个城市都有一定程度的代表权，又能够对区域内大城市有一定程度的倾斜；三是不同职能机构之间的协调，包括交通、土地利用、住房和环境保护等。但是，即便如此，在具体的工作过程中，第三个方面依然出现了一定的矛盾。例如，在旧金山都市区的例子中，交通和土地利用就分属不同部门。这两个城市发展与治理的重要部门所面对的具体问题虽然往往不同，但又存在非常密切的合作与制约关系，这就带来了较大的沟通成本。因此，在2016年，ABAG和MTC两个机构经过商定和各自内部的决策，同意将两个都市区规划机构进行合并。但是，由于具体合并工作涉及细节众多，从2016年（同年）起，ABAG和MTC已开始合署办公，并逐步以ABAG-MTC的名义联合发布有关规划，这一合并过程仍然在进行中。

2.法国等其他国家都市圈协同治理经验

法国的都市圈规划同样有跨行政区协同的需求，因此在组织机构设计上，法国将原行政区划的96个省（département，法国的第二级行政区）按照自然条件和经济发展水平相接近的原则，集中形成22个规划行动区，每个区包括2~5个省。为进一步管理方便，又将这22个行动区转换成国家一级行政管理单位，即大区（region），亦即1982年1月颁布的法律中所确定的未来发展地区。它是一个完全独立的行政单位，拥有大量的权限，特别是在国土整治方面，许多国土整治的项目都是在大区进行设计和实施。1967年，为了协调国土整治与地区行动署和总体规划人员的关系，又将全国划分成8个国土整治研究区域（Zones d'études et d'aménagement du territoire，ZEAT）。① 其中，大巴黎地区本身为一个国土整治研究区，巴黎地区的外围圈层为另一研究区，称为巴黎盆地地区。这一设置方式与我国历史上的"京畿"地区的设置方式有很大的相似性。但实际上，其对于我国超特大城市所在都市圈与其邻近区域的关系也具有参考价值。例如，北京都市圈和京津冀、上海都市圈和长三角、成都都市圈和成渝经济圈以及广佛和整个粤港澳大湾区之间的关系处理或许都可从此得到一些启发。

除美国与法国外，其他国家也设有类似的都市圈或区域协同治理机构。澳大利亚的地方政府协调机构称为地方政府协会（Local Government Association，LGA）。例如，昆士兰地方政府协会（简称 LGAQ，其中 Q 代表昆士兰州）成立于 1896 年，是 77 个地方政府组成的非营利性组织，地方政府可以会员身份志愿加入该协会。② 再如，在英国大伦敦地区，也设有大伦敦地区规划委员会（Greater London Regional Planning Committee，GLRPC）。该机构于 1927 年成立，并由距离伦敦市 25 英里（40.23km）范围内行政区的地方政府派驻代表组成。该机构成立两年之后，就向时任英国首相张伯伦提交了第一份报告，提出应当通过绿带隔开伦敦中心城区和周边的卫星城。③ 在日本大东京湾区，也先后由首都建设委员会、首都圈整备委员会以及国土综合开发厅等机构负责制定包括东京都和周边 7 县（称为首都圈）在内的 5 次《首都圈基本计划》与包括东京都和周边 11 县（称为广域首都圈）在内的两次《首都圈广域地方计划》。④ 法国、英国、日本的这一类机构均为常设机构，可以保证都市圈协同的稳定沟通机制以及具体事务的常态化沟通协调。

---

① 刘慧、高晓路、刘盛和：《世界主要国家国土空间开发模式及启示》，《世界地理研究》2008 年第 2 期。
② Local Government Association of Queensland，"Membership." Accessed April 1, 2022. https：//www. lgaq. asn. au/membership.
③ Thomas, David, "London's green belt: The evolution of an idea," *The Geographical Journal* 129 (1), 1963, pp. 14-24.
④ 日本国土交通省：《首都圈基本计划》，2016 年 3 月，https：//www. mlit. go. jp/kokudoseisaku/ kokudokeikaku_ tk5_ 000029. html，最后访问日期：2022 年 6 月 10 日。

3. 中国国内都市圈协同治理经验

在都市圈协同治理方面，我国也有成功的试点案例。例如，为了加强包括成都、德阳、眉山、资阳等城市在内的成都都市圈同城化建设，2020 年 7 月，四川省成立了推进成德眉资同城化发展领导小组。① 在成都都市圈内，各城市在该机制下可以加强交流、对接。在制定发展规划时，这一机制的建立可直接推进产业布局与转移、交通衔接、环境共同治理及公共服务分配与无差别办理等事项。在组织机构方面，该领导小组下设多个职能部门，包括综合组、设施互通组、创新产业组、生态公服组、保障组等若干小组，各自负责在战略规划、基础设施、产业发展、生态保护、交界区域融合等多个具体领域进行对接。例如，在产业融合上，在这一地域内部分属两个不同地级市的彭州敖平镇和什邡马井镇，共同建设了彭什川芎现代农业产业园区，② 为都市圈内城市融合发展提供了成功经验。

成都都市圈主要体现了省内的协同合作，但我国也有跨省级行政区划的都市圈协同，典型的如南京都市圈的协同治理案例。南京都市圈是一个跨省都市圈，包含江苏省的南京、镇江、扬州、淮安，安徽省的芜湖、马鞍山、滁州、宣城八市，以及常州市下辖的金坛区和县级溧阳市。在组织机制上，南京都市圈内九城通过定期党政联席会进行协调。事实上，在 2021 年国家发展改革委批复《南京都市圈发展规划》③ 以前，在南京都市圈内部，特别是在江苏省内的几个城市之间，就已经开始一系列推进区域内城市一体化协调发展的努力，而《南京都市圈发展规划》将这一跨省的都市圈合作模式正式明确下来。

上海市与江苏省也同样积极探索跨省域的都市圈同城化，并率先提出了"城镇圈"的概念。例如，上海市嘉定区安亭镇、青浦区白鹤镇和

---

① 《四川省推进成德眉资同城化发展领导小组办公室正式揭牌》，《四川日报》2020 年 7 月 28 日。
② 《探访都市圈建设——蓬勃发展的川芎与正消失的边界》，2022 年 4 月 11 日，http：//www.cdmztch.com/news/id/1075.html，最后访问日期：2022 年 5 月 11 日。
③ 《国家发展改革委关于同意南京都市圈发展规划的复函》（发改规划〔2021〕174 号），2021 年 2 月 2 日。

江苏省昆山市花桥镇试点共建，设立了"安亭·花桥·白鹤共同推进长三角一体化高质量发展"办公室。办公室发布了《安亭-花桥-白鹤跨行政区城镇圈协同规划》，共同确定当年的共建任务，并在基础设施建设、交界区域土地开发、基本公共服务合作发展上，提出了一系列的计划。[①]

粤港澳大湾区则是跨省级行政区与特别行政区的都市圈。在体制机制创新方面，大湾区针对都市圈协同创立了"横琴模式"，设立横琴粤澳深度合作区。从组织机制上说，该合作区管理委员会实行双主任制，由广东省省长和澳门特别行政区行政长官共同担任。

以上，我们分析了国内外多个都市圈的协同治理经验。总体来说，成功的都市圈协同治理经验如下：一是在组织机制上，需要设立常态化机构；二是在协同方式上，需要都市圈内各个城市作为主体参与常态化机构的决策过程，解决都市圈内跨行政区划的治理问题；三是在关系协调上，需要综合考虑不同都市圈内不同行政区之间的关系，采取适宜的机构内部领导权与决策权分配方式。

（三）城市中心城区与社区治理经验

相对于都市圈层面的协同治理，面向超特大城市内部的问题同样有国内外的成功案例可以借鉴。其中，有中心城区与社区两个不同的空间层次。针对中心城区的主要经验为疏散、多中心结构的培育、交通和资源等方面的需求管理；针对社区治理的经验，则主要为社区生活圈的建立和提高社区基层治理水平。

1.国内外中心城区治理经验

国外中心城区治理的经验很多。例如，从 20 世纪初开始，英国的霍华德（Ebenezer Howard）、盖迪斯（Patrick Geddes）等学者就开始提出"花园

---

① 青浦区人民政府：《"安亭-花桥-白鹤"签订三方战略合作协议，推进城镇圈一体化发展》，2019 年 5 月 22 日，https://www.shqp.gov.cn/shqp/qpyw/20190522/496252.html，最后访问日期：2022 年 5 月 10 日。

城市""新城"等概念，以应对伦敦等大城市出现的"大城市病"。①② 这一思潮引领了 20 世纪英国、美国等多个国家的"新城运动"，即在大城市的郊区修建花园型的新城，通过建立城市体系或都市圈的办法以疏解大城市中心区人口，并解决大城市的过度拥挤、环境污染等问题。但实质上，这一类新城大多由于缺乏足够的就业，最终成为大城市的"卧城"，反而造成了早晚高峰的过度通勤压力。

在此基础上提出的 TOD（Transit-oriented development）概念则强调应当围绕公共交通，特别是轨道交通枢纽建设一系列高密度、步行尺度的居住与就业中心，并通过这些沿着轨道交通线路疏散出去的一串串小型城镇开发，疏解大都市人口。③ 这一类开发模式的代表性案例包括巴西的库里提巴、美国弗吉尼亚州的阿灵顿、新泽西州铁路沿线的多个小镇以及法国的拉德芳斯。其中，在学术界较为有名的案例是芬兰建筑师埃列尔·沙里宁（Eliel Saarinen）在 20 世纪 10 年代所做的大赫尔辛基规划（见图 6-2）。在这一规划中，城市组团沿主要交通基础设施以"有机疏散"的方式在空间上进行排布，以避免"摊大饼"式的无序蔓延，或形成一个空间密度过高的巨型中心组团。

这些例子给我们两个启示：一是在规模上，对于超特大城市来说，每个组团的规模都不宜过大，要以适宜组团内人的活动的最优规模进行组织；二是在空间关系上，通过交通基础设施进行线形联系，要优于空间上大规模集聚的一整块。其中一个重要原因是交通基础设施，特别是公共交通的服务范围天然具有线形特征，只能服务站点周边大约 15 分钟（或 1 千米）步行范围内或 2 千米自行车出行的范围。而对于"摊大饼"式的城市空间布局，由于公共交通的线形特征往往无法有效服务超过服务范围的

① Howard, Ebenezer, *Garden Cities of Tomorrow*, London: Swan Sonnenschein & Co., 1902.

② Mualam, Nir, "Geddes Resurrected: The Legacy of Sir Patrick Geddes in Contemporary Urban Planning in Tel Aviv," *Landscape and Urban Planning*, Vol. 166, Oct. 2017, pp. 57-70.

③ Tamakloe, Reuben et al., "Determinants of Transit-Oriented Development Efficiency Focusing on an Integrated Subway, Bus and Shared-Bicycle System: Application of Simar-Wilson's Two-Stage Approach." *Cities*, Vol. 108, Jan. 2021, p. 102988.

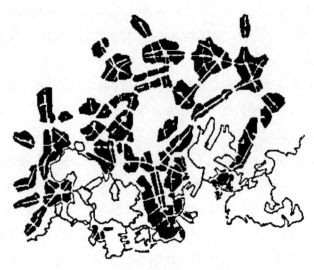

图 6-2 沙里宁的大赫尔辛基规划

资料来源：Saarinen, Eliel, *The City: Its Growth*, *Its Decay*, *Its Future*, New York: Reinhold Publishing, 1943, p. 211。

低密度蔓延区人口。而且，由于蔓延带来人口密度不足，即使加密公共交通线路也难以获得很高的服务效率。其中的一个经典反面案例就是洛杉矶。城市的低密度蔓延导致该城市极强的小汽车依赖，而由于"摊大饼"式的人口分布，公共交通实际上已经没有办法对城市提供有效的出行支持。

其实，以公共交通为导向的城市发展模式也已在我国深圳、成都、北京、上海、杭州、重庆等超特大城市进行试点或推广，并取得了可喜的进展。其中，重庆沙坪坝综合交通枢纽建设是较为成功的案例之一。该项目以高铁沙坪坝站为核心，建成集地铁、公交以及商业、生活为一体的多功能综合建筑群，使原来被铁路分割的部分城区重新弥合，成为重庆市新的次级中心，经济和社会效益十分显著。

但需要指出的是，由于欧美的超特大城市大多人口规模和中国相比较小，其 TOD 开发的小镇人口规模大多在数万人。但是，对于我国千万级人口的超特大城市来说，10 万级人口规模的开发，相对于城市中心区的人口总量来说，并不能显现出足够的疏解效果。中国的 TOD 开发项目往往规模更大、密度更高、人口更多。相比之下，日本的例子可能更具有参考价值。日本的 TOD 建设项目在规划初期，在听取学界专家意见的基础上，由政府、轨道建设方以及土地开发商通过协议会的形式进行商讨，目标是针对在轨道用地和私人开发用地上布局公共设施达成共识。在开发过程中，协议会根据各车站的具体条件和 TOD 开发需求优先度，讨论制定开发程序和流程。TOD 开发过程中的专业设计团队，也会对项目进行长期持续跟踪服务，同时在全过程均有民间参与机制。[①]

除在供给方面可通过疏散、建立新城、TOD 等方式改变城市土地利用格局的办法外，在需求方面，为应对交通拥堵带来的一系列"大城市病"，在国外的超特大城市中，也有多种关于交通需求管理的尝试（Transportation Demand Management，TDM）。具体包括如下三类机制。

一是配额制（rationing）。其中，最常见的例子是小汽车数量管控。20 世纪 90 年代，新加坡开始率先实施小汽车数量管控政策，包括对于拥车证（Certificate of Entitlement，COE）的数量控制和分配机制设计。[②] 配额制在中国多个城市也已经获得了较广泛的应用，包括车牌号的抽签与排队轮候、车辆的轮动尾号限行等。这类方式对于在一定时期内控制路面小汽车数量具有一定效果，但是如果没有有效的公共交通供给与其进行配合，则会出现通勤时间过长、出行需求难以得到满足、出行体验较差等其他城市问题。除北京市的尾号限行之外，上海、深圳等城市对于外地车牌在早晚高峰的使用限制也属于这一类。

二是价格机制（pricing）。其中，既包括车牌号的竞价拍卖（上海、广州等城市已实行这一车牌分配方法），也包括通过拥堵费和停车费等方式减少小汽车使用。拥堵费通过价格手段对进入大城市中心区的小汽车进行控

---

① 马金磊：《从日本经验看大湾区核心建设中的 TOD 开发》，2020 年 4 月 14 日，http：//www.dcutp.com/index.php? s=/News/show/id/462.html，最后访问日期：2022 年 5 月 10 日。

② Koh，Winston T.H.，and David K.C. Lee，"The Vehicle Quota System in Singapore：An Assessment，"*Transportation Research Part A：Policy and Practice*，Vol. 28，No. 1，Jan. 1994，pp. 31~47.

制，具体为通过拥堵费价格高低来控制进入该区域的小汽车数量。这一政策在伦敦、新加坡、米兰、斯德哥尔摩等城市已经实施，纽约市2019年则已通过拥堵费的实施法案，但截至2022年尚未开始执行。与小汽车牌照数量管控类似，拥堵费需要与其他交通工具和出行方式的发展进行配合，否则较难实现其政策目标效果。[①]

三是助推机制（nudging），或称为行为激励方式（behavioral incentive）。例如，弹性工作地点的推广使用。特别是，在新冠肺炎疫情发生之后，居家办公开始成为很多单位的新工作形态，这给弹性工作地点提供了一个实验机会。美国微软等公司开始允许员工永久性居家办公。由于某些行业的工作属性，其工作地点可以具有较大弹性，并不需要在特定地点完成工作。需要面对面进行沟通的工作也可以按需预约或在线完成，这对于降低超特大城市的出行需求，降低交通拥堵具有比较大的意义。总之，如何充分挖掘工作地点的弹性，通过政策手段鼓励弹性时空间工作模式，可以为超特大城市的交通问题治理提供一个有效思路。

2. 国内外城市社区治理经验

在城市社区层面，如何在社区这一较小的空间尺度内满足居民的居住、就业、购物、游憩等多方面需求，进而减少大范围、远距离出行，减少交通拥堵，是解决超特大城市"城市病"的一个重要出发点。有一系列概念基于这一出发点提出，例如完整社区（complete neighborhood）[②]、步行社区、15分钟生活圈等。这类概念都提出要在居民居住地附近非机动交通可达的范围内布置就业、满足日常生活需求和公共服务设施的需求，进而用功能完善的小圈层镶嵌填满整个大城市的区域范围。这一概念本身值得肯定，但是需要在超特大城市内部实现基础设施和公共服务水平的进一步均等化，以及

---

① Liu, Qiyang et al., "Public Acceptability of Congestion Charging in Beijing, China: How Transferrable Are Western Ideas of Public Acceptability?", *International Journal of Sustainable Transportation*, Vol. 15, No. 2, Dec. 2020, pp. 97-110.

② 匡晓明、王睿珺：《北美"完整社区"的概念、实践与经验启示》，《面向高质量发展的空间治理——2021中国城市规划年会论文集（19住房与社区规划）》，2021，第48～58页。

总量的进一步提升。另外，这一思路同样需要考虑有些就业类型或服务设施的规模经济属性。对于这一类设施，仍需要集中布置以发挥最大效益。

我国在这方面也已有相关试点。例如，"上海2035"城市总体规划当中就提出要建设15分钟社区生活圈（见图6-3）。其中不仅包括日常生活的衣

公园 Parks		400平方米以上的公园和广场 5分钟步行可达率90%左右 Parks and squares covering over 400 m² 90% within 5 minutes' walking distance
公共空间 Public space		4米²/人的社区公共空间 包括社区公园、小广场、街角绿地等，实现人均4平方米的规划目标 4 m² community public space per capita Achieve planning goal of 4 m² per capita, including community parks, small squares, and street-corner green areas
公共设施 Public facilities		15分钟步行 社区公共服务设施15分钟可达覆盖率达到99%左右 15 minutes' walking distance 99% public facilities within a 15-minute walking distance in communities
出行 Travel		2.5千米 生活性平均出行距离控制在2.5千米以内 2.5km Average travel distance for the daliy life needs will be limitecd to 2.5 km

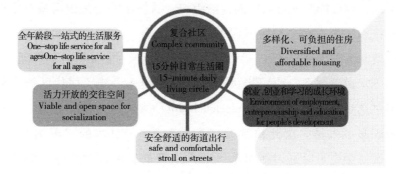

图6-3　上海15分钟社区生活圈规划

资料来源：《上海市城市总体规划（2017-2035年）公众读本》，2018年1月17日，https://www.shanghai.gov.cn/nw42806/index.html，最后访问日期是2022年6月10日。

食住行和公园绿地、公共空间等休闲游憩需求，也包括基本公共服务，如医疗、社保、养老服务等。在此基础上，上海市针对这一目标还提出了"复合社区"的概念，其中包括"全年龄段一站式的生活服务"、"活力开放的交往空间"、"安全舒适的街道出行"、"就业、创业和学习的成长环境"及"多样化、可负担的住房"。由于本规划积累的经验，上海市还参与了自然资源部牵头编制的《社区生活圈规划技术指南》。①

社区生活圈可以解决居民在生活、基本公共服务方面的需求。对于基层治理，也可以通过多种基层居民自治的形式进行治理模式创新。这方面的著名例子有日本的"町内会"。"町内会"不是一级地方政府，而是一种群众自治组织，多出现在老城区。从基层治理的功能上来说，"町内会"一方面可以代表社区内居民向地方政府表达诉求，另一方面也可以组织社区内部各类活动，因此起到了承上启下的作用，为社区内多元共治提供了一个有效平台。1991 年，日本国会在修改《地方自治法》时，在该法的附则中确定了"町内会"作为"地缘群体"的法律地位，也认定了其民事主体地位和法人资格，表明了政府向民间组织让渡管理空间、下放权力的意向。

美国的基层社区治理则有居住区协会（Residential Community Association，RCA）与社区发展公司（Community Development Corporation，CDC）两种常见形式，两者均为地方居民的自治组织。居住区协会是由房屋产权确定的会员组织，形式上类似于我国的业主委员会，由开发商发起，向业主收取会费并为居住区会员提供收集垃圾、扫雪、维修公路、清理人行道、疏通下水道等服务，也可提供邻里运动和娱乐设施。居住区协会往往设有通过选举产生的委员会（elected board）来进行决策和管理，还可以雇用专职服务人员。因此被视为"准政府"。与日本的"町内会"类似，居住区协会也可以通过对管理区域内选票的影响来对地方政府的政策进行影响。截至 2019 年，美国有超过 35 万个居住区协会，覆盖了全美国约

---

① 自然资源部：《〈社区生活圈规划技术指南〉（报批稿）编制说明》，2021 年 5 月 13 日。

1/4 的人口。① 与此类似的基层自治组织是社区发展公司，也被译为社区发展社团。社区发展公司不基于房屋产权，而是面向低收入群体和少数族裔社区等城市"脆弱"地区，推进基层社区治理、提供社区公共服务、推动社区发展与复兴的非营利性组织，常见于破旧、衰败或贫困社区。社区发展公司提供的公共服务最常见的为公共住房开发与居民就业培训，但也可为社区提供教育、医疗、社区规划、商业发展等服务。社区发展公司主要通过地方、州与联邦政府、基金会、慈善机构提供的援助项目以及银行贷款等渠道获得资金，也可通过开发住房项目与商业活动获得资金。事实上，早期社区发展公司接受的资助绝大部分来自联邦政府。但是，随着社区发展公司的发展成熟，来自私人银行的投资贷款逐渐发挥了积极作用。因此，在 1977 年，美国国会通过了《社区再投资法》（*Community Reinvestment Act*）。该法案目的在于解决银行对来自中低收入社区贷款的歧视行为，要求银行等金融机构服务其所在地方社区的需求。在此法案的支持下，社区发展公司获得的资金支持快速增长。除了寻求获得资金支持外，社区发展公司也往往同时与地方政府或社会组织合作，以获得技术援助和政治支持，并因此形成了"邻里发展的复合治理网络"。②

五　超特大城市治理的思路

从总体上而言，要解决超特大城市的"大城市病"，就需要打通社区、中心城区及以超特大城市为中心的都市圈这三个层次，并通过整体化、多圈层、嵌套性的超特大城市治理能力提升，资源交通等要素的优化配置，资源-人口-空间-产业等多要素部门的合理规模确认等手段，全面、系统性提

---

① Community Association Institute，"2019 - 2020 U. S. National and State Statistical Review for Community Association Data."2020，https：//foundation. caionline. org/wp - content/uploads/2020/08/2020StatsReview_ Web. pdf.

② 罗思东：《美国城市中的邻里组织与社区治理》，《中国政法大学学报》2007 年第 2 期。

升管理体制、运行机制、规划设计、法律法规等诸多方面，以最终实现超特大城市治理能力现代化。

（一）基本思路

1. 基于对规模约束的认识优化资源-人口-空间-产业的关系

首先，我们认为，要解决超特大城市的"大城市病"，应当基于城市的自然资源禀赋、基础设施承载能力、人口结构、治理能力等的发展阶段和水平，科学控制规模，并结合其所处都市圈的体系、结构、规模进行整体布局，通过优化配置都市圈中各城市的资源调度、人口疏解、空间组团、产业协同等，对中心城市的问题进行破解。例如，本专题中的交通子课题研究发现，40 分钟到 1 小时为通勤时间的一般上限，再结合城市的路网结构和交通基础设施发展水平，即可给城市的适宜空间规模提出一个参考上限。但是，与此同时，城市交通基础设施的提升和交通治理水平的提高，也可以对这个上限进行提升。因此，在城市治理中，需要综合考虑城市交通的供给、需求、技术水平、治理水平等，才能最终确定都市圈、中心城区、社区等几个空间层级的最优规模。

以北京地铁交通为例。在历史上，地铁主要服务于北京的主城区（1 号线、2 号线主要集中在二环内），因此地铁的主要技术标准和站点布局主要为适应主城区居民的出行特征而设计，因此地铁站距离较近，车辆速度较慢。但是，随着北京市人口增长和空间规模的不断扩展，这种服务模式对于郊区新城建设，显然不适配。因为站点过近、车辆速度慢，会导致无法在外围组团和中心城区之间形成快速联系，因此会影响新城的吸引力，进而导致对中心城区的疏散动力不足。随着对这一规律的不断认识，近些年，通过引入"大站快车"模式的郊区线路，以及推动城市地铁、郊区线（例如昌平线、房山线）、通勤铁路（采用国铁技术标准，如 S2 线）和城际铁路（京津、京张、京雄等线路）的有机结合，逐渐理顺这几个不同层次轨道交通与城市内部组团以及都市圈、城市群中不同城市空间结构的关系，也更有利于推动人口、产业、资源向新城组团和城市群内城市疏散。

其次，在充分认识现有规模与治理能力、规模与城市各项资源承载力关系的客观规律基础上，应当通过科学方法与先进技术手段力争快速提高超特大城市的治理能力与治理水平，使之与现阶段我国人口向超特大城市进一步集中的迁移模式、地域来源、群体构成、社会经济等方面的特征相匹配。与此同时，应进一步通过实践"家园城市""健康城市""韧性城市""文明型智慧城市"等理念，建立具有国际引领性的中国特色城市治理创新模式。

2.围绕圈层嵌套结构进行治理模式创新

根据对都市圈、城市多中心组团到中心城区、基层社区面临的具体挑战的分析，以及对这几个层次的多元共治的国内外经验的分析总结，我们提出，应当在超特大城市治理中建立圈层嵌套结构，即通过基层社区嵌套形成城市内部组团、多中心组团形成城市、多城市协同形成都市圈等多重嵌套结构，对城市治理模式进行创新。尤其是，在超特大城市所在的都市圈层面，应建立跨行政区划的都市圈协同治理机制，以对居于其中心地位的超特大城市的人口有机疏散、资源环境治理、产业分工的空间协同布局、环境问题治理等提供有效支持。在此基础上，还应在超特大城市内部建立多中心结构，疏散中心城区大团，对超特大城市的"城市病"形成有效疏导。

事实上，这一嵌套结构也符合城镇体系分布的天然规律。20世纪30年代，德国地理学家克里斯塔勒（Walter Christaller）通过对德国南部城镇的空间、人口、市场、交通等关系的分析，得到了城镇体系的天然层次结构（见图6-4）。在克里斯塔勒的术语体系中，每一个组团或居民点称为一个"中心地"。这些中心地既可以是城市中心、城市次中心等大组团（称为高等级中心地），也可以是集镇、村、社区（称为低等级中心地）。在这一城镇体系结构中，还存在位序规模分布等客观规律，即城市人口、经济总量等变量在一个城镇体系中的排名与这个变量本身的数值之间总是呈幂指数关系。而且，这一规律在不同国家、不同区域的城镇体系中，都得到了较好的实证检验。因此，在我国超特大城市治理的圈层嵌套结构设计中，也应当尊重这些客观规律。

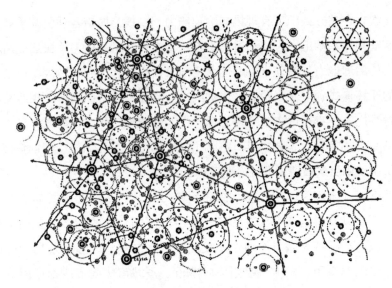

图 6-4　德国南部城镇形成的中心地体系

资料来源：Christaller, Walter, *Die zentralen Orte in Süddeutschland；eine ökonomisch-geographische Untersuchung über die Gesotzmässigkeit der Verbreitung und Entwicklung der Siedlungen mit städtischen Funktionen*，Jena：Gustav Fischer，1933。

与此同时，也应注意，这一嵌套结构应当针对不同部门、不同城市功能（如交通、产业组团、行政区划）分别形成。当然，在不同部门形成的上下层嵌套关系，并不必然需要保持一致，而应当考虑在这些部门各自形成的嵌套结构的具体联系方式。例如，在交通网络中，需要考虑可达性与邻近的关系；在产业结构中，需要考虑生产的上下游关系；在行政区划中，也需要考虑相应的划分原则；等等。但是，不论是何种城市部门的嵌套结构，我们也都必须注意到，社区都是其最基层的单元，也是其最小尺度的"中心地"或嵌套的基本模块。

接下来，对这两个总体思路中的几个关键要点进行具体分析。

（二）关键要点分析

1.基于资源、环境、治理能力等约束科学控制规模

前面已经指出，导致超特大城市"城市病"的一个重要原因是：城市

治理复杂性的增长规模要远远快于人口等要素规模的增长速度，且二者呈非线性关系。因此，在快速城镇化阶段，很可能由于这种复杂性的快速增长，治理能力水平的提升滞后于人口、城市规模的增长。面对这一问题，一方面，固然要快速、跨越式地提高城市治理能力、精度与水平，但另一方面，由于提高治理能力与水平也需要一个过程，尤其是制度建设等经常需要反复论证、反复试点实验等，因此在这段时间内，也需要适当控制超特大城市规模。这主要可从以下两个方面来讲。

（1）超特大城市自身合理规模的确定

众所周知，在现阶段，超特大城市往往集中了中小城市所不具备的就业机会、公共服务多样性、文化服务多样性，以及由人口密集带来的规模经济、集聚经济①等优势。但是，这一特点也导致了人的过度集聚与负外部性，使得每个人的个体选择往往并没有基于超特大城市本身的承载能力而做出。因此，需要在城市层面，宏观确定城市的适度规模。而要确定城市的适度规模，则需要重点考虑以下几个方面的承载能力。

一是自然资源承载力。具体又包括水、电力等能源以及土地、生态服务等自然资源的承载能力。总体的承载能力由所有自然资源承载力的下界（即最低值）所决定，这类似于木桶原理。例如，一个城市的电力资源承载力为1200万人，水资源的承载力为1000万人，生态系统服务承载能力为800万人，则总的承载力只能为最低的800万人。自然资源承载力往往被城市本身所处的自然资源环境条件所限制，而客观条件在短期之内无法显著提高。例如，水资源供给量往往受当地的地下水储量、降水条件、水文条件等因素限制，因此需要根据水资源总量和人均水资源规模对城市人口上限提出参考值。当然，这一约束也可以通过南水北调等大型水利工程的修建在中长期进行提升。

由于我国的地理空间跨度大，不同地方的气候、水文、地质条件也有很

---

① 规模经济指同一企业或产业的边际生产成本随着规模的增加而减少，集聚经济指不同产业在空间上集聚所带来的成本降低。

大差异，处于不同地理区域的超特大城市往往具有不同的资源承载能力水平，因此各自所面临的挑战也不同。例如，北方城市往往面临缺水问题，而南方城市则经常面临比较大的洪涝灾害风险。因此，在超特大城市治理中，需要因地制宜、因地施策，确定不同超特大城市的资源承载力限制水平。

二是基础设施承载力。与自然资源承载力相比，基础设施承载能力可以随着城市建设的推进而不断提升。例如，地铁的修建、大型发电设施的修建和供电走廊的贯通等，都可以提升城市的基础设施承载力。但是，与自然资源承载力类似的是，基础设施建设也经常需要平衡较长建设周期和中短期需求之间的矛盾。具体又有两方面的问题。一是存在基础设施供给方式和需求之间的矛盾。我们知道，基础设施的供给方式往往是阶梯状而非连续的。例如，地铁只能一条一条线修建，而不能提供"半条"地铁线。但是，需求却往往是随着人口规模连续增长的，这就形成了供需之间的矛盾。二是存在建设提前量和短期浪费的矛盾。例如，地铁的修建要有一定的前瞻性，因此在中短期不能完全用满运力，会造成一定程度的浪费。总之，在确定基础设施的建设规模时，需要统筹考虑这两方面的矛盾。

另外，在所有城市基础设施当中，交通基础设施又与居民通勤、日常生活高度相关。本专题中交通专题研究所提出的 1 小时通勤可达范围以及 10 分钟、15 分钟生活圈都对交通基础设施的适宜规模确定提供了重要参考。但是，除了现状的交通需求之外，交通需求还具有引致性，即：交通基础设施供给水平的提升往往会促进人们更多的出行，进而可能会导致更多的拥堵，甚至，在某些情况下，仅仅由交通基础设施供给增加所带来的人们出行路线选择的变化，也可能导致更多的交通拥堵。[1] 因此，在城市治理中，在提升基础设施承载力本身的同时，也需要对需求进行管理。

---

[1] 这里面的著名例子是交通研究中的布雷斯悖论（Braess's Paradox）。该悖论是在 1968 年，由德国数学家迪特里希·布雷斯（Dietrich Braess）提出的，指的是在一个特定的交通网络中，从一出发地到一目的地的两条线路中点，连接一条"快捷方式"，表面上看是增加了供给，最终反而导致系统中每个人的出行时间都增加了。这一例子常被用来解释，交通当中单纯依靠增加供给不仅无法解决交通拥堵甚至可能导致拥堵增加的问题。

　　三是公共服务提供能力。城市规模的确定同样需要考虑公共服务的提供能力，包括学校、医院等基本公共服务设施的数量、规模、空间分布等。这些基本公共服务的承载能力往往会极大地影响城市居民生活的幸福感。超出公共服务能力的城市规模扩张，不仅会导致城市无法对新增人口提供足够的社会支持，而且会导致新增人口挤占和摊薄城市对现有居民公共服务能力的现象，严重的甚至会导致城市老居民和新移民之间的群体矛盾和冲突。以北京为例，北京的大型医院主要集中在中心城区，特别是三环以内的城区，而四、五环及以外地方的大型医院数量较少。这就导致了两个后果：一方面，中心城区之外的居民的就医需求无法就近得到满足，进而会导致这部分居民的就医出行的距离过远，并最终导致由于中心城区之外的居民进城就医，而加剧中心城区交通拥堵的现象；另一方面，由于有老人、小孩的家庭会有更频繁的就医需求，因此这些家庭会更倾向居住在城市中心城区，这也会导致这部分家庭的空间疏散动力不足，进而导致无法对中心城区的人口进行有效疏散。因此，我们认为，综合统筹城市的公共服务提供能力，特别是学校、医院等公共服务设施的空间分布均衡性，培育城市次级中心、组团以及都市圈其他城市的公共服务提供能力与供给水平，将会有助于疏散城市中心城区人口，提高城市规模上限。而这些，也就是我们平常所说的，都市圈意义上的"基本公共服务均等化"。

　　另外，超特大城市的人口规模，还取决于中小城市（不仅是其所在都市圈内的中小城市，甚至还包括全国范围内的其他中小城市）的基本公共服务水平。众所周知，目前的基本公共服务供给水平在大中小城市之间差异较大，这就导致了不同城市吸引力的巨大差异，进而导致人口会向超特大城市进一步集中的趋势。因此，补齐中小城市的基本公共服务能力与水平短板，会导致至少有一部分人可能继续选择留在中小城市就业和生活，从而会间接疏导超特大城市的人口。概括来说，我们认为，公共服务的城市内部均等化、都市圈内均等化和全国均等化，都有助于优化超特大城市的最优规模。

　　四是治理能力。治理能力和水平同样影响城市规模的增长。例如，城管综合执法能力不足，也会限制城市规模。而且，很多在中小城市可以解决的问题，在超特大城市由于问题的种类、复杂性和频率均相应提高，故其要求处理的速度、精度和水平等都有相应提高，这就可能导致城市处理或解决问题的能力无法与城市规模相匹配。再如，在新冠肺炎疫情防控的具体工作中，我们发现，除了口岸城市这种特殊情况外，相比于中小城市，超特大城市往往更容易成为疫情暴发的地方，也更需要更为及时和强有力的疫情防控措施。例如，2022 年奥密克戎变种造成的疫情先后在郑州、西安、上海、北京等城市短暂散发，就说明了这一点。其原因主要有两方面：一方面，这是因为在超特大或大城市，人口数量更多，人们与其他城市之间的流动也更频繁；另一方面，在超特大或大城市内部，人们的接触频率也更高，即每人每天遇到的人的数量会更多。所有这些也都说明，治理能力不足同样叮以成为城市规模增长的瓶颈。

（2）所在区域对超特大城市适宜规模的影响

除以上四点承载能力的限制外，城市适宜规模的确定往往还需要跳出城市本身，即不能"就城市论城市"。事实上，单一城市的规模并不是城市本身就能够完全确定的，还需要考虑城市所在的城市网络结构和彼此之间的相互关系。例如，巴黎、伦敦是法国与英国的单中心城市，具有极高的首位度，它们所承担的职能就是服务全国，甚至更大范围的欧洲其他国家，这就对其规模提出了新的要求。在我国，省会城市往往是本省内部人口净流入的主要目的地，而全国和区域中心城市则更是承接跨省人口流入的目的地。例如，深圳新增人口的主要来源地除本省外就为广西、江西、湖南等邻近省份，尤其是邻近省份靠近广东的县市。因此，在确定这些城市的适宜规模时，就不仅需要考虑面向城市本地人口的资源、基础设施、公共服务等方面的承载力，也需要综合考虑这些城市所要服务的区域。又如，北京的医院不仅需要满足北京居民的需求，也需要在一定程度上考虑面向京津冀的医疗需求，甚至面向全国的医疗需求。在这种情况下，要合理引导城市的适宜规模，就至少需要综合考虑城市与周边联系紧密的城市之间，也就是都市圈内部的关系。而要解决这些问题，具体又可有以下几个办法。

一是加强城市协同与基本服务同城化。人口迁徙的主要推力与拉力是迁入城市比迁出城市有更好的就业机会、公共服务水平等优势。在这一思路下，提升周边城市，特别是都市圈内城市的基本公共服务、基础设施建设等的水平，至少可以在两个方向上解决这一问题：一是降低中心城市对于周边城市的人口拉力；二是可以建立一定程度的跨城生活圈，即在中心城市就业，在周边城市生活。目前我国部分城市的部分区域已经呈现出这样的倾向。例如，河北廊坊的"北三县"与北京（特别是通州）和天津、上海的嘉定与江苏昆山，以及粤港澳大湾区的广佛与莞深之间，甚至是整个大湾区城市之间，都已出现了这种倾向。但是，就目前而言，这些有同城化倾向的城市之间，还存在一定的基本公共服务供给水平方面的差别。当然，也有做得相对较好的。例如，目前在基础设施供给与城市治理方面，广佛的一体化就提供了一个比较好的例子。其地铁轨道交通的一体化以及疫情防控过程中将对方纳入同城管控范围而不计入跨城出行，都是值得肯定的措施。但是，相对而言，南京都市圈内部却由于存在跨省级行政区划的问题，目前还不能实现同样的举措。

二是加强产业疏解。产业疏解能进一步解决中心城市在就业机会方面造成的人口迁入拉力。通过将一部分产业转移到周边城市，发展区域内不同城市的特色产业和城市间的上下游产业协同，会导致将人口在都市圈内多个城市间进行疏解。例如，成德眉资（成都、德阳、眉山、资阳四城）建立跨城产业协同发展区的例子，就是如此。

三是发展区域多中心结构。在空间结构方面，都市圈的单中心性往往会导致处于中心地位的超特大城市或中心城区过快发展，而周边城市却面临严重的"虹吸效应"。而且，这一特点在我国中西部地区更为严重。在这里，中心城市或省会城市与周边的发展差异过大，往往会导致区域内的人口不断向中心城市或省会城市集中。在这种情况下，发展区域内多层级中心结构，培育次级中心城市，并提升其竞争力，就可为处于中心的超特大城市的人口规模控制，提供另一方向上的一些助力。

2.促进多中心结构发育与中心城区疏解

中心城区承载了超特大城市复杂系统的核心问题，同时也是资源环境等矛盾的集中体现地区。因此，解决好中心城区的矛盾，对于解决超特大城市的整体治理问题，往往有着画龙点睛的作用。

针对这一矛盾，我们认为，通过建立超特大城市的多中心结构，可在相当程度上有机疏散中心区的高密度人口。具体来说，可以通过 TOD 等方式配置多中心组团的就业、生活服务、游憩等功能，进而形成对中心区人口的有效疏解效应。目前，超特大城市的中心城区人口过度集中，事实上反映了其他次级中心或组团，还不能或尚未充分满足居民的日常需求的现状。例如，北京的天通苑、回龙观等以居住为主的社区，由于缺乏就业功能，在早晚高峰时期就会形成大量的通勤流，造成了极大的资源和时间浪费。但是，在城市治理中，还需要具体考虑组团内部职住功能的匹配情况，而不是仅仅具备这些功能即可。例如，在北京亦庄新城，由于存在一定程度的职住不匹配，即本地居住的人和本地工作的人不重合，形成早晚高峰"双向"的通勤流——住在外面的人到亦庄来上班，而住在亦庄的人到外面去上班。事实上，在北京通州新城的建设过程中，也不同程度地遇到了同样的问题。

因此，推动多中心结构发育的要点在于：提供结构完整、功能协调的不同等级中心，并结合公共交通枢纽进行布置，而非建立单纯的居住中心、就业中心或明显功能单一的组团。只有功能完善，才能够在组团内部"捕捉"日常生活的大多数需求，避免频繁往来于新城和中心城区的长距离出行，进而有效疏解中心城区的人口。

当然，在功能完善的基础上，还需要推动多中心之间的基本公共服务均等化。例如，我们上文提到的例子就曾指出，由于北京市的中心组团和外围存在教育、医疗等资源的高度不均衡，因此其外围组团难以形成足够吸引力。因此，只有在建立由结构完整、功能协调的不同等级中心组成的超特大城市的多中心结构的基础上，进一步促进多中心组团之间的基本公共服务水平的均等化，才能有效疏散中心城区人口。

3. 依托都市圈进行协同治理模式创新

第三个要点是通过都市圈内城市间的协同治理解决超特大城市的"城市病"问题。在国内外超特大城市治理经验分析中，我们指出，在美国、法国等多个国家的都市圈治理中通常采取的模式为：建立由上级政府协调、地方政府共同参与的跨行政区管理机构，对都市圈事务进行管理。随着中国超特大城市的发展逐渐呈现出跨行政区特征，我国也亟待建立具有中国特色的都市圈管理创新制度。

国内现有的都市圈在省内往往由省级政府协调，但是对于跨省都市圈、双中心或多中心都市圈，或者同一都市圈内部有多个"平级"行政区而缺少一个"领头羊"的都市圈，则不容易通过建立常态化的协调机构进行管理，往往只有临时性和针对具体事项的沟通机制。例如，著名的长三角市长联席会议就是如此。因此，就现状而言，我国对于跨省级行政区的都市圈，以及像粤港澳大湾区这样同时跨省与特别行政区的都市圈，都还比较缺乏全盘综合的，可以对多项事务进行实时、动态、全面管理的协同治理机制。

解决这一问题往往需要在更高层级设立领导机构。例如，针对粤港澳大湾区的协同治理，领导机构的层级上提至中央政府，在国务院建立了"粤港澳大湾区建设领导小组"，全面进行统筹协调。另外，在澳门特别行政区和广东省的协同机制上，在粤港澳大湾区建设领导小组的领导下，还创造性地设立了"双主任制"的横琴粤澳深度合作区管理委员会。该委员会由广东省省长和澳门特别行政区行政长官共同担任管理委员会主任，由澳门特别行政区委派副主任，并由双方共同协商其他副主任人选，从而解决了跨行政区协同的领导机制问题。

基于已有的国内外成功经验，如设立都市圈规划委员会、在新冠肺炎疫情期间建立并经过考验的联防联控机制、双主任制的粤澳合作区管理委员会等，我们认为，可以进一步结合中国的治理制度优势和国情特征，在我国建立常态化的都市圈管理协调机构，并围绕问题比较突出的超特大城市所在的都市圈，率先试点建立跨行政区协同治理机构。这一类机构的设立至少可以从如下几个方面解决超特大城市的一些具体治理问题。

（1）自然资源、基础设施、公共服务的统筹规划

自然资源、基础设施、公共服务等城市要素往往具有明显的跨行政区特点。例如，水资源往往具有流域特征，不局限在某一特定行政区内；道路、铁路等基础设施同样具有跨行政区的特性；空气污染治理也需要区域协同。所有这一类问题，往往都需要基于问题的实际影响地域而非行政区划边界进行统筹。此外，医院、学校、体育场馆等公共服务，同样具有临近空间的溢出效应，不仅仅局限在行政区内。因此，建立基于实体功能地域的都市圈管理机构，可以面向整个都市圈进行以上方面的综合评估、规划与实施统筹。另外，这一类机构的建立，也有利于在都市圈内部实现基本公共服务均等化。

（2）人口空间分布协调

都市圈的重要特征之一是人口在内部的频繁流动，例如跨城通勤、跨城就学、跨城购物与游憩等行为。跨城通勤对于城市交通基础设施会造成一定程度的压力，但也在一定程度疏解了中心城市公共服务等方面的压力，即可将除就业以外的其他公共服务等城市职能不集中于城市中心区，而进行分散布局，以实现均衡性。建立都市圈常态化管理机构，可以对都市圈内部的不同城市之间、都市圈中心城市的中心城区与外围组团之间的人口流动进行更为有效的情况掌握、定向疏导，并可提供更为有效的其他相关配套服务。例如，北京与廊坊"北三县"特别是燕郊之间的交通基础设施，一方面可以缓解北京人口迁入的压力，另一方面也可以为廊坊的人口迁入提供便利和引力。因此，在北京（或通州区）和廊坊之间建立跨行政区的管理机构，可以更好地支持跨城地铁等基础设施的规划与管理工作。

（3）具体事务的实时沟通协调

在疫情期间，上海地铁延伸进入昆山的部分、南京都市圈的区域性地铁线路（S6线）进入镇江句容的部分，都与疫情防控以省、城市等行政区划为单位的政策，产生了一定程度上的实质性冲突。这就反映出，我国现行的组织机制设计事实上对于上海与昆山、南京与句容这一类实质上的整合城市功能地域，并不能提供足够的政策或组织机制支持。因此，建立跨行政区划的大都市圈管理机构，可以为这一类实质上是实体功能地域意义上的"城

市内部问题"，但在现有的城市治理模式下却表现为"跨城问题"的具体事务，提供进行有效实时沟通和解决的组织机制支撑。

综上，我们建议，或可以京津冀、长三角、粤港澳大湾区等几个超特大城市所在的都市圈为试点，在我国尝试建立常态化区域协同治理机构。这一类机构的建立，不仅可以对超特大城市的内部治理问题进行有效疏导，而且可以在区域层面进行更有效的资源布局、管理协同、事务共管。

六 超特大城市治理能力现代化政策建议

针对中国现阶段超特大城市的典型问题、形成原因和机制分析，依据超特大城市在结构、规模与治理三方面存在的辩证关系，在充分借鉴国内外已有的先进经验和有益探索的基础上，立足从机制入手破解体制困境的基本思路，为切实提高我国超特大城市的治理能力现代化水平，我们从都市圈、中心城区、社区三个层面出发，有针对性地提出了如下五条政策建议。

（一）建立超特大城市及都市圈多中心联管联治机制

我们提出从机制入手破解体制难题，即通过建立以超特大城市为中心的都市圈多中心联管联治机制，从疏解、优化、协同三个角度解决规模对于超特大城市的约束问题。首先，从疏解角度来看，都市圈多中心联管联治机制可以保证超特大城市与都市圈的一体性，降低人和资源在都市圈内部的流动阻碍，进而帮助中心城区人口进一步疏解。其次，从优化角度来看，都市圈多中心联管联治机制的建立，可以更合理有效地分配都市圈内部城镇体系之间的资源、产业、人口、交通等，进而有利于解决中心城区的"大城市病"，有利于推进都市圈内部生活水平和基本公共服务的均等化。最后，从协同角度来看，都市圈多中心联管联治机制的建立，不仅可以更好地促进都市圈内的中心城区和其他城区、不同行政区划之间的有机协同，也可以更好地促进各个层级、维度、主体等之间的各种各样的横向、纵向和斜向协同等。因为，超特大城市的问题往往不能仅靠自身解决，还需要其所在都市圈城市以及在其中生活、工作、通勤、游憩的居民共同参与。例如，北京市委在关于京津冀协同发展的讨论中就提出，要形成通勤圈、功能圈和产业圈"三个圈层"。①

具体而言，这一机制既包括超特大城市及其都市圈整体的联管联治机制，也包括超特大城市及其都市圈内部不同子部分之间的联管联治机制，从而在整体上形成了一种具有多层中心嵌套结构的联管联治机制。而且，我们可以参考疫情期间联防联控机制的先进经验，不断深入探索协调机制的具体工作模式和方法，最终实现联管联治机制的实体化、权力化、体系化、法制化、普遍化和精细化。在具体模式上，可参考国内外先进经验，结合地方实际，探索设置都市圈治理的联席会议、领导小组、规划委员会以及跨行政区的专业机构等，并探索实践都市圈一体化规划体系的编制、都市圈治理标准的制定和都市圈层面法律法规的建立。例如，可将都市圈规划纳入国土空间规划的层次架构当中。

（二）建立以社区为基础和中心城区为核心的多圈层共同体

共同体（community）的词义可远溯至亚里士多德的政治共同体（κοινωνία），② 指为实现某些善的目标而形成的共同关系体。19 世纪初，马克思提出利用世界市场走向"真正的共同体"③ 的思想。以习近平同志为核心的党中央提出"人类命运共同体"的理念。内嵌于马克思、习近平所讲的国家间"大共同体"，在超特大城市空间范围内，社区、城市中心区、超特大城市本身、超特大城市与周边城市组成的都市圈等各个层面都形成了相互依赖、相互联系、命运与共的"小共同体"。因此，我们认为，要解决超特大城市治理中所面临的诸多难题，也需要倡导共同体理念，根据各个空

---

① 北京市发改委：《北京市推进京津冀协同发展 2022 年工作要点》，2022 年 4 月 18 日，http：//fgw. beijing. gov. cn/gzdt/fgzs/mtbdx/bzwlxw/202204/t20220418_ 2679463. htm，最后访问日期：2022 年 6 月 10 日。

② 亚里士多德：《政治学》，吴寿彭译，商务印书馆，2009，第 9 页。

③ 《马克思恩格斯文集》第 1 卷，人民出版社，2009，第 571 页。

间层次中形成的天然的共同体特征，建立以社区为基础和中心城区为核心的多圈层共同体。

"多圈层"是共同体的基本结构特征，天然具有层次性。在多圈层共同体中，小的空间单元内嵌于大的空间单元，大的空间单元再进一步内嵌于更大的空间单元。换言之，即基层社区共同体内嵌于城市组团共同体，城市组团共同体内嵌于城市共同体，城市共同体内嵌于都市圈共同体，进而，逐层嵌套形成一个更大的共同体。特别是，应对超特大城市治理难题，我们要以社区为基础和中心城区为核心建立包括社区共同体、城市共同体、都市圈共同体等在内的多圈层共同体。

首先，要构建以社区为基础的共同体作为城市和都市圈共同体的基础共同体和嵌套子结构。多圈层共同体的建立需要通过小的、具有完整功能的社区来形成"有效的"嵌套单元，从而疏解中心城区规模过大的问题。目前，部分超特大城市的中心城区规模巨大，但并没有形成足够完整的嵌套子结构。例如，北京的中心城区从城六区连绵延伸到昌平、顺义、大兴等近郊区的一部分邻近区域，规模巨大。可是，目前其中的很多空间单元还主要是类似于天通苑、回龙观等的巨型居住社区，功能非常单一，反而进一步加剧了通勤压力，形成了钟摆式的交通流，造成了交通拥堵低效、过度通勤等问题。只有在中心城区内部通过发展结构、功能完整的社区，如 15 分钟生活圈，并通过社区居民对于社区多元共治的有效参与，才能有效培育中心城区的有效基础共同体和嵌套子结构——社区共同体。

其次，要以中心城区构成的城市共同体作为核心串联起整个多圈层嵌套的共同体，以整体把握超特大城市的规模与结构。这一基本考虑是因为：城市共同体由中心城区构成，向下衔接多中心组团直至社区，向上衔接都市圈，在多圈层结构中起着承上启下的重要作用。

最后，要构建多个城市共同体联动的都市圈共同体来统筹区域城市发展。都市圈层共同体由多个城市共同体构成。通过圈层嵌套、分工协作，都市圈共同体的构建有利于统筹都市圈内次级城市共同体的有效发育，促进产业的协调发展、基础设施的完善、基本公共服务均等化，从而将中心城区的人口进行有效疏散，优化中心城区的规模。目前，超特大城市中心区缺乏有效疏散的主要原因之一就是：次级中心无法形成足够有力的吸引力，中心城区依然占有都市圈内的主要优质教育、医疗等资源和就业机会，无法形成有效的共同体。

总体来说，我们认为，要建立以社区为基础和中心城区为核心的多圈层共同体，就需要打破社区、中心城区及以超特大城市为中心的都市圈所对应的若干从小到大的空间圈层壁垒，构建整体化、嵌套性、多圈层的生活共同体、命运共同体等，并以此来促进超特大城市治理能力的全面提升。

（三）推进以人民为中心和社区为基础的家园式治理

城市治理的基本单元是社区，任何关于城市治理优化的问题最终都要落到社区这一具体对象上。在这里，我们提出从社区这一微观单元入手，破解超特大城市的治理难题，进而促进超特大城市宏观治理问题的解决。

要推进社区治理，首先就要解决当前超特大城市中的人们对于社区、城区、城市和都市圈等的低认同和疏离感，提高其认同度和归属感。而要做到这一点，即有必要提出和建设家园式社区，推进以人民为中心和社区为基础的家园式治理。而且，家园式治理的基础虽在社区，家园式治理的推行却不能仅仅停留在社区层面。依托我们前面所讨论的都市圈嵌套和圈层结构，基于社区共同体、城区共同体、城市共同体、都市圈共同体等多层次共同体结构，我们认为也有必要依次推行家园式社区治理、家园式城区治理、家园式城市治理、家园式都市圈治理，进而形成以家园式社区为基础的家园式城区、家园式城市、家园式都市圈，从而让我们生活、工作的社区、城区、城市和都市圈都能真正成为我们的"家"和"家园"，进而有效破解前文所提到的超特大城市治理的弱化和整体失灵问题。当然，更具体的，除了家园式社区、家园式城区、家园式城市、家园式都市圈等之外，还可以有家园式街区或街道、家园式生活圈、家园式城市内部组团等，它们一起构成了一个个相互嵌套的"家园圈层"。而且，这一"家园圈层"也可以与上面所提到的"嵌套结构"形成比较良好的匹配和对应关系。

　　所谓家园，就是要让社区、城区、城市和都市圈等都不仅成为人们的休息、工作或娱乐等的物理场所，而且应该成为人们的精神家园、心灵归宿，进而在提高人们对社区、城区、城市和都市圈等的认同度和归属感的基础上，促使人们真正把社区、城区、城市和都市圈等都看成自己的"家"、自己的永恒的"家园"。如此，每个人、每个组织都将会像维护和爱护自己的家庭一样，维护和爱护自己所居住和工作的社区、城区、城市和都市圈。如果有了这样的认同和归属感，自然每个人和每个组织等的行为就会更加积极，相互之间的合作也就会更加紧密，很多我们现在所面临的超特大城市治理的难题也就会相应地得到缓解或解决。

　　新中国成立以来，我国城市建设先后大致经历了三个发展阶段：第一个阶段主要以"方便生产、服务生活"为目标，形成了以生产活动为中心的城市组织模式；第二个阶段则强调生活和生产并重，形成了同时注重生产和生活的城市发展模式；第三个阶段就是现在的阶段，以充分关注城市"人民群众日益增长的美好生活需要"为目标，而城市"人民群众日益增长的美好生活需要"转换到城市和城市治理的需求上，我们认为，就是要让城市逐步发展成为人们既可安居乐业也可寄托精神的新"家园"。简言之，也就是要建设家园式城市，实现家园式城市治理。因此，也可以说，提出家园式城市和推进家园式城市治理或城市家园式治理，也是我国城市建设发展的必然要求和归宿。

　　在家园式城市和城市家园式治理理念的指导下，城市的发展模式应当从产业发展、经济总量增长等目标逐步转型到如何建设城市以更好地满足"人民群众日益增长的美好生活需要"的目标上来。为此，城市的基础设施建设、自然资源保护、公共服务提供等，都应当围绕家园城市以及家园式治理这一核心理念开展。事实上，在我国的一些城市，这一理念已逐渐在具体的城市政策当中体现出来。例如，《上海市城市总体规划（2017—2035年）》当中提出了15分钟生活圈规划，强调要围绕每个社区建立15分钟之内可达的公共服务设施、商业设施以及工作空间。可以说，这一规划所体现出的理念与家园城市具有比较强的一致性。

特别是，为了推进家园式治理和建立家园式社区、城区、城市和都市圈，我们可以通过在都市圈内部尝试打破户口与居住地限制、推行都市圈基本公共服务均等化，以及在社区内部通过物业共治、社区公共空间使用模式创新、推动基层治理智能化整合、建立社区服务与治理的国家标准等方式，提高超特大城市在社区、城区、城市和都市圈等各个层面治理的精细化水平，努力实现以人为核心的新型城镇化。尤其需要通过都市圈内部每个空间单元的基层治理水平不断提高，促使都市圈整体治理水平的提升。

具体到社区层面来讲，针对家园城市的具体建设方式，还可以采用例如物业共治、公共空间使用创新等模式。2020 年底，住房和城乡建设部等 10 部委联合发布的《住房和城乡建设部等部门关于加强和改进住宅物业管理工作的通知》，[①] 也提出要"构建共建共治共享格局"。与传统单向的自上而下的管理模式不同，在物业共治体系中，通过社区、街道、业委会、物业服务企业、居民共同参与，可以实现对社区事务的共同商讨、协同治理，提高人民群众的参与感、归属感和认同感。而且，在这一过程中，充分调动居民参与的积极性，在治理过程中形成合力，是实现共治的关键。

社区公共空间是社区居民互动交往的重要空间，也是从居民家中到城市街道等更正式的公共空间之间的过渡地带，可以认为是某种"半公共空间"。作为居民从家门口到城市间的联系纽带，社区公共空间的使用模式直接关系到超特大城市居民对于城市的体验，并对其生活幸福感和满足感等有重要影响。但是，由于在超特大城市居住和工作的居民工作时间长、通勤时间占比高，居民在社区内的活动时间却非常受限。在这种情况下，为了更好地改善城市居民对于城市的体验，更好地提高其生活幸福感和满足感等，就必须创新社区公共空间使用模式，以充分发挥社区公共空间对于社区人际关系的塑造和社区群体互动方式的营造能力。

---

① 住房和城乡建设部等 10 部委：《住房和城乡建设部等部门关于加强和改进住宅物业管理工作的通知》（建房规〔2020〕10 号），2020 年 12 月 25 日。

在具体的使用模式创新上，我们认为，可以充分挖掘社区"半公共空间""过渡公共空间"和"共享空间"的特征，提升公共空间的使用效率、使用便利性和趣味性，进而提高社区居民对公共空间的使用意愿和在其中的停留驻足时间。如此，就可以更好地促进社区居民充分接触，并在碰面、偶遇等相互熟悉的基础上，通过沟通与交流减少彼此误解，增进相互了解，提升社会融合程度。而且，在其中，还有一些可以探索尝试的社区公共空间使用模式。例如，举办社区集体活动，开展社区文化艺术节、美食节等，都是不错的做法。

此外，也可以通过对社区居民行为的引导与助推，来加强居民对社区的认同感。2017年诺贝尔经济学奖获得者理查德·塞勒（Richard Thaler）在其行为经济学研究中提出了助推理论（nudge theory）。该理论认为，小的行为助推手段往往能比强制化管理或通过价格等的强力干预手段，更能干预和定向引导人们的行为。例如，美国锡拉丘兹市政府就曾通过给市民发送手写信件的方式，催促市民缴纳房产税。在这一过程当中，手写信传达的助推信号就是，城市政府与市民之间具有更为亲近的关系，而非单纯自上而下的管理关系。再如，也可以通过向社区居民定期发送邻近社区"低碳生活指数""绿色出行指数""健康指数"等的相关排名信息，来实现在不使用强制手段和价格激励的情况下，助推社区居民向更可持续和更健康生活方式转变的目标。而且，这一模式也在麻省理工学院校园不同院系的教职工之中进行过实验。在实验中，通过给教职工发送邮件告知其绿色出行得分和学校内院系排名的方式，有效助推了教职工减少开车、增加公共交通等绿色出行的行为，取得了缓解停车位紧张、提高学校低碳程度的较好效果，并对学生产生了良好的示范作用。这些都很好地体现了家园式治理的理念。

总之，通过推进以人民为中心和社区为基础的家园式治理，不仅可以有效提高超特大城市的治理能力，而且可以促进家园式小区（生活区）、家园式社区、家园式街区或街道、家园式生活圈、家园式城区、家园式城市内部组团、家园式城市和家园式都市圈等的更好建立，并最终推动实现让城市成为每个生活在其中的人们的"美好家园"的美好目标。

（四）建设文明型智能治理，实现智能治理建设2.0版

除了建立超特大城市及都市圈多中心联管联治机制、建立以社区为基础和中心城区为核心的多圈层共同体、积极推进以人民为中心和社区为基础的家园式治理之外，我们认为，要从机制入手破解超特大城市治理的体制难题，还必须推进建设文明型智能治理，实现智能治理建设的2.0版（此处，我们把纯关注智能技术应用的智能治理，看作智能治理的1.0版）。

智能治理是通过信息技术、大数据、人工智能等手段对城市进行的治理。相对于其他治理手段而言，智能治理可以充分提高治理的便捷性、高效性和可行性等，为有效破解超特大城市的治理难题提供了新路径。这在新冠肺炎疫情防控中就得到了较好的体现，大大提高了疫情防控的效率、精度和质量等。

但是，与此同时，我们也必须认识到，智能治理本身还面临这样几个方面的矛盾，即："开放和隐私的矛盾""控制和自由的矛盾""科学和权利的矛盾""技术和人文的矛盾""便捷和安全的矛盾""效率和幸福的矛盾"。[①]不仅如此，除了这些天然矛盾之外，单纯的智能治理还可能带来更为严重的后果，需要我们审慎对待。包括："必须审慎对待西方社会对技术专权的刻板印象与偏见""必须审慎对待智能治理的天然矛盾，更好地促进我国智能企业业务的国内外推广""必须审慎对待将智能治理固有矛盾与政治体制相关联的倾向""必须审慎对待西方社会将智能治理上升为'文明冲突'的倾向"。[②]

由于上述天然的矛盾和可能的更为严重的消极后果的存在，因此在超特大城市治理中推进智能治理也必须关注并处理这些矛盾，并有效避免可能的

[①] 杨立华：《构建文明型智能治理：占据新时代国际智能治理制高点》，《人民论坛·学术前沿》2021年第9期（上、下），第64~65页。
[②] 杨立华：《构建文明型智能治理：占据新时代国际智能治理制高点》，《人民论坛·学术前沿》2021年第9期（上、下），第65~66页。

更为消极的后果。而要更好地关注和处理这些矛盾以及更好地避免可能的更为消极的后果，就必须推行文明型智能治理，[①]并努力实现智能治理建设的2.0版。具体而言，文明型智能治理建设的基本路径又包括：①"加强智能治理相关法治建设，构建法治型智能治理"；②"加强智能治理的人文引领，建立人文型智能治理"；③"加强智能治理的民主参与，构建民主型智能治理"；④"加强智能治理的安全性、环保性和健康性，建设安全、环保和健康型智能治理"；⑤"始终坚持智能治理'以人民为中心'的根本原则，建设人民型智能治理"；⑥"引领制定智能治理国际标准，建设标准型和国际引领型智能治理"。[②]

（五）通过先行先试，探索超特大城市治理能力现代化

先行先试是在中国长期的政策制定和执行过程中形成的优良传统和宝贵经验，被广泛运用于国家治理的现代化进程中。因此，为了更好地落实上面所提出的四条政策建议，我们认为，还必须在国内率先选择个别超特大城市或都市圈就上述政策建议进行试点探索，总结经验和教训，之后再逐步推广。具体包括如下几个方面。

第一，在开始试点前，要建立一套都市圈划分标准和试点选择机制。一方面，要建立一套科学确定超特大城市都市圈范围的标准。我们认为，城市的行政等级、规模等级、经济联系强度、社会联系强度、产业整合、交通联系、未来规划等均是科学确定哪些城市应当划定成为同一都市圈的标准。现阶段的一些都市圈的确立，在每个具体案例中往往有不同的考虑，在未来需要进一步明确划定范围、依据和指标。另一方面，在试点选择时，要综合考虑不同地域、不同发展水平及产业特点、地方政府积极性等因素，优先选取在全国范围内有条件、有基础、规模适当的城市，开展超特大城市治理能力

---

① 杨立华：《构建文明型智能治理：占据新时代国际智能治理制高点》，《人民论坛·学术前沿》2021年第9期（上、下），第63~69页。

② 杨立华：《构建文明型智能治理：占据新时代国际智能治理制高点》，《人民论坛·学术前沿》2021年第9期（上、下），第66~68页。

现代化建设试点。

第二，在开始试点时，要加强建设标准和方案论证。一方面，要建立起都市圈协同发展、规划、建设所需要考虑的具体要素和方面，针对每一具体方面确定建设标准，为都市圈的发展确定具体可操作的指标。另一方面，要围绕超特大城市治理能力现代化建设目标，制定切实可行的国家超特大城市治理目标并编制实施方案，明确改革试点的任务措施，增强相关领域改革系统性、协同性和配套性，建立相应的政策、组织和资金保障体系。

第三，在试点过程中，要加强对试点工作的指导、协调、监督和经验总结。如试点过程中发现问题，需及时调整和改进。而且，要及时总结试点工作经验，通过在试点城市深化超特大城市治理实践，形成可复制、可推广的超特大城市治理示范模式，为推动全国超特大城市治理能力现代化奠定良好基础。

第四，在试点结束后，有关部门要组织开展超特大城市治理能力现代化建设试点工作成效评估，适时组织开展试点经验交流，并把试点城市行之有效的创新举措制度化、规范化，之后再逐步进行推广。

七　总结与展望

基于超特大城市规模、结构与治理的关系，本专题分析了中国超特大城市的治理主体、模式以及历史演进过程，总结了现阶段我国超特大城市治理面临的挑战，介绍了超特大城市治理的国内外经验，并在此基础上提出了我国超特大城市治理的思路、超特大城市治理现代化的政策建议。总结来说，我们认为，解决超特大城市的"大城市病"，需要打通社区、城市中心城区及以超特大城市为中心的都市圈所对应的多个空间层次，基于对规模约束的认识，优化资源、人口、空间、产业的关系，同时应围绕圈层嵌套结构，进行治理模式创新。特别是，我们提出，在现阶段，要进一步提升我国超特大城市治理能力现代化，要在我国建立超特大城市及都市圈多中心联管联治机制、建立以社区为基础和中心城区为核心的多圈层共同体、推进以人民为中心和社区为基础的家园式治理、建设文明型智能治理，实现智能治理建设 2.0 版，同时应通过先行先试，努力探索超特大城市治理能力现代化的途径和方式。

　　而且，我们知道，我国仅在现阶段就有 20 余个超特大城市，分布在东中西部以及从南到北的不同气候区。在未来，随着人口的区域间和区域内迁移，可能还会出现更多的超特大城市，远超全球其他国家。同时，我国的超特大城市由于数量较多、所处的自然地理分区和文化分区的差异自然也较大，这就为我们探索更具有一般性和普遍性的超特大城市治理提供了得天独厚的条件和可能。因此，鉴于我国超特大城市的巨大规模、可观数量和在超特大城市治理方面已经积累的丰富经验，我们认为，在新时代，我们不仅要进一步加强学习国内外超特大城市治理的先进经验，持续优化我国超特大城市治理战略、路径和方式，而且应该增强自信，在充分发挥我国制度优势的基础上，建立国际引领的超特大城市治理经验，并在超特大城市治理领域"讲好中国故事"，在国际舞台上为其他国家，尤其是发展中国家，提供中国特色的超特大城市治理模式和经验，为提高中国软实力、促进国际交流做出应有贡献。

专题六
国际视野下的超特大城市发展模式与思路研究 *

* 课题组组长：吴志强，同济大学教授、中国工程院院士。成员：刘朝晖，中国城市科学研究会教授级工程师；袁媛，中山大学教授；华晨，浙江大学教授；邓雪湲，苏州科技大学副教授；沈尧，同济大学副教授；李欣，上海同济城市规划设计研究院有限公司高级工程师；刘超，同济大学助理教授；李翔，浙江工业大学助理教授；杨婷，同济大学副研究员；廖歆，同济大学财务助理；何睿，同济大学博士研究生；徐浩文，同济大学博士研究生；徐小东，同济大学博士研究生；张修宁，同济大学硕士研究生；邓弘，同济大学硕士研究生；李俊，上海同济城市规划设计研究院有限公司数字工程师；赵刚，上海同济城市规划设计研究院有限公司数字工程师。
执笔人：吴志强

摘　要

　　"城市病"问题与城市化及超特大城市发展进程相伴生，回顾英、美、德、法、日等发达国家的城市发展历程，其均在城市化率 50% 左右的阶段，由于经济增长和城市集聚的不均衡，产生了不同的城市问题。与此同时，国际城市化进程和人口流动也表明，超特大城市将在未来承载全球更多的人口，成为全球化和经济发展的增长极，由此分化出两种不同的发展道路，即依靠智力创新的"智力城市化"道路和依靠资源环境、廉价劳动力的"体力城市化"道路。

　　随着城市人口增长和产业发展，传统意义上的城市中心区难以承载过高密度的人口和经济集聚。全球化使得城市间的联系不再受传统的地理空间限制，区域化成为全球重要城市及地区的发展趋势。技术发展使得大量要素能够在不受空间距离限制的背景下流动，同样进一步强化了这一趋势。

　　当城市规模较大时，分散和多中心结构被认为是一种支持城市规模持续增长和区域可持续发展，兼具经济效率和竞争力的均衡的空间组织模式。通过对美国、日本等国际案例的实证研究发现，大都市区的规模越大、多中心程度越高，劳动生产率越高。多中心可以解决单中心蔓延的城市问题，是促进城市可持续发展的有效空间组织形式。通过交通和通信技术的发展，城市脱离了传统的单中心结构，能够以多中心的形式发展，也产生了职能明确的专业化城市发展路径。

　　为了有效限制特大城市的无序扩张，一些国家采用城市绿带的方式限制城市发展的空间边界。伦敦战略规划将"保护绿环"作为三项城市特质要素保护策略之一。同时，将城市自然生态空间与城市发展和活力紧密结合，以生态带动城市发展。

　　随着数字世界的不断发展，超特大城市将进入长久的智化过程，城市成为智能的生命体。未来空间规划自身的数字化、信息化、智能化的发展成为必然。城市可以对复杂信息进行智能响应，辅助资源配置，为决策提供理性化支撑。在传统的空间感知的基础上，增加对社会要素（如情感、人群等）的感知。智能技术的进步将成为城市发展的动因，是使城市社会生活的各层面发生深刻变化的动力基础。

通过对治理"大城市病"与调控城市规模的经验与教训进行总结，不难发现，区域化、生态化、多中心化、智能化是未来的发展趋势。

最后，我们提出四点政策建议：①推进超特大城市与周边中小城市的群落联动；②导入生态文明助推城市可持续发展；③提升超特大城市现代治理能力；④建立超特大城市大数据库CBDB。

一　全球城市发展及分布规律

回顾人类5000年城市发展史，城市作为生命体，具有自身的主体性。城市未来的发展并不是以个人的意志为转移的，作为人类文明的重要成果，国家地区文明与城市发展紧密相关，若不遵守空间发展规律，"文明"就会走向衰落。随着新一代技术革命的蓬勃发展，通过智能方法挖掘规律，建立起空间规划的理性逻辑和框架，系统地认识、挖掘、尊重、顺应城市本身规律，才能保证城市不断向前发展。

（一）城市化是人类追求文明的必然过程

城市化是人类追求文明的必然过程，是现代化必由之路。文明（Civilization）与城市市民（Civil）同源，文明的发展过程就是城市化的过程，"文明化"也就是"城明化"。纵观全球不同的历史阶段，都会在伟大文明集中地诞生最大规模的城市，文明程度越高，能够正常运营的城市规模就越大。同样，城市规模越大，要求的城市文明程度越高。凡文明程度盖过规模的就是文明城市，反之，则是混乱野蛮的城市（见表7-1）。

每个文明阶段都有其最大承载度，超越承载度极限，就产生动乱和病态，无法在当前文明阶段生存（见表7-2）。

表7-1　不同时期全球最大规模城市

单位：人

城市	国家*	青铜文明		铁器文明			农业文明					工业文明		信息文明		生态文明
		2000B.C.	1200B.C.	600B.C.	200B.C.	A.D.100	A.D.500	A.D.750	A.D.1000	A.D.1500	A.D.1600	A.D.1800	A.D.1900	A.D.2000	A.D.2010	A.D.2020
孟菲斯	埃及	40000	50000	65000												
巴比伦	伊拉克	45000	50000	60000												
巴特那	印度			100000	350000	69000										
西安	中国			33000	400000	81000	95000	1000000	800000	127000	137880	166421	223420			
罗马	意大利				150000	1500600	100000		50000	50000						
伊斯坦布尔	土耳其						400000	225000	300000	200000	699200	705000				
北京	中国									672000	706040	646400	1092000	9865917	15684778	20035455
伦敦	英国								7500	75000	180000	547700	6390440			
东京	日本											684240	1468349	34276928	36608508	37435191
塞琉西亚	伊拉克				200000	250000										
安提阿	土耳其				120000	150000										
巴格达	伊拉克							900000	125000							
开罗	埃及								135000	400000						
杭州	中国								320000	250000	269600	302446				
京都	日本							200000	300000		300000	350248	378137			
巴黎	法国									185000	241250	531704	3286808	9666887		
纽约	美国												4148320	17661279		
墨西哥城	墨西哥													18204136	19957578	
大阪	日本												957000	18724326		
德里	印度													14905513	21285065	29399141
上海	中国															26317104

■ 最大规模城市　　▨ 第二、第三大规模城市

* 按发现在现国家名称及地理范围罗列。

资料来源：笔者查阅维基百科网站及世界银行网站的数据后自绘。

391

表 7-2　不同时期全球前 20 位规模最大城市的出现与退出

年代	超特大规模城市	退出全球最大规模城市
16 世纪	中国北京 印度维杰亚瓦达 印度阿格拉	—
17 世纪	土耳其伊斯坦布尔 中国北京 日本大阪	泰国大城府、印度杰亚瓦达 印度阿格拉、伊朗大不里士 印度高达、印度克塔克 摩洛哥菲斯
18 世纪	土耳其伊斯坦布尔 日本东京 中国北京	印度拉合尔、中国南京 土耳其埃迪尔内、意大利威尼斯 缅甸勃固、中国苏州
19 世纪	英国伦敦 法国巴黎 中国北京	印度艾哈迈达巴德、印度比拉斯布尔 伊朗马什哈德、埃及开罗
20 世纪	美国纽约 英国伦敦 日本东京	意大利那不勒斯、中国杭州 日本京都、中国苏州 葡萄牙里斯本、印度勒克瑙、中国西安
21 世纪	日本东京 印度德里 中国上海	德国柏林、奥地利维也纳 美国芝加哥、英国曼彻斯特 俄罗斯圣彼得堡、英国伯明翰

资料来源：笔者根据不同年代全球人口规模最大的 20 个城市情况整理。

（二）全球城市规模演变的主要模式

通过人工智能技术，基于全球范围内的卫星图像挖掘，提取出了全球 13810 个城市的建成区范围及空间分布，绘制出全球首张"万城全图"（见图 7-1）。

在全样本城市卫星图片识别分析的基础上，首创城市树的分析方法，定量分析城市建成区的时空变化。将每一个城市从 1975 年开始的卫星图片叠加，发现全球城市规模分布及演变扩张的规律特征。

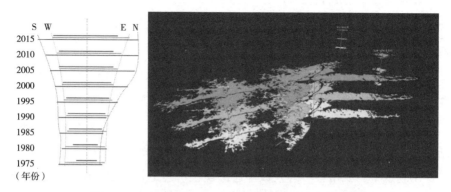

图 7-1 纽约城市树 1975~2015 年城市规模扩展情况

资料来源：笔者根据全球 40 年城市卫星图片动态识别绘制。

通过对全球 13810 个建成区 1975~2015 年城市卫星影像图像进行分析，根据城市建成区范围的变化，发现任何城市无论规模大小都是从小城市逐步发展而来，而城市规模变化的主要模式可以分为 7 类（见表 7-3）。

表 7-3 全球城市规模变化 7 类模式及对应城市数量

单位：个

类型	萌芽型	佝偻型	成长型	发育型	成熟型	区域型	衰退型
数量	634	5248	3447	1211	2769	208	293

①萌芽型：属于城市的最初始阶段，开始产生了聚集，开始有导入生命活力的物质、能量来源。这一阶段的城市规模很小，功能初具雏形，并且具有一定正的发展速度。

②佝偻型：与萌芽型城市在规模上相似，但是在生长状态方面出现了停滞乃至倒退的亚健康或病态的状态。功能发育不全，或是物质能量导入难以为继等原因使得这类城市刚刚产生就面临着快要消亡的状态。

③成长型：城市建成范围稳步扩大，以资源的快速积累、竞争、机遇的把握、多样性和联系度水平的提高为特征。

④发育型：与成长型城市有一定的相似性，但是城市快速成长，自我更新、淘汰、修复，与外界进行资源信息等能量交换，这使城市在高速新陈代谢特征下，建成区面积迅速扩大。

⑤成熟型：随着区域内部分工协作的日益成熟，在规模经济与范围经济作用下产生溢出效应，城市规模在经历了高速发展之后，速度放缓。

⑥区域型：经济合作的纵向内涵——合作领域、合作方式和合作机制不断深化，横向规模——合作成员、合作空间不断扩展。

⑦衰退型：城市核心区人口外迁出现经济衰退、产业破败、社会萧条。出现产业滞后、经济枯竭，如果不寻求转型升级、丰富产业生态，城市则进入萎缩、衰退阶段。

（三）城市规模分布的全球规律特征

1.城市用地规模分布

通过对全球城市规模统计发现，全球规模较大的城市大多分布于北半球，南半球地区的城市规模相对较小，但从建成区范围上评价，也具有一定数量的超大、特大城市。从总体规模上看，北半球城市的数量也多于南半球。亚洲地区国家，例如中国、印度在城市的数量上分布密度更高。中国城市分布显著地呈现东高西低的规律，与"胡焕庸线"的分界有较强的一致性。

在分布纬度上，特大、超大城市普遍分布于较低纬度地区，集中在北纬20~30度区间（见图7-2）。

在建成区规模结构上，可以发现全球城市建成区面积普遍处于10~30km²，呈现出"大量小城市，少量大城市"的特征。对于发达国家城市，较多城市的建成区面积处于50~100km²。相比于全球水平，发达国家城市通常有着更大的面积，而中国水平与全球水平持平。建成区面积大于1000km²的城市仅占全球城市数量的0.4%，而这一指标在发达国家城市达到了3%（见图7-3）。

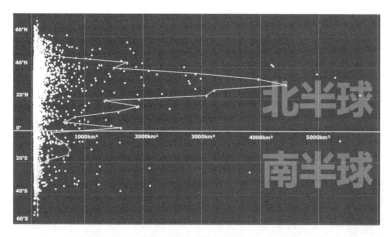

图 7-2　全球不同规模城市纬度分布规律

资料来源：笔者根据全球城市规模数据绘制。

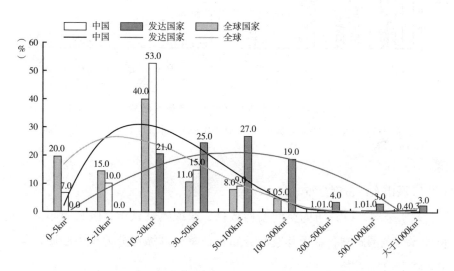

图 7-3　城市建成区面积分布规律及趋势

资料来源：全球人类住区层数据库（Global Human Settlement Layer），https：//ghsl. jrc. ec. europa. eu/。

2. 城市人口规模分布

在人口规模结构上，全球大量城市人口规模小于 5 万人、大于 1000 万人口的仅占总数的 2%。发达国家这一指标与全球水平持平，但与中国的特征表现出很大的差异。中国有较多城市人口数量为 50 万~300 万人，但这一数字在发达国家仅为不到 2% 的水平。综合考虑中国城市在建成区和人口规模方面与国际水平所呈现出的共性与差异，在中国城市发展过程中，既需要通过国际经验学习超特大城市空间治理的思路与逻辑，又需要认识到中国与其他国家之间的差异所在，基于中国特色进行政策制定与规划管理（见图 7-4）。

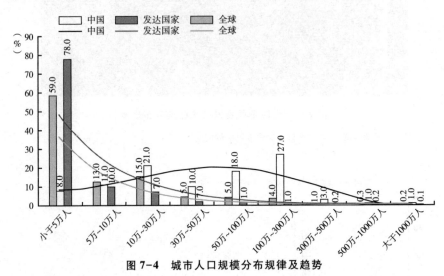

图 7-4　城市人口规模分布规律及趋势

资料来源：全球人类住区层数据库（Global Human Settlement Layer），https：//ghsl.jrc. ec.europa.eu/。

3. 城市人口密度分布

基于全球人口分布的空间栅格数据，选取案例城市，以其中心点周边 40 千米为范围画圆，基于其空间分布特征将全球城市分为单中心城市与多中心城市两种类型。

单中心城市的空间结构特征表现为城市有一个明确的中心区，人口在这一中心区内部具有最高的密度，并随距离中心区距离增加而密度逐步减少，其中的案例包括巴黎、上海、纽约、马德里、伦敦、柏林、东京、莫斯科等，大多为具有一定知名度的全球超特大城市。

多中心城市的空间结构相比于单中心较为复杂，可以进一步被分为一主多辅、一主多分和城市群落三个类别。一主多辅的案例城市为首尔和墨西哥城，这一类城市在显著的城市中心区基础上，由于城市发展还产生了多个副中心，在功能和空间上疏解了中心区的密集人口分布；一主多分的案例城市为阿姆斯特丹和哥本哈根，这一类城市同样具有显著的中心区，但城市功能的分异带来了多个分中心和人口的自然疏散，主分中心之间的人口密度差别较小；相比之下，城市群落没有明确的中心点，城市以组团的形式在空间上分布，城市间通过基础设施网络链接。

（四）全球超特大城市人口空间分布

1.纽约

纽约市共有曼哈顿区、皇后区、布鲁克林区、布朗克斯区、斯塔滕岛区等 5 个行政区，是全美国人口最密集的城市。

纽约的城市建成区空间尺度较大，形成了"核心+周边+蔓延"的三层结构，以曼哈顿岛为核心地区，拥有地区最高的人口密度，并逐步向周边的布鲁克林等地区延伸，形成了环曼哈顿岛的圈层，并且进一步向周边的新泽西州形成蔓延地区，整体上覆盖了直径为 30~110 千米的范围。

在空间分布的方向性上，纽约建成区在东部扇面和西南扇面上形成了连绵发展的态势，从曼哈顿岛向外延伸，相比于北面，有着更广的连绵范围和更小的波动。南部地区则由于海洋限制，未能形成显著的连绵特征。整体上看，纽约呈现显著的多中心特征。

2.东京都

东京都总面积为 2193.96 平方千米，包括 23 个区、39 个市町村，并与周边的千叶县、神奈川县、埼玉县等构成"首都圈"。各区、市、町、村皆设有独立的行政役所，东京都厅则位于西新宿。2020 年东京都内有约 1406.5 万人口，约占全国总人口的 11.1%，整个东京都会区总人口高达 3700 万人，是全球最大的都市区和都会区。[①]

---

① 《东京都的人口状况》，东京都政府网站，https://www.metro.tokyo.lg.jp/chinese/about/history/history03.html，2022 年 10 月 7 日。

东京都的城市建成区空间尺度中等，主要覆盖了 23 个特别行政区范围，形成了核心城市+周边城市的格局。主副中心间通过轨道交通线网链接，沿轨道交通线呈现出了一定的人口聚集，这也与东京基于轨道线网组织城市人口和卫星城分布的政策是一脉相承的，以东京湾为核心，整体上形成了 30~90 千米的覆盖范围。

在空间分布的方向性上，东京都建成区在西南扇面上形成了连绵发展，覆盖了极大的空间范围，相比之下，西北区主要依靠轨道交通线路呈现出向周边地区的指状发展态势，而东南扇面由于东京湾并未形成巨幅的空间连绵。尽管东京有着显著的多中心城市发展政策，但由于中心城区密度较高，其人口分布的多中心特征相对较弱。

3. 伦敦

伦敦 2020 年人口为 900.2 万人，面积为 1579 平方千米。在空间结构上，伦敦分为伦敦市、内伦敦和外伦敦三个圈层。①

伦敦的城市建成区空间尺度在研究的三个城市中为最小，呈现出显著的单中心特征，从中心城区向外蔓延，其建成区形态与大伦敦地区的范围基本一致，这也与 19~20 世纪伦敦采取的通过绿带限制城市增长的政策有着紧密的关联，以伦敦市为核心整体上形成了 30~70 千米的覆盖范围，同时，沿泰晤士河形成了一定的建成区蔓延。

在空间分布的方向性上，伦敦建成区在东西扇面的发展强于南北扇面，这与伦敦沿泰晤士河发展的历史特征相近。同时，西侧扇面在人口密度和蔓延程度上高于东部扇面，也与伦敦在城市发展过程中西区较好的社会经济背景相关。

二　国际超特大城市的发展规律

城市发展是一个遵循自身规律的自然历史过程，在大量个体的、个性

① 《伦敦的城市状况》，伦敦数据，https://data.london.gov.uk/，2022 年 10 月。

的、独立的空间决策背后，存在一般性的不以人的意志为转移的空间规律。当今各类城市出现的"城市病"正是由于对城市发展规律认识不清与偏离造成的。

（一）"城市病"与城市化进程相伴而生

城市化的发展过程是一个不以个人意志为转移的文明进步过程。纵观城市发展的历史，城市问题与国家的整体城市化发展水平具有重要的内在联系，与城市化率紧密相关。可以说，城市问题与城市化相伴而生。相对于农业社会，工业化和城市化打破了千百年来形成的、原有的稳定和均衡的关系。快速增长的失衡逐步成为人类社会面对的常态。

1937 年美国国家资源委员会提交的一份名为《我们的城市：在国家经济中的角色》的报告，列举了城市问题的种种方面，认为"城市化是造成众多城市问题的根源"。这一结论被社会科学家和政策制定者作为城市研究的理论基础。

城市化率在 25% 以下，对应于传统社会这一阶段，即农业占国民经济绝大比重且人口分散分布，而城市人口只占很小的比重。

城市化率达到 30% 的时候，城市发展动力都是靠大规模工业化，集聚大量的人口，导致城市用地规模和人口规模的快速增长。英国 1820 年城市化率达到 30%，大量农民涌入城市。美国 1880 年城市化率达到 30%，出现大规模远距离人口迁移和集聚。

城市化率达到 40% 的时候，房地产行业成为城市规模扩大发展的动力，城市内不断涌现新的商业中心。城市化率在 40%～50% 时，城市处于快速发展时期，在专注发展导向下，可持续发展意识薄弱，历史建筑拆除，城市历史面貌遗失。

城市化率在 50% 的时候，城市空间布局中出现高密度的城镇中心和外围远郊卧城。与此同时，各国城市发展道路开始出现分化。

当城镇化率达到 60% 时，人们对城市问题的关注角度开始变化，出现对城市发展历程的反思与批判，提出更高品质的城市空间与生活诉求。城市

发展的"Y"形道路（智力城市化道路和体力城市化道路）选择处于最为
关键的时期（见图 7-5、图 7-6）。

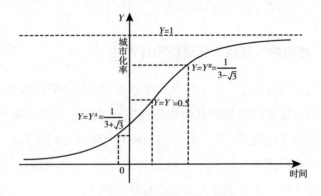

图 7-5　城市化率发展曲线

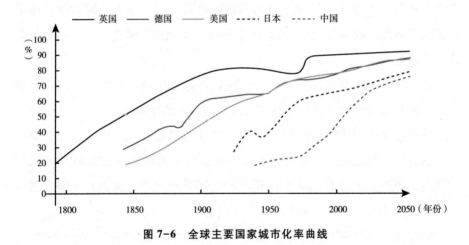

图 7-6　全球主要国家城市化率曲线

资料来源：根据全球各国城市化率数据绘制。

1. 英国

英国 1872 年城市化率达到 60%，城市人口密度大增。1810 年伦敦人口
为 100 万人，至 1851 年达 200 万人，1881 年又增至 400 万人。但城市半径
只从 2 英里（3.2 千米）发展到 3 英里（4.8 千米），人口高度密集，空间
高度拥挤，居住环境恶化。

空气污染严重，缺乏上下水系统，垃圾、粪便、污水不能及时处理，到处是细菌繁殖和蚊蝇滋生的场所，疾病很容易蔓延，城市的人口死亡率普遍比农村高。1832 年，伦敦共有 1.1 万人受到霍乱病毒传染，其中死亡人数约占一半，这个数字占当年英国全国霍乱死亡人数的 1/4。1849 年，伦敦暴发了一次区域性的霍乱，仅 10 天时间就有 500 人死亡。

2. 德国

德国 1912 年城市化率达到 60%，城市人口呈现爆发式增长。1871～1890 年，柏林人口从 80 多万人增加到 160 万人；土地占有高度集中，据 1874～1876 年土地调查，1/4 的城市土地掌握在 1200 个人手中；国有化呼声高涨，房租和居住质量等居住环境问题突出。

德国鲁尔区数千座烟囱夜以继日排放着滚滚浓烟，雾霾天气严重时伸手不见五指；天降灰雨，城市好像被火山灰淹没的庞贝古城；洗涤后的衣物不能在室外晾晒，否则会变得更脏；长期生活在污染地区的居民出现轻微的呼吸道痉挛，癌症、白血病及其他血液病的发病率也明显上升。但是那时的人们很少抱怨，因为工业发展给大家带来了富足的生活。

自 19 世纪末期开始，莱茵河流域内人口的增加和工业发展，河水中含有大量苯酚，水质日益下降。工业的发展吸引劳动力，众多的城市人口直接导致生活污水的增加，大量的工业垃圾和生活污水同时向莱茵河倾泻。莱茵河从母亲河成为"欧洲下水道""欧洲公厕"。

3. 美国

美国 1932 年城市化率达到 60%。城市人口密度大，小汽车拥有量大幅提升，由此造成以小汽车使用和住房建设运动主导的"郊区化"大发展。1920～1921 年劳工部发起"拥有自己的住房"运动，20 年代售出 350 万套新住房，造成了一系列突出的问题：建设用地低密度蔓延、资源环境过度消耗、中心城区衰退、非人性化等一系列问题，而超前消费和股市投机泡沫引发了 1929 年的经济大萧条。

与此同时，美国西部洛杉矶发生光化学烟雾事件，森林被大量砍伐或烧光以获取土地。西部矿产劫掠式开采，自然生态严重失衡；人口增长惊人，城市住房、卫生设施严重不足，废物被随意倾倒，河流污染严重。

纽约三角大厦发生火灾，当时正处于快速工业化的时期，工厂大量雇用廉价女工、童工。火灾显现了城市消防能力的不足，140多名女工的死亡引发了人们对于城市中弱势群体的关注。

4. 法国

法国1958年城市化率达到60%。大城市人口膨胀、交通拥堵和环境恶化等，是法国城市化发展方面的突出问题。此外法国不同区域发展极不平衡：大巴黎地区发展迅速，其他地区长期停滞甚至衰退。

5. 墨西哥和巴西

墨西哥1970年城市化率达到60%。城市化快速发展持续了45年，城市化发展失控，农业逐渐衰败，就业困难，墨西哥1965年后农业增长率明显下降，从粮食自给自足转变为大量依赖进口；进口产品为资本密集型，就业机会较少；第三产业过度膨胀（就业人口比重多在60%以上），非正规就业不断扩张（非正式部门在墨西哥城经济活动中的比重约为50%）。政府大规模举债造成沉重的债务负担；对西方国家在资金、技术、生产设备和原材料等方面高度依赖，外贸逆差日益扩大，1980年债务危机爆发后经济发展陷入困境。

巴西1975年城市化率达到60%。大城市人口过度膨胀，引发区域失衡、就业困难、城市配套不足等一系列问题，形成严重的"大城市病"。巴西圣保罗州和里约热内卢州仅占国土面积的3.42%，但集中了近30%的人口和46.5%的GDP。① 巴西城镇人口年均增长速度快，但城市建设投资难以适应人口增长需要；贫困问题突出，圣保罗州贫民窟就多过1500个。

6. 日本和韩国

日本1960年城市化率达到63%。② 人多地少的基本国情下，土地资源高

---

① 中华人民共和国驻里约热内卢总领事馆网站，https://www.fmprc.gov.cn/ce/cgrj/chn/lyjj/t132708.htm；中华人民共和国驻圣保罗总领事馆网站，https://www.fmprc.gov.cn/ce/cgsp/chn/zlgxx/t223162.htm。

② 《日本城市化率》，世界银行网站，https://data.worldbank.org/indicator/SP.URB.TOTL.IN.ZS?locations=JP。

度紧张，随着小汽车的大量使用，交通拥挤、住房紧张等大城市问题尖锐，环境逐步恶化。1956 年日本水俣湾出现水俣病，1960 年日本新潟县再次发现同样症状，被日本称作第二水俣病，两次水俣病与富山县矿山废水造成的"痛痛病"、三重县四日市大气污染造成的"四日市哮喘"构成日本四大公害病，是日本经济发展的沉痛代价。水俣病造成 2265 名受害者，其中 1784 人死亡；① 大气污染严重，到 1979 年 10 月底日本四日市确认由空气污染引起的哮喘患者人数为 77.5 万人。②

韩国 1983 年城市化率达到 62%。③ 农地大量流失，土地价格上涨，1964 年，首尔的棚户区数量为 8.4 万个，之后由于贫富差距的不断拉大，棚户的数量以每年 10%～15% 的速度增长，1970 年到了 18.5 万个，④ 首尔自治政府 1979 年进行的调查显示，贫困人口占全体市民的 22%。首尔都市圈包括首尔特别市、仁川广域市和京畿道，土地总面积 11726 平方千米，占韩国国土面积的 11.8%，人口 2000 多万人，占韩国总人口的近一半。⑤

（二）对城市问题的认识也与城市发展进程相关联

对城市问题的认识是一个渐进式发展的过程，并影响着城市模式的选择和城市规划制度的建立和发展。

1. 德国

德国总结问题之后立即建立双城制度，采取统一管理的模式，成立一个规划委员会，编制区域规划。汉堡是德国的媒体中心、码头中枢。信息创新

---

① 《日本水俣病诉讼落下帷幕》，BBC 中文网站，https：//www.bbc.com/zhongwen/simp/world/2010/03/100329_japan_disease，https：//upwikizh.top/wiki/Minamata_disease，2022 年 10 月。

② 世界环境，http：//www.chinaeol.net/zyzx/sjhjzz/zzlm/rl/201201/t20120113_535766.shtml。

③ 《城镇人口占总人口比例》，世界银行网站，https：//data.worldbank.org/indicator/SP.URB.TOTL.IN.ZS? locations=KR。

④ 《韩国城市化"人口漩涡"》，城市化网，http：//www.ciudsrc.com/webdiceng.php? id=4790。

⑤ 《韩国首尔都市圈》，中国新闻网，https：//www.chinanews.com.cn/cj/2011/11-10/3451651.shtml。

集聚在慕尼黑。柏林是外交和政治决策的大脑。将中心分在不同的城市，并制定街区规划，实行负面清单管理，严格按照规划执行。

2.英国

英国议会中贵族力量和资产阶级力量逐步结合，开始通过立法手段解决大城市环境与社会问题：1848 年通过《公共卫生法》、1851 年通过《环境卫生法》、1855 年通过《消除污害法》、1890 年通过《住宅法》、1909 年通过《住宅、城镇规划诸法》。英国走上了一条以法治化处理城市空间问题的道路。

3.美国

美国现代规划开始于 19 世纪末的芝加哥规划，对"城市病"焦点问题的深刻认知激励芝加哥借世博会的机会，重建城市形象，解决社会问题。1916 年，为了解决摩大大楼群落中光照的问题，纽约的区划决议案提出建筑后退（setback）、高度限制（limit heights）。这些政策的制定主要是为了限制个体开发项目对城市公共空间的负面影响，保护公众利益。二战后的 20 世纪五六十年代，美国的经济和城市发展进入了前所未有的繁荣阶段，传统的中心城市经历大规模的城市更新，进一步重塑城市形象。

三 超大规模城市发展的模式与思路

探讨城市发展模式必先厘清何为模式。城市是综合的、有机的生命体，因文化背景、经济发展水平的不同而有较大差异。城市发展模式包括规模模式、空间模式、动力模式、技术模式四方面。

（一）城市发展模式

"城市发展模式"是城市在生长过程中，结合自身特点，发掘自身优势，以持续发展为目标的、被抽象典型化的总体要素关系及增长方式。

1.规模模式

根据城市化规模和结构所做的分类，也是全球各国选择城市化道路时探讨最多的分类方法。可分为三种模式。①小城镇模式。这一模式是城市化应以小城镇为主的城市化模式。小城镇比较适合于在人口密度大、经济发达的地区发展，在远离大中城市的地区和广大内陆地区或山区适合发展小城市。②大城市和超大城市模式。大城市的聚集效应带来了经济的高度繁荣和无数的就业机会。在大城市和超大城市周围建立起许多卫星城，形成了广阔的经济增长地带，可以带动整个国家经济的发展。该模式的优越性在亚洲国家表现得特别突出。亚洲国家人口密度大，资源有限，更适合发展大城市和超大城市。③大中小城市相结合模式。根据不同地区的具体情况选择多样化的城市化模式，即大中小城市相结合模式。

2. 空间模式

根据城市化的空间关系，可分为集中型城市化模式和分散型城市化模式两种。前者是社会经济活动从空间上的分散状态向空间上的集中状态发展，后者是城市的密集性、经济性和社会性向城市郊外或更远的农村地区扩散（见表7-4）。

表7-4　城市空间模式经典理论梳理

相关理论	理论要点	模式图
田园城市（E. 霍华德，Ebenezer Howard）	田园城市包括城市和乡村两部分；城市规模足以提供丰富的社会生活，但不应超过这一程度；城市四周要有永久性农业地带围绕；城市土地归公众所有，由一委员会受托掌管；田园城市占地24.3平方千米，其中城市占地4.05平方千米，农业用地20.23平方千米。24.3平方千米土地上，居住32000人，其中30000人在城市，2000人在乡间	
线形城市（索里亚·马塔，Arturo Soria y Mata）	线形城市就是沿着交通运输线布置的长条形建筑地带，城市不再是分散在不同地区的点，而是由一条铁路或城市干道串联在一起的、连绵不断的城市带，并且可以贯穿整个地球。该理论认为交通工具不应当只是应急的权宜之计，不应当只是为了在传统结构中方便交通活动，而是应导向不同的空间结构	

相关理论	理论要点	模式图
广亩城市模式（赖特，Frank Lloyd Wright）	每个居民允许有一亩地，每个家庭与邻居之间有足够距离的绿化带，彼此隔开互不干扰。汽车和廉价电力遍及各地的时代里，已经没有将一切活动集中于城市的必要，而最需要的是如何从城市中解脱出来，发展一种完全分散的、低密集的生活方式以及使居住、就业结合的新形式，这就是广亩城市。每一个广亩城市的市民都拥有自己的汽车，公共生活集中在特定的公共中心，因此有更多的人和活动凭借私人交通工具及现代通信技术散布到广大农村去。赖特的目的在于将农业劳动与工业劳动、乡村与城市综合起来，体现了返璞归真的思想	
有机疏散模式（沙里宁，Eliel Saarinen）	该理论有两个基本原则：把个人日常的生活和工作即沙里宁所讲的"日常活动"的区域进行集中布局，使活动需要的交通量减少到最小程度，并且不必都使用机械化交通工具；不经济的"偶然活动"的场所则可不拘泥于一定的位置而进行分散布置。该理论认为，"对日常生活进行功能性集中"和"对这些集中点进行有机的分散"这两种组织方式，是使原先密集型城市得以实现健康发展所必须采用的两种基本方法。有机疏散就是把大城市目前的拥挤区域，分解成若干个集中单元，并把这些单元有机组织成为"在活动上相互关联的功能集中"，如此架构起城市有机疏散的最显著特点，便是将原先密集的城市区分裂成一个个集镇，它们彼此之间将用绿化地带隔离开来	

续表

相关理论	理论要点	模式图
城市区域模式（帕特里克·盖迪斯，Patrick Geddes）	城市发展模式不仅仅是建筑和土地配置的实践活动，而且是与社会、文化、环境的变迁联系在一起的。工业的集聚和经济规模的不断扩大，已经使一些地区的城市发展得过度集中，这些城市的扩散已属必然，并形成由城市组合而成的巨大的城市聚集区或者形成组合城市。在这样的情况下，原先局限于城市内部空间布局的城市规划应当转变为城市地区规划，即将城市和乡村的规划纳入统一的体系之中，使规划包括若干个城市以及这些城市所影响到的整个区域	
光明城市模式（勒柯布西耶，Le Corbusier）	该理论主张提高城市中心区的建设高度，向高层发展，增加人口密度。市中心空地、绿化要多，并增加道路宽度和停车场以及车辆与住宅的直接联系，减少街道交叉口或组织分层的立体交通	
城市群及大都市连绵区发展模式	大城市带的概念是由法国地理学家 J. 戈特曼于 1957 年提出的，指的是多核心的城市连绵区，人口的下限是 2500 万人，人口密度至少为 250 人/千米²。因此，大城市带是人类创造的宏观尺度最大的一种城市化空间。根据戈特曼的标准，他列出了世界上主要的大城市带，其中以美国东北部大西洋沿岸从波士顿到华盛顿的大城市带最为典型，其他已经成型的大城市带有：日本太平洋沿岸东海道大城市带、英国以伦敦-利物浦为轴线的英格兰大城市带、欧洲西北部大城市带和美国五大湖大城市带。中国的长江三角洲城市密集地区被认为是正在形成中的世界第六个大城市带。从全球来看，世界城市化发展日益呈现区域化的态势，城市群及大都市连绵区的出现具有一定的规律性，它们往往都是某一国家或地区内城市化发展进入成熟阶段后出现的城市化发展现象	

相关理论	理论要点	模式图
紧凑城市	该理论围绕三个方面展开——环境、社会和经济。它的主要理念包括：制定新的规划指导条例，保证开发项目有较高的密度；在可以进行综合利用式开发的地区，应该将居民区、就业区和休闲区组合在一起；尽量在已有大城市区（包括市集镇）安置更多的住宅，以便各种设施资源的方便获取，为这些住宅提供一系列的交通设施，并优先考虑场址和房地产项目的可重复利用区及改造区；鼓励在便于利用火车及其他公共交通工具的地方开发住宅；设定维持并提高城市现有密度的标准；通过在中心区域的适宜地方发放足够的住宅开发用地许可及综合开发许可，在可行的地区就业区与居民区并置；同时在农村地区的开发应鼓励现有社区内的适度开发；避免农村及小城镇住宅开发区的大面积扩展，避免在开阔的农村开发零星的住宅项目，避免小型新居民区的开发	

续表

相关理论	理论要点	模式图
城市精明 增长理论	城市精明增长理论发端于美国,理论的核心是用足城市存量空间,减少盲目扩张,反对超越城市服务设施和城市就业边缘的一种低密度城市发展。该理论的10大原则包括:①混合型的土地使用将不同的住房类型(单体住宅、多层建筑等)混合起来,同时配备日常生活所需的零售商店和服务行业;②城市建设相对集中,密集组团,生活和就业单元尽量混合,拉近距离,少用汽车,步行上班,步行上学;③创造多种住房选择机会和提升城市住房的可支付性,创造适于步行的邻里社区;④减少对小汽车的依赖,为城市居民锻炼提供场所,提倡节能建筑;⑤减少基础设施和房屋的建设与使用成本,培养特色型、魅力型社区,提供不同类型、价格的房屋,满足低收入阶层的需要,保证各阶层混居;⑥保留开放空间、耕地、自然美景和主要环境保护区域;⑦加强对现有社区的重建,重新开发废弃、污染工业用地,以节约基础设施和公共服务成本,保护空地;⑧提供各种交通选择,降低对小汽车的依赖程度,优先发展公共交通,鼓励自行车、步行,减少环境污染;⑨使城市发展决策具有可预测性、公平性和成本经济性;⑩鼓励社区和业主在发展决策制定过程中与政府和规划机构的合作	 智能增长总体规划

续表

相关理论	理论要点	模式图
新城市主义	新城市主义是20世纪90年代初提出的一个新的城市规划、城市设计运动。该理论主张塑造具有城镇生活氛围的、紧凑的社区，取代郊区蔓延的发展模式。它认为，城镇的发展要有一定的边界，这一边界是由自然环境容量所限定的，人们不能模糊和消除这一边界的存在，在社区中应该达到足够的人口密度，保持人口居住的紧凑度，提高土地和资源的利用率，建设紧凑型城市。对于城市交通，新城市主义认为城市不仅要有大运量的、快速的、节约能源消耗的公共交通系统，并要尽可能多地考虑步行易达空间，并且各交通系统之间必须要有便捷的衔接和转换，共同构成有机的、便捷的交通网络，保持城市生态系统的持续运转。卡瑟普（Peter Calthorpe）等人还提出了"公共交通主导的发展单元"的发展模式	学校与社区共享 住宅区的短面 俱乐部 每个生活圈的操场 道路尽可能跨越边缘连接 中心商店和机构 中央车站 混合用途街道，转角处布置零售店功能 处于边缘的区域机构 停车场设计为广场 沿边缘的工作室和办公室

资料来源：笔者根据城市技术发展规律归纳。

3. 动力模式

基于对全球城市发展模式的总结以及城市发展动力的分析，重点关注六项动力要素，在城市化推进的过程中，也在持续积累这些动力要素。①文化内城：有内城，强烈的文化内核，内核的保护与文脉基因留存。反观中国城市老城要么被拆掉，要么破乱不堪。②创新创业空间：工业转型成为创新创业空间，将破乱的工业生产厂房转变为具有活力的创意工坊。③共享社区：多元平衡的"家园"概念的存在，将居住功能与其他相结合。与老百姓每天生活紧密相关，这是品质提升最关键的要点。④绿色生态：城市河流山脉，作为城市绿廊的连接，是城市空间中最重要的要素。⑤区域交通：现代城市之间的通过性区域交通进行深度联系，"血脉"相通。⑥民主法治：可以发挥自下而上的群众力量。

4. 技术模式

技术深刻影响着人类的生活组织形式、城市的经济产业运行，改变了人类的生活方式、社会组织形式，改变了城市空间和人类建设城市空间的能力。在每一波技术革命浪潮的影响下，新的城市空间类型和相应设施伴随产生、不断涌现（见表7-5）。

表7-5　城市七波技术迭代历程及对应的设施和空间类型

技术浪潮	城市内涌现的代表性技术	城市中的典型应用	兴起年代	对应城市空间类型举例
第一波	劳作机械化、高炉冶炼技术	纺纱机、水力织布机、冶铁高炉	1785～1845年	产业:工厂、货站仓库区、商业区 卫生:城市给排水设施、污水处理,垃圾收集处理站
第二波	蒸汽动力技术、钢铁制造技术、化学材料技术	蒸汽机、火车及铁路、硫化橡胶	1845～1900年	能源:火电厂、水电站 交通:火车站、地铁、轨道;港口码头、轮渡船、桥梁 建筑:钢结构建筑、高层建筑
第三波	电力技术、内燃机技术、无线电技术	电梯、红绿灯、汽车、有线电话、电报、广播电台	1900～1945年	能源:各类发电站、输电廊道 交通:城际公路;隧道、轻轨高架、停车场、客运场站 通信:电话交换局、信号中继站、广播信号塔
第四波	电子技术、石油化工生产技术、航空航天技术	有线电视网、飞机	1945～1900年	产业:石油加工与炼制厂、电子工业区 交通:航空港（飞行区、运输区、维修区、商务区等） 科研:航天器研制发射场 通信:通信基站、信号塔
第五波	生物技术、信息技术、基因克隆、转基因作物、数据技术	电子邮件、城乡互联网	1990年至今	科研:标本实验室、基因库、生物技术中心 通信:通信卫星、通信网络、光纤光缆通道
第六波	再生能源技术、可持续技术、碳中和技术	建筑屋顶光伏发电、风力发电厂、地源热泵、海绵城市、城市地下水库	2000年至今	能源:新能源发电厂、潮汐电站;建筑屋顶发电、分布式能源 交通:充电桩 生态:雨水综合利用管廊

续表

技术浪潮	城市内涌现的代表性技术	城市中的典型应用	兴起年代	对应城市空间类型举例
第七波	人工智能技术、移动互联网技术、云计算技术、区块链技术	智能手机、无人驾驶汽车	2020 年至今	智慧城市：城市感知传感设备、城市数据中心 通信：5G 基站

资料来源：笔者根据城市技术发展规律归纳。

技术对城市空间的最直接影响表现在交通技术及其他基础设施的作用。交通技术进步和运输结构变化促成了区域形态的形成和空间组织方式的进化，在城市与区域结构的变化中起着直接的推动作用。

从交通技术的发展来看，交通运输方式进化具有明显的阶段性特征，以 50~80 年为一个周期。早期工业化国家经历了每一次交通技术的变革带来的空间形态的显著变化，大致分为四个明显的发展阶段。以美国为例，1750~1830 年以运河为主，1830~1920 年以铁路为主，1920 年以后公路迅速占据主导地位，1970 年以来则进入航空运输快速发展时期。这一明显的阶段划分在北美和西欧表现较为相似，只是时间上稍有差别。欧美汽车交通大规模发展在时间上的差异表现在北美从 20 世纪二三十年代开始，欧洲则从五六十年代开始（见图 7-7）。

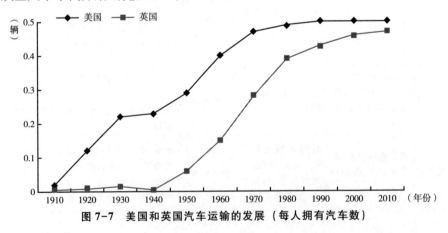

图 7-7　美国和英国汽车运输的发展（每人拥有汽车数）

　　交通运输的发展过程是时间或运输成本下降的过程，同时又加速了城市自身规模的扩张和城市间联系的程度。从北美城市形态上看，城市扩张对应于城市内交通工具发展的四个阶段，即 1800~1890 年以步行和马车为主，1890~1920 年以电车为主，1920~1945 年汽车交通开始发展，1945 年后高速公路使汽车交通产生新的飞跃，航空运输正处于迅速发展时期。一小时内所能到达的里程，从步行和运河时代的几千米、马车时期的十几千米、汽车和火车时代的几十千米至高速汽车、火车时代的几百千米和航空运输带来的上千千米，所对应的城市规模与发展模式发生了很大变化（见图 7-8）。

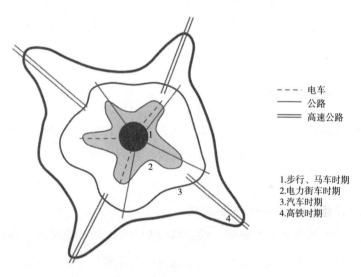

图 7-8　交通与城市规模扩展

　　交通方式的进化也带来城市密度分布的变化。伦敦、巴黎的人口密度变化反映了与交通运输方式变化的关系。有轨电车和火车作为公共交通的主要方式时，人口密度最高；随着交通运输方式的增加，人口密度降低。

　　城市密度也同样与交通出行方式相互影响。Newman 和 Kenworthy（1996）分析了 1960 年、1970 年、1980 年北美、澳大利亚、欧洲和亚洲 32 个大城市土地利用指标数据和交通出行指标数据。研究发现，城市的密度越高，出行的距离就越短，而公共服务程度越高，步行和自行车的使用比例就越高。城市密度增加会从整体上降低城市对小汽车的需求。

交通的发展产生新的空间集聚，并形成新的城市空间现象。如果说运河与铁路时代促进了早期开发地区的进一步繁荣，形成人口与经济活动的早期集聚，是城镇密集地区的雏形或基础，那么汽车、高速公路、航空港、高速铁路等的兴起则是促成城市与区域关系全新变化的主要物质基础。它不仅表现在原有城市规模的扩张，而且出现新的城市化空间现象。

随着综合交通方式的发展和区域间社会经济联系的不断增强，综合交通地位不仅是影响城市区域功能和作用的重要因素，也使枢纽及周边地区成为新的城市结构变化的焦点，如当前一些国际性城市的航空港、航空城建设受到广泛关注。

（二）城市发展思路

构建城市发展治理模式，从城市面临的空间、生态环境、资源、社会等诸多方面以及经济社会发展阶段，结合城市规划管理实施，提出适合的、可行的城市发展和治理思路。

1. 生命体视角下的城市发展思路

城市具有其生命性的特征。城市的生命力是城市适应环境、维持其功能和规模演进等生命过程的能力，也是衡量城市运转状态、生存能力大小的标尺。城市生命力是城市保持"活体"状态，维持各系统运转的一个必要条件。城市生命力包含了"1+3"个层级，分别为：UV1城市生命体安全生存力、UV2城市生命体高效运营力、UV3城市生命体创新转型力、UV4城市生命体群落协同力。

2. 国家战略视角下的城市发展思路

从国家发展战略视角，如何对不同地区城市化发展做出指引，以循环、生态、精细增长的方式，构建合理的空间结构体系，实现城市协调发展，是国家策略视角下的城市发展思路构建需要重点考虑的。

3.竞争视角下的城市发展思路

竞争视角下，城市之间存在激烈的竞合关系，通过以自身要素与环境为基础所形成的外部经济优势与内部组织效率，不断吸引、控制、转化资源，占领、控制市场，更多、更高效、更快地创造价值，从而不断为其居民提供福利。影响城市竞争力的共同因素有很多：城市基础设施、通信和公共服务的质量、商业竞争与合作状况、获取自然资源和技能的便捷程度、相距市场的位置、风险管理、社会资本及生活质量。在这一视角下，城市需要向外寻找竞争，通过提供相比于其他城市更高的竞争力来吸引要素流向自身，从而进一步得到发展。

4.治理视角下的城市发展思路

城市发展需要与治理水平、文明发展程度相匹配。在历史发展时期，不同的城市规模均受到了技术发展、管理能力的限制。这一限制随着人类治理文明的提升不断缩减，而城市规模的上限不断增加。21世纪的城市规模和城镇化进程无论在水平和速度上都已经前无古人，在未来的发展过程中还将进一步快速发展。在治理视角下，城市发展的上限并非定数，是需要通过与社会经济发展水平和技术突破及其可行性建立关联的动态进程。

5.可持续发展视角下的城市发展思路

从城市空间发展、资源利用、生态环境和社会发展多角度系统综合着眼，归纳为：空间发展紧凑型、城市资源利用集约型、城市生态环境友好型、城市社会发展和谐型（见表7-6）。

表7-6　城市发展模式思路与重点关注

模式	重点关注
空间发展紧凑型	城市空间发展与土地利用的现状评估与问题 资源环境约束条件下城市空间发展与土地利用的趋势和发展方向 城市空间紧凑发展和城市土地节约利用的评价指标体系构建 促进城市空间紧凑发展和城市土地节约利用的政策制度研究

续表

模式	重点关注
城市资源利用集约型	城市循环经济试点出现的问题和不足 城市循环经济的考核指标体系 城市可再生能源利用模式和政策研究 建筑节能改造模式、激励机制研究 可持续的城市交通发展模式与政策研究
城市生态环境友好型	生态型城市内涵与体系构建 生态型城市工程技术体系研究 生态型城市产业发展研究 生态型城市规划与建设导则研究
城市社会发展和谐型	我国城市社会面临的问题和挑战 以人为本和建设和谐社会理念对城市社会和谐发展的要求 促进社会协调发展的规划方法和制度创新

四　超大城市规模治理的国际经验

尽管城市发展模式存在共性，但由于各国各地区政治体制、文化背景的差异，城市化发展模式和道路也各不相同。

（一）各国城市发展模式总结

1. 欧洲先发国家城市化发展模式

从 18 世纪中叶开始，进入以蒸汽机为动力的工业化时代以后，西欧城市化也进入快速发展期，英国、德国、法国等西方主要国家相继完成了工业化，有力地带动了这些国家城市的发展。欧洲的城市化总体上来说是近代工业化的产物。英国北部由于丰富的煤矿资源成为工业发展的中心，曼彻斯特、利物浦等城市成为工业革命的发源地，伦敦集中了管理、金融、保险、工程、服务业，成为英国政治、经济中枢。德国鲁尔区新城镇的出现也是源于工业化过程中煤和铁矿石开发的需要。随着铁路的发展，城市沿铁路向外蔓延。城市的人口聚集又为工业化提供了丰富的劳动力资源，同时规模经济和规模效益进一步强化了城市的集聚作用。

政府在城市化过程中发挥了积极的作用。各国在城市化快速发展过程中不同程度地遇到了土地、住房、交通、环境和历史文化保护等方面的问题，政府公共政策涉及的范围越来越广，促进了城市建设的法律规范得以建立和完善。

这一时期，英国开始走上以法治化处理城市空间问题的道路，用立法手段解决大城市的环境和社会问题。第一次世界大战后，伦敦向外迅速扩展，对农业地区产生了巨大的压力。1938年，伦敦郡通过了《绿带法案》，由伦敦郡政府收购土地作为"绿化隔离带"，引导城市建设开发，减少对乡村环境和利益的损害。中央政府成立城乡规划部，规划成为地方政府的法定义务。

德国通过颁布法规实现负面清单管理，成立规划委员会，编制区域规划，同时将不同功能的中心分别设置在不同的城市，疏解大城市的压力。德国从解决城市化早期出现的住宅供应不足、居住环境恶化等问题入手，颁布了一系列的法规，规范交通等市政基础设施和公共设施的建设，突出空间规划与基础设施的整体协调，以及城市建设中自然生态、历史环境和旧时代建筑的保护。同时，德国还很注重区域城镇的协调发展，1975年颁布的《地区发展中心建设大纲》将全国划分为38个规划区，1993年德国统一后又提出"区域规划指导原则"，促进城镇发挥对区域经济社会的辐射带动作用，使德国东、西部的差距逐渐缩小。

2.日本的追赶型城市化发展模式

日本的城市化进程比上述西方国家晚百余年。二战后随着经济的空前高速增长，城市发展也进入了快速发展阶段，城市化水平快速提升，增加的城市人口中1/3流向了东京、阪神、名古屋三大都市圈。

日本在城市化与工业化同步发展的前提下，选择适合本国土地资源条件的整体城市化发展和区域布局模式，走集中型城市化道路。伴随着城市扩展及城乡人口流动和转移，及时进行町（镇）村合并，提高土地的集约化水平，减少村镇居民对土地的占用，取得了良好的效果。在 1935～1970 年日本工业化和城市化快速发展的 35 年中，耕地只减少了 35%。

日本从 1962 年开始，先后制定了 5 次全国综合开发计划，不断调整国家产业布局和基础设施建设安排，在防止人口过度聚集、缩小区域差距等方面都发挥了积极的作用。为了改善交通拥挤问题，日本实施了电气化、地铁化等一系列措施，增加轨道交通的输送能力和开设新线路，大力发展公共交通。

3. 美国的城市化发展模式

美国在 19 世纪末以前的农业经济时代，城市人口的来源主要是移民，城市为商业活动的中心和与欧洲国家进行贸易的场所。伴随着工业化的迅猛发展和对西部地区的开发，美国城市化全面迅速发展。第一次世界大战后，郊区化初见端倪，小汽车逐步普及使城市沿公路开始蔓延。由于城市的不断扩展和美国式"新镇"的建设，大都市区成为美国城市化发展的主要模式。从 1940 年起，一半以上的人口居住在大都市区。形成了纽约-波士顿-华盛顿、芝加哥-匹兹堡、旧金山-洛杉矶-圣迭戈三大城市带。

20 世纪 70 年代以后，美国已进入高度城市化社会。城市经济结构和地域空间发生转换，人口、就业和新的投资开始从美国北部和东北部的制造业城市向南部和西南部的城市和乡村转移，大都市增速减缓。

由于 20 世纪上半叶美国城市的快速发展，城市中心交通拥挤、环境恶化、住房紧缺、犯罪率高等问题日益突出，富有家庭选择离开城市中心的高楼大厦到郊区居住，建造属于自己的独立院落式低层住宅。随着经济的发展和汽车的普及，广大中产阶级和普通居民也追随其后移居到郊区，富有家庭则迁往空气、环境更好的远郊。空间格局上就表现为城市沿公路线不断向外低密度蔓延。美国郊区化现象在第二次世界大战后进入大规模的扩展阶段，在 20 世纪 50 年代以住宅的郊区化为主，到六七十年代，产业、办公也开始向郊区转移。美国郊区人口超过了中心城市的人口，也超过了非都市区的人口。其他发达国家在进入城市加速发展的后期，大都市地区也都呈现不同程度的郊区化现象，但都没有出现美国这种过度郊区化。

4. 拉美、非洲国家的过度城市化模式

拉美、非洲的许多国家的城市和城市体系是在殖民统治时期建立的，当时建设城市的主要目标是加强宗主国与殖民地的关系，并对农业和政治进行有力的控制。

19世纪后期，拉美国家主要以初级产品的出口为主，欧洲移民涌入，各国首都得到了显著的发展。20世纪拉美城市化进展显著，大量农村人口向城市集中，一些大城市的人口10年就翻一番。1990年拉美和加勒比海地区23个国家的平均城市化率高达71.4%，与西方最发达的国家相当。[1] 非洲由于政治动荡和战乱等原因，其城市化过程有所起伏，比拉美国家的城市化率要低。但总体上看，拉美和非洲国家的城市化发展不是以工业化和经济发展、技术进步为前提，城市扩展的主要原因是人口膨胀，出现了所谓的"过度城市化"现象，并表现出一些相似的特点。

一是首都城市首位度高，大城市发展快。1900年整个拉美地区没有一个大城市，而到了1990年，超百万人口的大城市有36个，约有1/3的人口居住在百万人口以上的大城市里，并拥有3个超过千万人口的超级大城市。这些国家的首都"首位度"都很高，首位城市人口比例高达25%以上，同期，在经济发达的欧盟国家，首位城市人口比例一般只有15%。[2]

二是殖民式的城市治理模式影响深远。由于殖民统治的历史许多国家和城市直接套用了欧洲发达国家的法律制度和城市规划技术手段，包括所采用的城市规划法规、程序、机构设置和技术地图等，殖民城市规划的一个最突出的方面是将城市分为"欧洲的"和"本地的"城市分区。在乡村居民持续流向城市的过程中，其农村经济却日趋衰落。

（二）巴黎城市规模治理经验

1. 巴黎城市中心区

1801年，巴黎市人口为54.8万人，随着法国工业革命的推进，巴黎迎

---

[1][2] "拉丁美洲城市数据"，世界银行网站，https://data.worldbank.org/courttzy/ZJ。

来强劲的移民大潮，到 1850 年，巴黎中心区人口增长到 105 万人。市区人口增速最快的时期集中于 19 世纪，到 20 世纪 20 年代人口数量达到史上最高的 290 万人后开始缓慢下滑。二战结束初期出现短暂人口增长后，20 世纪 60 年代至 90 年代末的 40 年间巴黎市区人口一直处于负增长状态。这种局面在 2000 年之后发生转变，再城市化趋势以及人口出生率提高，市区人口变化见图 7-9。

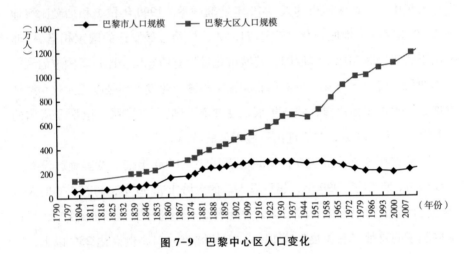

图 7-9 巴黎中心区人口变化

注：数据起点为 1800 年。

资料来源：法国国家统计局网站，https：//www.insee.fr/en/statistique? theme＝0。

2. 巴黎中心区规模治理措施

（1）"提高"生活成本，缩减公共基础设施

法国政府很早就有了控制巴黎中心区规模的意识，18 世纪便建立了包税者城墙，以限制农民随意入城。从 1914 年开始，政府执行过相当长时期的房租限价政策，希望通过抑制住房供给控制外来人口增加。但这些措施对于富人定居巴黎并无实质性影响，他们能够负担税费也能够通过贿赂等手段绕开房价管制；穷人则被这样的政策挡在巴黎大门之外。1975 年以后，巴黎缩减公共设施预算，以降低城市吸引力来抑制外来人口。巴黎的人口增速明显降低，但这样的措施带来的不良影响相当持久：由于生活成本居高不

下、生活质量和公共交通网络的服务质量持续下降，人们大量迁移到具有更好生活品质的法国其他城市。

（2）分散中心区工业，鼓励机构外迁

为了防止巴黎的继续膨胀，从1950年开始，政府试图通过严格的限制性政策来控制巴黎中心区发展规划，将产业、人口向城市郊区疏散。如不批准市区内的新工业项目。对工业建筑用房进行严格的行政审批和限制：禁止在中心区内建造1万平方米以上的办公大楼；现有中心内工业企业改扩建占地规模不得超过现有场地面积的10%。除行政限制外还征缴高额税金，如对中心区内企业开征"拥挤税"、交通建设资助税（数额相当于企业发放工资的1.7%）。若从巴黎市区迁出占地500平方米以上的工厂，则给予60%的拆迁补偿费。另外，为了控制办公楼的发展，巴黎规定每年办公楼的建设总量不得超过100万平方米，而且要缴纳特许使用费，具体金额因地段而异，如在巴黎最为繁华的中心区或者西部近郊，税金为400法郎/米²。然而，如果建在新城则免除这笔税费。

政府还鼓励机构迁出。在第一次世界大战爆发前夕，巴黎将收容所、救济院、火车调度站、货运、客站、公墓、跑马场、飞机场等大量非营利性质的公共设施迁到了城郊接合地带。此后，某些大型机构的外迁在法国整体的国土规划中不断被提及。比如，从巴黎中心区迁出的各类机构，均可享受15%~20%的投资补偿津贴。但实际迁出的学校并不多，且大多迁至离首都不远的郊区。另外，政府还积极促进文化机构向郊区的外迁，如特意给落户巴黎郊区的剧院增加了财政补贴。

（3）以发展为主题的区域规划和新城建设

1960年的《巴黎区域开发与空间组织总体计划》（简称PADOG）提出通过改造和建立新的城市发展极核，对已基本实现城市化的郊区进行空间结构调整，形成多中心的城市空间格局。1965年的《巴黎地区国土开发与城市规划指导纲要（1965—2000年）》（简称SDAURP规划）摒弃以往以限制为主的指导思想，坦承在未来相当长时期地区城市发展的步伐不会放缓，人口规模和城市用地规模将继续扩大，并主张优先考虑满足人口增长和城市发展的空间需求。它指出未来城市发展必须有利于区域整体的协调发展，并首次提出通过新城建设分解巴黎中心城区集聚的能量，容纳新增的人口和就业。这标志着巴黎区域规划指导思想已经从限制变为区域协同发展。

（三）柏林城市规模治理经验

1. 柏林-勃兰登堡大都市区

柏林-勃兰登堡大都市区位于德国东北部，面积为 3 万余平方千米，由柏林和勃兰登堡两个独立的联邦州组成。柏林包含 23 个地区和自治市；勃兰登堡州按宪法划分为 14 个区、4 个自治城市、153 个自治市以及 16 个自治镇和 5 个规划区，围绕柏林形成"馅饼"结构。

从 19 世纪中叶开始，整个区域就形成了以柏林为中心的单中心城镇体系结构，而二战后东柏林的极化发展更是强化了这一特征。近来，为了减轻城市极化所带来的负面影响，柏林计划在中心区外部新建低密度区域，分散过度集中的人口，促进柏林以外勃兰登堡地区的发展。

2. 柏林大都市区规模治理措施

（1）实施"分散型集聚"式城市群战略，预防"城市病"

避免人口向特大城市过度集中，并不意味着绝对分散，城镇或区域只有达到一定规模才能实现集聚经济，因而坚持分散型集聚的空间发展策略显得尤为重要。在德国，实现这种分散型集聚的空间载体是 11 个都市聚集区。都市聚集区实际上就是一种都市地区连绵分布的现象，其和我国较普遍采用的城市群有相似的内涵。

"分散"促进了区域的均衡发展，德国的 11 个都市集聚区较为均衡地覆盖了整个国土范围，使得全国各个区域都能集中一定数量的人口和工作岗位，获得较好的物资储备和基础设施，从而带动了区域的经济发展。两德统一后，德国东、西部的社会、经济差距十分明显，为了全国的平衡发展，政府将大量的资金用于东部地区，而柏林-勃兰登堡与哈利-莱比锡-萨克森两大都市集聚区的建设规划，就为整个东部地区的发展奠定了基础。与此同时，城市职能和产业在各都市集聚区之间的分工，使得这 11 个都市聚集区形成了一个功能各异、相互补充的有机整体，避免了经济功能在单一城市集聚所造成的经济风险。

（2）构造以公共交通为导向的大都市区空间结构

由于轨道交通与空间发展相互作用的关系，在大都市区总体规划和交通专项规划编制之初，统筹考虑城市发展所处阶段、空间结构导向、轨道建设时序和运营组织安排等要素。

在城市形成初期，人口和城市建设高度聚集，城市中心的雏形出现，城市化进程加快，轨道线路尚未形成网络结构，往往根据主要对外交通联系的需求和资金投入状况建设，形成一到两个方向上的交通廊道。城市空间规划为之后的城市空间扩张奠定基础，高瞻远瞩的空间规划应考虑到未来数十年的城市格局和主要对外联系廊道。

随着城市不断扩张，城市中心和郊区之间的交通联系愈加紧密，郊区化现象开始出现。这一阶段轨道网络的骨架形成，承载着大部分城郊交通联系，是城市空间拓展强有力的支撑。

当城市蔓延到一定程度并与周边城镇分工合作形成整体时，应当从大都市区的视角来看待整个区域发展。这一时期轨道网络和空间结构都发展到相对成熟的状态，轨道新建进度放缓，轨道整修和再连接项目围绕稳定成型的空间结构展开，低碳节能的可持续发展模式是大都市区发展的归宿。

（3）形成多层级、多主体、多方合作的大都市区治理机制

在机构上，区域治理须借助具备政府性质的区域统筹规划机构。例如，柏林-勃兰登堡都市区首先将两个联邦州的空间规划完全整合并入统一的都市区域规划范畴，然后，跨部门跨行政辖区组建了联合规划局（GL），作为唯一具有区域政府规划职能的行政机构和区域的核心治理部门。某种意义上，联合规划局扮演了区域联合政府的角色，伴随新联邦州一体化程度的加深以及区域合作领域的不断扩大，GL的空间规划职能几乎涵盖了区域中所有政治、经济和社会部门，成为都市区治理的核心机构与实施主导部门，有效地避免了条块分割、利益分割、组织分割、管制分割等一系列体制弊端的困扰。柏林-勃兰登堡联合规划局的组织机构和运行模式也成为德国都市区

域治理的典范案例。

在组织上，区域治理依托制定发展联合战略和推进地方行政区划改革两个支点。一方面，作为区域治理的传统引导机制和执行工具，德国的空间规划体系承担着为区域整体性与协调性发展制定规范原则和政策框架的责任。而制定符合地区历史基础、发展道路和预期目标的地区间联合发展战略规划，有助于空间规划体系有序推进和有效实施。另一方面，为克服行政边界壁垒与区域整合之间的矛盾阻碍区域合作治理，德国的对策包括：①通过裁撤与整合等手段使地方政府保持合理的数量和规模；②建立有权威的超地方行政单元的联合管理实体统筹地方发展；③适度推行合理化的地方行政区划改革；④通过分权模式优化地方自治能力。这些对策都起到了应有的良好搭配效果。

在运行上，区域治理坚持市场机制和社会合作网络联合互动，并行发挥作用的机制。从根本上，区域治理的核心问题是改善区域资源配置效率、提升公共服务供给效率和降低区域合作成本。为此，必须引入市场机制，充分发挥市场对配置资源的作用，德国的主要对策包括：①依托市场机制建立多中心治理模式，增强治理灵活性，弱化行政体系约束；②公共产品供给、基础设施建设上，引入社会资本投资；③引入私人资本和企业化的管理方式。多元化的社会合作网络则是市场运行机制的重要保障。在德国，一方面，形成了政府、私营机构、非营利部门、公众等多方广泛参与的全方位社会合作网络体系；另一方面，德国还构建了依托正式制度和非正式制度、公众组织和私人部门相结合的次区域联盟、邻里协会、城市论坛、各类委员会等社会合作组织，使之成为解决地区间矛盾的重要对话平台，在正式的区域联盟和非正式区域治理组织之间搭建起良好的合作伙伴关系。

在保障上，区域治理高度强调立法依据、规章制度设计和监督程序的控制。德国区域治理的有益经验体现在以下方面。一是德国各层级的空间规划都有充足的法律支撑以保证其权威性。其中，联邦空间规划法（ROG）具有完全法律性质，所有联邦州及以下层级制定规划都不得违背 ROG 框架。

二是德国空间规划的设计、编制和立法工作都由政府来直接承担。三是德国区域治理机制拥有较完善的治理监督体系。例如，两个联邦州政府委托具有企业性质的目的性联盟提供区域公共服务和公共产品，设立包括两州政府代表、地方政府代表、股东代表共同组成的监督委员，对运营组织的工作、利润分配等进行监督和必要干预。

（四）东京城市规模治理经验

1. 东京中心城

东京研究的几个概念层次包括：①东京中心区，主要由 23 个区组成，面积约为 621 平方千米；②东京都，由 23 个区 39 个市町村组成，面积为 2193.96 平方千米；③大东京地区/东京都市圈，它包括东京都和南部的神奈川县、东部的千叶县、北部埼玉县，距离东京都市区的距离大约是 50 千米，面积为 13556 平方千米；④国家首都区/首都圈，它包括了大东京地区及周边的山梨县、群马县、栃木县、茨城县，面积为 36274 平方千米。

2. 中心城区政策及其历程

东京城市中心区的发展呈现"人口向心聚集-推动人口外流-中心城与边缘城市人口结构趋向稳定"的态势。20 世纪 50 年代初，伴随着东京战后经济的复兴和人口的恢复增长，日本国内人口和大企业开始向东京聚集，导致了东京城市出现了"极轴"现象。东京都"一极"结构造成了城市过度拥挤、城市规模无限扩张、城市功能过度集中等问题。为了适应经济的发展，控制中心区人口、产业和功能的过度集中，东京城市规模不得不向外扩张，进一步改变城市空间结构，由传统的"一极结构"向"多极结构"转变。在后续的多次国家首都区规划中，均强调了都市圈和多中心空间结构发展的模式。

（1）第一至第三次首都圈建设规划（1958～1976 年）：从单体城市到城市区域

1956 年，日本政府实行"首都圈整顿方案"，构建一个以东京为中心、半径 100 千米内的"首都圈"，以实现对中心城区过高的城市密度进行疏解。1958 年，日本首都建设委员会第一次制定了《首都圈建设规划》，仿照 1944 年大伦敦规划，提出建立卫星城市的方案。1965 年，日本政府对"首都圈整治法"进行了修改，对首都圈的功能体系进行调整，进一步提出巨大的地域复合体构想。在 1968 年和 1976 年，日本政府又第二次和第三次出台了《首都圈规划建设》。较第一次规划而言，这两次规划将首都圈范围扩展至"一都七县"，不仅扩大了首都圈的规划范围，而且分散了东京城市中枢管理的功能，设想建设"区域多中心城市复合体"的分散型网络结构。

在这一过程中，东京最早希望效仿伦敦，通过环绕城市的巨型绿带，限制中心城区内部人口的快速增长，并鼓励人口向次中心城市迁移。同时，通过政策方式限制中心城区的人口与土地增长。尽管由于地方政府的反对，这一构想并未得到真正实现，但对于中心城区外部的卫星城市的初步建设和人口外迁起到了一定的推动作用。

（2）第四与第五次首都圈建设规划（1986~1999 年）：单核心到多核心

从 20 世纪 70 年代开始，向东京中心城区流动的人口在数量和速度上均显著放缓。1986 年，日本政府提出将东京"一极集中"的结构转变为"多心多核"的结构设想，推进"区域多中心城市复合体"的建立，即将东京都市圈进一步分成几个自立性高的区域，建设业务核心城市和次核心城市，并进一步提出建设环状交通基础设施。1999 年的第五次首都圈建设规划，提出与"多中心多核"结构都市圈相近的新设想——展都和迁移首都的功能，目的是要将东京城市中心及周围区域的次中心城市的部分功能分布到都市圈内包括千叶、埼玉、神奈川等县的范围中。构想旨在改变东京原来单核"外溢"的城市空间结构，促进都市圈向"多中心多核"的城市空间结构转变，从而达到大都市圈均衡有序发展的目标。

在这一时期的发展过程中，东京都市圈的格局从"一极多核"逐步转向"多极多核"的结构，中心城区不再是城市内部各类功能的集聚区，中心城外的多个次中心都具备了独立城市的功能和职能，实现中心城区非核心功能的疏解。

（五）伦敦城市规模治理经验

1. 伦敦中心城

伦敦是典型的单中心放射型发展的城市，核心区圈层是城市核心职能的承载地。核心区是市长战略划定的政策区，内伦敦范围比中央活动区（CAZ）略大，包含 12 个区共 310 平方千米，约占伦敦 1/5 的面积，除了包含中央活动区（CAZ），还包括了外围产业较少的区域。

2. 伦敦规模治理措施

（1）城市发展的每个阶段都特别注重规划

1909 年，建立了城市规划系统，其成为市政府功能之一。1927 年伦敦建立了大伦敦区域规划委员会。1978 年颁布《内城法》，注重旧城改建和保护。2000 年，大伦敦政府相继编制完成《伦敦经济发展战略》《伦敦空间战略》等大伦敦发展战略规划。伦敦的每次规划都以一种开放、积极的态度，迎接城市人口的增加和经济的增长。

（2）城市管理边界随需求变化而不断进行动态调整

伦敦的城市管理并未执着于城市管理职能的界定问题，而是始终以满足民众需求和解决现实问题为导向，由此来推进城市管理的实践过程，形成一种相对清晰的职能边界和权力边界。

（3）注重运用经济手段引导流动人口

为了应对伦敦人口过于集中带来的交通拥堵、生态环境恶化、失业增加等问题，从 19 世纪 70 年代开始，采用城市群布局的方式在地域上组成一个相互关联、相互依赖的伦敦-伯明翰-利物浦-曼彻斯特城市群。总面积约为 4.5 万平方千米，人口为 3650 万人。伦敦都市圈聚焦了城市的各种功能，扩大了城市的容纳能力，人口在大区域内得到合理布局。

（4）多元完善的交通设施引导城市规模合理发展

伦敦公共交通网络非常完善发达，包括了由地铁构成的骨架公交系统，以及由常规公交、轻轨、有轨电车、轮渡形成的衔接邻里社区、旅游观光、接驳长距离交通出行的辅助公交系统。伦敦还动用了智能化管理，伦敦各种交通方式之间的换乘尤其是城市轨道交通之间以及城市轨道交通与道路公交之间的换乘十分方便，很好地体现了"以人为本"思想和一流设计水准。

（5）大伦敦政府体制管理新模式

大伦敦市实行两级政府管理，大伦敦市和各自治市之间权责划分明确，避免了两级政府之间互相推诿，有利于发挥各自的优势。大伦敦市政府是作为战略性政府运作，而纯粹地方性的公共服务如街道照明、地方公园与运动场、垃圾收集则保留给更接近居民的大伦敦都市区各自治市。

（六）纽约城市规模治理经验

纽约大都市区包括了纽约州、康涅狄格州与新泽西州的一部分，地理面积为3万多平方千米。到2015年底，它的居住人口达到了2300万人。纽约市的概念可以解释为纽约大都市区的中心城区。它由五个相对独立的行政区组成，地理面积为789平方千米。

20世纪20年代的纽约人口就已达到了560万人。随着经济的快速发展，纽约制造业的岗位在最繁荣的时候可以达到100多万人。50年代到80年代，纽约经历了产业结构转型导致的人口和制造业岗位的流失。80年代以后，崇尚自由竞争市场经济的里根总统上台，纽约也完成了产业结构转型，此时这个城市才恢复了昔日的活力。90年代的纽约，犯罪率居高不下，市长朱利安尼进行了铁腕整治才让犯罪问题得以控制。此后，纽约人口一直呈上升趋势，并一路增长到了2014年的843.7万人（见表7-7）。

表7-7　纽约市人口数量（1910~2021年）

单位：万人

年份	人口	年份	人口
1910	476.7	1960	778.2
1920	562	1970	789.4
1930	693	1980	707.2
1940	745.5	1990	732.3
1950	789.2	1991	732.2

年份	人口	年份	人口
1992	730. 4	2007	790. 9
1993	730. 5	2008	794. 6
1994	734. 1	2009	799. 1
1995	735	2010	819
1996	736. 1	2011	827. 3
1997	738. 3	2012	834. 7
1998	740. 4	2013	839. 6
1999	742. 8	2014	843. 4
2000	801. 5	2015	546. 3
2001	804. 4	2016	846. 9
2002	804. 4	2017	843. 8
2003	804. 2	2018	839. 7
2004	798. 4	2019	834. 3
2005	794	2020	877. 3
2006	790. 4	2021	846. 8

数据来源：美国普查局，https：//www. census. gov/，2022 年 10 月。

1. 纽约中心城市治理措施

随着规模的扩大，纽约城市治理面临几个方面的压力。第一，公共服务压力增大。除了拥有近 850 万人（2021 年）的人口，纽约每年还有百万名的游客，随着城市人口越来越多，纽约在住房、交通基础设施和公共服务上面临着越来越大的压力。第二，预算缩减。自 2008 年金融危机爆发以来，大都市纽约还面临着大规模的预算缩减，需要用有限的资金提供良好的服务。第三，城市发生突发事件风险增加。例如，2011 年初，布朗克斯区和布鲁克林区公寓发生的火灾夺去了 5 个人的生命，此后的调查表明，火灾不是孤立意外事件，政府对群租房监管不力是主要因素，类似这种意外事件在人口密集的纽约时常发生，治理难度非常大。

2. 出台法律法规，保障政府智能治理顺利推进

2012 年，纽约颁布了地方性开放数据法案——《纽约市开放数据法案》，通过法律促进政府数据开放，营造良好的数据开放环境。该法案规定到 2018 年，除了涉及安全和隐私的数据之外，纽约市政府及其分支机构所拥有的数据都必须通过政府开放数据门户网站实现对公众开放，并且要求使用这些数据不需要经过任何注册、审批程序。2013 年，纽约市长布隆伯格颁布了《306 号行政命令》，提出数据驱动的城市服务目标，要求各政府部门必须配合政府首席数据分析官（CAO），确保城市机构实现开放数据法案的承诺，打破部门壁垒，开发和构建一个全市的数据交换平台，归集和更新来自不同机构的数据或其他来源的数据。

3. 组建完善的组织体系，领导协调推进城市规划智能治理

纽约市成立了市长办公室数据分析团队（Mayor's Office of Data Analytics，MODA），任命了城市首席数据分析官（CAO）和首席政府开放平台官，组建由纽约运营副市长牵头的纽约市治理分析指导委员会，制定全市城市治理的总体战略。与此前已经设立的首席信息官（CIO）、首席数据官（CDO）一起，形成了"三驾马车"式的技术管理架构（见图 7-10）。

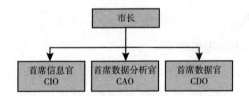

图 7-10 纽约"三驾马车"式技术管理架构

4. 基于已有技术和平台，研发数据融合共享系统

纽约市各部门合计有几百个 IT 系统，储存着纽约不同类型和不同年代的城市数据。为了能够运行数据模型和挖掘数据价值，需要在数据隐私相关法律的约束下，汇聚来自 40 多个机构的数据，形成一个聚合的数据库。MODA 团队基于已有的技术和资源，建立了"DataBridge"和"DEEP"两大核心系统。其中，DataBridge 系统是由刑事司法系统中用于跟踪囚犯的数据传输系统——DataShare 和 "311 数据库" 的闲置能力构建而成。DataBridge 具有数据库管理以及统计分析工具，并向纽约市其他部门的分析师开放。DEEP 系统将各部门的系统相互连接起来，使得城市机构能够安全地进行信息交换，取代费时又低效的电子邮件、传真等数据传输方法。

5. 建立推进城市智能治理的最佳实践

在具备强有力的组织架构、技术和工具的基础上，纽约建立了运用大数据处理城市特定治理问题的工作流程和最佳实践。MODA 团队还帮助各个部门建立自己的数据分析力量，使得各个部门能够独立、持续地开展相关数据治理创新。在市场监管领域，纽约环境部门负责维护纽约市多达 6000 英里（9656.06 千米）的下水道，政府部门一直想找到向下水道非法倾倒食用油的人，因为半数以上下水道堵塞都由这些凝固油脂产生。但问题在于，如何找到这些 "违法者"，传统的解决办法是由环境部门派出监察员，到各个街区路口守株待兔，以碰巧遇到某餐馆小工，向下水道倾倒废弃食用油。但纽约市有 2.5 万个餐馆，这样做显然成功率不高，效果不明显。纽约通过 DataBridge 从企业诚信委员会获得所有餐饮企业为合法处理废弃油脂所支付的服务费数据，比较得出那些没有支付服务费的企业在地图中所处的位置，将那些不在册的餐馆列入 "重点怀疑对象"，排查准确率高达 95%。

在灾害预防领域，"311 城市热线" 每年收到 25000 多条关于违规建筑的投诉，而纽约大约有 100 万幢建筑，政府从事建筑巡查的工作人员仅 200名左右，基于传统的巡视预测准确率仅为 25%。MODA 团队通过与消防员、警察、巡视员等人员沟通，得到甄别危险的指标，根据房屋是否存在拖欠税款，是否有人投诉，是否是 1938 年后按建筑规范进行建造，以及房屋年龄、房屋污水排放量等建立预测模式，对每天需要排查的建筑列出优先级别，火灾预测的准确率从 25% 提高到 70%，巡查人员的工作效率是此前的 5 倍。[①]

---

① 陈志成、王锐：《大数据提升城市治理能力的国际经验及其启示》，《电子政务》2017 年第 6 期。

五 对我国超特大城市规模与结构
治理的启示

基于国际视野，全球超特大规模城市的发展思路聚焦联动区域群落、塑造生态空间、进行中心限制、形成智能治理模式。对于我国来说，要抓住智力城镇化与体力城镇化转型关键期，把握超特大城市未来发展的重要趋势，落实我国超特大城市发展模式的关键要点。

（一）国际经验对我国超特大城市治理的启示

通过对全球超特大城市治理经验进行总结，城市治理重点聚焦区域群落联动、生态空间塑造、中心限制管理、智能技术应用四大方面，选取巴黎、柏林、东京、伦敦、纽约为代表总结其治理方式（见表 7-8），获取不同城市的治理启示。

表 7-8 城市经验清单

城市	区域群落联动	生态空间塑造	中心限制管理/均匀分布	智能技术应用
巴黎	国家层面的平衡区域政策、都市圈范围内的协同发展政策有利于从根本上解决超特大市人口过度集聚问题，同时还应依据不同发展阶段的主要矛盾适时调整	强调中心城区生活品质及生态压力，同时改造和建立新的城市发展极核对已基本实现城市化的郊区进行空间结构调整	分散中心区工业，鼓励机构外迁。通过提高成本抬高门槛的调控手段既无法彻底解决城市规模问题又为城市可持续发展理下隐患。疏散城市过程中重视产业转移和产业重新布局	"交通优先"带动发展，促进了城市人口向轨道交通沿线两旁的区域聚集
柏林	从国家、都市区、城市三个层面，引导和培育都市区发展	低碳节能的可持续发展模式	避免人口向特大城市过度集中规划先行，区域发展规划主导，分散总体功能，局部集中	提升城市基础设施及交通可达性和连通性使国家内部高效率的劳动分工成为可能

城市	区域群落联动	生态空间塑造	中心限制管理/均匀分布	智能技术应用
东京	从区域视角出发,建设"区域多中心城市复合体"的分散型网络结构	环绕城市的巨型绿带	政策方式限制中心城区的人口与土地增长分散了东京城市中枢管理的功能	通过基础设施的建设有效确保了疏解政策有效性
伦敦	充分做好跨区域协调统筹规划,构建大城市都市圈城市管理边界随需求变化而不断进行动态调整	营造绿地生态环境,实现城市的可持续发展	运用经济手段引导流动人口大伦敦市实行两级政府管理,大伦敦市和各自治市之间权责划分明确	技术赋能城市交通功能,实现多元城市交通方式协同发展
纽约	纽约州、康涅狄格州与新泽西州,构建纽约大都市区	纽约市绿色基础设施计划——可持续清洁水体战略,更新公共耗能设施为高效及新能源设备	弹性城市建设,完善土地利用政策、更新气候项目、聚焦热波影响、强化社区功能	基于大数据城市治理创新的前提是解除不同政府职能部门之间的制度藩篱与条块分割,实现分布在政府各个部门 IT 系统中数据的采集、更新、共享与融合

（二）抓住智力城镇化与体力城镇化转型关键期

基于对全球各国或地区人均 GDP 和城镇化率关系研究，城镇化率超过50%后，在走向稳定城镇化进程中，会逐渐出现"Y"形道路分化趋势——"Stand"道路和"Lay"道路，即依靠智力创新的"智力城镇化"道路和依靠资源环境、廉价劳动力的"体力城镇化"道路。城镇化率在 60%~65% 的阶段是决定城镇化道路向"智力"还是"体力"发展的关键点。

以 20 国集团（G20）为例，根据 2010 年三产从业人员比例分析，当城镇化率超过 65% 之后，各国三产从业人员比例都超过了 50%，但是进入城镇化"Stand"道路国家的第三产业从业人口比例普遍高于"Lay"道路国家（阿根廷除外）。"Lay"道路国家代表墨西哥、阿根廷、巴西、俄罗斯和土耳其等第三产业主要是低端的服务业为主，主要包括个人消费服务、批发和物流等的低端生产性服务等。而"Stand"道路国家（如日本、韩国、美国、英国等），第三产业从业比例非常高，且多以智力化和资本化的第三产业为主，包括科技、教育、总部经济、金融、创意设计、流通等行业。比如同样是汽车行业：在德国主要是以汽车制造标准、发动机核心技术和金融资本支持为主，以核心科技力提供了高附加值的智力型工作岗位；而墨西哥和土耳其的汽车制造业，虽然从产值上来看非常繁荣，并且努力打造自主核心品牌，但是主要以代工、加工和仿制国外的主要品牌汽车为主，并不掌握核心汽车研发能力和创新设计能力（见图7-11）。

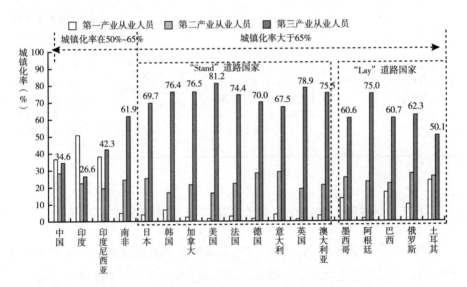

图7-11　2010年G20主要国家三产从业人员比例分析

资料来源：笔者根据各国的城镇化率绘制。

"Stand"道路和"Lay"道路两种发展路径的根本区别在于："Stand"道路国家主要靠智力化、资本化的产业为支撑，走创新、科技的高附加值经济发展道路，在全球化经济网络中占据中心或关键节点位置；"Lay"道路国家经济增长依靠能源、资源、廉价劳动力为主的产业，劳动附加值低，在全球化经济网络发展中处于劣势地位（见图7-12）。

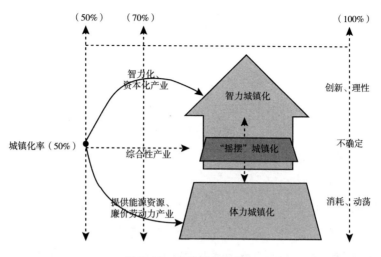

图 7-12　两类城镇化路径

"Stand" 道路国家第三产业从业比例非常高，多以智力化和资本化的第三产业为主，包括科技、教育、总部经济、金融、创意设计、流通等行业，以核心科技力提供了高附加值的智力型工作岗位。墨西哥和土耳其的汽车制造业，虽然从产值上看非常繁荣，并且努力打造自主核心品牌，但是主要以代工、加工和仿制国外的主要品牌汽车为主，并不掌握核心汽车研发能力和创新设计能力。

城镇化的道路是体力城镇化还是智力城镇化，不是从城镇化一开始就决定的，是在城镇化进程中经济积累和智力积累到一定程度的产物，在城镇化率 65% 以后表现最为明显。智力城镇化道路代表了城镇化率 50% 后世界城镇化道路一种智力水平高、科学技术发达、可持续健康发展的趋势，是分析城镇化道路如何选择的重要路径之一。

（三）超特大城市空间未来发展重要趋势

1. 区域化

未来的城市发展将不会是单打独斗的局面，而应该形成区域合作共赢的格局。伴随着全球化进程，城市间的联系不再受传统的地理空间限制，区域化发展成为全球重要城市及地区的关注。随着技术的发展，大量要素能够在不受空间距离限制的背景下流动，同样进一步加强了这一局面。

2. 生态化

为了有效限制特大城市的扩张，许多国家会采用城市绿带的方式限制城市发展的空间边界；同时，将城市自然生态空间与城市发展和活力紧密结合，以生态带动城市发展。

3. 多中心化

随着城市人口增长和产业发展，传统意义上的城市中心区难以承载过高密度的人口和经济集聚，无论是采用市场规律还是采用政策推动形式，均希望以多层级城市圈层的形式推动城市有机发展。多中心格局既可以是在城市行政边界内部的一主多副、一主多分局面，也可以是区域视角下多个城市协同合作的城镇群格局；在动力方面，伴随着国家的智力城镇化转型进程，需要不同力量的结合以实现多中心的空间效益。

4. 智能化

通过交通和通信技术的发展，城市脱离了传统的单中心结构，能够以多中心、区域化的形式产生发展，也产生了职能明确的专业化城市发展路径。

（四）我国超特大城市发展模式关键要点

中国城镇化率从60%走向75%的过程，是城市发展的重要窗口期，想要走向智力城镇化，城市发展模式必须具备如下四大功能。

1. 限制中心密度，建立区域协同

为了城市的有效运行，需要在提升中心城区与外围城区之间的区域协同基础上，实现中心城区人口的有机疏散。城市的多元组合与高密度合成的根本特性，造成了城市与其他地区发展的根本性区别。但随着城市的发展，原有的中心城区空间无法承载人民不断增长的需求，因而需要对城市——尤其是中心城区以人口密度为主的密度指标进行限制。但是限制中心城区人口密

度的政策不能够以单纯的限制为表现，还需要通过区域协同的视角加以支撑。通过将中心城区与外围城区之间在城市功能、空间格局等方面形成异构，城市内部将形成良性竞争的格局，促进人口向外围城区自然流动，同时有效地提升城市竞争力。

2. 生态空间塑造，实现"双碳"目标

把中国的城市打造成绿色城市，降低污染。保护城市特质地区是城市发展的重要依据。从区域角度保护独特的自然资源，通过建成环境优化保持城市独特的个性，已上升为城市战略层面的重要内容。

通过引水入湖、引水入溪、引水入河，疏通城市水脉，保护城市水系，改善城市水质。活化自然要素，实现城市与人、自然、文化的完美结合，提升城市的生活品质。

3. 中心功能重构，均衡公共服务布局

城市形态与形象是可塑的，变化也是必然的，但在变化与重塑中，必须摒弃粗放的建设方式，在变与不变中把握城市永恒的追求，即精心塑造更加美好的空间、更加怡人的生活、更加富有活力的城市形象，这既是应对瞬息万变的竞争环境，把握发展机会的需要，更是回归城市的使命和本质，培育城市可持续发展能力的需要。

功能混合在于每个家园都有多于两种的基本功能。这些功能可以保证人们能在不同时间以不同原因聚在一处，并可以共同使用家园设施，也就是街区尺度要小，以便创造更多的街道和街角空间。

4. 基础设施智能化，实现智能互联

新一代智能基础设施，这是中国城镇化率在60%阶段的关键破局要点。智慧城市是新型基础设施最广阔的应用场景，随着政府、企业、市民三大主体的智慧化诉求不断丰富，以及5G、物联网、大数据、人工智能等信息化技术的快速发展，原有智慧城市发展理念、实现路径、运营模式越来越显现出各种问题，制约着城市智慧化发展进程。

加快建设以新一代信息技术驱动的新型基础设施建设进度，使其融入经济社会各个系统之中。利用新技术与城市固有秩序和利益进行博弈，为推动

智慧城市建设迭代升级，提供重构智能治理体系的新契机。有了好的新基建作为发展载体，新型智慧城市才能加速推进。

六　政策建议

（一）推进超特大城市与周边中小城市的良性联动

必须快速强有力地做到超特大城市与周边中小城市的"五共五互"——交通共网、生态共修、信息共享、安全共保、人才共用，经济互促、创新互动、网络互联、文化互补、服务互惠，最终形成城镇群生态文明共同体。

（二）生态文明导入助推城市可持续发展

通过大规模生态化导入保住现有的城市中间的绿源与廊道连接，增加绿色廊道，使得城市进入生态文明城市阶段，这不仅仅是自然，也是对文明未来迭代的内生动力。大规模生态化导入，推动城市进入生态文明阶段。

城市可持续发展可分解为五个维度：生态文明，城市建成环境与自然环境相融相生；幸福家园，人与社会和谐共处；创新未来，历史启迪文明复兴；智慧凝聚，完善数字现代技术装备；现代治理，现代法治民主参与。

（三）提升超特大城市现代治理能力

文明的高度映射于城市组织模式，包括了城市从"统治"到"管理"到"治理"的城市时空资源支配模式的阶段提升。城市规模越大，要求的治理能力及其对应的城市文明高度越高。只要文明程度盖过规模，无论规模大小，都是合理规模的城市。

提升城市治理能力。创造优良的治理理论、形成优良的制度思想、构建优良的法制体系、提升优良的技术水平，培育优良的生态文明，这将是中华民族伟大复兴的重要保障与有力支撑。

（四）建立超特大城市大数据库 CBDB

建立城市大数据平台，赋能城市治理能力的全方位提升。通过大数据和智能方法挖掘规律，并基于规律实现空间诊断、推演与场景营造，将成为城市的发展方向，并建立起城市规模的理性逻辑。系统地认识、挖掘、尊重、顺应城市本身规律，提升现有城市的智能化感知、预判、预警与问题出现后的应急处理能力（见图 7-13）。

图 7-13　中国未来城市发展模式

参考文献

Andres, Rodriguez – Pose, Nicholas et al., "Is There a Global Link between Regional Disparities and Devolution?", *Environment & Planning A*, 2004.

Friedmann, J., "Strategic Spatial Planning and the Longer Range," *Planning Theory & Practice*, 2004（5）.

Harvey, D., "From Managerialism to Entrepreneurialism: The Transformation in Urban Governance in Late Capitalism," *Geografiska Annaler: Series B*, *Human Geography*, 1989, 71.

Jessop B. Liberalism, "Neoliberalism, and Urban Governance: A State – Theoretical perspective," *Antipode*, 2002, 34.

Jones, M., Goodwin, M., Jones, R., "State Modernization, Devolution and Economic Governance: An Introduction and Guide to Debate," *Regional Studies*, 2005, 39.

Kearns, A., Forrest, R., "Social Cohesion and Multilevel Urban Governance," *Urban Studies*, 2000, 37.

Kearns, A., Paddison, R., "New Challenges for Urban Governance," *Urban Studies*, 2000, 37.

MacLeod, G., "Goodwin M. Space, Scale and State Strategy: Rethinking Urban and Regional Governance," *Progress in Human Geography*, 1999, 23.

Meijer, A., Bolívar, M. P. R., "Governing The Smart City: A Review of The Literature on Smart Urban Governance," *International Review of Administrative Sciences*, 2016, 82.

Newman, P. W. G., Kenworthy, J. R., "The Land Use-transport Connection: An Overview", *Land Use Policy*, 1996, 13 (1): 1-22.

Oxford University Press, "Our Global Neighborhood: The Report of the Commission on Global Governance," *George Washington Journal of International Law & Economics*, 1995 (3): 754-756.

Pierre, J., "Models of Urban Governance: The Institutional Dimension of Urban Politics," *Urban Affairs Review*, 1999, 34.

Pierre, J., "Models of Urban Governance: The Institutional Dimension of Urban Politics," *Urban Affairs Review*, 1999, 34.

Rhodes, R., "The New Governance: Governing without Government," *Political Studies*, 2010, 44.

Stoker, G., "Governance as Theory: Five Propositions," *International Social Science Journal*, 1998, 50.

Stone, C. N., "Urban Regimes and The Capacity to Govern: A Political Economy Approach," *Journal of Urban Affairs*, 1993, 15.

UNDP, "Public Sector Management, Governance, and Sustainable Human Development", 1995.

车乐、吴志强、邓小兵：《知识与生态关联视角下的城市空间竞争发展》，《城市规划学刊》2015年第4期。

何冬华：《空间规划体系中的宏观治理与地方发展的对话——来自国家四部委多规合一试点的案例启示》，《规划师》2017年第2期。

黄征学、张燕：《完善空间治理体系》，《中国软科学》2018年第10期。

李峰清、赵民、吴梦笛、黄建中：《论大城市"多中心"空间结构的"空间绩效"机理——基于厦门LBS画像数据和常规普查数据的研究》，《城市规划学刊》2017年第5期。

李红卫、吴志强、易晓峰、彭涛：《Global-Region：全球化背景下的城市区域现象》，《城市规划》2006年第8期。

林坚、陈诗弘、许超诣等：《空间规划的博弈分析》，《城市规划学刊》2015年第1期。

陆天赞、吴志强、黄亮：《网络关系与空间组织：长三角与美国东北部城市群创新合作关系的比较分析》，《城市规划学刊》2016 年第 2 期。

栾志理、栾志贤：《城市收缩时代的适应战略和空间重构——基于日本网络型紧凑城市规划》，《热带地理》2019 年第 1 期。

欧阳晓、朱翔：《中国城市群城市用地扩张时空动态特征》，《地理学报》2020 年第 3 期。

秦蒙、刘修岩、李松林：《城市蔓延如何影响地区经济增长？——基于夜间灯光数据的研究》，《经济学（季刊）》2019 年第 2 期。

汪行东、鲁志国：《粤港澳大湾区城市群空间结构研究：从单中心到多中心》，《岭南学刊》2017 年第 5 期。

王建军、吴志强：《1950 年后世界主要国家城镇化发展——轨迹分析与类型分组》，《城市规划学刊》2007 年第 6 期。

王建军、吴志强：《城镇化发展阶段划分》，《地理学报》2009 年第 2 期。

王伟、吴志强：《中国三大城市群空间结构集合能效测度与比较》，《城市发展研究》2013 年第 7 期。

吴承照、吴志强、张尚武、王晓琦、曾芙蓉：《公园城市的公园形态类型与规划特征》，《城乡规划》2019 年第 1 期。

吴志强、陆天赞：《引力和网络：长三角创新城市群落的空间组织特征分析》，《城市规划学刊》2015 年第 2 期。

吴志强、王伟、李红卫、于涛方、王雷：《长三角整合及其未来发展趋势——20 年长三角地区边界、重心与结构的变化》，《城市规划学刊》2008 年第 2 期。

谢英挺：《基于治理能力提升的空间规划体系构建》，《规划师》2017 年第 2 期。

于涛方、吴志强：《"Global Region"结构与重构研究——以长三角地区为例》，《城市规划学刊》2006 年第 2 期。

俞可平：《推进国家治理与社会治理现代化》，当代中国出版社，2014。

图书在版编目（CIP）数据

大城大道：中国超特大城市发展规模及结构战略研
究／傅志寰主编；吴志强副主编. --北京：社会科学
文献出版社，2023.2（2024.1 重印）
 ISBN 978-7-5228-0931-1

Ⅰ.①大…　Ⅱ.①傅…②吴…　Ⅲ.①超大城市-城
市发展战略-研究-中国　Ⅳ.①F299.21

中国版本图书馆 CIP 数据核字（2022）第 195832 号

大城大道：中国超特大城市发展规模及结构战略研究

主　　编／傅志寰
副 主 编／吴志强

出 版 人／冀祥德
责任编辑／姚冬梅
责任印制／王京美

出　　版　社会科学文献出版社
　　　　　地址：北京市北三环中路甲 29 号院华龙大厦　邮编：100029
　　　　　网址：www. ssap. com. cn
发　　行／社会科学文献出版社（010）59367028
印　　装／三河市龙林印务有限公司

规　　格／开 本：787mm×1092mm　1/16
　　　　　印 张：28.5　字 数：423 千字
版　　次／2023 年 2 月第 1 版　2024 年 1 月第 2 次印刷
书　　号／ISBN 978-7-5228-0931-1
定　　价／128.00 元

读者服务电话：4008918866